L. 1264.

COLLECTION
DES MÉMOIRES

RELATIFS

A L'HISTOIRE DE FRANCE.

HISTOIRE DE NORMANDIE, PAR ORDERIC VITAL,
TOME II.

PARIS, IMPRIMERIE DE A. BELIN,
rue des Mathurins Saint-Jacques, n. 14.

COLLECTION
DES MÉMOIRES

RELATIFS

A L'HISTOIRE DE FRANCE,

DEPUIS LA FONDATION DE LA MONARCHIE FRANÇAISE JUSQU'AU 13ᵉ SIÈCLE;

AVEC UNE INTRODUCTION, DES SUPPLÉMENS, DES NOTICES
ET DES NOTES;

Par M. GUIZOT,
PROFESSEUR D'HISTOIRE MODERNE A L'ACADÉMIE DE PARIS.

A PARIS,
CHEZ J.-L.-J. BRIÈRE, LIBRAIRE,
RUE SAINT-ANDRÉ-DES-ARTS, Nº. 68.

1825.

PROLOGUE.

Nous devons nous attacher sans relâche à louer dans toutes ses œuvres le Créateur dont la puissance et la grandeur ineffables sont au dessus de notre examen, impuissans que nous sommes à raconter, comme il conviendrait, sa sublimité et sa bonté infatigable. A la vérité, les pages de l'Ancien et du Nouveau Testament fournissent au sage une ample matière de recherches et de méditations ; mais le sage lui-même ne peut pénétrer l'immensité et les profondeurs de Dieu: la connaissance de la charité du Christ l'emporte de beaucoup sur toute prudence humaine : la rechercher, l'embrasser et la suivre de tous nos efforts, est une chose juste et tout-à-fait propre à nous assurer le salut éternel. C'est ce qui combla de béatitude ces hommes dont la louange est écrite dans les livres authentiques, et qui, réunis aux anges, sont en possession des biens célestes. Méprisant les choses passagères, ils s'attachaient aux choses durables, et, pleins d'horreur pour les objets charnels, ils jouissaient saintement des voluptés spirituelles. Par le chemin pénible des vertus, ils suivirent les traces du Sauveur, et nous laissèrent de salutaires exemples, afin que, suivant leurs pas dans le sentier de la justice, nous nous hâtions de parvenir à l'héritage de l'éternité, entreprise que la tentation continuelle des péchés rend si difficile à notre faiblesse et à notre lâcheté. Toutefois nous devons, autant qu'il est possible, faire de sincères efforts pour marcher sur leurs traces, jusqu'à ce que, associés à leurs mérites, nous ayons été trouvés dignes de faire partie de l'association des bienheureux.

Je me suis plu à parler dans la précédente partie de quelques amis de Dieu, de quelques maîtres et de quelques chefs de son peuple. Il est agréable pour l'ame, et c'est un remède salutaire pour les maladies morales, de s'entretenir de ces choses avec foi. Désormais une autre entreprise m'est prescrite par mes maîtres, et devant moi s'étend une ample matière sur les événemens qui concernent les Normands. Sortis de la Dacie[1], ils s'appliquèrent, non pas aux lettres, mais aux armes, et s'occupèrent bien moins de lire ou d'écrire que de combattre, jusqu'à l'époque de Guillaume-le-Bâtard.

Dudon, doyen de Saint-Quentin, a écrit éloquemment les exploits belliqueux de nos trois premiers ducs ; son ouvrage fécond et poétique est leur panégyrique. Il l'offrit à Richard, fils de Gonnor, dont il desirait captiver les bonnes grâces. Guillaume, surnommé Calcul, moine de Jumiège, venu plus tard, fit de cet ouvrage un élégant abrégé, et publia en peu

---

[1] L'auteur veut dire le Danemarck. A l'époque où il écrivait, et même long-temps après, on confondait les Daces avec les Danois, la Dacie avec le Danemarck. Toutes les fois qu'Orderic Vital parle de Dacie et de Daces, il entend le Danemarck et les Danois.

de mots, mais éloquemment, ce qui concerne les quatre ducs¹ qui succédèrent aux premiers.

¹ Les trois ducs dont Dudon a écrit l'histoire, sont Rollon, Guillaume 1ᵉʳ, surnommé *Longue-Épée*, et Richard 1ᵉʳ, qui mérita le surnom de Richard-sans-Peur. Leurs quatre successeurs ont eu pour historien Guillaume de Jumiège : ce sont Richard II, Richard III, Robert 1ᵉʳ et Guillaume II, surnommé d'abord le Bâtard, et ensuite le Conquérant. D'après ce que dit ici Orderic Vital, le VIIIᵉ livre du Guillaume de Jumiège que nous possédons ne serait pas de lui, puisqu'il traite de l'histoire de Henri 1ᵉʳ, huitième ou plutôt neuvième duc de Normandie. En effet, cet auteur était mort dès 1090, et son ouvrage actuel va fort au delà de cette année. Au surplus, ce n'est pas d'aujourd'hui que l'on a remarqué que Guillaume de Jumiège avait été altéré par d'évidentes interpolations. On peut consulter à ce sujet une lettre de l'abbé de Vertot, dans le *Mercure* de 1723.

HISTOIRE DE NORMANDIE.

SECONDE PARTIE.

Exploits belliqueux des Normands en France, en Angleterre, et dans la Pouille. — Fondation de monastères. — Suite et gestes des évêques et des abbés de presque toute la Neustrie. — Ample exposition de plusieurs autres événemens mémorables, sous le duc Guillaume II, surnommé le Bâtard.

LIVRE TROISIÈME.

Je commencerai d'abord mon travail à partir de la vigne du Dieu des armées, que de sa main puissante il cultive et protège contre les embûches de Béhémoth. Dans cette contrée qui fut jadis appelée Neustrie, et que nous nommons Normandie, cette vigne répandit ses provins en faveur des cultivateurs laborieux, et offrit à Dieu des fruits abondans, que recueillaient les hommes qui se maintenaient dans la sainteté. Ces bons agriculteurs construisirent dans cette contrée un grand nombre de monastères, dans lesquels les sarmens de cette vigne, c'est-à-dire, les vrais chrétiens se réunirent entre eux pour combattre plus sûrement, jusqu'à la fin, les entreprises insidieuses des ennemis du salut.

Le bienheureux prélat Ouen, qui fleurit du temps de Dagobert, roi des Francs, et de Clovis son fils, par ses grandes vertus, tant séculières que spirituelles, fonda à Fécamp un couvent de religieuses, et un autre de moines, dans la ville de Rouen, où il reposa enterré l'an 678 de l'incarnation du Sauveur, et y resta déposé pendant cent soixante-cinq ans, jusqu'à la dévastation de Rouen par les Normands.

Au temps de ce pontife, saint Wandrille réunit à Fontenelles un nombreux essaim de cénobites, et le bienheureux Philibert, intrépide porte-enseigne de cette illustre armée, brilla de tout son éclat à Jumiège.

Dans les temps antérieurs, c'est-à-dire, pendant que Chilpéric et Childebert son neveu commandaient aux Francs et protégeaient les innocens contre les pervers par l'assistance de leur autorité royale, Evroul, originaire de Bayeux, dirigé par les enseignemens d'un ange, fonda un monastère : il réforma les habitans du pays qui, auparavant, se livraient aux rapines et aux brigandages, et les appela dans les sentiers d'une meilleure vie, en leur prodiguant la nourriture de sa doctrine et l'évidence de ses miracles. C'est ainsi que le Seigneur, étendant partout ses bienfaits, propagea sa vigne au moyen de bons cultivateurs, et répandit abondamment la douceur du salut dans le cœur des habitans des Gaules.

Le royaume des Francs s'étant, par la faveur de

Dieu, élevé beaucoup au-dessus des nations voisines, et s'étant fort agrandi par suite des fréquens triomphes de ses rois, Pepin, Charlemagne et Louis-le-Débonnaire, la cupidité, l'orgueil et les passions s'étaient emparées outre mesure de tous les hommes, grands, médiocres et petits, et les précipitèrent dans les lacs de la perversité, contre l'auteur de leur salut, dont ils n'accomplissaient plus fidèlement les commandemens. Tout l'ordre des clercs et des laïques, égaré par tant de calamités, perdit son ancienne vigueur, et, cédant aux attraits du monde, laissa ternir sa primitive splendeur et son austérité passée. Cependant la bonté divine pardonna long-temps aux pécheurs, et, de mille manières, les engagea à la pénitence ; elle pardonna avec clémence à ceux qui, dans leur résipiscence, rompirent les filets de la perversité ; mais elle fit tomber les fléaux de sa colère sur ceux qui persévérèrent dans le crime.

Du temps de Charles surnommé le Simple, roi des Français, Bier[1], qui portait le surnom de Côte-de-Fer, fils de Lobroc, roi des Danois, sortit, comme le glaive du fourreau, pour la destruction des nations, accompagné de Hasting, son précepteur, et suivi d'une innombrable multitude de jeunes gens. Comme un impétueux ouragan, il descendit inopinément par mer sur les côtes de France, brûla en un moment les forteresses, les villes et les monastères des saints, et, de concert avec ses complices, exerça durant trente ans sur les chrétiens son insatiable fureur. Alors Rouen et Noyon, Tours et Poitiers, et les autres principales villes des Français, devinrent la proie des

[1] Ou plutôt Bioern.

flammes. Les peuples, sans défense, furent mis à mort, les moines et les clercs dispersés, et les corps des saints furent abandonnés sans culte dans leurs tombeaux au milieu des églises détruites, ou transportés dans des lieux lointains par leurs pieux adorateurs.

Mais, par le jugement équitable de la divine bonté, cette même nation, qui avait porté la désolation dans la Neustrie, devait peu de temps après lui rendre la consolation. En effet, près de trente ans après les ravages de Hasting, le duc Rollon, suivi d'une vaillante jeunesse danoise, pénétra aussi dans la Neustrie, et, par ses continuelles attaques, s'efforça de détruire la puissance des Français. Il en vint aux mains avec eux, tua Rolland leur porte-enseigne, et mit en fuite Renaud, duc d'Orléans, ainsi que l'armée française qu'il avait battue. Pendant quatre ans il assiégea la ville de Paris; mais, comme Dieu la protégeait, il n'y put entrer. Il assiégea Bayeux et s'en empara, tua Béranger qui en était comte, et prit pour épouse sa fille Popa, dont il eut Guillaume, surnommé Longue-Epée. Dans cette affaire, et beaucoup d'autres actions belliqueuses, il écrasa les Français et dévasta continuellement par la rapine et l'incendie presque toute la France, jusqu'en Bourgogne. Les Français ne pouvant plus résister à tant d'attaques et se réunissant tous pour demander la paix, le roi Charles donna en mariage à Rollon sa fille nommée Gisle, ou Gisèle, et lui céda en toute propriété et pour toujours tout le territoire qui s'étend depuis la rivière d'Epte jusqu'à l'Océan.

En conséquence, l'an de l'Incarnation du Seigneur 912, le duc Rollon fut baptisé par le seigneur Francon, archevêque des Rouennais. Il méprisa les idoles qu'il avait jusqu'alors adorées, et embrassa dévotement la foi chrétienne : toute son armée en fit autant. Cinq ans après son baptême, il mourut.

Son fils Guillaume qui, après lui, gouverna vingt-cinq ans le duché des Normands, rétablit en son ancien état le monastère de Jumiège, que saint Philibert avait bâti, mais qui avait été détruit par Hasting. L'an de l'Incarnation du Seigneur 942, sous le règne de Louis, roi des Français, le duc Guillaume fut tué dans une embûche que lui tendit Arnould, comte de Flandre. Richard son fils, qui était alors âgé de dix ans, devint duc des Normands, et, durant cinquante-quatre ans, gouverna le duché avec courage, au milieu d'événemens tantôt prospères et tantôt malheureux. Entre autres bonnes choses qu'il fit, on doit citer la construction de trois monastères : l'un à Fécamp en l'honneur de la Sainte-Trinité ; le second sur le Mont de Tombe[1] en l'honneur de saint Michel l'Archange; et le troisième à Rouen en l'honneur de saint Pierre apôtre et de saint Ouen archevêque. L'an de l'Incarnation du Seigneur 996, Richard-le-Vieux étant mort, Richard Gunnoride[2], son fils, lui succéda, et gouverna religieusement le duché de Normandie pendant trente ans. Il rétablit le monastère de Fontenelles, que saint Wandrille avait élevé et qui avait été détruit par Hasting. Sa femme Judith, sœur de Geoffroi, comte des Bretons, fonda à Bernai un couvent en l'honneur de Marie, sainte mère de Dieu.

Richard Gunnoride étant mort, le jeune Richard son fils lui succéda, et mourut après avoir à peine joui du duché pendant un an et demi.

---

[1]. Le Mont-Saint-Michel. — [2] Fils de Connor, ou Gunnor.

Robert son frère obtint ainsi la principauté de Normandie, et pendant sept ans et demi gouverna glorieusement. Imitateur de ses pères, il commença la construction de l'abbaye de Cerisi. Frappé de la crainte de Dieu, il renonça aux terrestres honneurs, et, dans un pèlerinage volontaire, alla visiter le sépulcre du Seigneur qui est dans Jérusalem ; à son retour, il mourut à Nicée, ville de Bithynie, l'an de l'Incarnation du Seigneur 1035.

Guillaume son fils, qui était âgé de huit ans, prit possession du duché de Normandie, qu'il gouverna courageusement pendant cinquante-trois ans, malgré la perfidie de ses ennemis jaloux. Il s'attacha à suivre l'exemple de ses ancêtres en ce qui concerne le culte de Dieu, et, protégé par le Seigneur, il les surpassa tous en richesse et en puissance. Il fit bâtir à Caen deux monastères, l'un pour des moines en l'honneur de saint Etienne premier martyr, l'autre pour des religieuses en l'honneur de la sainte Trinité.

Les barons de Normandie, voyant la grande ferveur qui animait leurs princes pour la sainte religion, s'attachèrent à les imiter ; et s'excitèrent, eux et leurs amis, à faire de pareils établissemens pour le salut de leurs ames. Chacun s'empressait de prévenir les autres dans l'accomplissement des bonnes œuvres, et de les surpasser dignement par la libéralité des aumônes. Il n'était pas d'homme puissant qui ne se crût digne de la dérision et du mépris, s'il n'entretenait convenablement dans ses domaines des clercs ou des moines, pour y former la milice de Dieu.

En conséquence, Roger de Toëni fonda le couvent

de Châtillon [1], dans lequel fleurit, en méritant beaucoup de louanges, Gilbert, qui en fut abbé, homme éminemment honnête et sage.

Goscelin d'Arques fut le fondateur hors des murs de Rouen, sur le mont de la Sainte-Trinité, d'un couvent qu'on appelle ordinairement Sainte-Catherine, et que gouverna le vénérable abbé Isambert, si remarquable par sa sagesse et sa religion.

Guillaume, comte d'Eu, inspiré par Lesceline, sa pieuse épouse, fit bâtir l'abbaye de Sainte-Marie sur le ruisseau de Dive [2], dont l'Allemand Ainart, homme non moins célèbre par sa sainteté que par sa science, eut long-temps le gouvernement.

Du temps du duc Robert 1er, Gislebert, comte de Brionne, entreprit avec trois mille hommes une expédition dans le Vimeux, mais elle ne répondit pas à ses desirs; car Ingelran, comte de Ponthieu, marcha contre lui avec une vaillante armée, le battit, le mit en fuite, fit beaucoup de prisonniers parmi les fuyards, en tua et blessa un certain nombre. Dans cette circonstance, un certain chevalier nommé Herluin, effrayé du danger et cherchant son salut dans une fuite rapide, fit vœu à Dieu que s'il échappait des périls qui le menaçaient, il ne combattrait plus désormais que pour Dieu seul. Par la permission de Dieu il évita honorablement la mort, se souvint de son

---

[1] Conches.

[2] Le couvent de Saint-Pierre-sur-Dive. La Dive est une rivière et non un simple ruisseau. Orderic Vital appelle généralement cette maison le couvent de Dive. Cette désignation induirait en erreur, puisque Dive est un petit port et un bourg à l'embouchure de la rivière du même nom, tandis que le monastère dont il s'agit était situé à Saint-Pierre-sur-Dive, petite ville à quelques lieues plus haut.

vœu et abandonna le siècle : il fonda dans ses terres, au lieu qu'on appelle Le Bec, une abbaye en l'honneur de sainte Marie, mère de Dieu. Les pasteurs de cette sainte église élurent ce seigneur, à cause de sa noblesse et de sa religion, et le mirent à la tête du couvent qu'il avait commencé. C'est de son temps que Lanfranc, Anselme et plusieurs autres profonds philosophes se rendirent aux écoles du Christ; et que Guillaume fils de Giroie, Hugues comte de Meulant et plusieurs autres seigneurs distingués, quittèrent la milice séculière pour la milice chrétienne. Là, jusqu'à ce jour, un grand nombre de clercs et de laïques vivent sous l'habit monacal, et, combattant contre le diable, servent le ciel en méritant de grands éloges.

Onfroi de Veulles, fils de Turold [1] de Pont-Audemer, commença à Préaux la construction de deux couvens, l'un de moines et l'autre de religieuses. Roger de Beaumont son fils aima beaucoup ces établissemens; il les enrichit avec joie sur ses propres revenus.

Guillaume, fils d'Osbern, fit élever sur ses terres deux monastères, l'un à Lire et l'autre à Cormeilles, où il repose inhumé. Cependant plusieurs autres seigneurs normands, chacun selon sa puissance, construisaient en divers lieux des maisons de moines ou de religieuses.

A leur exemple, Hugues de Grandménil [2] et Robert, vivement zélés, firent vœu de construire un couvent aux dépens des biens qu'ils possédaient héréditairement, non seulement pour leur propre salut, mais

[1] Ou Théroulde. — [2] On écrivait alors *Grentemenil*.

aussi pour le salut des ames de leurs prédécesseurs.

En conséquence, comme ils avaient résolu de placer cet établissement près de Grandménil dans leur terre de Norrei¹, et que déjà ils faisaient commencer le travail, on rapporta à leur oncle Guillaume, fils de Giroie, qu'ils avaient entrepris la construction d'un couvent. Ce seigneur avait été chevalier très-vaillant, fidèle à ses amis, mais terrible à l'ennemi; il avait beaucoup de fils, de neveux et de frères très-braves et justement redoutés de leurs ennemis, tant de près que de loin. Guillaume surnommé Talvas², fils de Guillaume de Bellême, invita à ses noces Guillaume Giroie, qui s'y rendit sans soupçonner aucune perfidie. Sans autre forme de procès, il lui fit crever les yeux et porta la cruauté jusqu'à lui faire enlever, par une honteuse mutilation, les tendons des oreilles et les organes de la génération. Un si grand crime rendit Talvas odieux à tout le monde. Quelque temps après, il fut dépouillé de ses honneurs par son propre fils, nommé Arnoul.

Guillaume Giroie aima toute sa vie l'Eglise de Dieu; il honora beaucoup les moines, les clercs et les autres hommes voués à la religion. Il avait fait deux fois le voyage de Jérusalem pour visiter le sépulcre du Seigneur : la première fois, lorsqu'il jouissait de la santé et du bonheur; la seconde, après l'outrage que nous avons rapporté. Ce fut au retour de son second pélerinage qu'il abandonna le siècle et qu'il

---

¹ *Nuceretum*, Notre-Dame de Norrei, près de Falaise.
² Il est mal à propos nommé Tallenas par quelques auteurs (par la substitution de l'*n* à l'*u* ancien), et entre autres dans le *Recueil des Historiens de France*, tom. iv, pag. 575.

se rendît au Bec, pour y prendre l'habit monacal. Il fit pieusement don à cette abbaye de l'église Saint-Pierre d'Ouche [1]. Ce fut en conséquence de cette donation que l'abbé Herluin envoya à Ouche, avec trois autres moines, le moine Lanfranc, qui depuis devint archevêque de Cantorbéri : cet abbé y fit rétablir par eux le service de Dieu qui y était déchu. Ce lieu étant devenu désert, le lierre en y croissant dérobait à la vue la misère de l'église; il n'y restait plus que deux vieillards, Restould et Ingran, qui, dans cet illustre ermitage, au milieu de l'indigence, servaient le Seigneur autant qu'ils le pouvaient.

Quelque temps après, Guillaume Giroie qui, comme nous l'avons dit, connaissait le vœu que ses neveux avaient fait de bâtir une abbaye, alla les trouver et leur dit : « Mes chers enfans, je me réjouis grande-
« ment de ce que Dieu tout-puissant a daigné ins-
« pirer à vos cœurs le desir de bâtir une maison en
« son nom. Vous voyez que ce lieu où vous avez
« commencé à bâtir n'est pas propre à être habité par
« des moines, puisque l'eau y manque, et que les
« bois en sont éloignés. Assurément, sans ces deux
« objets, il ne peut y avoir de monastère. Si vous
« voulez écouter mes avis, je vous ferai connaître un
« endroit plus convenable. Il est un lieu dans le pays
« d'Ouche, qui jadis fut habité par un saint abbé, par
« Evroul, l'ami de Dieu, qui y réunit un nombreux
« troupeau de moines, et de là, après avoir opéré
« beaucoup de miracles, passa heureusement dans le
« sein du Christ. C'est là qu'il faut rétablir son cou-

[1] L'église de Saint-Evroul qui fut pendant quelque temps un prieuré dépendant de l'abbaye du Bec.

« vent qui fut détruit par les païens. Vous y trouverez
« une grande abondance d'eau. Je possède dans le
« voisinage une forêt à l'aide de laquelle je fournirai
« en suffisance tout ce qui peut être nécessaire à l'é-
« glise. Venez, voyez cet emplacement; et, s'il vous
« plaît, bâtissons-y ensemble une maison à Dieu;
« réunissons-y des hommes fidèles qui intercèdent
« pour nous, et donnons-leur de nos biens et de nos
« revenus légitimes de quoi pouvoir toujours vaquer
« librement aux louanges de Dieu. » A ces mots,
Hugues et Robert donnèrent de justes éloges à l'avis
de leur oncle; ils allèrent avec lui visiter les lieux
dont il leur avait parlé. A leur arrivée, on présenta
à Robert le livre de la vie du saint père Evroul. Il le
lut avec attention et le fit connaître à Hugues et à ceux
qui l'accompagnaient. Que dirai-je de plus? L'emplacement d'Ouche convint aux deux frères. Mais
comme ce lieu avait été cédé à l'abbaye du Bec, et
que quelques moines de ce couvent, ainsi que nous
l'avons dit, y étaient établis, ils donnèrent en échange
à l'abbé Herluin et aux moines du Bec une terre
nommée la Rousserie, et par ce moyen affranchirent
le local d'Ouche.

L'an 1050 de l'Incarnation du Sauveur, le projet
de rétablir le monastère d'Ouche étant arrêté, Guillaume et Robert fils de Giroie, Hugues et Robert fils
de Robert de Grandménil, allèrent trouver Guillaume, duc de Normandie, lui firent part de leur volonté, et le prièrent de les seconder de son autorité
prépondérante, dans l'entreprise salutaire qu'ils ten-
taient. Ils mirent sous sa protection, d'un commun
accord, le lieu ainsi affranchi, dont il est question,

afin qu'on ne pût exiger, ni pour eux ni pour qui que ce soit, ni des moines, ni de leurs hommes, aucune redevance ni revenu, ni aucune autre chose que le bénéfice des prières. Ce fut avec grand plaisir que le duc accueillit ce témoignage de leur bonne volonté et qu'il confirma la charte qui contenait les donations faites à saint Evroul par ces seigneurs, et la fit souscrire de Mauger, archevêque de Rouen, et des évêques ses suffragans.

Ensuite Hugues et Robert ayant obtenu du duc la liberté de faire choix d'un abbé, ils se rendirent à Jumiège et demandèrent au seigneur Robert, qui en était abbé, le moine Théoderic¹, pour le placer à la tête de leur abbaye.

Le seigneur Robert accéda volontiers à la juste demande de ces nobles hommes, et leur donna le moine qu'il connaissait le plus propre au soin pastoral. Les deux frères, pleins de joie, le présentèrent au duc, qui le reçut avec les respects convenables, et, lui ayant donné le bâton pastoral suivant l'usage, le mit à la tête de l'église d'Ouche.

Hugues, évêque de Lisieux, se rendit à Ouche, avec son archidiacre Osbern et d'autres prêtres; il y conduisit le vénérable moine Théoderic, et, le 3 des nones d'octobre (5 octobre), qui était un jour de dimanche, il le consacra solennellement. Ayant été ordonné, il ne se laissa pas emporter au mouvement de l'orgueil : il enseignait, par ses paroles et par ses bonnes œuvres, le chemin de la religion à tous ses subordonnés. Nourri dès l'enfance dans la maison du Seigneur, il avait constamment appris à mener une

¹ Ou Thierri de Mathonville.

vie religieuse, en mettant à profit les instructions qu'il recevait. Il était assidu aux saintes prières, aux veilles et à l'abstinence. Il exposait tellement son corps à la rigueur du froid, qu'il passait souvent des hivers entiers sans porter de pelisse. Un certain jour que, selon sa coutume, il voulait offrir à Dieu le saint sacrifice, il trouva posée sur l'autel une pelisse d'une blancheur admirable. Comme il ne put douter qu'elle y avait été mise, non par les mains des hommes, mais par la main des anges, il rendit grâces à Dieu, et, plein de reconnaissance, il la revêtit et termina le service divin. Nous avons su de moines véridiques, qui habitaient alors à Jumiège, que ce miracle y eut lieu pendant que Théoderic était encore moine cloîtré. Il avait été baptisé par Théoderic, abbé de Jumiège, qui l'éleva dans l'école du Christ sous le joug monacal, et lui conserva toujours beaucoup d'amitié. Lorsqu'il fut parvenu à l'âge viril, et mérita par ses bonnes œuvres les plus grands éloges, cet abbé le prit pour son vicaire, au grand avantage des ames de ses frères; devenu ensuite maître des novices, il fut chargé du prieuré du monastère; puis, comme nous l'avons dit, cet homme du Seigneur fut tiré de Jumiège, du temps de l'abbé Robert. Il gouverna l'abbaye d'Ouche, récemment mise en culture spirituelle, depuis l'an 1050 de l'Incarnation du Seigneur (indict. 4), qui répond à la dix-neuvième année du règne de Henri, roi des Français, et à la quinzième du gouvernement de Guillaume, duc des Normands.

Pour l'établissement de la nouvelle maison, Théoderic amena avec lui de Jumiège, par la permission de son abbé, son neveu Rodolphe, le chantre Hugues et quelques autres frères qui lui convenaient. Ce fut avec eux et par eux qu'il établit avec ferveur l'observance des règles, une austérité modeste et l'ordre convenable dans le culte divin. Il admit à la conversion les hommes de divers âges et de divers rangs qui vinrent le trouver; il les soumit avec beaucoup de soin à la règle du saint père Benoît; entre autres, il amena humblement à suivre une meilleure vie dans l'école du Christ, Gonfroi, Rainaud, Foulques, ou Foulcon, fils du doyen Foulques, et quelques autres savans grammairiens. Il traita avec bonté le vieillard Riculphe et Roger, prêtres de campagne, le jardinier Durand, Goisfred, Olric, et quelques autres simples disciples; et, comme ils ne pouvaient pas comprendre la profonde doctrine des Ecritures, il les nourrit doucement du lait de ses pieuses exhortations, et, par l'exemple de ses saintes actions, il les corrobora salutairement dans la foi et la religion. Herbert et Berenger, Goscelin et Rodulphe, Gislebert et Bernard, Richard et Guillaume, et plusieurs autres jeunes gens d'un bon naturel furent formés avec grand soin par lui, dans la maison du Seigneur, à l'art de bien lire, de chanter et d'écrire, et à plusieurs autres travaux utiles qui conviennent aux serviteurs de Dieu, empressés d'acquérir la vraie science. Cependant les paysans voyant un si grand zèle de sainteté dans ces champs stériles, et si long-temps déserts, commencèrent à éprouver une grande admiration. Il en résulta que quelques-uns y rencontrèrent leur salut, tandis que d'autres n'y trouvèrent que leur perte. En effet, quelques personnes, témoins de la vie des religieux, s'attachèrent à les imiter, tandis que d'autres qui leur portaient envie leur suscitèrent beaucoup de persécutions ; mais chacun reçut la récompense qu'il méritait au jugement de Dieu, équitable envers tous. Les nobles et les hommes de condition médiocre accouraient là par une inspiration divine, pour se recommander dévotement à la prière des serviteurs de Dieu, et, à la vue de tant de dons de la charité, bénissaient le Seigneur, qui nourrit ses serviteurs même sur le sol le moins fertile.

L'église d'Ouche s'élevait ainsi par les mérites du saint père Evroul, et croissait de toutes parts pour l'honneur de Dieu, grâce au zèle et aux travaux des Giroie. Roger de Mont-Gomeri, vicomte d'Exmes, commença à devenir jaloux de ses compatriotes, parce qu'ils avaient plus que lui la ferveur de l'amour de Dieu, et songea en lui-même à faire un pareil ouvrage pour le salut de son ame. C'est ce qui le décida à s'attacher Gislebert abbé de Châtillon, ainsi que ses moines qui avaient commencé à s'établir à Norrei, mais qui, lorsque Hugues et Robert eurent changé d'avis, comme nous l'avons dit, n'avaient pas voulu les suivre, les accusant de légèreté, parce qu'ils avaient établi ailleurs leur monastère. Roger de Mont-Gomeri alla trouver les moines et leur fit don de Troarn pour y bâtir une abbaye; il en renvoya douze chanoines que son père, nommé aussi Roger, y avait autrefois établis. Après avoir expulsé ces clercs, parce qu'ils se livraient à la gourmandise, à la débauche, aux autres voluptés de la chair et aux plaisirs du siècle, il plaça à Troarn des moines attachés à la régularité de la discipline. Sous les ordres de leur père Gislebert, les moines entrèrent dans la voie étroite de la religion, au sein de l'église de Saint-Martin de Troarn, et en confièrent la conservation à leurs successeurs : ceux-ci se sont attachés jusqu'à ce jour à y mériter toutes sortes de louanges, sous les savans abbés Gerbert, Durand et Arnulphe.

Il convient maintenant de dire quelque chose sur la personne et les qualités de Giroie, fils d'Ernauld-le-Gros, de Courserault, qui avait pour père le Breton Abbon, dont la famille fit beaucoup de bien aux moines d'Ouche. Il appartenait à des maisons très-nobles de France et de Bretagne, et se distingua lui-même par ses vertus et son courage, du temps de Hugues-le-Grand et de Robert roi des Français. Sa sœur Hildiarde eut trois fils et onze filles, lesquelles mariées à des hommes honorables, donnèrent le jour à plusieurs fils qui, dans la suite, se rendirent redoutables par les armes à leurs ennemis en France, en Angleterre et dans la Pouille. Entre autres exploits remarquables, Giroie fit avec Guillaume de Bellême une guerre vigoureuse à Herbert, comte du Maine. Guillaume, vaincu, était obligé de prendre la fuite quand Giroie parut avec les siens, soutint vigoureusement tout l'effort de l'ennemi, jusqu'à ce qu'il parvint enfin à faire lâcher pied à Herbert et à ses troupes, et, remportant la victoire, mérita jusqu'à ce jour l'éloge de ceux qui connurent ses exploits. Un chevalier très-puissant en Normandie, nommé Helgon, offrit à Giroie sa fille unique en mariage, et lui donna Montreuil[1] et Echaufour avec tous les domaines situés auprès de ces deux places. Helgon étant mort peu de temps après, Giroie jouit de tous ses biens, et la jeune

[1] Montreuil l'Argile.

fille qui lui avait été fiancée mourut, avant le mariage, d'une mort prématurée. Guillaume de Bellême conduisit Giroie à Rouen et le présenta à Richard duc de Normandie. Ce prince généreux, ayant reconnu le mérite de Giroie, l'honora beaucoup et lui concéda à titre héréditaire toutes les possessions de Helgon; à son retour Giroie épousa Gisèle, fille de Turstin de Bastebourg, de laquelle il eut sept fils et quatre filles, dont voici les noms : Ernauld, Guillaume, Foulques, Raoul Male-Couronne, Robert, Hugues et Giroie ; Héréburge, Hadevise, Emma et Adélaïde.

Quoique le héros que nous avons souvent nommé possédât abondamment en ce monde, famille, richesses et terres, il n'en aima pas moins fidèlement le Dieu qui donne tous ces biens, et n'en honora pas moins l'Eglise, son culte et ses ministres. En effet, il bâtit de ses propres deniers six églises, au nom du Seigneur : deux à Vernuces [1], dont une en l'honneur de sainte Marie mère de Dieu, l'autre en l'honneur de saint Paul docteur du peuple, dans la terre nommée Glos [2]; la troisième dans le Lieuvin, en l'honneur de saint Pierre prince des apôtres; la quatrième à Echaufour, en l'honneur de l'apôtre André; la cinquième à Montreuil, en l'honneur de Saint-Georges martyr, et la sixième à Haute-Rive, en l'honneur du confesseur saint Martin. Protégé par de tels patrons, Giroie vécut longtemps, honorablement dans le siècle, et par leurs mérites obtint, comme nous le croyons, après sa mort, le pardon de ses péchés et le bienheureux repos dans la société des fidèles. Giroie étant mort, ses fils se trouvaient presque tous en bas âge; deux seulement,

[1] On écrit aujourd'hui Vernousse. — [2] Glos la Ferrière, près de L'Aigle.

Ernauld et Guillaume portaient les armes. Cependant Gislebert, comte de Brionne, se fiant sur sa valeur, et voulant étendre les limites de ses possessions, eut l'audace de se jeter avec une vaillante armée sur ces jeunes orphelins, et tenta de leur enlever Montreuil de vive force. Ils s'empressèrent de réunir leurs parens, et leurs soldats, se présentèrent courageusement en rase campagne, battirent Gislebert, firent un grand carnage de ses troupes et les mirent en déroute. Dans l'ardeur de leur vengeance ils lui enlevèrent de vive force le bourg que l'on appelle Le Sap. Cependant le duc Robert réconcilia les seigneurs, s'intéressa aux orphelins, les félicita de leur valeur, et, pour rendre la paix durable, leur fit céder ce bourg par le comte Gislebert. Quelques années après, le comte chercha à nuire aux fils de Giroie : il tenta de leur reprendre Le Sap, qu'il leur avait cédé, d'après les conseils du duc Robert ; mais, quoiqu'il fût suivi d'une nombreuse armée, il trouva la mort, grâce à leur courage et à leurs forces.

Tous ces frères furent braves et généreux, habiles et courageux dans la guerre, terribles à l'ennemi, doux et affables pour leurs égaux. Ils s'élevèrent par divers événemens, et néanmoins ils finirent par déchoir, car telle est la condition humaine. Il serait trop long, il m'est d'ailleurs impossible de rapporter les différentes actions de chacun d'eux : cependant, pour l'instruction de la postérité, je parlerai en peu de mots de leur fin.

Ernauld, qui était l'aîné, homme brave et vertueux, s'amusant un jour auprès de Montreuil, et luttant avec un jeune homme, fut jeté par hasard sur l'angle d'un banc, se cassa trois côtes et mourut trois jours après.

Guillaume, le second dans l'ordre de la naissance, vécut long-temps, et dirigea toute sa vie ses autres frères. Il était éloquent et gai, libéral et courageux, agréable à ses subordonnés et redoutable à ses ennemis. Aucun de ses voisins n'osait attaquer ses terres en aucune manière, ni exiger de ses gens aucune redevance injuste. Il exerçait les droits épiscopaux sur ses terres de Montreuil et d'Échaufour, et aucun archidiacre ne se permettait de vexer par ses visites aucun des prêtres de ces deux seigneuries. Giroie, son père, ayant obtenu, comme nous l'avons dit, les terres de Helgon [1], s'informa des habitans du lieu à quel évêché ils appartenaient; ils assurèrent qu'ils ne relevaient d'aucun évêque. Alors il s'exprima en ces termes : « C'est une grande injustice : loin de moi l'idée de « vivre sans pasteur et hors du joug de la discipline ec- « clésiastique. » Ensuite il rechercha quel était le plus religieux des évêques du voisinage. Ayant reconnu les vertus de Roger, évêque de Lisieux, il lui soumit toutes ses terres; il engagea en outre Baudri de Bauquencei [2] et ses gendres, Vauquelin du Pont-Echenfrei et Roger du Merlerault, à soumettre également au même évêque leurs terres, également indépendantes. C'est pourquoi l'évêque Roger, voyant que ces seigneurs faisaient un acte d'humilité volontaire, les en félicita, et leur accorda le privilége que les clercs de leurs terres n'iraient point plaider hors de leur juridiction, et n'auraient point à souffrir de l'injustice des visites des

---

[1] La commune de Heugon, canton de La Ferté-Frénel, département de l'Orne. — [2] *Balgenzaium*; on écrit aujourd'hui Bocquencé, ou Bauquencei. Ce mot a été mal à propos traduit très-souvent par Baugenci.

archidiacres. Guillaume Giroie tint beaucoup à ce privilége, et l'obtint même de l'évêque Hugues, en faveur des moines d'Ouche.

Guillaume épousa Hiltrude, fille de Fulbert de Beine, qui, du temps du duc Richard, avait bâti le château de L'Aigle; il en eut Ernauld d'Echaufour. Il épousa ensuite Emma, fille de Vaulquelin du Tanet, qui mit au monde Guillaume, que l'on surnomma depuis dans la Pouille le bon Normand.

Ce seigneur obtint l'amitié de Richard et de Robert, ducs de Normandie, à cause de la foi qu'il garda toujours à ses seigneurs, Robert de Bellême, Talvas, Geoffroi, et à d'autres grands qui étaient ou ses supérieurs ou ses amis. Il en résulta quelquefois pour lui beaucoup de désagrémens et même de dangers. En effet, il détruisit de lui-même le château de Montaigu qui lui appartenait, afin d'obtenir ainsi la mise en liberté de son seigneur Geoffroi de Mayenne, que Guillaume Talvas avait fait prisonnier, et dont il ne voulait rompre les fers qu'à la condition qu'il raserait cette forteresse, qu'il craignait beaucoup. Geoffroi, étant sorti des prisons de Talvas, reconnaissant du dévouement qu'il avait trouvé dans le baron Giroie, lui fit bâtir sur la Sarthe le château de Saint-Céneri[1]. Je pourrais rapporter beaucoup de faits sur ce Guillaume; mais, occupé de soins plus importans, je suis forcé de passer à d'autres choses. Dans la suite de cet écrit, je parlerai plus au long de sa fin. Maintenant, comme je l'ai promis, je dirai quelque chose de ses frères.

Foulques, qui était le troisième, eut la moitié du fief de Montreuil. Une concubine lui donna deux fils,

[1] Il est aussi désigné sous le nom de Saint-Sélerin.

Giroie et Foulques. Après la mort du duc Robert, il fut tué avec son compère, le comte Gislebert, qui l'accompagnait. Robert posséda long-temps le château de Saint-Céneri, avec le territoire circonvoisin. Le duc Guillaume lui donna en mariage Adelaïde sa cousine, dont il eut un fils nommé Robert, qui maintenant sert dans les armées de Henri, roi des Anglais. Après un grand nombre de belles actions, de grands débats s'étant élevés entre les Normands et les Angevins, il défendit le château de Saint-Céneri contre le duc Guillaume [1]; il y fut assiégé dans la vingt-cinquième année du règne de ce prince. Ayant mangé une pomme empoisonnée qu'il avait enlevée de force à sa femme, il mourut cinq jours après [2].

Radulphe [3], le cinquième frère, fut surnommé le Clerc, parce qu'il était fort instruit dans les lettres et dans les autres arts. On l'appela Male-Couronne, parce que dans sa jeunesse il ne s'occupait que d'exercices militaires et d'autres frivolités. Il fut très-savant en médecine, et posséda à fond les secrets de beaucoup de choses: c'est pourquoi encore aujourd'hui les vieillards parlent de lui avec admiration à leurs fils et à leurs petits-fils. Enfin, ayant abandonné les séductions du monde, il se retira à Marmoutiers, s'y fit moine sous l'abbé Albert, et pria Dieu avec ferveur de couvrir son corps de la maladie incurable de la lèpre, afin que son ame fût purifiée des ordures du péché. Cette pieuse prière fut exaucée. Il mourut heureusement, près de six ans après sa conversion.

Le sixième frère, nommé Hugues, fut, à la fleur de son âge, enlevé par la fortune jalouse. Un jour qu'il

---

[1] Octobre 1060. — [2] Le 6 février 1061. — [3] Ou Raoul.

revenait du château de Saint-Scholasse[1] avec ses frères et beaucoup de soldats, il s'arrêta pour s'exercer à la lance avec ses amis, derrière l'église de Saint-Germain, dans le territoire d'Echaufour; son écuyer lança étourdiment un trait, et le blessa grièvement. Comme il était très-doux, il appela cet homme à lui, et lui dit en secret : « Sauve-toi vite, parce que tu m'as « fait une blessure grave. Que Dieu ait pitié de toi ! « Fuis avant que mes frères ne s'aperçoivent de cet « accident, pour lequel ils ne manqueraient pas de « te tuer. » Ce noble jeune homme mourut le même jour. Giroie, le plus jeune de tous, étant encore dans la première fleur du printemps de sa jeunesse, se permit d'enlever du butin sur les terres de l'église de Lisieux : de retour à Montreuil, il y mourut dans un accès de folie.

Ainsi une même mort, quoique de différentes manières, enleva tous les fils de Giroie : aucun d'eux ne put parvenir jusqu'à la vieillesse.

Héremburge[2], l'aînée des filles, fut donnée en mariage à Vauquelin du Pont-Echenfrei; de cette union naquirent Guillaume et Radulphe, qui secondèrent puissamment, dans la Pouille et la Sicile, Robert Guiscard, duc de Calabre.

Hadevise fut mariée à Robert de Grandménil, qui la rendit mère de Hugues, de Robert, d'Ernauld; et de trois filles : devenue veuve elle épousa Guillaume, fils de l'archevêque Robert, duquel elle eut Judith, qui devint femme de Roger, comte de Sicile.

Emma, troisième fille de Giroie, fut accordée à

---

[1] Actuellement commune du département de l'Orne.
[2] Elle est appelée plus haut Héréburge.

Roger du Merlerault[1]; de ce mariage sortirent Radulphe, et Guillaume, père de nos voisins Radulphe et Roger.

Adélaïde, la quatrième fille, épousa Salomon de Sablé, et devint mère de Renaud, dont le fils, nommé Lisiard, sert maintenant avec succès Henri, roi des Anglais, contre les Angevins. Ce que nous avons dit de la famille des Giroie doit suffire. Retournons maintenant à notre sujet, dont nous nous sommes un peu écartés.

La première année de la fondation de l'abbaye d'Ouche, Guillaume et Robert, fils de Giroie, Hugues et Robert, leurs neveux, se réunirent à Ouche, avec leurs fils, leurs neveux et leurs barons. Occupés de la prospérité du couvent qu'ils avaient entrepris de fonder, ils résolurent unanimement de se donner, à leur mort, à Saint-Evroul, pour être enterrés dans son église; ils décidèrent aussi qu'ils ne donneraient ni ne vendraient ni dîmes, ni église, ni rien qui appartînt à l'église, sans l'avoir auparavant offert à acheter aux moines d'Ouche. Cet accord fut librement confirmé par le prêtre Foulcoin, par Osmond Basseth, par Louvet et Foulques, fils de Frédelende, par Eudes-le-Roux, par Richard, fils de Galbert, par Robert de Torp, par Giroie des Loges et par leurs barons. Alors les fondateurs du monastère examinèrent quelle était la quantité de leurs biens, et en accordèrent une bonne partie, selon leurs moyens, à l'église qui était commencée.

Voici quelles sont les propriétés que Robert, Hugues et Ernauld, fils de Robert de Grandménil, donnèrent à l'église d'Ouche, pour le salut de leurs ames:

[1] On prononce Méleraut.

à Norrei, l'église avec toute la dîme et la terre du presbytère, avec une terre labourable de trois charrues, et la terre que l'on appelle Soulangi, à Ouillie¹, avec tout le bénéfice que tient Tezcelin Le Clerc, avec la dîme des moulins de cette ferme; Angloischeville avec son moutier; l'église de Villers² avec un hôte³; dans le lieu qu'on appelle Oth⁴, le moutier et la terre du presbytère, avec un hôte et la dîme des moulins. Ils donnèrent aussi dans le moutier de Guéprei la part qu'y tenait Robert leur père; en outre, la dîme de Buinna⁵, et à Beaumais, le tiers du moulin avec sa dîme; le bénéfice du prêtre Foulcoin, savoir l'église et la dîme de Grandménil⁶, et la dîme du moulin d'Olivet⁷; un hôte à Colleville avec la dîme de toute la ferme; la dîme de la cire et des deniers de Saint-Pierre d'Entremont; en outre, l'église du village que l'on appelle Fougi, et la partie de la dîme de Coulonces, que tenait Robert leur père. Hugues donna la terre de Quilli, sur la demande spontanée des seigneurs de cette terre, qui était un aleu; la dîme de toutes les charrues et des bestiaux; la dîme de Mont-Chauvé, tant des droits de péage que du blé; l'église de Louvigni avec la terre du presbytère; en outre la terre que l'on appelle Noyer-Ménard; dans le lieu que l'on

---

¹ Soulangi et Ouillie-le-Taisson sont deux communes voisines, au dessous de Falaise.

² Concessionnaire d'une ferme sous une redevance annuelle.

³ Villers-Canivet.

⁴ Probablement la terre d'O près d'Argentan.

⁵ *Buinna*: peut-être Bons.

⁶ On dit aujourd'hui Grand-Ménil, dans l'arrondissement de Lisieux.

⁷ Il y a lieu de croire qu'il faudrait lire *Oviletum* et non *Olivetum*; alors ce serait Ouillie-le-Taisson, sur la rivière de Laison.

nomme Ménil-Bernard [1], une terre d'une charrue et la terre de la ferme du Tanet; en outre le moutier de Mancel avec la terre du presbytère; au Sap, la dîme du droit de péage, la ferme qu'on appelle Ménil-Dode, l'église de Limoth, avec la terre du presbytère, et la portion que tenait Hadvise leur mère, à Vieux-Ménil. Hugues fit don à Neuf-Marché du quart du moutier de Saint-Pierre, et de la dîme sur la moitié du droit de péage du lieu et des moulins; à Cirfontaine, du moutier et du tiers de la dîme avec toutes les prémices et cinq jardins potagers.

Guillaume fils de Giroie, du consentement de ses fils Ernauld et Guillaume, et de ses frères Robert et Raoul Male-Couronne, donna le moutier d'Echaufour, la dîme du droit de péage de cette terre avec la terre du prêtre Adelelme, et la dîme de toute la forêt d'Echaufour, tant en argent qu'en porcs, et l'usage de la forêt pour toutes les choses nécessaires à la maison; en outre tous les moutiers de son domaine, dont un, en l'honneur de saint Georges, se trouve à Montreuil; deux à Vernuces, l'un en l'honneur de sainte Marie, l'autre en l'honneur de saint Paul; deux au Sap, l'un en l'honneur de saint Pierre, l'autre en l'honneur de saint Martin. Il donna tous ces biens avec les dîmes et les terres qui en dépendaient. Il y ajouta les dîmes des droits de péage et toutes les usances, tant des forêts, que des autres objets qui étaient dus à Echaufour, à Montreuil et au Sap.

Quand Théoderic eut été, par la grâce de Dieu, ordonné abbé du couvent d'Ouche, il acheta d'Ernauld, fils de Guillaume Giroie, du consentement

---

[1] C'est sans doute le Ménil-Bérard.

de Robert son oncle, et par l'ordre du comte Guillaume, la terre de Bauquencei, comme elle avait été tenue par Baudri, archer du même comte, et la partie de la terre d'Echaufour qui est située entre le Noireau et la Charentone, et de plus, les Essarts de Henri et la dîme du moulin d'Echaufour. Ernauld fit don en outre au couvent d'Ouche de la terre de Haute-Rive, et de ses appartenances, avec tous ses moutiers et terres de prêtres, et en outre de la terre de Dorthmus[1]. Enfin Guillaume son frère, fils du Guillaume dont nous venons de parler, d'accord avec son frère Giroie et ses cousins, Giroie et Foulques, donna tous les moutiers qu'il avait en son pouvoir, moyennant une forte somme d'argent, qu'il reçut de Théoderic. Un de ses moutiers était situé au Ménil-Bernard et érigé en l'honneur de Saint-Sulpice ; un autre à Roiville, en l'honneur de Saint-Léger ; un autre à Monnai, en l'honneur de Sainte-Marie. Il donna en outre la métairie de Monnai, que tenait Robert, et de son consentement. Parmi les autres donations, on remarquait le moutier de Ternant, et dans les Essarts un moutier en l'honneur de Saint-Pierre ; un autre aux Augerons, avec toute sa ferme, et un autre au Bois-Hébert.

Tous ces biens furent donnés librement avec toutes leurs dîmes et les biens des prêtres, pour le rachat des ames des donateurs, tant par le même Guillaume, que par les seigneurs de ces moutiers, savoir, Roger Goulafre de Ménil-Bernard, Herfroi de Roiville, Robert de Monnai, Herfred de Ternant, Guillaume prêtre des Essarts ; Guillaume Prévôt des Augerons, Roger Faitel de Bois-Hébert.

[1] Ce nom n'est pas connu. Peut-être s'agit-il d'Ommoi.

Le même Guillaume donna au même monastère, pour la rédemption de l'ame d'Emma sa mère, une terre d'une charrue située à Vernuces. Il donna en outre la moitié du revenu des moulins, d'accord avec son frère Ernauld; tout ce qu'il avait dans son domaine, la terre de Varri, et le bois de Landigou; la terre de Burvand à Vernuces, les deux pêcheries de Ternant, et à Montreuil trois fours et un domaine. Ensuite Guillaume fils de Vauquelin du Pont-Echenfrei donna l'église de Sainte-Marie et tout ce que le prêtre Osbern tenait en sa possession, avec la dîme du droit de péage; la dîme des moulins et des charrues qu'il avait là et ailleurs ou qu'il pourrait avoir; il y ajouta ce qu'il possédait à Roiville.

Ensuite Robert fils de Helgon, du consentement et avec le concours de ses seigneurs, savoir, Guillaume Robert, leurs fils et leurs neveux, vendit aux moines d'Ouche l'église de Saint-Martin sur le ruisseau de Bailleul, et dans le même lieu la terre du presbytère, avec une autre terre de huit charrues, qu'ils achetèrent bon prix. Il donna la moitié du moutier de Sap-André, avec la terre du presbytère, et la moitié de sa terre d'Etouteville. Robert, fils de Théodelin, fit don de l'autre partie du même moutier, avec la moitié du revenu.

L'abbé Théoderic acquit de Guillaume et de Robert fils de Radulphe, surnommé Fresnel, moyennant dix-huit livres, l'église de Notre-Dame-du-Bois [1], construite dans les temps anciens par les moines du couvent d'Ouche, de même qu'un certain moine nommé Placide l'avait tenue précédemment. En outre,

---

[1] Aujourd'hui Saint-Evroul-Notre-Dame-du-Bois.

Hubert Deuncius vendit au même abbé l'église du même lieu et quelques arpens de terre. Guillaume fils d'Osbern le sénéchal, seigneur de ces biens, en fit la concession. Ensuite Robert, fils de Giroie, accordant et confirmant tout ce que ses frères, ses neveux et leurs hommes avaient donné à l'abbaye d'Ouche, lui donna de son côté, et sur ses biens, Saint-Céneri, Saint-Pierre de la Pôté-des-Nids, et toutes les dîmes qui appartenaient à ces deux terres, la moitié du bois de Saint-Céneri, les pêcheries sur la Sarthe pour le plaisir des moines, et Sainte-Marie du Mont-Gandelain, toute la dîme de Ciral et de tous les fiefs qu'il pourrait acquérir. Ensuite, de son consentement, Radulphe, fils de Godefroi, son homme d'armes, donna l'église de Radon. En apprenant ces donations, un certain homme d'armes, vertueux et bon, nommé Wadon de Dreux, fit don de l'église de Saint-Michel sur Avre, dans le pays d'Evreux, avec le consentement de ses seigneurs, de ses enfans, de ses parens et de ses amis.

Telles sont les donations que Guillaume, Robert, leurs neveux Robert et Hugues et leurs autres parens firent au couvent d'Ouche. Ils en présentèrent la charte à la confirmation de Guillaume, duc de Normandie. Il reçut favorablement leur demande et permit avec bonté que ces donations, dont il vient d'être question, eussent leur effet. Il favorisa l'église d'Ouche d'un privilége spécial, afin qu'elle fût à jamais libre et exempte de toute juridiction étrangère. Il permit aux frères de procéder par eux-mêmes à l'élection de l'abbé, sauf toutefois l'observation de la discipline régulière, c'est-à-dire à la condition que

les votes des électeurs ne seraient pas corrompus, soit par l'amitié, soit par la parenté, soit par l'argent. Enfin le prince dont il s'agit ajouta à la fin de l'acte les paroles suivantes, destinées à le fortifier : « Moi Guil-
« laume, comte des Normands, ai fait écrire cette
« charte de donation ; je l'ai fait confirmer, sous peine
« d'excommunication, par les mains de l'archevêque
« de Rouen, des évêques, des abbés, dont les noms
« et les signatures sont ci-après, afin que les stipu-
« lations qu'elle renferme subsistent dans leur en-
« tier ; de façon que si quelqu'un était tenté de les
« enfreindre, ou leur voulait porter dommage, soit
« par lui, soit par d'autres, dans quelque intention
« que ce soit, il sache que, par l'autorité de Dieu et
« par la chrétienté de tous les saints, il sera, à moins
« qu'il ne s'amende, excommunié et maudit éter-
« nellement. » Le duc Guillaume signa d'un signe de croix la charte ci-dessus, qui fut souscrite ensuite par Mauger, archevêque de Rouen, fils de Richard Gunnoride, duc des Normands ; par Hugues, évêque de Lisieux, fils de Guillaume, comte d'Eu ; par Odon, évêque de Bayeux, frère utérin du duc Guillaume ; par Guillaume, évêque d'Evreux, fils de Gérard Flertel [1] ; par Gislebert, abbé de Châtillon [2] ; par Guillaume Robert et Radulphe, fils de Giroie ; par leurs neveux Hugues de Grandménil, Robert et Er-nauld ; par Guillaume, fils de Vauquelin ; par Radulphe de Toëni, par Radulphe Taison, par Roger de Mont-Gomeri ; par Guillaume, fils d'Osbern ; par

---

[1] Ailleurs il est appelé Flétel, et aussi Fleitel.
[2] Conches.

Richard de Beaufou [1], par Richard de Saint-Scholasse et par plusieurs autres seigneurs de Normandie, qui étaient réunis dans la forêt de Lions à la cour du duc, sur la rivière de Lieure [2], devant l'église de Saint-Denis [3]. Ce fut l'an de l'Incarnation du Sauveur 1050 que fut ainsi confirmée la charte de donation en faveur de l'église d'Ouche.

La même année Robert de Grandménil changea l'habit séculier et prit la robe monacale, sous la discipline de Théoderic, abbé d'Ouche. Ainsi que nous l'avons dit ci-dessus, ce seigneur était fils du vaillant baron Robert de Grandménil et d'Hadvise, fille de Giroie. Dès son enfance, il étudia les lettres avec succès et brilla parmi ses condisciples par la tenacité de sa mémoire : parvenu à l'âge de l'adolescence, il abandonna le délassement des lettres, pour courir aux travaux des armes, et fut pendant cinq ans écuyer du duc Guillaume. Ce prince l'éleva convenablement aux dignités militaires et l'honora noblement de plusieurs faveurs. Ayant considéré la fragilité des choses humaines, il préféra l'abjection dans la maison du Seigneur à la vanité des tentes des pécheurs [4], pour y fleurir un moment comme l'herbe. Il se rappelait souvent les dangers de la milice séculière, auxquels son père et une innombrable quantité d'autres personnes avaient été en butte, quand, attaquant l'ennemi, ils tombaient

---

[1] On a dit depuis Beaufour, par euphonie, comme Echaufour pour Echaufou; Barfleur pour Barfleu; etc.

[2] *Flumen Loiry*. Ce nom a beaucoup de ressemblance avec Saint-Laurien ou Lorien, chapelle dans la commune de Saint-Denis-le-Thibout.

[3] Saint-Denis-le-Thibout. — [4] Psaume LXXXIII, v. 11.

dans les piéges qu'ils avaient tendus aux autres. En effet, Robert son père, de concert avec Robert de Toëni, combattit contre Roger de Beaumont : dans ce combat, Roger fut tué avec ses fils Elbert et Elinance, et Robert reçut une blessure mortelle dans les entrailles. Rapporté du champ de bataille, il vécut encore trois semaines et distribua ses terres à ses fils Hugues et Robert. Il mourut le 14 des calendes de juillet (18 juin), et fut inhumé en dehors de l'église de Sainte-Marie de Norrei. Cet événement causa beaucoup d'émotion à son fils Robert, qui fit tous ses efforts pour s'exercer dans une meilleure milice. C'est ce qui le détermina à fonder un couvent dans ce lieu, comme nous l'avons dit plus haut, pour son salut et celui des siens, et à lui donner librement tout son patrimoine, du consentement de son frère Hugues.

Son oncle Guillaume, fils de Giroie, lui fit changer d'avis : il fit avec Hugues, son frère, l'acte dont nous avons parlé, et se rendit à Ouche, où, suivant la règle de saint Benoît, il fit dévotement sa profession monacale. Il éprouva beaucoup de peine pour subvenir à l'indigence de l'église, et fut souvent obligé de ravir des biens de ses parens, qui étaient dans une grande opulence : il en fit pour leur salut une charitable distribution aux fidèles, qui avaient besoin de secours. Ayant donné à sa mère Hadvise soixante livres rouennaises, il parvint à lui soustraire sa dot, c'est-à-dire, Noyer-Ménard, Vieux-Ménil, le Tanet, ainsi que Ménil-Dode, qu'il donna à l'église

---

¹ Peut-être le Tanet (*Tanacetum*) est-il Saint-Aubin, ou Saint-Jean-du-Thennei, et Ménil-Dode, Ménil-Eude. Il a déjà été question de ces deux noms dans le commencement de ce livre.

d'Ouche. Il procura en outre à cette église, du don de sa mère, un grand psautier orné de différentes peintures, dont, jusqu'à ce jour, les moines occupés à psalmodier se servent fréquemment pour chanter les louanges de Dieu. Emma, femme d'Edelred, roi des Anglais, avait présenté ce volume à son frère Robert, archevêque de Rouen, et Guillaume, fils de ce prélat, l'avait enlevé familièrement de la chambre de son père, et l'avait apporté à Hadvise, son épouse bien-aimée, à laquelle il cherchait à plaire de toutes les manières. Robert de Grandménil procura encore beaucoup d'autres biens à son église, et se rendit agréable à ses frères, tant par les ornemens qu'il donna à l'église que par les choses utiles dont il les fit jouir.

Le vénérable abbé Théoderic observait avec une constante ferveur les règles de la vie monastique, et cherchait tous les moyens d'être utile par ses discours et par ses œuvres à la congrégation qui lui était confiée. Il était Normand de nation, originaire du pays de Talou; sa taille était moyenne, sa voix douce, sa figure vermeille. Il était instruit dans les lettres sacrées, et il s'exerça au culte divin, depuis l'enfance jusqu'à la vieillesse. Mais comme l'ivraie s'élève avec importunité dans la moisson de froment, pour être ensuite, au temps de la récolte, extirpée complétement par les moissonneurs diligens, et jetée aux flammes qui ne l'épargneront pas, de même des enfans pervers viennent se mêler au troupeau des hommes pieux; mais, au temps fixé, ils sont découverts par le juge équitable, et livrés sévèrement au supplice qu'ils méritent. Sous cet abbé existait, au milieu du troupeau d'Ouche, un certain moine, nommé Romain, qui, poussé par l'instinct du démon, volait les linges, les culottes et les autres objets de cette nature. Interrogé fréquemment par le père Théoderic pourquoi il commettait ces crimes, il niait formellement tous ses vols, qu'il avouait souvent peu de temps après. Une certaine nuit qu'il était couché dans son lit, il fut saisi par le démon, qui le tourmenta violemment. Les moines l'ayant entendu crier horriblement, se rendirent auprès de lui, le poussèrent, l'aspergèrent d'eau bénite, et parvinrent avec beaucoup de peine à le délivrer un moment des tortures diaboliques; revenu à lui, il comprit que les vols dont il s'était rendu coupable avaient pu seuls donner au diable un tel pouvoir sur lui-même, et promit que dorénavant il se garderait de semblables méchancetés. Peu de temps après, il revint comme le chien à son vomissement; ce qui força l'abbé Théoderic à lui faire couper son capuchon, et à le renvoyer du monastère. Chassé du collége de ses frères, il entreprit, dit-on, le voyage de Jérusalem ; mais nous ignorons entièrement quelle fut sa fin. Un certain prêtre, nommé Ansered, demeurait dans le territoire du lieu qu'on appelle Le Sap, et menait une vie dissipée de plusieurs manières. S'étant trouvé fort incommodé par la maladie, il pria les moines d'Ouche de lui donner l'habit de saint Benoît; l'ayant reçu, il fut conduit au couvent et mis à l'infirmerie. Entré en convalescence, il retournait, autant qu'il le pouvait, à l'étourderie de sa vie séculière. Comme dit un certain sage en pareille circonstance :

Cœlum, non animum mutant qui trans mare currunt [1].

[1] Horace, liv. I, épît. xii, v. 27.

Ce prêtre changea seulement d'habit, mais il conserva ses habitudes. L'abbé Théoderic s'étant aperçu combien étaient répréhensibles la vie et les habitudes de cet homme, apprit d'ailleurs qu'il détestait la vie religieuse. En effet, il avait écrit à son père et à sa mère d'élever des difficultés, et de le retirer du monastère. Théoderic craignit que les vices d'Ansered ne corrompissent ses frères; il voulut accomplir en lui le précepte de l'apôtre, qui dit: « Eloignez « le mal de vous-même; » et ces autres paroles: « Si « l'infidèle se retire, laissez-le aller. » Ainsi il lui permit de se retirer du cloître et de retourner au siècle. Bientôt, accumulant péchés sur péchés, il se lia avec une femme de peu de considération; mais comme elle ne suffisait pas à ses passions, il inspira de l'amour à une autre femme nommée Pomula, et convint avec elle de la conduire à Saint-Gilles. Il voulait ainsi cacher à ses parens et à ses amis l'objet de son amour. Il désigna à cette femme le lieu où ils devaient se rejoindre; ils partirent en même temps, et il alla se réunir à quelques pélerins qui se rendaient à Saint-Gilles. Cependant, à l'insu de son amant, la femme manqua à ses engagemens, et se lia avec un autre clerc. Ansered étant parvenu au lieu qu'il avait désigné à sa maîtresse, et ne l'y ayant pas trouvée, il dit à ses compagnons de voyage: « Il faut que « je retourne chez moi, parce que j'ai oublié une « chose qui m'est très-nécessaire; quant à vous, ne « perdez pas de temps dans votre voyage; je ne tar-« derai pas à vous suivre. » Comme il entra de nuit dans la maison de cette femme, il la trouva au lit avec le clerc: elle fit aussitôt connaître cette arrivée à son amant, qui, ayant saisi une hache, frappa Ansered à la tête, et le tua. Il le mit ensuite dans un sac et le traîna au loin ; puis le couvrit de terre pour le dérober à la vue : on le trouva plusieurs jours après. Les animaux l'avaient dépouillé et lui avaient mangé une cuisse et une jambe ; il sortait de son corps une odeur si fétide, que personne ne pouvait en approcher. Ce fut cette odeur qui, en se répandant au loin, le fit découvrir. Son père et sa mère, qui l'aimaient tendrement, le recueillirent et l'ensevelirent hors du cimetière de l'église. Voilà de quelle mort fut puni celui qui aima mieux retourner aux vanités du siècle, que mener parmi les serviteurs de Dieu la vie régulière qui pouvait le conduire au royaume céleste.

Un autre prêtre, nommé Adélard, ayant, à cause de ses infirmités, pris l'habit monacal, donna en perpétuelle possession à Dieu, à Saint-Evroul et à ses moines, l'église du Sap avec la dîme qu'il tenait en fief. Lorsqu'il eut recouvré la santé, il se repentit de ce qu'il avait fait, et résolut de retourner au monde. Aussitôt que l'abbé Théoderic eut entendu parler de ce projet, il lui fit lire la règle de saint Benoît, et lui dit : « Voilà la loi sous laquelle vous avez voulu com-
« battre. Si vous pouvez l'observer, entrez ; si vous
« ne le pouvez pas, sortez librement. » Il ne voulait retenir de force aucun homme de ce genre. Adélard, malheureusement endurci dans son opiniâtreté, sortit du couvent et reprit l'habit séculier qu'il avait d'abord quitté. Lorsqu'il voulut se faire rendre l'église du Sap qu'il avait donnée aux moines, Hugues de Grandménil, qui possédait alors le fief du Sap, ne permit pas

cette rétrocession. Il fut donc obligé de se retirer à Friardel chez ses parens, car il était d'une bonne famille : il y vécut près de quinze ans. Depuis ce moment, il ne jouit jamais d'une bonne santé ; il souffrit beaucoup d'infirmités continuelles ; enfin, quand il vit la mort qui le menaçait, il craignit les supplices éternels, pour la punition du crime de son apostasie. Il supplia l'abbé Mainier, qui gouvernait l'abbaye, le quatrième depuis le vénérable Théoderic, de lui rendre l'habit de saint Benoît, qu'il avait abandonné pendant ses péchés. Il le reçut, vécut encore trois semaines et termina sa vie monacalement. Son infirmité était si grave, qu'il ne pouvait se passer des services d'une femme : c'est pourquoi il ne put être apporté vivant au monastère qu'il avait abandonné.

Du temps de Guillaume, duc de Normandie, Ives, fils de Guillaume de Bellême, gouvernait l'évêché de Seès ; ses frères, Guerin, Robert, Guillaume étant venus à manquer, il obtint la ville de Bellême de la succession de son père, par droit héréditaire. Il était instruit, beau de corps, spirituel et éloquent, gai et même facétieux. Il aimait les clercs et les moines comme un père ses enfans, chérissait surtout, et vénérait, parmi ses meilleurs amis, l'abbé Théoderic. Il avait souvent avec lui des entretiens familiers. En effet, la ville de Seès n'est éloignée de l'abbaye d'Ouche que de sept lieues. Roger de Mont-Goméri, vicomte d'Exmes, avait épousé Mabille, nièce de ce prélat : ce qui lui avait fait obtenir une grande partie des possessions de Guillaume de Bellême. Par l'inspiration et le conseil d'Ives, Roger donna à l'abbé Théoderic l'église de Saint-Martin de Seès, et le pria instamment, de concert avec Mabille, d'y faire construire un monastère. Le travail fut commencé avec une grande activité, au nom du Seigneur. Le prêtre Roger, moine d'Ouche, Morin et Engelbert, y furent établis par Théoderic, ainsi que plusieurs autres de ses disciples. Il visitait souvent lui-même ce lieu; quelquefois il y passait trois ou quatre semaines, et s'appliquait de tous ses efforts à conduire à sa perfection l'ouvrage qu'il avait commencé pour l'amour de Dieu et l'avantage de ceux qui le suivent. Quant à Mabille, elle était fière et mondaine, rusée et bavarde, et même extrêmement cruelle. Toutefois elle aimait beaucoup Théoderic, l'homme de Dieu, et ne laissait pas de lui obéir en certaines choses, quoiqu'elle se montrât toujours très-dure envers les autres religieux. Elle présenta à Roger et aux autres moines de Seès, pour être lavé dans la sainte fontaine du baptême, son fils aîné Robert de Bellême, dont la cruauté a été de nos jours si terrible contre le malheureux peuple.

La vraie charité rend celui chez lequel elle règne agréable aux bons et formidable aux méchans: aussi l'abbé que nous avons souvent nommé était à bon droit chéri des gens de bien et redouté des pervers. Charmé de la douceur de la contemplation intérieure, il évitait autant qu'il le pouvait tous les soins du dehors, et se livrait avec une fervente assiduité au culte divin. Toujours occupé de prières il ne négligeait pas les travaux manuels qui étaient de sa compétence. Il écrivait bien, et il a laissé aux jeunes religieux d'Ouche d'illustres monumens de son talent. Le livre des *Collectes*, le *Graduel* et l'*Antiphonier*, furent écrits de sa propre main dans le couvent même. Il obtint par de gracieuses demandes, de ses compagnons qui étaient venus avec lui de Jumiège, plusieurs précieux volumes de la divine loi. Son neveu Radulphe copia l'*Eptateuque* [1], ainsi que le *Missel* dans lequel on chante journellement la messe au couvent. Son compagnon Hugues fit une copie de l'exposition sur Ezéchiel, du Décalogue, et de la première partie des livres moraux. Le prêtre Roger est celui auquel on doit une copie de la troisième partie des livres moraux, des Paralipomènes, et des livres de Salomon. Le respectable père dont je viens de parler procura à notre bibliothèque, par ces écrivains et par quelques autres antiquaires qu'il forma à ce travail, durant les huit années qu'il gouverna le couvent, tous les livres de l'Ancien et du Nouveau Testament, ainsi que tous les ouvrages du très-éloquent pape Grégoire.

C'est de cette école que sortirent plusieurs excellens copistes [2], tels que Bérenger, qui depuis fut promu à l'évêché de Venosa, Goscelin et Radulphe, Bernard, Turquetil, Richard et plusieurs autres, qui remplirent la bibliothèque de Saint-Evroul des traités de Jérôme et d'Augustin, d'Ambroise et d'Isidore, d'Eusèbe et d'Orose, et de divers docteurs; leurs bons exemples aussi encouragèrent les jeunes gens à les imiter dans un pareil travail. L'homme de Dieu, Théoderic, leur donnait des instructions et les avertissait souvent d'éviter entièrement l'oisiveté de l'esprit, qui a coutume de nuire beaucoup au corps ainsi qu'à l'ame. Il avait l'habitude de leur parler en ces termes : « Un certain frère demeurait dans un cer-

---

[1] Les sept premiers livres de l'Ancien Testament.
[2] *Librarii*.

« tain monastère; il était coupable de beaucoup d'in-
« fractions aux institutions monastiques ; mais il était
« écrivain, il s'appliqua à l'écriture et copia volon-
« tairement un volume considérable de la divine loi.
« Après sa mort, son ame fut conduite pour être exa-
« minée devant le tribunal du juge équitable. Comme
« les malins esprits portaient contre elle de vives ac-
« cusations et faisaient l'exposition de ses péchés in-
« nombrables, de saints anges, de leur côté, présen-
« taient le livre que le frère avait copié dans la maison
« de Dieu, et comptaient lettre par lettre l'énorme vo-
« lume, pour les compenser par autant de péchés.
« Enfin une seule lettre en dépassa le nombre, et tous
« les efforts des démons ne purent lui opposer aucun
« péché. C'est pourquoi la clémence du juge suprême
« pardonna au frère, ordonna à son ame de retourner
« à son corps, et lui accorda avec bonté le temps de
« corriger sa vie. Pensez fréquemment à cet événement,
« mes très-chers frères, et purgez vos cœurs de tous
« desirs frivoles et nuisibles; sacrifiez continuellement
« au Seigneur votre Dieu les ouvrages de vos mains,
« évitez de tous vos efforts l'oisiveté comme un mortel
« poison, parce que, comme le dit notre saint père Be-
« noît, l'oisiveté est l'ennemie de l'ame. Rappelez-vous
« souvent aussi en vous-mêmes qu'il est rapporté dans
« les vies des Pères, par un docteur éprouvé, que tout
« moine qui travaille au bien n'est tourmenté que par
« les tentations d'un seul démon, tandis que mille
« démons attaquent l'homme oisif, et, par les innom-
« brables traits des tentations dont ils le percent de tous
« côtés, le forcent de haïr le cloître monacal, et lui
« font desirer les pernicieux spectacles du siècle, ainsi

« que la jouissance des voluptés coupables. Puisque
« vous ne pouvez nourrir les pauvres par d'abon-
« dantes aumônes, puisque vous ne possédez pas les
« biens terrestres, puisque vous ne pouvez élever des
« temples magnifiques, comme les rois et les autres
« grands du siècle, puisque vous êtes renfermés dans
« la régularité du cloître et privés de toute puissance,
« suivez du moins l'exhortation de Salomon : con-
« servez vos cœurs par une surveillance assidue, et
« sans cesse employez tous vos efforts pour plaire à
« Dieu. Priez, lisez, psalmodiez, écrivez, livrez-vous à
« toutes les occupations de ce genre, et par elles armez-
« vous sagement contre les tentations des démons. »

C'est par de tels avertissemens que Théoderic for-
mait ses disciples. Il attaquait, il priait, il réprimen-
dait, il excitait avec vigilance aux bonnes œuvres,
auxquelles il était le premier à se livrer, tant en priant
qu'en écrivant, et en faisant beaucoup d'autres actions
utiles. Pour ces occupations il était blâmé par quelques moines qui préféraient les soins mondains aux
divins offices. Quelle douleur! ils le blâmaient d'autant plus qu'il méritait davantage d'être vénéré ; ils
disaient : « Un tel homme n'est pas propre à être abbé,
« puisqu'il est étranger aux soins extérieurs et qu'il
« les néglige. Qui fera vivre ceux qui prient, si ceux
« qui labourent viennent à manquer? Celui-là est
« vraiment insensé qui préfère lire et écrire dans un
« cloître, à chercher les moyens de procurer la sub-
« sistance de ses frères. » Quelques orgueilleux disaient ces choses et d'autres semblables, et outra-
geaient par tant d'injures le serviteur de Dieu. Mais
Guillaume, fils de Giroie, l'honorait beaucoup à cause

de sa sainteté, et par une sévérité convenable comprimait la violence des rebelles que je ne veux pas nommer ici. Il soutenait au dedans comme au dehors de courageuses discussions contre toutes les attaques que l'on dirigeait vers l'homme de Dieu. Quelque temps après, l'héroïque Guillaume résolut de se rendre dans la Pouille, pour l'avantage de l'église d'Ouche. Quand il fut parti, comme il tardait beaucoup à revenir, l'homme de Dieu, Théoderic, resté en Normandie, fut profondément désolé.

De même que la vie des méchans déplaît beaucoup aux gens de bien, de même la conduite de ces derniers a coutume d'être insupportable aux gens de mauvaises mœurs. C'est pourquoi comme les bons enflammés par l'esprit divin s'appliquent de mille manières à ramener les hommes pervers; ainsi les méchans, poussés par une méchanceté diabolique, font de fréquens efforts pour détourner les justes vers la dépravation. Quoiqu'ils ne puissent y réussir entièrement, quelquefois cependant ils parviennent à les troubler dans la voie de Dieu, et à les rendre plus négligens dans l'accomplissement des saintes œuvres où ils ne cessent de les tourmenter. C'est ainsi que, pendant que l'église d'Ouche s'élevait, et, accrue par ces bonnes œuvres, brillait devant Dieu et les hommes, quelques scélérats entreprirent de réunir contre elle plusieurs causes d'inimitié, de faire naître le trouble et de l'affliger dans tout ce qui avait été donné aux serviteurs de Dieu pour leur nourriture, leur habillement et leurs pieuses agapes ; mais le Christ qui est le véritable époux de l'Eglise, tandis que les flots de la mer se soulevaient en fureur pour engloutir le vaisseau de l'Eglise, parut avec un éclat merveilleux pour délivrer ses serviteurs, en déjouant les entreprises de leurs ennemis.

J'expliquerai avec vérité, mais plus tard, ce qui à cette époque concerne Mabille, fille de Guillaume Talvas.

Pendant que la loi monastique était régulièrement observée dans ces commencemens, par ces moines d'Ouche, et qu'on rendait tous les services de la charité à ceux qui se présentaient, comme c'est encore aujourd'hui la coutume, cette princesse, qui haïssait les fondateurs du couvent, essayait de lui susciter beaucoup de désagrémens, dont son méchant esprit était sans cesse occupé. Elle, son père et toute sa famille nourrissaient une haine durable contre les Giroie. Comme Roger de Mont-Gomeri, son mari, aimait et honorait les moines, elle n'osait employer ouvertement sa méchanteté à leur nuire. Elle venait sans cesse au couvent avec une multitude de soldats comme pour y recevoir l'hospitalité, et se rendait ainsi fort à charge aux moines qui, placés dans un lieu stérile, subissaient toutes les afflictions de la pauvreté. Un jour qu'elle s'était établie dans le monastère avec cent soldats, le seigneur abbé Théoderic lui en fit des reproches, lui demanda pourquoi elle venait avec tant de pompe chez de pauvres cénobites, et la pria de mettre un terme à ces visites déplacées. Mabille, enflammée de colère, lui répondit : « Je reviendrai avec un nombre de « troupes plus considérable que celui que j'ai amené. » L'abbé reprit : « Croyez-moi, si vous ne renoncez pas « à cette prétention, vous éprouverez des choses qui « ne vous feront pas plaisir. » C'est ce qui arriva ; car la nuit suivante elle éprouva des souffrances qui commencèrent à la tourmenter beaucoup. Aussitôt elle ordonna qu'on l'emportât de ce lieu. Pendant qu'elle se hâtait, épouvantée, de fuir de la terre de Saint-Evroul, et qu'elle passait devant la maison d'un certain bourgeois, nommé Roger Snisuar, elle fit prendre une petite fille à la mamelle, et lui donna à sucer sa mâchoire, où s'était réunie la plus grande partie de sa douleur. L'enfant suça le mal et mourut peu après, tandis que Mabille convalescente retourna chez elle. Elle vécut ensuite près de quinze ans; mais elle n'osa jamais revenir à Ouche, après y avoir été, comme nous l'avons dit, châtiée du fléau de Dieu. Elle se garda bien désormais de s'occuper des habitans du couvent, soit pour les servir, soit pour leur nuire, tant qu'elle vécut dans les félicités, mêlées d'amertume, de cette vie. Cependant elle aima l'abbé Théoderic, et, comme nous l'avons dit par anticipation, elle lui confia, beaucoup plus qu'à l'église d'Ouche, le couvent de Saint-Martin.

Le pape Benoît était assis sur le siége apostolique; les Sarrasins passaient tous les ans sur leur flotte d'Afrique dans la Pouille et levaient impunément, dans toutes les villes du pays, toutes les contributions qu'ils voulaient, sur les lâches Lombards et les Grecs qui habitaient la Calabre. A cette époque, Osmond surnommé Drengot, entendant Guillaume Repostel se vanter insolemment à la cour de Normandie d'avoir déshonoré sa fille, le tua sous les yeux du duc Robert, dans une forêt où l'on chassait. Ce crime le força de fuir la présence du prince. Il se retira d'abord en Bretagne, puis en Angleterre, et enfin à Bénévent avec ses fils et ses neveux. Il fut le premier Normand qui s'établit en Pouille. Il reçut une ville du prince de Bénévent, pour s'y fixer lui et ses héritiers. Ensuite, un certain Drogon, chevalier normand, se rendit en pèlerinage à Jérusalem avec cent autres chevaliers. A son retour, le duc Waimalch[1] le retint quelques jours à Salerne avec ses compagnons, par pure humanité et pour les rétablir de leurs fatigues. Alors vingt mille Sarrasins descendirent sur les côtes d'Italie, et vinrent avec de grandes menaces demander le tribut aux citoyens de Salerne. Pendant que le duc et ses gens faisaient la collecte du tribut dans la ville, les Sarrasins descendirent de leur flotte et s'établirent dans une plaine couverte d'herbe, qui est située entre Salerne et la mer, pour faire leur repas avec joie et sécurité. Les Normands ayant su cet événement et voyant le duc occupé à recueillir l'argent propre à se concilier la bienveillance des barbares, firent amicalement des reproches aux habitans de ce qu'ils se rachetaient avec de l'argent, comme des veuves sans protection, au lieu de se défendre en hommes courageux, par la force du fer. Aussitôt ils coururent aux armes, tombèrent à l'improviste sur les Africains, qui attendaient avec sécurité le tribut, et, après en avoir tué plusieurs mille, forcèrent le reste à fuir honteusement vers les vaisseaux. Les Normands revinrent chargés de vases d'or et d'argent, ainsi que de beaucoup d'autres dépouilles précieuses ; ils furent vivement sollicités par le duc de résider avec honneur à Salerne ; mais comme ils avaient un vif désir de revoir leur patrie,

---

[1] Guaimar.

ils n'obtempérèrent pas à cette demande. Cependant ils promirent ou de revenir eux-mêmes ou d'envoyer promptement une élite de jeunes Normands. Après qu'ils eurent touché le sol natal, ils racontèrent à leurs compatriotes tout ce qu'ils avaient vu ou entendu, fait ou souffert. Ensuite quelques-uns d'eux, voulant s'acquitter de leurs promesses, retournèrent en Italie par le même chemin, et par leur exemple déterminèrent à les suivre un grand nombre de jeunes gens dont le cœur était léger. En effet, Turstin surnommé Citel, Ranulphe, Richard, fils d'Ansquetil de Quarel, les fils de Tancrède de Hauteville, Drogon et Onfroi, Guillaume et Herman, Robert surnommé Wiscard[1], Roger et ses six frères, Guillaume de Montreuil[2], Ernauld de Grandménil et beaucoup d'autres quittèrent la Normandie et se rendirent en Pouille non pas ensemble, mais à différentes époques. Parvenus dans ce pays, ils se mirent d'abord à la solde du duc Waimalch et des autres princes voisins, pour les servir contre les païens. S'étant ensuite brouillés avec eux, ils attaquèrent ceux qu'ils avaient précédemment défendus et soumirent bientôt à leurs armes puissantes Salerne, Bari, Capoue, toute la Campanie et la Calabre; ils conquirent aussi en Sicile Palerme, Catane, le château de Jean, avec d'autres villes et plusieurs belles forteresses, que leurs successeurs possèdent encore aujourd'hui.

Parmi les Normands qui passèrent le Tibre, Guillaume de Montreuil, fils de Guillaume Giroie, se distingua principalement, et devenu chef des troupes de

---

[1] Robert Guiscard.
[2] Montreuil l'Argilé.

l'armée romaine, portant le drapeau de saint Pierre, il subjugua la fertile Campanie. Frère et ami des moines d'Ouche, auxquels avant son départ il avait, comme nous l'avons dit, fait beaucoup de dons, il les pria de lui envoyer un fidèle délégué, pour recevoir les présens qu'il leur préparait. Dès que son père Guillaume eut appris cela, il s'offrit volontiers à remplir cette mission, pour l'avantage de la sainte Eglise. L'abbé Théoderic en fut à la fois joyeux et attristé : joyeux, à cause de la grande dévotion dont ce seigneur était animé, et qui lui faisait entreprendre un voyage si pénible ; attristé, à cause de la grande consolation qu'il perdait, dans celui qui était sans cesse disposé à toute espèce de bonnes œuvres. Enfin l'homme de Dieu, le prieur Robert et tout le couvent, recommandèrent au Ciel le seigneur Guillaume et lui donnèrent pour l'accompagner Gonfroi, moine très-habile, Roger de Jumiège, écrivain distingué[1], et douze autres honorables serviteurs. Ayant passé les Alpes, il gagna Rome, et de là continuant son chemin, il trouva dans la Pouille son fils et plusieurs autres hommes, tant amis et alliés que parens. Ils se réjouirent beaucoup à sa vue, le retinrent quelque temps avec eux d'une manière honorable, et lui donnèrent beaucoup et de grands présens, destinés à l'entretien de l'église pour laquelle il mendiait. Comme il voulait secourir sans retard ses frères indigens, il détacha le moine Gonfroi avec de fortes sommes; mais, par les dispositions secrètes d'un jugement de Dieu, il en arriva autrement qu'il n'espérait ; car Gonfroi se rendit à Rome, et résolut d'y passer l'hiver dans le monas-

[1] Calligraphe.

tère de l'apôtre saint Paul. Des Romains, excités par la cupidité pour l'or qu'il portait, l'empoisonnèrent. Ainsi mourut ce vénérable pèlerin dans la profession de la foi du Christ, le jour des ides de décembre (13 décembre). Peu de temps après, Guillaume se disposa à repartir en emportant beaucoup d'argent ; mais, arrivé à la ville qui a été appelée Gaëte du nom de Cayète, nourrice du Troyen Énée, il fut pris d'une maladie mortelle. Alors il appela auprès de lui les deux chevaliers Ansquetil du Noyer, fils d'Ascelin, et Théodelin de Tanesie[1], et leur dit : « Vous voyez « que vos douze compagnons, qui sont venus gaî- « ment de Normandie avec nous, sont morts dans « ce pays ; moi-même à présent je suis attaqué d'une « grave maladie, qui me pousse impatiemment vers « ma fin. Maintenant, Ansquetil, je te confie, en « présence de Théodelin qui en est témoin, l'ar- « gent que j'ai reçu, afin que tu le portes sans « fraude au seigneur abbé Théoderic, à Robert « mon neveu et aux autres moines de Saint-Evroul, « pour lesquels je suis loin de mon pays natal. Vous « êtes tous deux hommes de Saint-Evroul ; vous « devez être fidèles à son égard : ne soyez tentés « par aucune cupidité. Examinez sagement que vous « surviviez seuls par les mérites de saint Evroul à « tous vos compagnons défunts, sans doute pour lui « rendre fidèlement ce service. Faites de ma part « les derniers adieux aux moines d'Ouche que j'aime « en Jésus-Christ, comme moi-même, et suppliez-les « avec zèle de prier fidèlement pour moi le Seigneur « tout-puissant. » En disant ces choses et beaucoup

---

[1] Probablement Tanie, dans le département de la Manche.

d'autres, il leur montra de l'or, des manteaux précieux, un calice d'argent, ainsi que d'autres objets d'un grand prix, en fit le compte exact, et remit le tout à Ansquetil. Peu après, le mal ayant fait des progrès, ce noble héros mourut dans la confession du Christ, le jour des nones de février (5 février), et fut honorablement enseveli dans l'église de Saint-Erasme, évêque et martyr, où est le siége épiscopal. Ensuite Ansquetil et Théodelin se rendirent en France, et arrivèrent heureusement chez eux. Quelques jours après, Ansquetil fit le voyage d'Ouche, annonça aux frères la mort du seigneur Guillaume et de ses compagnons, mais garda un profond silence sur l'argent qui lui avait été confié, et qu'il avait déjà méchamment dépensé pour son usage. En apprenant la mort du fondateur de leur église, les cénobites furent profondément contristés; ils offrirent fidèlement à Dieu, par lequel toutes choses vivent, des prières, des messes et d'autres bons offices pour son ame; leurs successeurs s'attachent encore aujourd'hui à observer avec ferveur ces saintes pratiques. Comme Ansquetil regagnait sa demeure, Théodelin, son compagnon, vint à Ouche, et s'informa des moines s'ils avaient reçu quelque chose de la Pouille. Ayant découvert qu'on ne leur avait donné que de fâcheuses nouvelles de la mort de leurs amis, il en éprouva un grand étonnement, et raconta toute la vérité sur ce qui lui était arrivé d'heureux et de malheureux pendant son pélerinage. Aussitôt l'abbé Théoderic manda Ansquetil, et lui redemanda l'argent qui lui avait été confié. Ansquetil commença par nier; mais ayant été convaincu de mensonge par Théodelin, il fut forcé

de reconnaître la vérité. « De l'argent, dit-il, que
« vous me demandez et que j'ai reçu de mon seigneur
« Guillaume, j'en ai détourné une partie qui a été
« employée pour mon usage; le reste je l'ai laissé à
« Rheims, par le conseil de mon seigneur Raoul
« Male-Couronne, que j'y ai rencontré. » Les moines
ayant appris cela, l'envoyèrent deux fois à Rheims,
d'abord avec Rainauld, moine du Sap, ensuite avec
Foulques[1] qui se rendit auprès de l'archevêque Gervais pour réclamer le dépôt. Ce métropolitain reçut
parfaitement le moine de Saint-Evroul, et le servit,
autant qu'il était possible, dans l'affaire qui était l'objet de son voyage. Pendant que ce prélat était évêque du Mans, et qu'il allait souvent à la cour de
Guillaume, duc des Normands, avec lequel il était
très-bien, il avait souvent été reçu honorablement
au monastère d'Ouche et traité en ami, ainsi que
toute sa maison. A la vue du moine Foulques, il
voulut rendre bons traitemens pour bons traitemens.
Comme il y avait déjà long-temps qu'Ansquetil avait
fait le dépôt de ce qu'il redemandait, et qu'il l'avait d'ailleurs fait à la légère, il ne recouvra de ce
qu'il avait apporté de la Pouille qu'un petit nombre
d'objets de peu de valeur. Ce ne fut pas sans peine
qu'il obtint le calice d'argent, deux chasubles, une
dent d'éléphant, une serre de griffon et quelques
autres choses. Les moines ayant considéré les mauvaises actions d'Ansquetil, le mirent en jugement au

---

[1] *Fulco.* Les mots Foulcon et Faulcon qui sont plus rapprochés du latin ont été conservés en Normandie dans le nom de quelques communes, telles que Saint-Julien-le-Foulcon, dans le Calvados, Aunou-le-Faulcon, dans l'Orne.

tribunal de Saint-Evroul, où se présentèrent pour le protéger, Richard d'Avranches, fils de Turstin, et plusieurs autres seigneurs; mais, sur les justes plaintes des religieux, il fut décidé par un jugement équitable que le coupable perdrait tout le fief qu'il tenait de Saint-Evroul. Enfin, par l'entremise des amis des deux côtés, il fut décidé qu'Ansquetil, confessant publiquement son crime, rendrait hommage à l'abbé Théoderic, qu'il supplierait humblement les moines d'avoir pitié de lui, et que, pour réparation du dommage qu'il avait occasioné par sa négligence, il concéderait, en présence de plusieurs témoins, à Saint-Evroul le tiers du bourg d'Ouche, qu'il tenait de la succession de son père. Il déposa sur l'autel, comme don qu'il faisait, un manteau de soie qui servit à faire la chape du chantre. En conséquence les moines, touchés de pitié, lui pardonnèrent avec clémence toutes ses fautes, et lui promirent avec bonté tout le reste de son fief, au-delà de ce qu'il avait offert par les conseils de ses amis. Peu de temps après, il repassa dans la Pouille où il fut tué.

L'antique ennemi ne cesse d'essayer de troubler la tranquillité de l'Eglise par les aiguillons de diverses tentations, de soumettre aux mondaines vanités tous ceux qu'il trouve veillant prudemment dans la simplicité de la foi catholique, et de tourmenter avec atrocité ceux qui pratiquent avec ardeur toutes les vertus. C'est pourquoi, voyant s'élever, avec l'aide de Dieu, un monastère régulier dans la forêt d'Ouche, et l'abbé Théoderic rendre les plus grands services, par la parole et par les actions, aux ames des jeunes gens et des vieillards du pays, brûlant de cette jalou sie, qui lui fit chasser du paradis le premier homme, après lui avoir fait manger du fruit défendu, le malin esprit souleva insolemment le prieur Robert contre son abbé, après le départ de Guillaume Giroie, et pendant une longue dissension, inquiéta gravement les esprits de ses subordonnés. Ainsi que nous l'avons suffisamment expliqué ci-dessus, ce Robert était d'une illustre noblesse, puisqu'il était frère de Hugues de Grandménil : il conservait toute la légèreté de ses premières années, une force indomptable et l'ambition du siècle. A la vérité il ne méritait que des éloges sous le rapport de la chasteté et de certaines autres saintes vertus, mais comme dit Horace :

...... *Nihil est ex omni parte beatum.*

Il était fort répréhensible par quelques vices. En effet, soit qu'il desirât de bonnes choses, soit qu'il en voulût de mauvaises, il était violent et emporté pour les obtenir ; s'il voyait ou entendait des choses qui lui déplussent, il était prompt à s'irriter ; il avait beaucoup plus de goût pour les rangs supérieurs que pour les derniers rangs, et se montrait toujours plus disposé à commander qu'à obéir. Il avait toujours les mains tendues pour recevoir et pour donner, et toujours la bouche ouverte pour exprimer sa fureur par des expressions déplacées. Comme il brillait de l'éclat d'une haute naissance, ainsi que nous l'avons dit, et qu'il avait fondé le monastère aux dépens de son patrimoine, comme il l'avait peuplé de frères réunis de toutes parts pour le service de Dieu, et qu'il l'avait pourvu de toutes les choses nécessaires, il ne pouvait dans cette maison naissante se ployer au joug de la discipline régulière. Il reprochait souvent en secret à son père spirituel de s'occuper beaucoup plus des choses religieuses que des affaires séculières. Quelquefois il disputait ouvertement avec lui et se permettait de blâmer quelques-uns de ses règlemens, faits avec simplicité sur des objets purement extérieurs. Le serviteur de Dieu se retirait souvent à sa retraite de Seès ; il y demeurait six ou huit semaines, y faisait en paix l'œuvre de Dieu, et, selon son pouvoir, travaillait avec activité au salut des hommes. C'est ainsi qu'il attendait l'amendement du frère qui l'outrageait, et qu'il remplissait le précepte de l'apôtre qui dit : « Laissez passer la colère. » Ayant vu que l'aigreur et les scandales ne cessaient pas, et qu'au contraire ils augmentaient au détriment des frères, il voulut remettre à Guillaume, duc des Normands, le bâton pastoral ainsi que toute l'abbaye. Le duc, ayant fait usage de conseils judicieux, remit le réglement de cette affaire à Maurille, archevêque de Rouen, qu'il chargea de rechercher soigneusement les causes de ces dissensions et de décider, de l'avis des personnes sages, ce qu'il était équitable de faire.

L'an 1056 de l'Incarnation du Sauveur, pendant que le pape Victor était assis sur le siége apostolique, Henri, surnommé le Bon, empereur des Romains, fils de Conon (Conrad), vint à mourir, et eut pour successeur son fils Henri, qui régna cinquante ans. La même année, l'évêque Maurille, le philosophe Fulbert, son conseiller, Hugues, évêque de Lisieux, Ansfroi, abbé de Préaux, Lanfranc, prieur du Bec, et plusieurs autres personnages d'une profonde sagesse, se réunirent au couvent d'Ouche, et y célébrèrent, le 3 des calendes de juillet (29 juin), la fête des saints apôtres Pierre et Paul. Après avoir entendu et discuté comme il convenait les causes de la discorde, il fut décidé que l'abbé Théoderic serait maintenu dans sa prééminence comme par le passé, et que le prieur Robert se conformerait à la pauvreté du Christ, et obéirait humblement pour l'amour de Dieu et en toute chose à son père spirituel. C'est ce qui lui fut prescrit dans une longue remontrance. Les prélats dont nous venons de parler étant retournés chez eux, le troupeau d'Ouche vécut quelque temps en paix; mais au bout d'un an on apprit la mort de Guillaume Giroie, les dissensions reparurent de nouveau, et la discorde, si contraire au salut des corps et des ames, revint troubler violemment les cénobites. Théoderic, qui était ami de la paix, fut désolé de toutes parts; car, à Seès, il ne pouvait être utile au salut des ames ni conduire à sa perfection le monastère commencé par Roger et son épouse, qui étaient alors occupés de beaucoup de soins séculiers et vivement attaqués par leurs ennemis. Dans le couvent d'Ouche, il ne pouvait non plus, autant qu'il le voulait, faire ses affaires ni celles des autres, à cause des tracasseries qu'il avait à souffrir de la part de quelques moines influens.

Enfin, après avoir long-temps réfléchi sur ce qu'il devait faire pour agir selon Dieu, il résolut de tout abandonner et d'aller à Jérusalem, visiter le sépulcre du Seigneur. Ensuite, le 4 des calendes de septembre (29 août), il quitta Seès, où il avait fait un assez long séjour, et se rendit à Ouche : ayant convoqué ses frères en chapitre, il leur fit part de sa volonté, leur donna de bons conseils et l'absolution, les bénit et les recommanda à Dieu. Il partit ensuite pour Lisieux, où il remit le soin des ames à l'évêque Hugues, dont il était très-aimé, et, malgré les pleurs de ses nombreux amis, il entreprit pour le Christ le saint pélerinage. Herbert de Montreuil, premier moine qu'il avait lui-même admis dans l'église d'Ouche, l'accompagna dans son voyage, ainsi que le clerc Guillaume, surnommé Bonne-Ame, fils de Radbod, évêque de Seès, qui gouverna ensuite pendant près de trente-six ans la métropole de Rouen.

A cette époque, il existait sur la limite des territoires des Bavarois et des Huns un honorable hôpital, que des chrétiens fidèles et puissans des provinces voisines avaient fondé pour recevoir les pauvres et les pélerins. Cet hospice avait alors pour chef un Normand nommé Angot, qui avait été choisi par les gens du pays. Il était cousin de Roger de Toëni, qu'on appelait l'Espagnol, et il avait porté les armes sous Richard et Robert, ducs des Normands ; mais dans la componction que lui faisait éprouver la crainte de Dieu, il avait abandonné les affaires du monde, et leur avait préféré, par amour pour le Christ, le pélerinage et la pauvreté volontaire, pour toute sa vie. Dès qu'il vit l'abbé Théoderic et ses compagnons, il les reconnut parfaitement, les retint quelques jours d'une manière amicale, comme des compatriotes qu'il aimait, et leur prodigua les plus tendres soins.

Cependant un religieux, évêque des Bavarois, partant pour un pélerinage, arriva dans l'hôpital, et fut, selon l'usage, retenu quelques jours avec toute sa suite par l'hospitalier Angot. Celui-ci recommanda avec instance au prélat le vénérable Théoderic et ses serviteurs. Il lui raconta en détail quelle était la sainteté de l'abbé devant Dieu, et son élévation chez les hommes, dans sa patrie. Le prélat, ayant eu connaissance des vertus de l'abbé, rendit grâces à Dieu : il l'accueillit avec bonté, comme il convenait pour un tel homme, et le conduisit jusqu'à Antioche avec beaucoup d'égards. Là, les pélerins furent d'avis différent sur la continuation du voyage; quelques-uns voulaient se rendre à Jérusalem par la route de terre, comme ils avaient commencé; tandis que les autres, redoutant la barbarie des peuples, résolurent de s'embarquer. Le pontife, l'abbé et plusieurs autres furent de ce dernier avis. Pendant que le prélat cherchait un vaisseau et des matelots habiles, et qu'un certain abbé, religieux du couvent de Saint-Siméon, retenait honorablement chez lui Théoderic et ses compagnons, Herbert, moine d'Ouche, était tourmenté du désir d'accélérer son voyage, et préférait le chemin de terre pour arriver aux saints lieux, à la navigation qui y conduisait. En conséquence, son abbé lui donna la permission d'aller par où il voudrait. Ayant pris la route de terre, il parvint jusqu'à Laodicée avec une troupe de piétons; il y tomba gravement malade, pendant que ses compagnons poursuivaient leur voyage. Aussitôt qu'il eut quitté le lit, il ne porta pas davantage le pied en avant : et abandonnant les contrées orientales, il regagna au plus vite l'occidentale Normandie.

Le prélat, Théoderic et Guillaume Bonne-Ame, ainsi que leurs compagnons, s'embarquèrent au port Saint-Siméon, et, sillonnant les mers, arrivèrent à l'île de Chypre; ils y trouvèrent, sur le rivage de la mer, une abbaye fondée par le confesseur saint Nicolas, archevêque de Myre. Lorsqu'ils furent entrés dans l'église, et qu'ils eurent prié Dieu, comme la grâce céleste l'inspire à chacun, Théoderic se leva en pleurant abondamment; accablé par le mal de la vieillesse, par la fatigue de la mer et par d'autres incommodités, il s'assit tout agité dans l'église. L'évêque, son fidèle compagnon, lui ayant demandé ce qui lui était arrivé, il répondit : « J'avais résolu, mon père, d'aller visiter « la terrestre Jérusalem, mais je crois que le Seigneur « veut disposer autrement de moi : je souffre grande- « ment de tout mon corps, et je pense que je verrai « la Jérusalem céleste plutôt que la Jérusalem ter- « restre. » L'évêque lui répondit : « Mon très-cher « frère, je m'en vais tout de suite vous chercher un « logement. Pendant ce temps-là, reposez-vous ici. » Le prélat s'empressa de chercher l'asile dont son ami avait besoin. Cependant Théoderic s'approcha de l'autel, et pria long-temps le Seigneur, que depuis son enfance il servait si fidèlement. Puis se prosternant devant l'autel vers l'Orient, il arrangea décemment ses vêtemens autour de lui, se coucha sur le côté droit comme pour dormir, et posa sa tête sur le marbre des degrés. Il plaça ensuite ses mains sur sa poitrine en forme de croix, et le jour des calendes d'août (1er août), rendit ainsi son ame fidèle au Dieu qui l'avait créée.

Cependant le prélat ayant disposé le logement, alla trouver un serviteur de l'homme de Dieu, et l'envoya dans l'église auprès du saint personnage. L'ayant trouvé mort dans l'église, il revint tout effrayé vers l'évêque, et lui raconta en tremblant cet événement inattendu. L'évêque ne croyant pas que l'homme de Dieu fût mort si promptement, dit : « Ce bon vieillard est très-fatigué des souffrances « de la mer, et du poids de la chaleur : c'est pour « cela que la fraîcheur de l'église, jointe au froid « du marbre, l'a fait céder aux douceurs du sommeil. « Allons maintenant le visiter. » Aussitôt le prélat et ses clercs se portèrent vers l'église. Dès qu'il eut touché son frère avec soin, il le trouva glacé par la mort, et resta plongé dans la stupeur et la tristesse. Il fit réunir aussitôt dans l'église tous les pélerins qui s'étaient déjà dispersés en divers lieux pour dîner, et raconta fidèlement aux habitans du lieu la vie édifiante du pélerin qui venait d'expirer. Ces gens se réjouirent d'apprendre les actions de sa vie pieuse ; ils offrirent avec bonté leurs services aux autres pélerins. Ensuite le prélat rendit avec ses clercs les derniers devoirs au défunt, et le fit inhumer par ses compagnons devant les portes de l'église. Ils creusèrent avec leurs bâtons une fosse au lieu que le pontife avait indiqué ; puis, en sa présence, ils s'approchèrent du marbre où Théoderic était étendu, et se mirent en devoir de le porter au tombeau. Par la permission de Dieu, le corps devint si pesant, qu'on ne put le déplacer en aucune manière du lieu où il s'était endormi. Témoin de cet événement, ainsi que tous ceux qui étaient présens, l'évêque fut fort étonné, et s'occupa long-temps avec ses compagnons, non moins surpris, de ce qu'ils devaient faire dans une telle circonstance. Enfin, éclairé par une inspiration divine, il s'exprima en ces termes : « Cet homme a été d'une

« grande sainteté, et sa vie, comme il paraît main-
« tenant avec évidence, a été agréable à Dieu. C'est
« pourquoi on doit l'ensevelir, comme je le pense,
« dans un lieu plus digne de lui, et nous devons
« dorénavant le traiter avec un respect plus éclatant,
« autant qu'il sera en notre pouvoir. Je vais donc
« avec mes clercs offrir à la divine majesté le sacrifice
« de la messe pour l'ame du défunt; quant à vous,
« préparez-lui près de l'autel une sépulture convena-
« ble. » Ils s'occupèrent d'obéir avec empressement
aux ordres de l'évêque. La messe étant terminée, et
la fosse préparée avec soin, ils soulevèrent sans peine
le corps pour l'inhumer et l'ensevelirent décemment
au pied de l'autel. C'est là que depuis, beaucoup de
personnes affligées de la fièvre et d'autres maladies
ont recouvré la santé par les mérites de Théoderic.

Les moines d'Ouche furent profondément contristés, quand ils apprirent la mort de leur révérend
père, par le récit de ses compagnons revenus en Normandie; ils célébrèrent fidèlement à Dieu un service pour son ame, et encore aujourd'hui ils solenni-
sent tous les ans sa mémoire, le jour des calendes
d'août (1er août).

On observe encore avec beaucoup de soin les institutions religieuses, que lui-même avait puisées dans
la doctrine des vénérables abbés, Richard de Verdun,
Guillaume de Dijon, et Théoderic de Jumiège, et
qu'il avait fidèlement transmises à la nouvelle église.
Ces règlemens sont enseignés avec beaucoup de soin
aux novices qui se disposent à vivre dans la religion.

L'an de l'Incarnation du Seigneur 1059, les moines
d'Ouche élurent pour abbé Robert de Grandménil,

considérant avec raison que son élection leur serait avantageuse de plus d'une manière, à cause de la noblesse de son origine, de son zèle ardent pour les intérêts de la maison, de son activité et de son habileté pour conduire ses entreprises. Les religieux le conduisirent à Evreux aussitôt que sa nomination eut été confirmée par le consentement de tout le couvent; ils le présentèrent au duc Guillaume, et lui firent connaître l'élection des moines et leurs vœux. Le prince y acquiesça, et fit donner la puissance extérieure de l'abbaye au nouvel élu, par la crosse d'Ives de Seès. Guillaume, évêque d'Evreux, lui confia spirituellement le soin intérieur des ames, par la bénédiction pontificale, le 11 des calendes de juillet (21 juin). Robert étant ainsi devenu abbé, s'occupa avec beaucoup de diligence des affaires du monastère; il fournit suffisamment aux serviteurs de Dieu, à l'aide des richesses de ses parens, tout ce qui pouvait leur être nécessaire : non seulement il ne diminua rien des sages observances que son pieux prédécesseur avait instituées, mais il les augmenta suivant la raison et le temps, en se déterminant par l'autorité des anciens ou par l'exemple de ses voisins. Pendant qu'il avait été néophyte, il était allé à Cluni avec la permission du vénérable Théoderic : c'était le temps où l'abbé Hugues, cet honneur spécial des moines de notre siècle, y présidait la phalange monastique. A son retour de Cluni, au bout de quelque temps, il ramena avec lui, par la munificence du magnanime Hugues, l'illustre moine Bernefrid, qui peu de temps après devint évêque, et le retint quelque temps honorablement, pour qu'il introduisît dans le couvent d'Ouche les règles de Cluni. Ce fut auprès de lui que vint se convertir Mainier, fils de Gunscelin d'Echaufour qui, quelques années après, gouverna le couvent et le gouverna utilement pendant vingt-un ans et sept mois.

A cette époque Raoul, surnommé Male-Couronne, arriva à Ouche, et y demeura quelque temps avec l'abbé Robert, qui était son neveu. Ce seigneur, comme nous en avons fait mention ci-dessus, se livra aux lettres dès l'enfance, et, parcourant les écoles de la France et de l'Italie, parvint à acquérir avec distinction la connaissance des choses les plus secrètes. En effet, il était noblement instruit dans l'astronomie, de même qu'en grammaire et en dialectique, ainsi qu'en musique; il possédait même si complétement la science de la médecine, que, dans la ville de Salerne, où florissaient depuis les temps anciens de célèbres écoles de médecins, il ne trouva personne qui pût l'égaler dans cet art, si ce n'est une certaine dame très-savante. Quoiqu'il excellât par une si grande connaissance des lettres, il ne s'abandonna pas cependant à l'oisiveté : il se livra long-temps aux travaux de la chevalerie, et donna de fréquentes preuves de sa vaillance et de son habileté dans les affaires militaires, où il se distingua parmi ses rivaux. Les habitans de Montreuil rapportent de lui encore aujourd'hui beaucoup de choses, qui nous semblent merveilleuses, et qu'ils ont vues eux-mêmes, ou qu'ils ont apprises de leurs pères pour lesquels il fut plein de bonté; car il avait fait de savantes expériences sur les maladies et d'autres accidens inattendus. Enfin redoutant la ruine du monde chancelant, et par une sage précaution faisant un retour sur lui-même, après avoir foulé aux pieds le luxe du siècle, il se rendit à Marmoutiers qui dépend de Saint-Martin de Tours, et, durant sept ans, combattit pour les règles monacales sous le vénérable abbé Albert. Après qu'il eut été confirmé dans cet ordre, il vint à Ouche avec la permission de son abbé, pour y seconder son neveu, qui venait d'y être mis à la tête de la nouvelle église. Comme ce héros, qui se sentait gravement chargé de beaucoup de péchés, avait enfin, à force de prières, obtenu la maladie de la lèpre, son neveu lui confia une certaine chapelle, fondée en l'honneur de Saint-Evroul; il y resta long-temps, ayant auprès de lui le moine Goscelin, pour le service de Dieu et sa propre consolation. Il y rendit beaucoup de services, par les conseils pieux qu'il donnait à ceux qu'attiraient vers lui et sa sagesse et sa noblesse.

D'après ses conseils, l'abbé Robert invita Hugues, évêque de Lisieux, père des moines et leur maître fidèle, à faire le 2 des nones de mai (6 mai) la dédicace, de la chapelle dont nous venons de parler en l'honneur des saints confesseurs Evroul, Benoît, Maur et Leufroi. On assure que cette église avait été bâtie dès le temps de saint Evroul, qui avait coutume de s'y réfugier en abandonnant tous soins extérieurs, lorsqu'il voulait avec plus d'ardeur s'attacher aux célestes contemplations. Ce lieu est agréable et très-propre à la vie solitaire; car la petite rivière de Charentone coule dans une vallée inculte, sur les limites des évêchés de Lisieux et d'Evreux ; sur le sommet d'un mont s'élève une forêt, qui reçoit le souffle des vents sous ses épais ombrages ; un verger entoure l'église sur le penchant des coteaux, entre la rivière et la forêt. Devant les portes de l'église, coule la fontaine d'Ouche, qui a donné son nom à toute la contrée circonvoisine.

Il ne faut pas qu'on s'étonne qu'un évêque de Lisieux ait fait une dédicace dans l'évêché d'Evreux. A cette époque trois généreux prélats gouvernaient chacun une cité importante et des paroisses limitrophes. Hugues, fils de Guillaume, comte d'Eu, était évêque de Lisieux; Guillaume, fils de Gérard Fleitel, dictait les lois ecclésiastiques aux habitans d'Evreux, et Ives, fils de Guillaume de Bellême, prodiguait aux gens de Seès les soins du salut éternel. Ces trois prélats se distinguaient alors en Normandie, par leur ferveur pour le culte divin, autant que par leur parfait accord; et ils étaient unis par les nœuds d'une telle amitié, que chacun d'eux, pourvu que le temps ou la raison ne s'y opposassent pas, vaquait sans litige et sans exciter l'envie à toutes les œuvres divines, dans le diocèse de son voisin.

Par l'inspiration de Satan, qui ne cesse jamais de nuire au genre humain, il s'éleva une excessive animosité entre les Français et les Normands. Henri, roi des Français, et Geoffroi Martel, vaillant comte d'Anjou; pénétrèrent avec une puissante armée sur le territoire normand, et commirent les ravages les plus funestes au peuple. Cependant Guillaume, courageux duc des Normands, ne tarda pas à se venger à diverses reprises de ces injurieuses attaques : il prit beaucoup de Français et d'Angevins, en tua un certain nombre, et pendant long-temps en retint plusieurs dans les fers. Celui qui voudra connaître tous les combats et les ravages qui eurent lieu de part et d'autre, doit lire les livres de Guillaume, surnommé Calcul, moine de Jumiège, et de Guillaume de Poitiers, archidiacre de l'église de Lisieux, qui ont mis beaucoup de soin à écrire les exploits des Normands, et qui ont présenté leurs ouvrages à Guillaume, alors roi des Anglais, auquel ils desiraient se rendre agréables.

Dans ce temps, Robert, fils de Giroie, se révolta contre le duc Guillaume, et, s'étant joint aux Angevins, fortifia puissamment ses châteaux, savoir, Saint-Céneri [1] et La Roche d'Igé [2]. Il tint bon quelque temps contre le duc qui vint l'assiéger avec une armée normande. Comme la puissance des mortels est fragile, et qu'elle se flétrit en peu de temps, de même que les fleurs du foin, le héros dont nous avons parlé, après beaucoup de belles actions, se trouvait pendant l'hiver assis gaîment auprès du feu; il vit dans la main de sa femme Adelaïde, qui était cousine du duc, quatre pommes, dont il prit deux en riant familièrement, et, sans savoir qu'elles étaient empoisonnées, les mangea malgré elle. Le poison fit de rapides progrès, et cinq jours après, le 8 des ides de février (6 février), il mourut au grand regret des siens. A sa mort Ernauld, fils de Guillaume Giroie, succéda à Robert son oncle [3]; il encouragea la garnison de Saint-Céneri, à force de prières et de bons avis, et lui prescrivit de défendre courageusement son héritage paternel, contre

---

[1] *Castrum Sancti Serenici.*

[2] La Roche d'Igé ou la Motte d'Igé (*Rupes Jalgiensis*), que les auteurs de la *Collection des historiens de France*, tom. XI, pag. 228, et XII, pag. 607, placent mal à propos près de Neuf-Châtel en Sonnois.

[3] On lit ailleurs, mais mal à propos, son père.

le duc Guillaume. Ce duc habile calma l'animosité d'Ernauld par des paroles séduisantes, et le détermina par ses promesses à faire la paix avec lui. Sur l'avis de ses amis il y consentit, et jura fidélité. Le prince lui rendit alors les terres de Montreuil, d'Echaufour, de Saint-Céneri, et enfin tout l'héritage de ses pères. Ensuite l'abbé Robert profita de la paix qui venait d'être conclue, pour demander au duc l'autorisation de transférer au monastère d'Ouche le corps de son oncle, qui restait inhumé à Saint-Céneri, depuis trois semaines. Le prince conservant encore l'aigreur de la haine, fit d'abord un refus, puis s'en désista, rougissant de sévir contre un homme mort. Bientôt l'abbé, plein d'activité, transféra à Ouche, dans un tronc d'arbre, les restes de Robert Giroie, et lui fit donner une sépulture honorable dans le cloître des moines. Tous ceux qui étaient présens à cette cérémonie furent fort étonnés de ce que ce corps, privé de la vie depuis trois semaines, n'exhalait aucune mauvaise odeur. Quelques personnes prétendent que la force du poison qui l'avait fait périr avait desséché toutes les humeurs du cadavre, et que c'est pour cela qu'il ne pouvait exhaler aucune odeur fétide capable d'offenser l'odorat.

Ernauld étant rentré dans ses droits naturels, les moines d'Ouche furent comblés de joie, et, secondés par lui, ne craignirent pas de résister à des voisins insolens, qui opprimaient injustement ceux qui étaient désarmés. Du temps de l'abbé Théoderic et de Robert son successeur, Baudric et Wiger de Bauquencei et leurs hommes se conduisaient avec insolence envers les moines, et non seulement refusaient de leur obéir comme à leurs seigneurs, mais encore les fatiguaient de tracasseries, eux et les hommes de leur dépendance. Aussitôt que Robert eut pris les rênes de l'abbaye, il crut indigne de lui de souffrir plus long-temps ces outrages. Il prit conseil de ses frères, et pour punir l'arrogance des rebelles les livra à son cousin Ernauld, afin qu'il contînt militairement, tant qu'il vivrait, l'opiniâtreté de ces gens qui dédaignaient de se soumettre pacifiquement à la douceur des religieux. Mais Ernauld les accabla de charges nombreuses et diverses, et leur imposa à eux et à leurs hommes la garde de ses fortifications d'Echaufour et de Saint-Céneri. C'est ce qui les détermina à demander instamment à l'abbé Robert et aux moines la faveur d'être de nouveau soumis à leur pouvoir, promettant toute soumission et tout amendement. L'abbé et ses moines se rendirent à ces prières et sollicitèrent Ernauld de rendre Baudric et Wiger au servage de l'église, qui est une vraie liberté pour les hommes humbles et doux.

Dans ce temps, Roger, fils aîné d'Engenulf de L'Aigle, fut tué. Engenulf et sa femme Richverède, vivement affligés de cette mort, allèrent à Ouche, demandèrent et obtinrent les bontés et les prières des moines, pour leur propre salut ainsi que pour celui de leur fils Roger, dont ils offrirent le cheval, qui était de grand prix, à Dieu et aux religieux, pour le salut de l'âme de ce jeune homme. Comme ce cheval était excellent, Ernauld en fit la demande et remit Baudric, ses hommes et la terre de Bauquencei sous l'ancien pouvoir du couvent. C'est ce qui fut accordé : Ernauld reçut de l'abbé Robert le cheval de son cousin Roger et rendit au domaine de l'église Baudric et toute la terre de Bauquencei dont il est question. Baudric, satisfait d'être soustrait au service onéreux d'Ernauld, fit don au monastère du domaine qu'il possédait dans la terre de Saint-Evroul et livra en outre amicalement et de bonne grâce une terre dont il était propriétaire sur le douet de Villers[1] et la terre du normand Mica et Bénigne. Alors Baudric, ayant joint les mains, prêta serment de fidélité à l'abbé Robert, lui promit, pour lui et ses hommes, soumission et justice, et demanda instamment que son fief ne sortît plus dorénavant du domaine des moines. C'est ce qui fut ratifié par eux, et, jusqu'à ce jour, tant lui que son fils Robert n'ont servi que les moines pour la terre de Bauquencei. L'abbaye d'Ouche se trouve dans le fief de Bauquencei, et ce Baudric était d'une grande noblesse. En effet, Gislebert, comte de Brionne, neveu de Richard duc des Normands, donna sa nièce en mariage à Baudric le Teuton, qui était venu avec son frère Wiger en Normandie, pour y servir le duc. Il sortit de cette union six fils et plusieurs filles, savoir: Nicolas de Bâqueville, Foulques d'Aunou[2], Robert de Courci, Richard de Neuville, Baudric de Bauquencei, et Wiger de la Pouille. Ils se distinguèrent par leur grande bravoure sous le duc Guillaume, furent comblés par lui de richesses et de dignités, et laissèrent à leurs héritiers de vastes possessions en Normandie.

Baudric, qui posséda avec son frère Wiger le fief

[1] Le douet de Villers-en-Ouche doit être la petite rivière de Charentone.

[2] Aunou, surnommé le Faulcon, du nom de ce seigneur, est une commune du département de l'Orne, dans les environs d'Argentan.

de Bauquencei, donna sa sœur Elisabeth en mariage à Foulques de Bonneval, chevalier distingué, et lui accorda pour dot l'église de Saint-Nicolas [1] que son père avait bâtie, avec le terrain adjacent. Foulques, songeant à l'avenir, offrit à Dieu dans le couvent d'Ouche, pour y devenir moine, son fils Théoderic que l'abbé Théoderic avait tenu sur les fonts sacrés, en présence de l'abbé Robert, pour le salut de son ame et des ames de ses amis, et concéda à Saint-Evroul l'enfant lui-même et l'église de Saint-Nicolas, dont nous venons de parler. Baudric, Wiger et Guillaume de Bonneval, ainsi que leurs parens, ratifièrent avec plaisir ces dons ; eux et beaucoup de personnes qui étaient présentes, assistèrent comme témoins légitimes à cette concession, pour la plus grande sûreté de l'Eglise. Là, se trouva Roger, fils de Tancrède de Hauteville, qui se rendait en Italie, où il conquit depuis, avec l'aide de Dieu, une grande partie de la Sicile, attaqua, battit et dompta les Africains, les Siciliens, et d'autres peuples qui ne croyaient pas au Christ et qui dévastaient cette île. Le jeune Théoderic, enlevé au monde pour être donné à Dieu, vécut cinquante-sept ans sous l'habit monacal, et, montant légitimement de grade en grade jusqu'au sacerdoce, combattit pour Dieu avec beaucoup d'honneur.

Dans le même temps, Gui, surnommé Bolleim, arrière petit-fils du vieux Giroie, vivait honorablement avec sa femme Hodierne dans le Corbonnois [2], et jouissant de grandes richesses, il se distinguait beaucoup dans les rangs de la chevalerie. Ils avaient plusieurs fils,

---

[1] Probablement Saint-Nicolas des Laitiers.
[2] Contrée des environs de Mortagne.

Normand et Gaultier, qui se livrèrent aux travaux de la chevalerie; Geoffroi et Guillaume surnommé Grégoire, qui, instruits dans les lettres, prirent l'habit sacerdotal. Ce Gui, inspiré par Dieu, et à la persuasion de l'abbé Robert son cousin, aima beaucoup les moines d'Ouche; il éloigna du monde et de lui-même son fils Guillaume qui avait alors près de neuf ans, et le jour de la Toussaint le livra à Dieu, pour servir dans l'église d'Ouche sous le joug monacal. Alors Guillaume le Prévost, chevalier illustre, oncle de l'enfant, fit don à Saint-Evroul de l'église des Augerons, avec toute la terre du lieu, et se voua fidèlement au même patron, vers la fin de ses jours, lui et une partie de sa fortune. La grâce de Dieu accorda au jeune Guillaume de bonnes mœurs et le rendit actif à s'instruire dans les bonnes études : ce qui lui mérita de ses supérieurs le surnom de Grégoire. Elevé soigneusement dans le giron de sa sainte mère Eglise, retiré loin du fracas du monde et des charnels plaisirs, il brilla noblement dans les sciences utiles, qui conviennent si parfaitement aux dignes fils de l'Eglise : car il fut lecteur et chantre habile, distingué dans l'art de l'écriture et bon enlumineur de livres. Les ouvrages de ses mains nous servent encore beaucoup, pour la lecture ainsi que pour le chant, et par ces profitables exercices nous enseignent à éloigner l'oisiveté. Assidu dès l'enfance aux prières et aux veilles, il s'est livré modérément jusqu'à la vieillesse aux jeûnes et autres macérations de la chair, toujours observateur exact de l'ordre monastique, toujours ardent à reprendre les transgresseurs des saintes règles. Il avait confié à sa mémoire tenace les Epîtres de saint Paul, les Proverbes de Salomon et plusieurs autres traités de la Sainte-Ecriture ; il les a employés dans ses entretiens journaliers, pour exhorter ceux avec lesquels il conversait. Livré à de telles études, il a déjà passé cinquante-quatre ans dans l'ordre monacal, et pour pouvoir parvenir, au moyen d'une bonne fin, à la jouissance de l'éternelle tranquillité, il continue, comme de coutume, la pratique de ses bonnes œuvres, sous l'abbé Roger.

Pendant que le monastère d'Ouche s'était renforcé glorieusement d'un surcroît de quarante moines, et que l'ordre monastique y était régulièrement observé, selon les règles de la loi divine, sa renommée se répandait au loin, volant de tous côtés, et portant tout le monde à l'amour de cette église. Toutefois certaines personnes étaient atteintes par la contagion de l'envie, et restaient blessées du trait déchirant de leur propre méchanceté. L'abbé Robert, naturellement généreux et bienfaisant, n'en accueillait pas moins de bonne grâce ceux qui accouraient de toutes parts à la conversion, et fournissait dignement aux frères tout ce qui leur était nécessaire pour la subsistance et l'habillement. Comme les revenus de l'église d'Ouche, qui était située dans une contrée stérile, étaient loin de suffire à la libéralité de ce père, il recevait souvent des parens illustres dont il était issu, comme nous l'avons dit, autant de secours qu'il en voulait, pour assister les moines, avec le consentement amical de sa famille.

Considérant que l'ancienne église, qui avait été bâtie par saint Evroul, était petite et d'un travail grossier, l'abbé Robert se détermina la première année de son gouvernement à bâtir une grande et belle église en l'honneur de Marie, sainte mère de Dieu; et il voulut qu'elle fût décorée de beaucoup d'autels, en l'honneur des saints. Les reliques de plusieurs saints du temps de saint Evroul avaient été déposées dans l'ancienne église; mais, par l'effet d'un grand laps de temps, on ignorait leurs noms, leurs gestes et le lieu où ils étaient placés: c'est ce qui porta Robert à comprendre tout le vieil édifice dans la nouvelle église, qu'à cet effet il fit assez grande pour pouvoir ainsi contenir toujours honorablement les ossemens ou les mausolées des bienheureux qu'elle recèle. Les tempêtes des tribulations s'étant élevées, il fut forcé de suspendre son entreprise, qu'aucun de ses successeurs n'osa continuer dans la proportion, l'ordre et l'emplacement qu'il avait adoptés.

L'an de l'Incarnation du Seigneur 1059[1], Henri, roi des Français, après beaucoup de belles actions qui honorèrent glorieusement son règne, demanda une potion à Jean, médecin de Chartres, qui par suite d'un accident fut surnommé le Sourd. Le prince attendait de ce remède une plus longue vie et une meilleure santé. Comme il céda plutôt à sa fantaisie qu'à l'ordonnance de son médecin, il demanda de l'eau à son chambellan, pour calmer la soif qui le tourmentait, pendant que la médecine qui parcourait ses entrailles le faisait beaucoup souffrir; avant qu'elle eût produit son effet, il se mit à boire à l'insu du médecin, et par malheur il mourut le lendemain, à la grande affliction de beaucoup de personnes. Il laissa le sceptre des Français à Philippe son fils, qui était en-

[1] Henri 1ᵉʳ mourut le 4 août 1060.

core dans l'incapacité de l'enfance, et le recommanda à Baudouin, duc des Flamands, pour qu'il le protégeât ainsi que le royaume. Cette tutèle appartenait convenablement à un si grand prince, puisqu'il avait épousé Adèle, fille de Robert, roi des Français, de laquelle il avait eu Robert le Frison, Mathilde, reine des Anglais, Odon, archevêque de Trèves, et quelques autres grands personnages.

La même année, Frédéric, fils du duc Gothelon, qui fut appelé le pape Etienne, vint à mourir, et eut pour successeur Gérard, qui prit le nom de Nicolas. Cette année est la troisième de Henri IV, fils de l'empereur Henri Conrad et de l'impératrice Agnès : il fut le quatre-vingt-septième depuis Auguste, et régna cinquante ans.

L'an de l'Incarnation du Seigneur 1063, le pape Nicolas mourut ; Alexandre, évêque de Lucques, lui succéda. Dans ce temps-là, Sigefroi, évêque de Mayence, Gontier, évêque de Bamberg, et plusieurs autres prélats ou nobles se rendirent à Jérusalem, avec de nombreux compagnons.

Dans ce même temps, il s'éleva de grandes difficultés entre Guillaume duc de Normandie et ses seigneurs. Dans l'excès de leur ambition et de leur cupidité, ils voulaient se supplanter les uns les autres, et il en résultait de graves séditions, par diverses causes, mais toujours au détriment des malheureux. Quelques hommes d'un cœur cruel s'en réjouissaient ; mais les amis de la paix et de la piété en étaient vivement contristés. Roger de Mont-Gomeri et sa femme Mabille prirent plaisir à voir naître ces troubles, cherchèrent à capter la bienveillance du duc par leurs adulations, et employèrent un art perfide à le porter plus fortement à la colère contre ses voisins. Le duc, naturellement violent, donnant une trop libre carrière à son courroux, dépouilla et força, sans preuves, de s'exiler pour long-temps quelques chevaliers des plus illustres, tels que Radulphe de Toëni, Hugues de Grandménil, Ernauld d'Echaufour, et leurs barons. En même temps, Robert, abbé d'Ouche, fut mandé à la cour du duc, et, le jour fixé, reçut l'ordre de répondre sur divers griefs, dont il était faussement accusé. En effet, Rainier, moine de Châtillon[1], le même qu'il avait établi prieur d'Ouche, et qu'il avait toujours sans défiance appelé, comme un ami fidèle, à ses plus intimes conseils, l'avait accusé auprès du duc de quelques plaisanteries et de quelques paroles légères, dirigées contre la personne de ce prince. Quand Robert vit le duc irrité contre lui, et toute sa propre famille, animée de fureur, cherchant à lui nuire, il reconnut facilement, d'après l'avis de ses amis, que le duc voulait le frapper, même dans ses membres. De l'avis de Hugues, évêque de Lisieux, il aima mieux éviter la colère qui le menaçait, que de s'exposer à un mal irréparable. C'est pourquoi la troisième année de son gouvernement, le 6 des calendes de février (27 janvier 1066), il se retira après avoir chanté le samedi à vêpres l'antienne *Peccata mea, Domine;* et montant à cheval avec les deux moines Foulques et Ours, il passa en France, et se rendit ensuite auprès du pape Nicolas, auquel il raconta ce qui lui était arrivé.

Cependant le duc de Normandie, par le conseil du vénérable Ansfroi, abbé de Préaux, de Lanfranc prieur

[1] Conches.

du Bec, et d'autres personnes ecclésiastiques, demanda à Rainier, abbé de la sainte Trinité-du-Mont à Rouen, de lui donner Osbern, prieur de Cormeille, et, sans que celui-ci s'y attendît, il lui confia le soin de l'abbaye d'Ouche, dans un synode tenu à Rouen, sous la crosse de l'archevêque Maurille. L'évêque Hugues conduisit ensuite Osbern à Préaux, par l'ordre du duc, et là soudainement, à l'insu des moines de Saint-Evroul, le consacra abbé, le mena à Ouche, et l'imposa de par le prince aux moines affligés. Ils furent en proie à un grand embarras. En effet, leur abbé vivait encore, et c'était lui qui avait fondé leur église, et qui les avait introduits dans la vie monastique; il était chassé sans preuves, non par le jugement d'un concile, mais par la tyrannie d'un prince en fureur[1]: en conséquence, ils hésitaient à recevoir un autre abbé, et cependant ils n'osaient le refuser ouvertement, à cause de la violence du duc. Enfin, sur les remontrances du prélat dont nous venons de parler, ils préférèrent souffrir la violence, et se montrèrent obéissans au chef qu'on leur donnait, plutôt que de rester sans joug, d'offenser la puissance de Dieu, et d'exciter par leur résistance un surcroît de malveillance qui pourrait tourner à la destruction du nouvel établissement.

Cependant Ernauld d'Echaufour se vengeait cruellement de l'outrage qu'on lui avait fait en le dépouillant. Il ravagea pendant trois ans tout le pays de Lisieux, soit par le pillage et l'incendie, soit en enlevant des hommes et les frappant de mort. Une certaine nuit, il arriva à Echaufour avec quatre chevaliers, et,

---

[1] *Per tyrannidem furentis marchisi.*

ayant pénétré secrètement dans le bourg avec ses hommes, il jeta tout à coup de grands cris. Aussitôt que les soixante chevaliers du duc l'entendirent, ils pensèrent qu'il était accompagné d'une forte troupe, et, saisis d'effroi, ils prirent la fuite en lui abandonnant le château qu'ils devaient garder. Ernauld y mit le feu et causa un grand dommage à ses ennemis. Il brûla aussi le bourg d'Ouche, et chercha long-temps, pour le tuer, l'abbé Osbern, en parcourant avec ses satellites tous les coins de l'église, et frappant partout avec des épées nues. Osbern était absent par la permission de Dieu. Quelques jours après, le célérier Herman alla trouver en particulier Ernauld. Il le reprit avec douceur de ce qu'il s'efforçait de détruire une abbaye que son père avait fondée pour le salut de son ame. Ernauld reçut pieusement les remontrances du serviteur de Dieu, se ressouvint de la piété de son père, déplora ses entreprises criminelles contre le couvent de Saint-Evroul, et, plein de repentir, promit de s'amender comme il le devait. Peu de temps après, il se rendit à Ouche, déposa un gage sur l'autel pour racheter ses mauvaises actions, implora la miséricorde, et rendit la sécurité à l'abbé Osbern. Le célérier lui avait insinué adroitement et selon la vérité que cet abbé n'avait pas usurpé par cupidité la place de son cousin, mais que forcé par le prince et pressé par ses supérieurs, il avait pris malgré lui le gouvernement de l'église désolée.

Enfin, l'abbé Robert trouva à Rome le pape, et lui raconta exactement la cause de son voyage. Ce pape reçut avec bonté son compatriote (car ce pontife était né en France); il entendit patiemment ses plaintes, et lui promit de le protéger fidèlement dans la position difficile où il se trouvait. Cependant Robert se rendit auprès de ses parens en Pouille, où ils avaient conquis par la force des armes plusieurs villes et places fortes. Après avoir eu avec eux une entrevue, il se rendit en Normandie, muni de lettres apostoliques, et accompagné de deux cardinaux clercs. Il alla hardiment à Lillebonne, où le duc Guillaume tenait alors sa cour. Le duc, ayant appris que l'abbé Robert était arrivé avec les légats du pape, pour réclamer l'abbaye d'Ouche, pour accuser Osbern substitué par son ordre, et pour le faire considérer comme usurpateur des droits d'autrui, entra dans une violente colère et dit : « Qu'il recevrait volontiers les légats du « pape, comme père commun des fidèles, lorsqu'ils « lui parleraient de la foi et de la religion chrétienne ; « mais, que si quelque moine se permettait une en- « treprise contre son pouvoir, il le ferait pendre sans « ménagement par son capuchon, au plus haut chêne « de la forêt voisine. » L'évêque Hugues, ayant entendu ces paroles, en fit part à Robert, et l'engagea à éviter la présence de ce prince irrité. L'abbé s'éloigna en toute hâte et se retira dans le pays de Paris chez le vénérable Hugues, abbé du monastère de Saint-Denis, apôtre des Gaulois. Il habita quelque temps honorablement chez ce religieux qui était son cousin, chez quelques amis et plusieurs parens, qui appartenaient aux premières maisons de France. Il écrivit ensuite à l'abbé Osbern pour qu'il se trouvât avec lui dans le pays Chartrain, devant les cardinaux romains, afin que leur différend, soigneusement examiné par ces personnes ecclésiastiques, amenât un jugement définitif, conforme à ce que prescrivent les saints canons. Il lui désigna le jour et le lieu où ils pourraient avoir une entrevue. Osbern reçut la lettre et répondit qu'il irait volontiers en cour de Rome; mais s'étant déterminé pour un autre parti, il ne se rendit point au lieu ni dans le temps désignés. C'est ce qui fit que Robert expédia des lettres, au moyen d'un certain homme attaché à la maison de Saint-Evroul, lequel avait été pris par Ernauld : elles avaient pour objet d'excommunier, de l'autorité du pape, l'abbé Osbern comme intrus, et d'inviter impérieusement tous les moines du couvent d'Ouche à se ranger de son côté.

Qui pourrait rapporter quelles furent les tribulations auxquelles se trouva livrée l'église d'Ouche, à l'intérieur et à l'extérieur? Robert, son fondateur et son chef, fut injustement chassé de son siége, obligé d'errer dans les contrées étrangères, et de voir la puissance séculière substituer à sa place un homme étranger, qui, quoique habile et religieux, et même ardent pour les intérêts du monastère, soupçonneux cependant et craintif, n'osait se confier aux frères du couvent. Il en résulta qu'ayant connu l'excommunication dont avait été frappé l'abbé remplaçant, exhortés d'ailleurs par Robert leur père, qui prescrivait à ses fils de venir le rejoindre avec la permission du pape, quelques moines, quittant la Normandie, accompagnèrent leur abbé, et se rendirent auprès du siége apostolique. Presque tous les religieux voulaient partir; mais les enfans et les infirmes furent obligés de rester malgré eux, parce qu'ils étaient retenus et surveillés exactement. Quant aux autres qui étaient plus forts et qui se donnaient plus de liberté, ils s'exilèrent volontairement, pour suivre leur père. Voici quels sont leurs noms : Herbert et Hilbert de Montreuil, et Béranger fils d'Ernauld, copiste distingué. Ces trois moines élevés avec soin dès l'enfance dans la maison du Seigneur, et formés par de bonnes études, furent toute leur vie utiles au culte divin ; Renauld le grand, habile dans l'art de la grammaire, Thomas d'Angers, fameux par sa noblesse, Robert Gamaliel, chantre illustre, Turstin, Rainauld, Chevreuil, et Gaultier le petit. Ils abandonnèrent la Neustrie, leur pays natal, et partirent pour la Sicile, s'exposant à souffrir les vicissitudes des événemens ; quelques-uns revinrent peu après, tandis que plusieurs autres servant leur pasteur jusqu'à la fin, terminèrent leur carrière en Calabre.

Cependant le seigneur Mainier, que l'abbé Robert, après son premier départ, avait établi prieur du monastère, s'étant rendu peu de jours après à l'abbaye du Bec, s'était le premier de tous occupé avec Lanfranc, prieur de cette maison, de la substitution d'un autre abbé, et par conséquent avait implacablement offensé celui entre les mains duquel il avait fait profession. Effrayé des menaces de Robert, et honteusement mis en butte aux reproches de ses partisans, il se rendit à Cluni, de l'avis et avec la permission de l'abbé Osbern : et là il se soumit avec ferveur, durant un an, à toute la rigueur de ce monastère, sous Hugues son vénérable abbé.

L'église d'Ouche fut violemment désolée par ces événemens : elle fut dépouillée aussi de plusieurs propriétés qu'elle possédait : car quelques chevaliers voisins, qui étaient les hommes ou les parens des Giroie, voyant l'expulsion des héritiers naturels, suscitèrent beaucoup de tracasseries aux moines de Saint-Evroul, et leur firent essuyer de grands dommages. En effet, chacun s'emparait d'une terre, d'une église ou d'une dîme. Le nouvel abbé, qui était étranger, ne connaissait pas tous les biens de l'abbaye; et il hésitait d'ailleurs à demander à des hommes dans lesquels il avait peu de confiance, des renseignemens sur les objets que Robert fils de Helgon, Giroie fils de Foulques de Montreuil, ou Roger Goulafre, et quelques mauvais voisins avaient usurpés. En conséquence, l'église d'Ouche perdit beaucoup de biens, que jusqu'à ce jour elle n'a pu recouvrer.

Le pape Nicolas étant mort, Alexandre lui succéda. Ce fut auprès de lui que l'abbé Robert se rendit avec onze moines de Saint-Evroul, et il lui raconta en détail tout ce que lui et les siens avaient eu à souffrir d'injures. Le pontife les accueillit avec bonté, leur prodigua ses paternelles consolations, et leur confia dans la ville de Rome l'église de l'apôtre saint Paul, afin qu'ils pussent s'y fixer et y observer leurs règles, jusqu'à ce qu'ils eussent trouvé une habitation convenable. Robert réclama l'assistance de Guillaume de Montreuil son cousin, et le trouva disposé et très-empressé à venir à son secours. Ce chevalier était porte-enseigne du pape; il avait conquis la Campanie et soumis à l'apôtre saint Pierre les habitans de cette contrée, que divers schismes avaient séparés de l'unité catholique. Il donna à son cousin, dépouillé par l'exil, ainsi qu'à ses moines, la moitié des revenus d'une antique ville que l'on appelle Aquina. Robert passa ensuite auprès de Richard, prince de Capoue, fils d'Ansquetil de Quarel. Il en reçut beaucoup de caresses ; mais ses gracieuses promesses ne furent suivies d'aucun fait. Quand Robert s'aperçut qu'il était le jouet de protestations frivoles, il reprocha à Richard d'avoir dégénéré de sa race, qui lui était bien connue, et, le quittant aussitôt, il porta ses pas vers Robert Guiscard, duc de Calabre. Ce prince reçut l'abbé avec de grands honneurs, comme son seigneur naturel, et le pria instamment de se fixer auprès de lui, et pour toujours, avec ses moines. Son père Tancrède de Hauteville était originaire du Cotentin : de deux femmes légitimes qu'il avait épousées, il eut douze fils et plusieurs filles. Il abandonna à l'un d'eux, nommé Goisfred, les terres de son patrimoine, et prévint tous les autres qu'ils eussent à se procurer hors du pays, par la force ou par leur industrie, ce dont ils manqueraient. Ces jeunes gens, non pas ensemble, mais à diverses époques, passèrent dans la Pouille sous l'habit de pélerin et portant le sac et le bâton, afin de n'être pas arrêtés par les Romains. Parvenus tous à la fortune par diverses voies, ils devinrent tous ducs ou comtes, soit dans la Pouille, soit en Calabre, soit en Sicile. C'est sur leurs exploits et leurs entreprises courageuses que le moine Geoffroi, surnommé Male-Terre, a récemment écrit un bon ouvrage, d'après l'invitation de Roger, comte de Sicile. Robert Guiscard fut le plus habile et le plus puissant de ses frères ; il posséda long-temps la principauté de la Pouille après la mort de ses frères Drogon et Onfroi ; il conquit le duché de Calabre après avoir courageusement vaincu, les armes à la main, les Lombards et les Grecs qui, fortifiés dans leurs villes et leurs grandes places, voulurent défendre leurs droits antiques et leur antique liberté. Ayant passé la mer d'Ionie avec une petite mais vaillante troupe de Normands et de Cisalpins, il envahit la Macédoine, livra deux batailles à Alexis, empereur de Constantinople, et, l'ayant vaincu par mer et par terre, il mit en fuite ses nombreuses armées.

Le héros dont nous parlons accueillit honorablement, comme nous l'avons dit, l'abbé Robert ainsi que ses moines; il lui donna l'église de Saint-Euphémie située sur le rivage de la mer Adriatique, où l'on voit encore aujourd'hui les ruines d'une ville antique qui s'appelait Brixia, et l'engagea à y construire un couvent, en l'honneur de sainte Marie, mère de Dieu. Ce duc, ainsi que quelques autres Normands, donnèrent à cette église de grands biens et se recommandèrent aux prières des fidèles qui s'y étaient réunis ou qui s'y réuniraient, afin de combattre pour le Christ. C'est là que Frédesensis, femme de Tancrède de Hauteville, est ensevelie; Guiscard son fils donna à cet effet à l'église un grand fonds de terre. Ce prince confia à l'abbé Robert le couvent de la Sainte-Trinité dans la ville de Venosa; et l'abbé fit choix de Béranger, fils d'Ernauld Helgon, moine d'Ouche, et le présenta au pape Alexandre pour qu'il lui confiât l'abbaye de Venosa. Après avoir reçu la bénédiction du pontife, Béranger gouverna honorablement son abbaye, tant qu'Alexandre, Grégoire et Didier furent assis sur le siége apostolique; ensuite du temps du pape Urbain, le peuple l'élut évêque de la même ville. Issu d'une noble parenté, il combattit pour le Christ à Ouche, depuis son enfance, sous l'abbé Théoderic,

et se distingua beaucoup par son habileté dans l'art
de lire, de chanter et d'écrire. Ayant ensuite, comme
nous l'avons dit, suivi son abbé dans l'exil, choisi
par lui pour le soin pastoral, il trouva le petit troupeau de vingt moines qui lui fut remis, fort occupé
de vanités mondaines et fort paresseux à s'acquitter
du culte de Dieu ; mais ensuite, aidé par la grâce divine, il en porta le nombre à cent. Il leur inspira noblement un zèle si grand pour toutes les vertus, que
plusieurs évêques et abbés furent pris parmi eux et
servirent la sainte mère Eglise dans des postes élevés
pour l'honneur du vrai roi et le salut des ames. Ce
duc magnanime confia à l'abbé Robert un troisième
couvent dédié à saint Michel archange et bâti dans
la ville de Mella : cet abbé le remit à Guillaume, fils
d'Ingran, qui était né à Ouche et y avait été fait clerc,
mais avait été élevé au monacat à Sainte-Euphémie.
Dans ces trois monastères d'Italie on suit le chant de
l'abbaye d'Ouche, et on y observe encore aujourd'hui
les règles de cette maison, autant que le lieu et la
volonté des habitans le permettent.

Deux sœurs utérines de l'abbé Robert demeuraient
à Ouche dans la chapelle de Saint-Evroul et avaient
cru devoir renoncer au monde, en prenant le voile
sacré et s'attacher à Dieu seul, dans toute la pureté
du cœur et du corps. Lorsqu'elles apprirent que leur
frère Robert jouissait dans la Pouille d'un certain
pouvoir séculier et qu'elles virent qu'en Normandie
elles seraient dédaignées et sans appui, elles passèrent en Italie, abandonnèrent le voile de la sainteté
et embrassèrent le monde avec ardeur ; puis toutes
deux épousèrent des maris, qui ne se doutaient pas

qu'elles eussent été consacrées à Dieu. Roger, comte de Sicile, prit Judith en mariage, et un autre comte, dont je ne me rappelle pas le nom, épousa Emma. Ainsi toutes les deux, pour l'amour du monde, quittèrent le voile, emblême de la sainte religion; mais comme elles avaient détruit leur première foi, toutes deux restèrent stériles dans le siècle, et n'ayant joui qu'un moment de la félicité temporelle, elles offensèrent leur céleste époux.

Après le départ de l'abbé Robert, son oncle Raoul surnommé Male-Couronne, voyant s'élever contre ses parens toutes les fureurs d'une cruelle tribulation, et des étrangers exercer le pouvoir dans la maison d'Ouche, que ses frères et lui avaient construite à Dieu, abandonna la chapelle de Saint-Evroul où nous avons dit qu'il s'était retiré, et se rendit à Marmoutier, où il avait fait sa profession monacale; peu de temps après, au bout de sept années d'exercice dans l'ordre religieux, il mourut glorieusement le quatorze des calendes de février (19 janvier) de l'année 1068.

Dans ce même temps Geoffroi-Martel, comte très-brave des Angevins, après avoir fait beaucoup de belles actions dans les affaires du siècle, mourut en 1062. Comme il n'avait pas d'enfans, il laissa ses Etats à Geoffroi, son neveu, fils d'Alberic[1], comte de Gâtinois. Il fut pris par artifice quelque temps après, par son frère Foulques, surnommé Réchin, qui s'empara du comté et le retint en prison durant trente ans, dans le château que l'on appelle Chinon.

En ces temps-là, Guillaume, duc de Normandie, se faisait de plus en plus remarquer par ses qualités

---

[1] Ou Aubri.

et sa puissance, et surpassait tous ses voisins en générosité comme en magnificence. Il épousa la généreuse Mathilde, fille de Baudouin, duc des Flamands, et nièce de Henri, roi des Français, par une sœur de celui-ci. Il en eut par la faveur de Dieu des fils et des filles, savoir, Robert et Richard, Guillaume et Henri, Adelise et Constance, Cécile et Adèle. Les historiographes éloquens ne manquent pas de matière pour s'étendre à cet égard, s'ils veulent, en renonçant à l'oisiveté et se livrant à l'étude, faire connaître à la postérité les divers événemens qui concernent ces grands personnages. Quant à nous qui ne fréquentons pas les cours du siècle, mais qui résidons au fond des cloîtres monastiques, après avoir fait une courte mention des choses qui nous concernent, reprenons le fil de notre discours.

La guerre s'étant élevée entre les Normands et leurs voisins, les Bretons et les Manseaux, le duc Guillaume résolut, de l'avis de ses conseillers, de rétablir la paix entre les grands de ses Etats et de rappeler les bannis. En conséquence, ayant pris le parti de la douceur, d'après les supplications de Simon de Montfort [1], de Valeran, de Breteuil et de quelques autres amis et voisins très-puissans, il rappela Radulphe de Toëni, et Hugues de Grenteménil [2], qu'il avait dépouillés de leurs héritages, comme nous l'avons dit, et bannis de Normandie avec leurs partisans, et leur restitua leur patrimoine. Après avoir fait la guerre pendant trois ans, Ernauld obtint aussi une trêve du duc et se rendit dans la Pouille, où il trouva ses amis et ses parens qui jouissaient de grands biens. Il en revint

[1] Mont-Fort sur Rile. — [2] Ou Grandménil.

quelque temps après avec des sommes d'argent considérables, et rapporta au duc un manteau précieux.

Quand les tempêtes qui avaient apporté de si grands malheurs à l'église d'Ouche furent un peu calmées, Osbern qui était à la tête de la maison, qui avait éprouvé toutes les agitations de l'inquiétude, et qui au fond avait de grands remords de conscience, à cause de l'anathême apostolique qui l'avait frappé, rappela de Cluni, sur l'avis et du consentement des frères, le seigneur de Mainier, que l'abbé Robert avait établi prieur, et le mit à la place de Foucher qu'il déposa. Ce même Osbern, fils d'Erfast, était originaire du pays de Talou, très-instruit dans les lettres depuis son enfance, éloquent dans ses discours, et propre par la force de son esprit à toutes sortes d'arts, tels que la sculpture, l'écriture, les travaux manuels, et beaucoup de choses de ce genre. C'était un homme d'un stature médiocre, d'un âge avancé, ayant la tête bien garnie de cheveux noirs et blancs; il était sévère pour les sots et les insolens, miséricordieux envers les faibles et les pauvres, et convenablement libéral envers les particuliers et les étrangers. Plein d'ardeur pour la profession monastique, il s'appliquait de tous ses moyens à procurer à ses frères tout ce dont ils pouvaient avoir besoin, spirituellement et corporellement. Il savait contenir à merveille les jeunes gens et les forçait très-bien à lire, à psalmodier ainsi qu'à écrire, en employant comme il fallait les réprimandes et les corrections. Il fabriquait lui-même des écritoires pour les enfans et les ignorans, préparait des tablettes cirées, et ne négligeait pas de faire remettre tous les jours par chaque individu la tâche de travail qu'il lui avait imposée. C'est ainsi qu'en chassant l'oisiveté, il avait l'art d'appliquer utilement l'esprit de la jeunesse, et lui préparait pour l'avenir les moyens d'acquérir les richesses de la science. Chanoine de Lisieux, sous le prélat Herbert, Osbern, voulant ensuite se lier par des nœuds plus étroits, quitta l'habit séculier et se retira, pour perfectionner ses mœurs selon le bon plaisir de la volonté de Dieu, au nouveau couvent que Goscelin d'Arques avait fondé sur le mont de la Sainte-Trinité de Rouen, et dans lequel se distinguait alors d'une manière incomparable le vénérable abbé Isembert, homme d'un grand mérite. L'abbé Rainier, successeur d'Isembert, l'envoya à Cormeilles, après qu'il eut fait ses preuves dans l'ordre, pour établir le régime monacal en ce lieu, où l'illustre héros de ce temps, Guillaume, fils d'Osbern, et sénéchal de Normandie, avait commencé de fonder une abbaye en l'honneur de sainte Marie, mère de Dieu. L'abbé Robert ayant été chassé de son abbaye, comme nous l'avons suffisamment expliqué, Osbern, qui manquait des connaissances nécessaires, fut appelé malgré lui au gouvernement de l'église d'Ouche, dont il s'acquitta avec soin et succès, autant que pouvait le permettre la cruauté de cette époque d'injustice, pendant l'espace de cinq ans et trois mois.

Il avait amené avec lui, d'après la permission de son abbé, un moine de son église, qui était très-sage et religieux, nommé Witmond [1], dont il ne négligea ni les avis ni l'assistance, tant qu'il fut à Ouche. Ce moine était très-habile dans l'art de la grammaire et de la musique, ce que nous attestent encore au-

[1] On Guimond.

jourd'hui les antiennes et les répons qu'il avait faits. Il donna plusieurs chants, pleins de douceur, dans l'antiphonaire et le Recueil de versets[1]; il termina l'histoire du saint père Evroul, en y ajoutant neuf antiennes et trois répons; on lui doit quatre antiennes sur les psaumes pour les vêpres, et dans le second nocturne les trois dernières; il est encore l'auteur du huitième et du douzième répons, sur ces dernières antiennes, d'une autre antienne pour les cantiques et les secondes vêpres, et d'une très-belle pour le cantique de l'Evangile. Le chantre Arnulfe, disciple de Fulbert, évêque de Chartres, avait composé cette histoire d'Evroul[2], pour l'usage des clercs, d'après les exhortations de l'abbé Robert; il l'avait d'abord enseignée à deux jeunes moines, Hubert et Radulphe, envoyés à Chartres par cet abbé. Cependant Rainauld-le-Chauve mit au jour un répons à la gloire du Seigneur, lequel se chante à vêpres, et sept antiennes qu'on trouve encore écrites dans le recueil des antiennes d'Ouche. Roger du Sap et quelques autres frères très-studieux firent aussi plusieurs hymnes dictées par une pieuse dévotion, en l'honneur de saint Evroul, et les déposèrent dans la bibliothèque d'Ouche, pour l'instruction de la postérité.

L'abbé Osbern tourmenté d'un excessif chagrin, à

---

[1] *Tropharium.*

[2] Ce fut vers la fin du viie siècle que fut composée la première Vie connue de saint Evroul (*Ebrulfus*), fondateur et abbé d'Ouche (*Uticum*), mort en 596. Vossius croyait cette Vie du vi^e siècle: Baillet pensait qu'elle n'était que du viiie. L'auteur était certainement moine d'Ouche. Orderic Vital l'a fait entrer dans le sixième livre de son histoire. Mabillon l'a donnée en entier, avec des notes et des additions, dans le tom. 1er de son Recueil, pag. 354 à 361.

cause de l'anathême apostolique auquel il était forcé de se soumettre, prit l'avis des hommes sages, et résolut d'expédier un envoyé à Rome, pour y demander humblement la bénédiction du siége apostolique. Il fit écrire des lettres de supplication par Witmond, moine plein de sagesse, et les fit copier avec un grand soin par le jeune Bernard, surnommé Matthieu, dont l'écriture était fort belle. Voici le texte de cette lettre.

« Au Seigneur apostolique Alexandre, vicaire du
« bienheureux Pierre, père très-excellent de tout
« l'univers :

« Son inférieur à une grande distance, certain abbé,
« nommé Osbern, du couvent de Saint-Evroul, dans
« son pays de Normandie, salut véritable, soumission
« très-humble, et selon son pouvoir prières dévotes. »

« Seigneur père, puisque, avant et sur tous les pré-
« lats de l'Eglise, il vous appartient d'étendre votre
« sollicitude sur l'univers de toute la chrétienté, de
« rechercher avec un zèle ardent ce qui est profita-
« ble aux ames, et de rappeler par votre autorité ceux
« qui s'écartent de votre concorde, je dois donc,
« moi, abbé inconnu, demeurant toutefois dans le
« giron de votre surveillance, recourir à vous comme
« à un consolateur plein de clémence, m'adresser à
« vous à haute voix et de toutes les forces de mon
« ame, diriger vers vous mes prières, implorer vos
« consolations, afin que par votre grâce, et selon
« la rectitude de votre autorité, vous daigniez me
« tirer de certaine agitation de laquelle j'ai beau-
« coup à souffrir. L'abbaye de Saint-Evroul, que je
« tiens maintenant, fut occupée avant moi par l'abbé

« Robert, cousin de Guillaume, chevalier Normand,
« votre féal; ayant éprouvé quelques contrariétés, il
« la quitta et partit. Cependant le prince de la pro-
« vince, et les prélats de l'Eglise me constituèrent abbé
« en sa place. Comme ils me rassurèrent, et me ras-
« surent encore dans mes craintes à cet égard, comme
« ils m'ordonnèrent régulièrement et selon Dieu, j'ai
« lieu de croire qu'ils ne m'ont pas trompé. Je sais
« seulement, d'après ma conscience, que ce n'est ni
« par prières, ni par argent, ni par l'effet de l'amitié
« ou de la condescendance, ni par aucun esprit de
« ruse, mais seulement pour l'exécution du précepte
« d'obéissance, autant que je le peux, que j'ai pris le
« titre et la charge d'abbé, et qu'en les recevant j'ai
« été exempt de toute supercherie. L'abbé Robert,
« dont nous venons de parler, s'étant éloigné de nous
« à une grande distance, est devenu le père d'un cer-
« tain monastère, dans la province de Calabre. C'est
« là que, mû contre moi de colère et de haine, il
« m'accuse et me menace, disant que j'ai envahi au
« mépris de Dieu la place qu'il occupait. Cette dissen-
« sion est cause que les ames des sujets sont partout
« en péril, et que, flottant entre les partis, je reste
« dans l'hésitation. En effet, comme mes prélats m'as-
« surent que je suis régulièrement en place, et m'or-
« donnent de persister, je n'ose me montrer désobéis-
« sant; je crains beaucoup le courroux et la haine
« du frère qui m'accuse, étant surtout l'un et l'autre
« prêtres et moines. En effet, pendant que la voix
« apostolique, tonnant horriblement, dit à chacun :
« tout homme qui hait son frère est un homicide, qui
« est-ce qui osera dire combien est grand l'homicide

« que consomme un moine-prêtre qui hait son frère,
« et si dans cet état il ose sacrifier à l'autel, qui peut
« ignorer que son ame est damnée ?

« C'est pourquoi, seigneur apostolique, très-révé-
« rend père de toute la chrétienté, prosterné jusqu'à
« terre aux pieds de votre miséricorde, dans mes gé-
« missemens mêlés de larmes, je vous prie du fond
« du cœur, vous qui, mis en la place du bienheureux
« Pierre, devez avec une grande vigilance nourrir les
« brebis du Seigneur, et les garder des embûches des
« loups, je vous supplie de mettre promptement, par
« l'effet de l'amour de Dieu, et par un jugement de
« votre équité, un terme à la calamité de la discorde
« cruelle, qui existe entre moi et Robert, ce frère
« dont je vous parle. Faites disparaître aussi entière-
« ment toute cette fluctuation qui agite mon cœur.
« Ainsi, par le commandement de votre autorité,
« faites réunir en présence de juges capables et légi-
« times, pour y discuter équitablement l'affaire, et
« moi-même et les auteurs de mon ordination, et
« Robert qui m'accuse. Si l'on trouve que c'est à bon
« droit que j'occupe l'abbaye, j'y resterai jusqu'à la
« fin; si c'est à tort, je la quitterai. Que si vous em-
« ployez votre grâce à cet effet, et qu'ainsi vous rem-
« plissez votre devoir d'une manière digne d'éloges,
« vous nous procurerez à tous deux, vous assurerez
« à deux frères les douceurs de la paix. Effectivement
« qu'il m'arrive, soit de rester, soit de partir, la co-
« lère de mon frère se reposera, calmée certainement
« par le résultat du jugement; et moi, libre d'incer-
« titude, je pourrai désormais me livrer avec sécu-
« rité au service de Dieu.

« O gouverneur des gouverneurs de l'Eglise, père
« des pères, vous qui avez été constitué le refuge de
« tous ceux qui éprouvent des tribulations! par le
« bienheureux pouvoir de lier et de délier que vous
« exercez sur tous les habitans de la terre, prêtez l'o-
« reille à ces paroles de mon cœur, et en tant que
« l'expression en est droite, accordez-moi ce qu'elles
« demandent. Afin que vous soyez convaincu que je
« parle avec simplicité, j'appelle comme témoin de
« ma conscience ce Dieu qui sait toutes choses, et
« qui voit que je parle de cœur, comme de bouche.
« Enfin, pour terminer, je demande instamment, pros-
« terné et suppliant, que vous veuillez, pieux sei-
« gneur, dans votre bonté paternelle, m'adresser par
« le même envoyé que j'ai dirigé vers vous, et dans
« des lettres munies de votre sceau, une réponse qui
« m'indique en quel sens et comment vous avez pris
« mes paroles, ce qu'en conséquence vous allez faire,
« en quel temps et en quel lieu : si par votre réponse
« vous faites cesser mon incertitude, je n'aurai qu'à
« me réjouir d'avoir élevé la voix vers un consolateur
« plein de clémence.

« Adieu, père glorieux, directeur très-excellent,
« chef suprême de l'Eglise sur la terre! Adieu! veil-
« lez sur tous les bercails du Seigneur! Plaise à Dieu
« que vous agissiez ainsi afin d'arriver avec sécurité
« au jugement dernier. Ainsi soit-il! »

Guillaume, prêtre de Saint-André d'Echaufour,
porta cette lettre, et la présenta dans Rome au pape
Alexandre. Ce vénérable pontife la lut en présence
du sénat romain[1], l'examina prudemment après une

---

[1] C'est ainsi qu'Orderic Vital désigne les cardinaux réunis.

discussion approfondie, et, à la prière de l'abbé Robert qui était présent, donna l'absolution à Osbern, et renvoya le porteur des dépêches dont nous venons de parler fort satisfait, et lui donna sa bénédiction apostolique. Quant à Robert, il craignait que la violence du duc Guillaume ne s'opposât à son retour en Normandie ; il se trouvait retenu, comme nous l'avons dit, dans la Calabre par Guiscard et les autres Normands, qui avaient usurpé de riches domaines. Aussi le courroux qui l'avait animé contre Osbern s'adoucit, et il devint lui-même auprès du pape un bienveillant intercesseur en faveur de celui que précédemment il avait cruellement poursuivi par d'adroites accusations. Après avoir terminé sa mission, le prêtre Guillaume retourna heureusement vers ceux qui l'avaient envoyé, et, par le rapport qu'il fit des choses qu'il avait vues ou entendues à Rome, combla de joie les religieux d'Ouche.

Rassuré en conséquence, Osbern mérita beaucoup d'éloges pour la manière dont il s'occupa, à l'intérieur comme à l'extérieur, des soins de l'église qui lui avait été confiée. Il n'admit à la conversion que quatre néophytes, à cause des tempêtes auxquelles les persécutions l'avaient mis en butte ; mais il instruisit diligemment et utilement dans les sciences sacrées ceux qui avaient été admis par ses prédécesseurs, et qu'il avait trouvés dans le couvent. Il institua un anniversaire au 6 des calendes de juillet (26 juin), en faveur des pères et des mères, ainsi que des frères et des sœurs de tous les moines du monastère d'Ouche. C'est pourquoi il y a un très-long registre, où l'on inscrit le nom de tous les frères, quand, appelés par Dieu, ils viennent se réunir à l'ordre. Ensuite on écrit au dessous les noms de leurs pères et de leurs mères, de leurs frères et de leurs sœurs. Ce registre est conservé près de l'autel toute l'année, et l'on fait en présence du Seigneur une soigneuse commémoration des personnes inscrites, pendant que le prêtre dit dans la célébration de la messe : *Animas famulorum famularumque tuarum*, etc., « daignez unir à la société de vos élus les ames de « vos serviteurs et de vos servantes, dont on voit les « noms inscrits devant votre saint autel. » L'anniversaire dont nous parlons se célèbre le 6 des calendes de juillet (26 juin). On sonne long-temps soir et matin toutes les cloches pour l'office des morts ; on ouvre sur l'autel, après l'avoir délié, le livre des morts, et l'on offre fidèlement à Dieu des prières, d'abord pour les défunts, ensuite pour les parens et bienfaiteurs vivans, et enfin pour tous les fidèles. La messe du matin est chantée avec solennité par l'abbé, assisté de tous les ministres, revêtus de leurs habillemens sacrés. L'aumônier réunit ce jour-là au couvent autant de pauvres qu'il y a de moines ; le célerier leur donne dans l'infirmerie le pain, le vin et la boisson qui leur sont nécessaires ; et, après le chapitre, tout le couvent s'occupe des pauvres, comme dans la Cène du Seigneur. Cette institution de l'abbé Osbern est encore aujourd'hui pratiquée avec soin dans l'église d'Ouche, qui l'a transmise avec zèle aux religieux de Noyon, de B.........[1], et autres qui suivent nos règles.

[1] *Balcherenses.* Nous n'avons pu découvrir de quel monastère il s'agit ici.

L'homme de Dieu que nous avons souvent nommé, aimait beaucoup, comme nous l'avons dit ci-dessus, les pauvres et les malades; il leur fournissait libéralement tout ce qui était nécessaire à leurs besoins. C'est ce qui le porta à statuer que les moines d'Ouche nourriraient à perpétuité et pour l'amour de Dieu, sept lépreux, et leur donneraient tous les jours par les mains du cellérier, sept portions égales à celles des frères du couvent, tant en pain qu'en boisson. Cette fondation fut volontiers observée par Osbern et par son successeur Mainier, tant qu'ils vécurent et gouvernèrent la maison: mais comme la volonté des hommes est sujette à varier, leur successeur Serlon changea cette institution; et depuis, Roger qui leur succéda, réduisit à trois, au nom du Seigneur, le nombre des infirmes.

L'an de l'Incarnation du Sauveur 1064, après la mort de Herbert-le-Jeune, comte du Mans, le duc Guillaume passa la rivière de Sarthe avec une forte armée, et reçut avec clémence un grand nombre de Manceaux qui se soumirent à son pouvoir. Tant qu'il vécut, c'est-à-dire, pendant vingt-quatre ans, ils lui restèrent légitimement soumis. Le jeune comte, en effet, après la mort de Herbert-le-Vieux, son père (que l'on appelle communément Herbert Éveille-Chien, à cause des vexations très-graves qu'il eut sans cesse à souffrir des Angevins, ses voisins perfides); le jeune Herbert, par le conseil de sa mère Berthe, s'était, lui et ses États, mis sous la protection du vaillant duc des Normands. Il avait donné en mariage à Robert, fils de ce prince, sa sœur Marguerite, à laquelle il avait transmis son héritage, c'est-à-dire, le comté du

Maine, dans le cas où il mourrait sans enfans. Gaultier comte de Pontoise, fils du comte Drogon, qui avait fait avec Robert-le-Vieux, duc de Normandie, le voyage de Jérusalem pendant lequel il mourut comme pèlerin, avait épousé Biote, fille de Hugues, comte du Mans, laquelle était la tante du côté paternel de Herbert-le-Jeune : il prétendait à tout le comté du Mans, et en occupait même une partie. Geoffroi de Mayenne, Hubert de Sainte-Suzanne, quelques autres seigneurs attachés à Gaultier, occupaient avec opiniâtreté la ville même, qui est la capitale de la province; car ils craignaient vivement de subir le joug normand, qui est toujours très-lourd pour ceux auxquels il est imposé. En conséquence, pendant que le magnanime duc attaquait les rebelles avec activité, et, comme le veut le sort de la guerre, causait de grands dommages à l'ennemi et en éprouvait à son tour, le comte Gaultier et sa femme Biote vinrent à mourir en même temps par les machinations de l'inimitié, après avoir reçu, à ce qu'on dit, un poison mortel, qu'on eut l'art de leur faire prendre. Dès qu'ils eurent cessé d'exister, le duc, plus assuré du succès, attaqua les révoltés avec de grandes forces, et prit possession avec une grande joie de la ville du Mans, dont les citoyens se soumirent sans résistance. Le seigneur Ernauld, évêque de cette ville, vint honorablement au devant du duc, avec les clercs et les moines marchant en grande pompe, et portant les croix et les bannières.

Cependant Geoffroi de Mayenne jaloux du bonheur du duc, chercha tant qu'il put à lui nuire, soit en lui suscitant des ennemis, soit en ourdissant des trames dangereuses. C'est pourquoi le duc, après avoir supporté quelque temps son insolence, pour lui fournir les moyens de se corriger sans entraîner la ruine de personne, voyant qu'il persévérait dans son opiniâtreté, leva une grande armée, prit la place forte d'Ambrières [1], et mit le feu à Mayenne à la suite d'un long siége. Après avoir soumis ces deux forteresses, il abattit l'audace de Geoffroi, et contraignit à lui rendre hommage ce seigneur, qui, le plus brave des Manceaux, persuadait aux autres orgueilleux de résister comme lui. Quand il fut dompté, presque tous ses complices et les fauteurs de sa rébellion furent frappés de terreur et se virent forcés de craindre et de servir le prince Guillaume, que la main de Dieu protégeait. Le duc envoya la belle Marguerite à Stigand, seigneur puissant de Mésidon [2], pour être élevée par lui; mais, avant d'avoir atteint l'âge nubile, elle fut heureusement soustraite aux séductions du siècle, et reposa inhumée à Fécamp, où brille glorieusement le monastère de la sainte et indivisible Trinité.

En même temps Robert de Gacé, fils de Rodolphe, qui était fils de l'archevêque Robert, mourut sans enfans: le duc Guillaume son cousin réunit son héritage à son domaine. Alors il donna à Geoffroi-le-Mancel, frère du vicomte Hubert, la terre de Robert de Guitot [3], qui était exilé à cause du meurtre du comte Gislebert. C'est de ce Geoffroi que le seigneur Osbern, abbé de Saint-Evroul, acheta les terres que l'on

[1] Ambrières (département de la Mayenne), et non pas Hambières, comme on lit dans plusieurs auteurs.
[2] Bourg du département du Calvados, où Stigand fonda le prieuré de Sainte-Barbe-en-Auge, dans le xie siècle.
[3] Witot.

appelle le Douet-Artus¹, le Tronquet, et Le-Ménil-Rousselin. Le duc Guillaume y consentit et confirma l'acquisition en présence des seigneurs de Normandie, Guillaume fils d'Osbern, Richard d'Avranches, fils de Turstin, Roger de Mont-Gomeri, et plusieurs autres dont il est fait mention dans la charte.

Robert de Guitot, long-temps après cet événement, se réconcilia avec le duc, et, ayant recouvré ses fiefs, réclama de Saint-Evroul la terre dont nous avons parlé : mais peu après, la guerre d'Angleterre, où il fut blessé au genou, étant terminée, il fut frappé d'une maladie mortelle. Sentant sa fin approcher, il donna de bon cœur aux fidèles de Dieu et pour la rédemption de son ame, toute la terre qu'il avait revendiquée, comme nous l'avons dit. Ce don fut fait à Douvres², en présence d'Odon, évêque de Bayeux, de Hugues de Grandménil, de Hugues de Montfort, de Hugues fils de Foulcauld, et de plusieurs autres personnages, de condition tant grande que médiocre. Comme ce chevalier avait près de quarante neveux, tous fiers de leurs titres, ils se firent cruellement la guerre, et l'héritage de Robert de Guitot ne put jamais jusqu'à ce jour rester paisible. En effet, Mathiel et Richard son frère, le Noir et Rualod le Breton, gendre de le Noir, l'attaquèrent en différens temps, et commirent beaucoup de méchantes actions, qui furent accompagnées de grands désastres. Chacun d'eux contesta cette possession à Saint-Evroul; mais par le jugement de Dieu, qui protège puissamment son église, ils furent forcés de mettre un terme à leurs injustes

---

¹ *Ductus Ertu.*
² Commune rurale près de Caen.

hicanes. Effectivement, Mathiel, sous le grand duc Guillaume, Richard et quelques autres prétendans, sous le duc Robert et ses frères Guillaume-le-Roux et Henri, s'efforcèrent avec beaucoup de menaces de dépouiller l'église de Dieu des biens qu'elle avait acquis; mais le Roi des rois ayant porté secours aux siens, ils ne purent venir à bout de leurs entreprises perverses.

Ernauld d'Echaufour, fils de Guillaume Giroie, étant heureusement revenu de la Pouille, alla trouver le duc Guillaume, lui présenta un manteau magnifique et lui demanda humblement la remise de son héritage. Le duc ayant égard à la noblesse de ce personnage et à sa grande valeur, se rappelant d'ailleurs que ses soldats avaient bravement attaqué les Manceaux, les Bretons et les autres ennemis, adoucit son ressentiment, lui pardonna ses attentats, lui accorda une trêve, lui promit de lui rendre son patrimoine, et, jusqu'au terme prescrit, lui donna toute liberté, toute sécurité, pour aller et venir sur ses terres. Dans cette circonstance, Ernauld se réjouit beaucoup de la promesse du duc; mais c'était en vain, comme il ne tarda pas à s'en éclaircir. En effet Mabille, fille de Talvas, prépara des alimens et un breuvage empoisonnés; elle engagea Ernauld à son retour de la cour du duc, lorsqu'il repassait en France, à prendre chez elle des rafraîchissemens; mais un de ses amis, complice du crime, le lui fit connaître. Comme Ernauld s'entretenait à Echaufour avec quelques-uns de ses amis, il fut invité avec de grandes prières de se mettre à table, par les gens de la susdite dame; comme il se souvenait de l'avis de son ami, il se garda bien de s'y rendre et refusa positivement les alimens et les boissons, dans lesquels il craignait de trouver la mort. Cependant Gislebert, frère de Roger de Mont-Gomeri, qui accompagnait Ernauld, ignorant le piége que l'on avait tendu, prit la coupe, et sans descendre de cheval but le vin : dévoré par le poison, il mourut trois jours après à Rémalard. Ainsi cette femme perfide, pensant détruire le rival de son mari, fit mourir son frère unique, qui, dans l'âge de l'adolescence, se faisait remarquer par une grande honnêteté et par sa valeur de chevalier. Peu après, Mabille gémissant d'avoir été déçue dans sa première tentative, en fit de nouvelles et de non moins criminelles, pour parvenir à consommer l'attentat qui faisait l'objet de ses vœux. A force de prières et de promesses, elle séduisit le chevalier Roger, surnommé Goulafre, qui était le chambellan d'Ernauld, et fit consentir le perfide satellite à ses desirs criminels. Puis elle prépara des breuvages de mort que Roger présenta à son seigneur Ernauld, à Giroie de Courville et à Guillaume, surnommé Goiet[1] de Montmirail. Ainsi dans Courville, un seul poison fut présenté à la fois à trois grands personnages ; mais Giroie et Guillaume, qui se firent porter chez eux, et qui purent à leur gré faire ce qui était nécessaire, se guérirent avec le secours que Dieu prêta aux remèdes des médecins. Quant à Erhauld qui était exilé, et qui dans la maison d'autrui ne pouvait suffisamment prendre soin de sa santé, il fut malade pendant quelques jours, et, comme le mal s'aggravait de plus en plus, il mourut le jour des calendes de janvier (1er janvier). La veille de sa mort, étant

---

[1] Guillaume Gouet.

seul au lit dans sa chambre, il vit clairement, et non en songe, un beau vieillard qu'il prit pour l'évêque saint Nicolas, et qui lui donna les avertissemens suivans : « Mon frère, ne t'inquiète pas de la « santé de ton corps, parce que, sans nul doute, « tu mourras demain; mais fais tous tes efforts pour « trouver les moyens de sauver ton ame, lors de « l'examen du juge équitable et éternel. » A ces mots, le vieillard disparut soudain, et aussitôt le malade envoya à Ouche, pour demander la visite des frères de cette abbaye. Ils lui envoyèrent sans retard à Courville Foulques de Warlenville. C'est là que le chevalier dont nous parlons avait passé pendant trois ans le temps de son exil chez Giroie, seigneur du lieu, son parent et son ami; c'est de ce fort qu'il allait venger l'outrage de son éloignement, par une guerre opiniâtre et avec l'aide des habitans de Corbon[1], de Dreux, de Mortagne et de tous ceux qu'il pouvait appeler à son secours. Foulques étant arrivé en toute hâte, le malade s'en réjouit beaucoup; puis après avoir raconté la révélation qu'il avait eue la veille, et renonçant au siècle, il se fit moine avec une tendre dévotion de cœur; il pleura ses péchés, se réjouit en Dieu et mourut le même jour. Son corps fut transporté à Ouche, et enseveli honorablement dans le cloître des moines, par le seigneur abbé Osbern et par les moines de Saint-Evroul.

Après la mort d'Ernauld, toute la noblesse des Giroie tomba pour ainsi dire en ruine, et aucun de leurs descendans n'a pu jusqu'à ce jour recouvrer l'éclat de sa race. Ernauld avait pris pour épouse Emma, fille

[1] Arrondissement et canton de Mortagne, département de l'Orne.

de Turstin Halduc, de laquelle il avait eu Guillaume et Rainauld, Pétronille et Gève, et d'autres fils et filles. Ils devinrent orphelins dès leurs plus jeunes années, pendant que leur père était encore dans tout l'éclat de sa jeunesse; placés dans des maisons étrangères, comme nous l'avons déjà annoncé, ils furent exposés dès l'âge le plus tendre à souffrir la pauvreté et toutes sortes de calamités. Leur mère se retira chez Eudes son frère, sénéchal du duc de Normandie, et qui par ses richesses et sa puissance tenait le premier rang dans le Cotentin, parmi les seigneurs du pays: elle vécut honnêtement dans le veuvage pendant près de trente ans, soit chez son frère, soit chez quelques autres de ses amis. Par sa chasteté, sa douceur et ses autres bonnes qualités, elle mérita beaucoup de louanges; vers la fin de sa carrière, elle quitta l'habit séculier, et reçut avec beaucoup de dévotion le voile sacré de la main de Roger, abbé de la Sainte-Trinité de Lessai.

Guillaume d'Echaufour, fils aîné d'Ernauld, avait à peine atteint l'âge de l'adolescence, qu'il se rendit à la cour de Philippe, roi des Français, dont il devint écuyer, et qu'il servit si bien qu'il fut par lui armé chevalier. Il partit ensuite pour la Pouille, où il avait des parens d'une grande distinction; bien accueilli par eux, il augmenta sa bonne réputation par plusieurs actions d'éclat: il y prit pour femme une femme noble de Lombardie, et obtint la possession de trente châteaux sous Robert, comte de Loritello[1], neveu de Robert Guiscard. D'une seconde femme il eut une nombreuse lignée de l'un et l'autre sexe; puis,

[1] Voyez Giannone, Hist. de Naples, liv. x, chap. 5.

oublié des Normands, il vécut près de quarante ans chez les Lombards.

Rainauld, le plus jeune des fils d'Ernauld, trois mois avant la mort de son père, fut remis à l'abbé Osbern qui le fit élever avec soin dans l'église d'Ouche, sous la discipline régulière : il fut surnommé Benoît par ce religieux à raison de sa douceur. Son père, en l'offrant à Dieu pour l'état monastique, donna à Saint-Evroul une terre d'une charrue, près de Saint-Germain, dans la paroisse d'Echaufour : notre église l'a perdue dès long-temps, dans les désastres qu'Ernauld et ses héritiers eurent à souffrir, ainsi que nous l'avons rapporté. Rainauld était âgé de cinq ans, lorsqu'il subit le joug monacal, qu'il porta courageusement dans le malheur comme dans la prospérité, pendant cinquante-deux ans et sous quatre abbés. Il apprit parfaitement la science de lire et de chanter, et l'enseigna volontiers, quand il fut parvenu à l'âge viril, à ceux qui s'adressèrent à lui. Il fut remarquable par le don de la mémoire, qui lui faisait raconter exactement tout ce qu'il avait vu ou entendu; il charmait souvent ses compagnons par le récit agréable qu'il savait faire des choses qu'il avait apprises, ou dans les livres divins ou dans les conversations des savans. Sans cesse il s'appliqua à plaire, par son affabilité et ses bons soins, aux novices qui avaient de la douceur, de la modestie et le desir de s'instruire. Mais il avait pris le parti de tenir courageusement, en les contredisant avec hardiesse, contre les orgueilleux, les artificieux et les partisans des nouveautés. Par la permission de l'abbé Roger, et pour l'avantage de l'église d'Ouche, il se rendit deux fois dans la Pouille, et il y trouva son frère Guillaume et beaucoup d'autres de ses parens, qui possédaient de grandes richesses dans cette contrée étrangère. Il passa près de trois ans en Calabre avec Guillaume abbé de Sainte-Euphémie, fils d'Onfroi du Tilleul ; à son retour il apporta en don à Saint-Evroul une chape de pourpre[1] blanche, dont cet abbé, qui était son cousin, lui avait fait présent. Rainauld fut dès l'enfance fidèle aux observances monastiques, auxquelles il s'attacha parfaitement jour et nuit, dans le service divin. Nous l'avons vu souvent psalmodier d'une manière si infatigable, qu'à peine les autres religieux trouvaient, quand il se taisait, le temps de dire un verset dans le chœur ; mais comme il est écrit que les justes sont exposés à de grandes tribulations, aussi éprouva-t-il de nombreuses adversités, dans le malheur des guerres et des troubles, tant intérieurs qu'extérieurs. Comme il était ferme et sévère pour les hommes téméraires, et qu'il dédaignait de flatter les hypocrites, il fut souvent en butte à leurs attaques multipliées. L'œil de Dieu voit toutes choses ; et dans ses jugemens équitables le ciel condamne ce qui paraît aux hommes digne de louange : il frappa Rainauld des infirmités corporelles dès son enfance ; et pour justifier encore plus le juste, il ne cessa d'augmenter la faiblesse de son corps. Dans sa jeunesse, comme il avait peu de modération, et que pour toutes sortes de travail il paraissait plus fort que les autres frères, il faisait usage de tous ses moyens : pendant qu'il portait de la terre, il fut atteint d'une hernie, et n'ayant pas voulu cesser de travailler, le mal finit par devenir in-

[1] Le mot *purpura* désignait souvent une étoffe et non une couleur.

curable. Pendant sept années, il souffrit de si grandes douleurs qu'il ne pouvait pas même porter la main à la bouche, ni faire la moindre chose sans l'assistance d'autrui. Dieu suprême, qui guérissez ceux qui sont contrits de cœur, ayez dans votre clémence pitié de ce religieux ! Purgez-le de toute espèce de crime ! Enlevez-le à l'affligeante prison de la chair ! Admettez-le à la société de vos serviteurs dans le repos de l'éternité !

Deux filles d'Ernauld, après la mort de leur père, aimèrent mieux plaire à Dieu par la bonté de leurs mœurs que se montrer dans le siècle, avec la beauté corruptible du corps. C'est ce qui les détermina toutes deux à consacrer à Dieu leur virginité, et à se faire religieuses, loin du monde qu'elles méprisaient. Pétronille prit le voile dans le couvent de Sainte-Marie d'Angers, et observa avec soin les saintes règles, selon l'usage des autres vierges. Déjà, depuis dix ans, elle habitait le cloître, quand la réputation de sa sainteté et l'exemple de ses vertus la firent connaître au loin. Quant à sa sœur Gève, elle fit son salut, et rendit de grands services dans le couvent de la Sainte-Trinité, que la reine Mathilde avait fondé à Caen : ce fut sous l'abbesse Béatrix qu'elle se distingua longtemps par ses pieuses actions et ses sages instructions.

Telles sont les choses que j'avais à dire sur les fondateurs de notre église et leur famille. Maintenant je reprends le fil de mon histoire.

Guillaume, illustre marquis de Normandie [1], voyant que les habitans de Beauvais faisaient tous leurs efforts pour ravager les frontières du duché, confia à plu-

---

[1] *Normanniœ marchio.*

sieurs de ses barons, pour le défendre, le château de Neuf-Marché, après en avoir expulsé pour une légère offense Geoffroi, qui en était l'héritier naturel. L'entreprise des barons ne réussit guères qu'une année, à cause des habitans de Milli, de Gerberoi, et d'autres lieux voisins qui infestaient le pays. Enfin le magnanime duc confia ce fort, en lui accordant la moitié de son revenu, à Hugues de Grandménil, qui tenait le premier rang par son intrépidité et sa générosité, ainsi qu'à Gérold qui était grand sénéchal: il suivit en cela le conseil de Roger de Mont-Gomeri, qui était très-jaloux de la valeur de son voisin, et cherchait à lui nuire et à lui susciter des désagrémens, de quelque manière que ce fût. Hugues accepta avec plaisir la défense de la place dont il s'agit, et, avec l'aide de Dieu, dans le cours d'un an, fit prisonniers les deux principaux seigneurs du Beauvaisis, et rétablit dans le pays une tranquillité parfaite, après avoir partout battu les autres ennemis.

Quatre chanoines occupaient l'église de l'apôtre saint Pierre à Neuf-Marché; mais ils s'acquittaient avec négligence du service de Dieu et vivaient trop dans le monde. C'est ce qui détermina le généreux Hugues à concéder la moitié du revenu que lui produisait l'église aux moines de l'abbaye de Saint-Evroul, à la condition que des religieux succederaient à chacun des chanoines qui viendrait à manquer, par décès ou par tout autre événement: ce qui fut accepté. En conséquence, deux chanoines qui étaient du parti de Hugues s'étant retirés, ils furent remplacés par des moines, qui jusqu'à ce jour ont possédé le revenu dont il est question ci-dessus. Ce lieu fut occupé par

Robert-le-Chauve, par Radulphe de La Rousserie, par Jean de Beaunai[1], et par d'autres hommes valeureux.

En un certain temps, il s'éleva de grands débats entre Hugues de Grandménil et Raoul, comte de Mantes, beau-père de Philippe, roi des Français. Hugues en vint courageusement aux mains avec Raoul ; mais comme ses forces étaient moins considérables que celles de son ennemi, il fut obligé de se retirer. Dans cette retraite Richard de Heudricourt, noble chevalier du Vexin, reçut une blessure : il fuyait à toute bride, et tentait de passer à gué la rivière d'Epte, quand un chevalier qui le poursuivait l'atteignit d'un rude coup de lance dans le dos. Transporté bientôt à Neuf-Marché par ses frères d'armes, et craignant la mort, il suivit les avis de Hugues à la maison duquel il avait toujours été attaché par le service militaire, et, sans tarder, fit vœu qu'il combattrait dans l'exercice des vertus, sous les lois monacales. Il se rendit donc chez les moines d'Ouche, et se mit sous la direction de l'abbé Osbern. Par un don de Dieu, qui par divers moyens retire les pécheurs du gouffre de la perdition, Richard se rétablit un peu, sans toutefois recouvrer toute sa santé, et vécut près de sept ans dans le couvent, rempli de ferveur et servant l'Eglise de plusieurs manières. Après sa blessure il apporta volontairement à Saint-Evroul, le produit du patrimoine qu'il possédait dans le Vexin, parce qu'il n'avait ni femme ni enfant. Il obtint l'entière concession de cette donation de Foulques, son oncle, de Herbert l'échanson qui était un seigneur considérable, et de ses autres parens. Quoique sa plaie ne se

---

[1] Beaunai (*Belnaium*) dans l'arrondissement de Dieppe.

fût jamais fermée, et qu'il en coulât journellement, comme le rapportent ceux qui l'ont vu, autant de matière qu'en pourrait contenir la coquille d'un œuf d'oie, il s'appliquait avec ardeur à suivre la règle du couvent, et s'acquittait gaîment des fonctions qui étaient de son ressort. Il allait où l'ordre lui en était donné, soit à pied, soit à cheval, et rendait à l'église de constans services selon ses moyens, et non moins par ses actions que par ses paroles. Aussi l'abbé Osbern l'aimait plus que les autres moines, et se fiait à lui tout autant qu'à soi-même; pour ce qui concernait la nouvelle église, qu'il avait résolu de commencer, il lui confia le soin, les dépenses et la surveillance de la taille des pierres.

Sur les instances, et d'après les exhortations de Richard, l'abbé Osbern inspira le desir de le connaître, pour l'agrément de son entretien, à l'éloquent Robert, à Herbert de Séran [1], à Foulques de Chaudri [2], et à d'autres chevaliers et roturiers du Vexin; il reçut pour le domaine de Saint-Evroul la terre d'Heudricourt, du consentement et à la satisfaction des seigneurs et des voisins. A son retour il tomba malade: quelques jours après le mal ayant fait des progrès, il se fit conduire au chapitre, et se fit lire publiquement la lettre que, comme nous avons dit ci-dessus, il avait adressée au pape Alexandre. Il en agit ainsi pour prouver à tout le monde qu'il n'avait pas soustrait l'abbaye à l'abbé Robert, mais qu'il en avait pris le gouvernement malgré lui, et même contraint par la violence. Il fortifia ensuite ses frères par ses exhortations, et les pria de lui pardonner ses erreurs et

---

[1] Serranz. — [2] *Caldreium.*

de se souvenir de lui. S'étant ainsi confessé et ayant reçu la sainte communion du corps du Seigneur, après avoir gouverné l'église d'Ouche pendant cinq ans et trois mois, il mourut le 6 des calendes de juin (27 mai) entre les mains de ses frères, qui chantaient pieusement pour lui des litanies. Le lendemain, Vital, abbé de Bernai, arriva pour inhumer son ami, et l'ensevelit dans le cloître, auprès de l'église de saint Pierre, prince des apôtres, d'où son successeur Mainier le transféra dix-sept ans après dans le nouveau chapitre, avec les ossemens de Witmond son compagnon.

L'an de l'Incarnation du Seigneur 1066, on vit une étoile qu'on appelle comète paraître au mois d'avril pendant près de quinze jours, du côté du nord-ouest : ce qui, comme l'assurent les savans astrologues, qui ont approfondi les secrets de la physique, désigne une révolution. En effet, Edouard, roi des Anglais, fils d'Ethelred et d'Emma, fille de Richard-le-Vieux, duc des Normands, venait de mourir peu de temps auparavant. Hérald[1], fils du comte Godwin, avait usurpé le trône des Anglais ; déjà trois mois s'étaient écoulés depuis que ce prince, souillé de parjures, de cruautés et d'autres iniquités, s'y maintenait au détriment de beaucoup de personnes ; car son injuste usurpation avait excité de grandes dissensions dans la nation, et occasionnait la mort des fils et des maris, objets d'un deuil considérable pour beaucoup de mères et d'épouses. Il est bon de savoir qu'Edouard avait fait la concession entière du royaume d'Angleterre à Guillaume, duc des Normands, son proche parent ;

[1] Harald ou Harold, fils de Godwin.

qu'il l'avait fait héritier de tous ses droits, avec l'aveu des Anglais eux-mêmes, et qu'il avait informé le duc de ses dispositions, d'abord par Robert, souverain pontife de Cantorbéry, et ensuite par Hérald lui-même. Cet Hérald avait prêté serment de fidélité au duc Guillaume, à Rouen, en présence des seigneurs de Normandie; devenu ainsi l'homme du prince, il avait juré tout ce qu'on lui avait demandé sur les très-saintes reliques. Guillaume avait conduit avec lui Hérald dans l'expédition qu'il dirigeait contre Conon [1], comte des Bretons; en présence de l'armée, il lui avait fait don d'armes brillantes, de chevaux et d'autres objets d'un grand prix. Cet Anglais était remarquable par sa taille, par ses belles manières, par la force du corps et la hardiesse du caractère, par l'éloquence, par les grâces de l'esprit et par d'autres bonnes qualités. Mais à quoi lui servirent tant de dons sans la bonne foi, qui est la base de toutes les vertus? De retour dans sa patrie, le desir qu'il avait de régner lui fit trahir la foi par lui jurée à son seigneur. Il parvint à circonvenir le roi Edouard, qui, accablé par le mal, était près de mourir; il lui fit part de tout ce qui était relatif à son voyage, à son arrivée en Normandie et à sa mission. Il ajouta, par une frauduleuse assertion, que Guillaume de Normandie lui avait donné sa fille en mariage et transmis, comme à son gendre, ses droits sur tout le royaume d'Angleterre.

A ce rapport, le prince malade éprouva beaucoup d'étonnement; cependant il crut Hérald et lui accorda ce que cet adroit tyran lui demandait. Quel-

[1] Conan.

que temps après, le roi Edouard, de pieuse mémoire, mourut à Londres la vingt-quatrième année de son règne, le jour des nones de janvier (5 janvier); il fut inhumé dans le nouveau monastère [1] qu'il avait bâti dans la partie occidentale de la ville et fait dédier la semaine précédente, près de l'autel que le bienheureux apôtre Pierre avait illustré par de grands miracles, du temps de l'évêque Mélitus. Le jour même de l'inhumation, pendant que le peuple était baigné de larmes aux obsèques de son roi chéri, Hérald se fit consacrer par le seul archevêque Stigand, que le pape avait suspendu de ses fonctions pour certains crimes : n'ayant pu réunir le consentement des autres prélats, ni des comtes et des grands, il avait ravi furtivement les honneurs du diadême et de la pourpre. Les Anglais ayant appris la téméraire usurpation dont Hérald s'était rendu coupable, entrèrent dans une grande colère, et quelques-uns des plus puissans seigneurs, déterminés à une courageuse résistance, se refusèrent entièrement à toute marque de soumission. Quelques-uns ne sachant comment fuir la tyrannie qui déjà pesait grandement sur eux, considérant d'ailleurs qu'ils ne pouvaient le renverser, ni tant qu'il vivrait, ni tant qu'il régnerait, ni lui substituer un autre monarque pour l'avantage du royaume, soumirent leur tête au joug et augmentèrent ainsi la puissance de l'attentat qui commençait. Bientôt Hérald souilla par d'horribles crimes le trône qu'il avait méchamment envahi.

Les comtes Edwin et Morcar [2], fils d'Algar premier

[1] Westminster, monastère de l'ouest.
[2] Morkar.

comte du pays, s'attachèrent intimement à Hérald; ils employèrent tous leurs efforts pour le seconder, d'autant plus qu'il avait épousé Edgive [1] leur sœur, mariée précédemment à Gritfrid, puissant roi des Gallois : ce dernier en avait eu Bliden [2], qui lui succéda, et une fille nommée Nest. Alors Tostic [3], fils du comte Godwin, voyant le succès de l'attentat de son frère Hérald, et le royaume d'Angleterre accablé par toutes sortes d'oppressions, s'en affligea beaucoup, résolut de s'y opposer, et même de combattre ouvertement. C'est pourquoi Hérald lui enleva avec violence le comté de son père que Tostic, comme aîné, avait long-temps possédé sous le roi Édouard, et le força de s'exiler. Tostic, en conséquence, gagna la Flandre, recommanda sa femme Judith à son beau-père Baudouin, comte des Flamands, puis se rendit en toute hâte en Normandie, et fit de grands reproches au duc Guillaume de ce qu'il laissait un parjure occuper son trône ; il lui promit qu'il obtiendrait la couronne s'il voulait passer en Angleterre, avec une armée de Normands. Ces deux princes s'aimaient beaucoup depuis long-temps ; ils avaient épousé les deux sœurs, ce qui entretenait beaucoup leur amitié. Cependant le duc Guillaume reçut avec joie son ami à son arrivée ; il le remercia de son reproche amical, et, animé par ses exhortations, il convoqua les grands de la Normandie et les consulta publiquement sur l'affaire importante qu'il s'agissait d'entreprendre.

[1] Dans le liv. IV ci-après, cette princesse est appelée Aldit, et Gritfrid, Guitfrid.
[2] Ou Blidel. — [3] Tostig.

Dans le même temps, la Normandie était illustrée par plusieurs sages prélats et par plusieurs seigneurs distingués. Maurille, de simple religieux devenu métropolitain, occupait comme évêque le siége de Rouen; Odon, frère utérin du duc Guillaume, était évêque de Bayeux; Hugues, frère de Robert, comte d'Eu, était à Lisieux; Guillaume, à Evreux; Geoffroi, à Coutance; Jean, fils de Raduphle, comte de Bayeux, à Avranches, et Ives, fils de Guillaume de Bellême, à Seès. Tous ces prélats se faisaient remarquer par l'excellence de leur illustre origine, par leurs sentimens religieux, ainsi que par beaucoup d'autres mérites.

Dans l'ordre laïque, on voyait en première ligne Richard comte d'Evreux, fils de l'archevêque Robert; le comte Robert, fils de Guillaume, comte d'Eu; Robert comte de Mortain, frère utérin du duc Guillaume; Raoul de Conches, fils de Roger de Toëni, porte-enseigne des Normands; Guillaume, fils d'Osbern [1], cousin du duc et son grand sénéchal; Guillaume de Varenne; Hugues d'Ivri, grand échanson; Hugues de Grandménil; Roger de Monbray [2]; Roger de Beaumont [3]; Roger de Mont-Gomeri; Baudouin et Richard, fils de Gislebert, comte de Brionne et plusieurs autres, fiers de leurs dignités militaires, et jouissant d'une grande influence par leur mérite et par la sagesse de leurs opinions. Ils n'eussent cédé ni en vertu ni en sagesse au sénat romain, et s'appliquaient à l'égaler par la constance de leurs travaux, et en triomphant de l'ennemi tant par le génie que par le courage.

---

[1] Ou Osbert. — [2] *De Molbraio.*

[3] Beaumont-le-Roger, qui tire son surnom de ce comte.

Le duc les réunit tous en une assemblée générale. Sur le rapport de cette grande affaire, les sentimens différèrent parce que les esprits différaient aussi. Les plus emportés, desirant favoriser l'ambition du duc, engageaient leurs compagnons à marcher au combat et le louaient d'entreprendre sans retard cette grande expédition; les autres le dissuadaient de se hasarder dans un si pénible travail et faisaient entrevoir beaucoup de difficultés et de désagrémens pour ceux qui manifestaient trop d'audace et se précipitaient vers la mort; ils opposaient les dangers de la mer et la difficulté de se procurer une flotte, et prétendaient que ce petit nombre de Normands ne pourrait triompher de la multitude d'Anglais qu'ils auraient à combattre. Enfin, Guillaume envoya à Rome Gislebert, archidiacre de Lisieux, et demanda conseil au pape Alexandre sur les événemens qui se présentaient. Le pape, ayant appris ces détails, fut favorable aux prétentions légitimes du duc, lui ordonna de prendre hardiment les armes contre le parjure, et lui envoya le drapeau de l'apôtre saint Pierre, dont la vertu devait le défendre de tout danger.

Cependant Tostic reçut du duc la permission de retourner en Angleterre, et lui promit avec fermeté son assistance, tant par lui-même que par tous ses amis: mais comme il est écrit que l'homme pense, et que Dieu ordonne, il en arriva bien autrement qu'il ne l'espérait. En effet, il s'embarqua dans le Cotentin, mais il ne put parvenir en Angleterre. Hérald avait couvert la mer de vaisseaux et de chevaliers afin qu'aucun de ses ennemis ne pût, sans un grand combat, pénétrer dans le royaume qu'il avait frauduleu-

sement usurpé. En conséquence, Tostic se trouva dans un grand embarras, ne pouvant s'ouvrir un passage avec si peu de monde contre tant d'ennemis, pour porter la guerre en Angleterre, ni retourner en Normandie à cause des vents contraires. Il souffrit en outre beaucoup de la fureur de ces vents opposés, l'ouest, le sud et d'autres vents ayant soulevé les mers, où il erra long-temps ayant à craindre beaucoup de dangers, jusqu'à ce que, après de grandes fatigues, il arriva chez Hérald, roi de Norwège, que l'on surnommait Harafage. Il en fut reçu honorablement, et, voyant qu'il ne pouvait s'acquitter des promesses qu'il avait faites au duc Guillaume, il prit un autre parti et dit à Harafage : « Magnifique
« monarque, je supplie votre sublimité, je me pré-
« sente devant elle et j'offre fidèlement à Votre Ma-
« jesté ma personne et mes services, afin que je puisse
« par votre secours recouvrer de la succession de mon
« père les biens et les honneurs qui me sont dus.
« Mon frère Hérald, qui me devait à bon droit l'obéis-
« sance en ma qualité d'aîné, a usé de fraude pour
« me dépouiller, et a même porté l'audace jusqu'à usur-
« per, au prix d'un parjure, le royaume d'Angleterre.
« Vous dont je connais les forces, les armées et le
« mérite, secourez-moi puissamment. Je vous en
« prie, comme étant devenu votre homme. Humiliez
« par la guerre l'orgueil de mon perfide frère; gar-
« dez pour vous la moitié de l'Angleterre, et cé-
« dez-moi l'autre pour vous servir avec fidélité tant
« que je vivrai. » A ces mots, qu'il recueillit avec avidité, le roi de Norwège éprouva une grande joie. Il rassembla son armée, fit préparer des machines de

guerre, et mit six mois à équiper, avec diligence et complétement, la flotte qui devait le porter. Le prince exilé excita le tyran à une telle entreprise, et même avec beaucoup d'adresse, parce qu'il craignait d'être pris pour un espion et qu'il voulait se servir de lui pour se venger, de quelque manière que ce fût, de l'outrage que son frère déloyal lui avait fait éprouver en le bannissant.

Néanmoins le marquis des Normands faisait les préparatifs de son départ, ignorant les malheurs qu'avait essuyés son précurseur, entraîné vers le Nord, loin du but de sa course : on préparait diligemment en Neustrie beaucoup de vaisseaux avec leurs agrès; les clercs et les laïques rivalisaient de soins et de dépenses pour les constructions. Par une levée générale en Normandie, on rassembla de nombreux combattans. Au bruit de l'expédition, accoururent des contrées voisines les hommes qui étaient disposés à la guerre; ils préparèrent leurs armes pour combattre. Les Français et les Bretons, les Poitevins et les Bourguignons, d'autres peuples aussi du voisinage des Alpes [1] accoururent pour prendre part à la guerre d'outre-mer; et aspirant avec avidité à la proie que leur offrait l'Angleterre, bravant les divers événemens et les divers dangers, ils s'offrirent à les affronter par terre et par mer.

Pendant ces préparatifs, Osbern, abbé d'Ouche, mourut comme nous l'avons dit; les religieux prièrent le duc de lui donner un successeur avant son départ. Le prince réunit un conseil général de tous les grands à Bonneville [2]; ensuite, sur l'avis de l'évêque Hugues

---

[1] *Cisalpini*. — [2] Bonneville sur Touque (Calvados).

et d'autres sages personnages, il choisit le prieur Mainier, lui remit avec le bâton pastoral le soin des affaires temporelles, et prescrivit à Hugues d'ajouter ce qui était de sa compétence, en ce qui concernait les soins spirituels : ce dont il s'acquitta volontiers.

Le même jour, le duc ordonna au seigneur Lanfranc, prieur du Bec, de venir le trouver : il lui confia l'abbaye qu'il avait fondée à Caen, en l'honneur de saint Étienne, premier martyr. Ainsi Lanfranc devint le premier abbé de Caen; mais, peu de temps après, il fut élevé au siége archiépiscopal de Cantorbéry. Il était né Lombard, profondément instruit dans les arts libéraux, doué de bienveillance, de générosité, et de toutes sortes de vertus, sans cesse appliqué à faire l'aumône et à se livrer aux bonnes études. Du jour où il reçut à Bonneville, comme nous l'avons dit, le gouvernement de l'église, il se distingua noblement en servant les fidèles dans la maison de Dieu, durant vingt-deux ans et neuf mois.

Le vénérable Hugues, évêque de Lisieux, conduisit à Ouche, par l'ordre du duc, le magnanime client de Dieu Mainier, qu'il bénit selon les statuts des canons devant l'autel de l'apôtre saint Pierre, le 17 des calendes d'août (16 juillet). Mainier ayant pris le nom et la charge d'abbé, mérita des éloges tant qu'il vécut, gouverna la maison avec utilité pendant vingt-deux ans et sept mois, et, avec l'aide de Dieu, fit beaucoup de travaux, tant à l'intérieur qu'à l'extérieur, pour le monastère qui était confié à ses soins. Il parvint par sa douceur, son adresse et ses bonnes raisons, à calmer les moines qui avaient été un peu agités lors de son élection. En effet, ils avaient élu pour les gouverner deux moines distingués par leur religion, et par l'une et l'autre science, Rainauld de La Roche et Foulques de Warlenville, et c'est ce qui les avait fortement éloignés de l'abbé qui, sans leur consentement, leur était imposé par l'évêque et leurs voisins. Souvent, dans de telles affaires, ce sont les plus méchans qui font naître les troubles ; car, pendant que les pervers s'efforcent avec violence de faire prévaloir leur opinion, la régularité de l'ordre et les bons avis sont rarement écoutés. Mais le Dieu tout-puissant protège fortement son Eglise dans toutes ses adversités, corrige ceux qui sont dans l'erreur et prodigue avec clémence les consolations nécessaires, comme il veut et par qui il le veut. En effet, ce fut sa providence, comme on le vit ensuite évidemment, qui porta Mainier au gouvernement du couvent d'Ouche, qui était placé dans un territoire stérile au milieu de voisins scélérats. Mainier était né dans le château voisin qu'on appelle Echaufour ; il était très-savant en grammaire, en dialectique et en rhétorique, adroit et sévère pour extirper les vices, ardent à communiquer et à prescrire les vertus à ses frères. Observateur assidu de la règle monastique, il enseignait à ceux qui lui étaient confiés la voie de la vie, par ses paroles et par ses œuvres ; il excita vivement beaucoup de personnes à travailler dans la vigne du seigneur des armées, fut le premier au travail, et toujours le compagnon plein de sollicitude de ses collaborateurs.

Mainier commença la nouvelle église en l'honneur de Marie, mère du Seigneur, de l'apôtre saint Pierre, et du saint confesseur Evroul : on y voit sept autels

consacrés à la divine majesté, en l'honneur des saints.
L'ancienne église qu'Evroul avait construite en l'honneur du prince des Apôtres, dans le temps où le sceptre des Français fut aux mains de Chilpéric et de son neveu Childebert, avait été en grande partie détruite par le temps ; et elle ne suffisait plus à la réunion des moines qui s'augmentait journellement. Un édifice en pierre est un travail fort difficile à Ouche, parce que la carrière de Merlerault, d'où on transporte la pierre de taille, en est éloignée de six milles. C'était donc pour les chefs de l'entreprise une très-grande difficulté que de réunir les chevaux, les bœufs et les charrettes pour le transport de tant de pierres, et des autres matériaux nécessaires à un si grand ouvrage. L'abbé dont il est question, pendant tout le temps de son gouvernement, n'eut pas un moment de repos; par sa constante sollicitude pour toutes choses, il rendit beaucoup de services à ses subordonnés et à la postérité. Avec l'aide de Dieu, et avec les secours et les largesses de ses frères et de ses amis, il termina une église belle et vaste, propre à célébrer fort à l'aise le service de Dieu, un cloître et un chapitre, un dortoir et un réfectoire, une cuisine et un cellier, et les autres pièces nécessaires à l'usage des moines. L'archevêque Lanfranc, assistant à la dédicace de l'église de Caen, douze ans après la guerre d'Angleterre, remit à l'abbé Mainier quarante-quatre livres de monnaie anglaise et deux marcs d'or ; il lui envoya ensuite de Cantorbéry quarante livres sterlings, par Roger du Sap, dont il connaissait la science, et qui était son ami. Ce fut avec ces dons que l'on éleva la tour, et que l'on construisit le dortoir des moines.

La reine Mathilde donna une précieuse mître et une chape pour le service de Dieu, et cent livres rouennaises pour faire un réfectoire. Guillaume de Ros, clerc de Bayeux, qui y jouissait d'un triple honneur (car il était chantre, doyen et archidiacre), donna quarante livres sterlings aux moines d'Ouche : quelque temps après, ayant quitté librement les pompes du siècle, cet ecclésiastique se fit moine à Caen, et, avant d'avoir passé un an dans la vie monastique, il fut choisi pour gouverner le monastère de Fécamp. Son nom est inscrit dans notre registre général, à cause des bienfaits dont nous lui sommes redevables. Aussi a-t-on alloué en sa faveur, comme pour un moine profès, des messes, des oraisons et des aumônes. C'est ainsi qu'avec les dons de plusieurs personnes, s'éleva la construction de la nouvelle église, et que le travail commencé, tant de cet édifice que des autres bâtimens, se termina honorablement du temps du gouvernement de l'abbé Mainier. Quatre-vingt-dix moines de diverses qualités et conditions, dont les noms sont inscrits dans le volume de la description générale, quittèrent l'habit séculier dans l'église d'Ouche, et se déterminèrent à marcher, par les pénibles sentiers du salut, dans la voie et selon l'exemple des hommes de bien. Quelques-uns, du vivant de ce père, obtinrent le prix de leur bonne vie; d'autres restèrent long-temps dans la bonne voie, supportèrent virilement les longues fatigues de l'église militante, et s'appliquèrent à plaire à Dieu par la dévotion, et à servir les hommes par l'exemple des saintes œuvres. Quelques seigneurs d'une haute noblesse accordèrent des secours au monastère, et obtinrent de leurs parens, de leurs amis et de leurs connaissances, des dîmes, des églises, et des ornemens ecclésiastiques pour le service des frères. Je ne saurais décrire entièrement tous les dons que chacun fit à cette maison ; cependant je desire, aidé par Dieu, en faire connaître quelques-uns à la postérité, pour l'avantage général et autant que j'aurai le pouvoir de le faire.

Le premier des moines, Roger de Haute-Rive, se rendit dans le Vexin, par l'ordre de l'abbé Mainier, et s'y mit en possession d'Heudricourt que, comme nous l'avons dit, Richard avait donné à Saint-Evroul ; il trouva cette terre inculte et privée presque entièrement de cultivateurs. Il commença par y construire un oratoire avec des branchages, en l'honneur de saint Nicolas, évêque de Myre : c'est pour cela que le village qui y est établi, est encore appelé par les habitans la chapelle Saint-Nicolas. Il arriva souvent, ainsi qu'il avait coutume de nous le dire lui-même, que pendant les nuits, lorsqu'il chantait matines dans cette chapelle de rameaux, un loup s'établissait en dehors, et par ses hurlemens répondait aux psalmodies. Cet homme vénérable, secondé par la puissance divine, s'attacha par les nœuds de l'amitié l'échanson Herbert, qui après la mort de Herbert son cousin (lequel était frère de Richard dont nous venons de parler) céda à Saint-Evroul la moitié du revenu de son fief. Roger, travaillant avec le secours de ce patron bienveillant, cultiva ce lieu qui depuis long-temps était désert, à cause de la guerre et des autres calamités. Roger du Sap, qui lui succéda au bout de quelques années, commença à bâtir une église en pierre. Le chevalier Herbert avait beaucoup de pouvoir dans tout le Vexin. Entouré d'un nombreux cortége de fils, de parens puissans et d'alliés très-opulens d'ailleurs, il s'élevait au dessus de presque tous ses voisins. Sa femme nommée Rollande, fille d'Odon de Chaumont, lui donna Godefroi et Pierre, Jean et Guallon, et plusieurs filles qui eurent une grande postérité. Le père et les frères dont nous venons de parler furent des chevaliers d'un grand mérite, et, autant du moins qu'il le parut à l'extérieur, fort religieux, et probes envers Dieu et les hommes. Rollande fut toute sa vie douée d'une honnêteté parfaite : elle survit encore aujourd'hui à son mari et à ses enfans, depuis long-temps enlevés au monde. Ce fut par leur bienveillance et leur protection que la chapelle Saint-Nicolas fut bâtie et rendue jusqu'à ce jour propre à l'habitation des moines, qui vivent régulièrement et chérissent la paix.

A cette même époque, Foulques, fils de Radulphe de Chaudri, aima beaucoup le vénérable Roger, à cause des bonnes qualités qui le distinguaient. Il lui présenta son fils pour le tenir sur les fonds de baptême : ce qu'il fit avec beaucoup de plaisir. Comme leur connaissance et leur amitié s'accrurent peu à peu, Foulques donna à son compère l'église de Saint-Martin de Parnes [1], dans laquelle se réunissaient aux jours prescrits les fidèles de sept villages voisins, pour rendre leurs vœux au Seigneur, et pour entendre, comme il convient, les louanges et les préceptes de Dieu. Il manda l'abbé Mainier. Quand ce père fut arrivé à Parnes, Foulques, du consentement de son frère Guasselin, donna à Saint-Evroul l'église, toutes les redevances

[1] Dans le Vexin, près du Mont-Juvoult, sur le Cudrond.

auxquelles elle avait droit, dans le même lieu une erre d'une charrue, la dîme de sa charrue, la propriété de deux maisons, et un moulin nommé *Barre-Chemin*, de plus l'archidiaconat qu'il tenait de ses prédécesseurs auxquels l'avait cédé l'archevêque de Rouen, et la seigneurie sur tous les hôtes qui résidaient à Parnes, à la condition que s'ils forfaisaient au couvent, il ne les punît pas à leur domicile, mais partout ailleurs. Les habitans de Parnes se félicitaient beaucoup d'être soumis aux moines, espérant qu'avec leur protection, ils seraient mis à l'abri des insultes des Normands de leur voisinage, dont les vexations étaient fréquentes. Par la suite, sous le prieuré de Goisbert le médecin, Foulques fit don de tout le cimetière, pour commencer la nouvelle église. Alors on jeta les fondemens de l'édifice, qu'une succession d'obstacles pendant trente-quatre ans, n'a pas encore permis de terminer. Ce chevalier était courageux et magnanime, et très-ardent dans toutes ses entreprises; prompt à s'enflammer de colère, et terrible les armes à la main; disposé à ravir audacieusement le bien d'autrui, comme à prodiguer imprudemment le sien, afin de mériter le frivole éloge de magnifique. Il prit pour femme Ita, fille de Hérémard de Pontoise, de laquelle il eut Gauthier, Mainier, Hugues, Gervais, Hérémard et Foulques, ainsi qu'une fille nommée Luxovie. Dès leur enfance, Mainier et Foulques furent liés par la règle monacale; les quatre autres suivirent la carrière des armes.

Foulques, dont j'ai déjà peint le caractère inconstant, aimait beaucoup les moines et les défendait courageusement contre leurs ennemis, et quelquefois aussi il les vexait cruellement. A Parnes, le vieux Roger et Goisbert le médecin, Robert-le-Chauve et Haimeric, Jean et Isambert, et plusieurs autres servirent Dieu dans la vie monastique. Quelques-uns d'eux, tels que Bernard surnommé Michel, Rainauld, Théoderic, Gaultier-le-Chauve et Guillaume de Caen, qui fut surnommé Alexandre, vécurent dans une grande religion, et ayant terminé leur carrière y furent inhumés avec respect. Tout ce que Foulques avait donné aux moines leur fut confirmé par Robert l'Eloquent de Chaumont, qui était le seigneur principal. Peu de temps après, comme il enlevait avec violence le butin qu'il avait fait sur la terre de Saint-Ouen, il tomba de cheval tout armé; son casque entra en terre, il se rompit le cou et mourut misérablement. Son corps fut enseveli près d'Allières par l'abbé Mainier, dans le chapitre des frères de Flavigni, qui y demeuraient. Alors ses fils, Otmond de Chaumont, Guazon de Poix[1], et Robert de Beauvais confirmèrent à Saint-Evroul tout ce qui avait été donné ou concédé par leurs prédécesseurs, ainsi que nous l'avons rapporté. C'est ainsi que l'église de Parnes fut accordée aux moines d'Ouche; cette église fut bâtie anciennement en l'honneur de Saint-Martin, archevêque de Tours: on y conserve avec respect depuis long-temps le corps de saint Josse, confesseur du Christ. Je dirai en peu de mots quel était ce saint, et d'où il était originaire; je puiserai avec véracité quelques détails dans un volume écrit sur sa sainte vie.

Le bienheureux Josse était fils de Judicael, roi des

[1] *De Pexeio.*

Bretons, et frère d'un autre Judicaël, roi aussi. Pendant qu'on le cherchait pour lui confier le trône, il se rendit en pélerinage à Rome avec onze autres pélerins, après avoir abandonné les études qu'il faisait au couvent de Lanmelmon. Haimon, duc de Ponthieu, l'ayant reconnu pour un noble personnage, le retint à son passage, et le fit ordonner prêtre chapelain. Sept ans après, Josse servit Dieu dans l'ermitage de Braïc, sur la rivière d'Autie[1], où il vivait d'oiseaux de différentes espèces, et de petits poissons qu'il prenait à la main, comme des animaux privés. N'ayant qu'un seul pain, qu'il allait diviser à quatre pauvres, malgré les murmures de son disciple Oulmare, il reçut de Dieu, par la rivière d'Autie, quatre petites barques chargées de provisions de toute espèce. Ensuite il bâtit un oratoire en l'honneur de saint Martin à Runiac, sur la rivière de Canche[2], et y fixa pendant quatorze ans. Un jour qu'un aigle avait enlevé onze poules, et finit par emporter le coq lui-même, l'homme de Dieu se mit en prières, et fit un signe de croix : aussitôt l'aigle revint, rendit le coq sain et sauf et mourut aussitôt.

Un jour que Josse se trouvant avec le duc Haimon cherchait dans une épaisse forêt une habitation qui lui convînt, le duc, fatigué par la chasse et par la soif, s'endormit : l'homme de Dieu enfonça en terre le bâton dont il se servait, fit sa prière à Dieu, et une fontaine jaillit aussitôt. Les malades y viennent avec vénération, et dès qu'ils y ont bu, ils sont soudain guéris.

Le serviteur de Dieu construisit de ses propres

[1] *Braïcum*, probablement la Broic. — [2] *Quantia*.

mains dans la forêt, deux oratoires en bois ; il dédia l'un à Pierre, le porte-clef des cieux, et l'autre à l'éloquent Paul. De là il partit pour Rome, et en apporta beaucoup de reliques de saints. La jeune Juliule, aveugle de naissance, fut avertie dans une vision qu'elle devait se laver la figure avec l'eau dans laquelle Josse lavait ses mains. Dès qu'elle l'eut fait elle recouvra la vue. Cet événement se passa au retour de l'homme de Dieu, et l'on éleva une croix de bois en ce lieu, qui de là fut appelé La Croix. Cependant, lorsque Josse était en route pour Rome, le duc Haimon fit construire dans l'ermitage une église en pierre, qu'à l'arrivée de l'homme de Dieu il fit dédier en l'honneur de saint Martin. Il donna en outre pour doter cette église une ferme de ses propriétés, avec tous les accessoires qui en dépendaient. C'est là que Josse, ce fidèle athlète de Dieu, combattit long-temps pour le ciel, et, terminant heureusement le cours de sa sainte vie, se rendit auprès du Christ, le jour des ides de décembre (13 décembre).

Ses deux neveux Winoch et Arnoch lui succédèrent en ce lieu, et prirent l'habitude de laver et de nettoyer le saint corps, qui resta long-temps sans se corrompre. Drochtric, successeur d'Haimon, ayant connu ce miracle, hésita à le croire. Voulant dans son audace s'en assurer, il fit ouvrir le saint tombeau de vive force, et y ayant porté ses regards insolens, il s'écria saisi d'effroi : « Ah ! « saint Josse! » Aussitôt il devint sourd et muet, et, jusqu'à sa mort, il éprouva une grande faiblesse dans toutes les parties de son corps. La femme de ce duc, effrayée du malheur de son mari, éleva ses gémissemens vers Dieu, et, pour le salut de son ame, donna à saint Josse les deux villages de Crespiniac et de Nétreville[1]. Ces événemens se passèrent du temps de Dagobert, fils de Clotaire-le-Grand, roi des Francs. Isembard de Fleuri, à la demande de l'abbé Herbald, écrivit au moine Adelelme que le corps de saint Josse fut découvert de la manière que voici, l'an de l'Incarnation du Seigneur 977, sous Lothaire, fils de Louis, roi des Français. Un certain paysan nommé Etienne, qui gagnait sa vie à travailler dans un moulin, averti en songe par un certain homme dont les habits étaient éclatans, alla au lieu où était le saint, et, abandonnant sa femme et ses enfans, il se fit clerc. Conformément aux avertissemens de sa vision, il se mit à chercher dans l'intérieur de l'église, et, de l'avis de Pridien Sigenaire, il découvrit le tombeau à la droite de l'autel Saint-Martin, et trouva le corps de saint Josse, dont tous les mortels avaient jusqu'alors ignoré l'emplacement. Chacun s'étant réjoui de cet événement et chantant les louanges de Dieu, on déterra le mausolée avec le saint corps. La renommée fit connaître partout cette découverte : une grande multitude de peuple accourut de toutes parts pour voir lever le corps, et lui offrit des vœux et des présens. Il s'opéra là beaucoup de miracles, et un grand nombre de maladies différentes y trouvèrent leur guérison. Enfin, le huit des calendes d'août (25 juillet), le corps de saint Josse fut déposé avec vénération sur l'autel de Saint-Martin.

Cette même année on commença en ce lieu à jeter les fondemens d'un monastère; on entreprit d'y réta-

[1] *Crispiniacum; Netrevilla.*

blir la règle monastique, et l'on y nomma le révérend abbé Sigebrond. Une certaine nuit, comme le corps de saint Josse était conservé dans l'église de Saint-Pierre, devant ses reliques, il y avait sept cierges dont un seulement avait été allumé par le sacristain; les six autres le furent, pendant le sommeil des gardiens, par une puissance surnaturelle.

C'est ainsi que, pour la seconde fois, le corps de saint Josse se trouvait dans sa propre église : en présence de Sigenaire, un cierge, que la force des vents et la violence de la pluie avaient éteint, fut rallumé par la puissance de Dieu.

Un dimanche, pendant que Pridien célébrait solennellement la messe, un certain vassal du comte Hilduin, nommé Garembert, était plein de mauvaise volonté, et aurait voulu enlever de force ce qui lui plaisait des biens du saint, et remplacer Sigenaire par quelqu'un avec qui il pût mieux s'entendre. Comme on lisait dans l'Evangile ces paroles : *Ut quid cogitatis mala in cordibus vestris?* le malheureux commença à vociférer à haute voix, frappé qu'il était par une main invisible. Tourmenté pour la troisième fois, il tomba enfin et vomit du sang caillé. Après la messe et par l'ordre du sacristain Sigenaire, Garembert fut transporté hors l'église et le lendemain, par les mérites de saint Josse, il recouvra la raison. Cet événement se passa dans le temps de Hugues-le-Grand. Le même jour, une certaine femme nommée Ostrechilde, s'efforçait de sortir de l'église après la messe; mais elle se trouvait tellement attachée sur le seuil de la porte, par la plante des pieds, que personne ne pouvait l'en arracher; elle ne ressentait aucun autre mal qu'un grand froid aux jambes, depuis les genoux jusqu'aux pieds. Le lendemain elle se voua à Dieu et à saint Josse comme leur servante, et, aussitôt guérie, elle accomplit pieusement ses vœux.

Les moines Adelelme et Richer, hommes véridiques, racontent que, pendant qu'Etienne transportait, pour la construction de l'église, les reliques de saint Josse au monastère de saint Riquier, l'illustre Bertsende, fille déjà nubile d'Alsinde, souffrait depuis deux ans d'une grande douleur de reins qui se prolongeait jusques aux pieds, de manière qu'elle ne pouvait ni marcher, ni même se mouvoir sans un bâton. Ayant prié avec foi, ainsi que sa mère, devant les reliques du saint confesseur, la malade fut guérie ; la mère ayant vu la guérison de sa fille se réjouit beaucoup et fit don d'un précieux manteau à son habile médecin. Un certain Robert, qui voyageait seul à midi, ayant vu sous la figure d'un homme l'esprit d'erreur, devint tout à coup complétement aveugle. S'étant rendu, long-temps après, au tombeau de saint Josse, il se fit son serviteur en présence de l'abbé Gui. Le même jour le sang s'étant mis à couler abondamment de ses yeux, il recouvra la lumière, et déclara publiquement qu'il voyait très-nettement les moines assis à vêpres sur leurs bancs.

Gunzon, prêtre de Lorraine, éprouvait depuis près de sept ans une faiblesse douloureuse dans les mains et les pieds. Quelqu'un l'ayant vu, lui conseilla d'aller trouver dans le Ponthieu le médecin Josse. Il s'empressa d'obéir à cet avertissement. Il entra un dimanche vers la troisième heure dans l'église du saint ; il y pria prosterné, mouilla le pavé de ses larmes, et ayant terminé ses oraisons, il se leva sain et sauf. Ensuite, plein de joie, il chanta la messe, et raconta au peuple avec vérité, et en rendant des actions de grâces, toute l'histoire de sa guérison. Le Lorrain Wandelmar perdit l'œil droit dans une maladie et résolut, d'après les conseils de ses amis, d'aller trouver le bienheureux Josse; mais, ignorant le vrai chemin, il se rendit avec son compagnon de route à la fontaine que Josse, de son vivant, avait fait naître par son mérite. Wandelmar ayant vu cette fontaine toute limpide arrêta son compagnon, s'assit ; se lava les mains et la figure, et soudain recouvra l'usage de l'œil qu'il avait perdu. Guéri par ce moyen, il se rendit au monastère, rempli d'une joie que partageaient ses amis, et il y rendit grâces à Dieu.

Deux démoniaques nommés Maginard furent délivrés de leur obsession sur le tombeau de saint Josse, et vécurent ensuite long-temps dans le monde, parfaitement guéris.

Siéburge, femme de Bertrand, homme très-distingué, éprouvait depuis neuf mois de suite une perte de sang par le nez. Ses amis la conduisirent pour être guérie à l'église de saint Josse. Elle y pria, mais elle ne fut pas guérie aussitôt : c'est pourquoi elle sortit, en se plaignant beaucoup du saint. Comme elle se rendait chez elle, pleine de ressentiment, et qu'elle passait devant la croix qui était plantée sur le chemin, soudain le sang cessa de couler de ses narines. Aussitôt, pleine de joie, elle rétrograda, et revint au couvent du saint homme lui rendre des actions de grâces, et fut pleinement guérie.

Robert de Térouenne étant vers midi, pendant l'été, seul dans son champ, pour en visiter le travail, fut soudainement saisi par le démon, et tellement tourmenté par lui, qu'il était presque sans relâche excité par cet ennemi à briser tout, et même à dévorer les hommes. Ses trois frères, ayant jeûné les quatre-temps, conduisirent au mois de juin Robert, enchaîné, au tombeau de saint Josse; ils y restèrent depuis le mercredi jusqu'au samedi. Dès ce moment, le malade commença à se trouver plus tranquille, et, ayant recouvré toute sa santé, il devint à perpétuité le serviteur du saint. A sa demande, le jour de la fête de saint Jean-Baptiste, l'abbé Gui montant dans la chaire, raconta cet événement au peuple, et montra Robert qui était présent, et qui attestait lui-même ce qui lui était arrivé. Un homme dans l'âge mûr était depuis sept ans tellement sourd, qu'il n'entendait rien du tout. Sa femme le conduisit au tombeau du saint homme, elle y pria quelque temps. Ensuite, d'après l'ordre de Pridien, elle conduisit son mari à la fontaine de Saint-Josse, et trois fois elle lui arrosa la tête de ses propres mains, avec l'eau de cette fontaine; il recouvra aussitôt l'ouïe, se rendit à l'église, et y entendit la messe qu'il n'avait pu entendre depuis sept ans.

Isembard de Fleuri écrivit toutes ces choses à la prière d'Adelelme, comme s'étant passées dans les temps de Hugues-le-Grand ou du roi Robert; depuis cette époque, le bienheureux Josse n'a cessé d'opérer beaucoup de miracles en faveur de ceux qui l'implorent, quoique par négligence on n'en ait pas écrit les détails.

Les princes du royaume ayant changé, et les grands seigneurs se faisant la guerre, le corps de saint Josse fut de nouveau couvert de terre, pour le soustraire aux profanations des ennemis; il resta si long-temps caché, que ceux qui l'avaient couvert étant venus à mourir, on ignora généralement ce qu'il était devenu. Du temps de Henri, roi des Français, comme les moines se plaignaient souvent de ne pas savoir où reposait le corps de Josse leur patron, une révélation divine le fit connaître à un simple laïc : il fut exhumé avec solennité par les soins de l'abbé et des frères. Ensuite les moines reçurent dans leur ordre celui qui avait découvert ces reliques, l'établirent gardien du saint tombeau, et lui confièrent les offrandes des fidèles. L'abbé étant mort, son successeur ne témoigna pas au sacristain l'amitié qu'il lui devait, et ne le traita pas aussi bien que son prédécesseur avait fait. Ce sacristain, blessé profondément, enleva de nuit le saint corps, et l'emporta avec lui en France. Cependant Geoffroi, seigneur de Commerci[1], le reçut honorablement avec le trésor qu'il portait, et lui accorda jusqu'à sa mort l'église de Neuf-Château, où il y avait quatre chanoines. Quelque temps après, la guerre s'étant élevée, Henri, roi des Français, mit le siége devant Commerci, attaqua Geoffroi avec toutes les forces de l'armée française, et mit le feu à la place. Pendant que la flamme dévorante consumait l'église et les édifices, et qu'il s'élevait d'horribles cris, comme c'est l'usage de la part des assiégeans et

[1] *Gomercium.*

des assiégés, un chanoine tira du cercueil les ossemens de saint Josse, et se sauva précipitamment du milieu de l'incendie. Un chevalier à la solde du roi se présenta devant le chanoine sur le pont, et lui demanda quel était le fardeau qu'il portait. Celui-ci ayant avoué qu'il était chargé de vêtemens sacrés et de livres, le soldat se saisit de tout avec violence, et emporta ce trésor avec lui sur le territoire de Parnes. Cet homme s'appelait Robert : il avait le surnom de Meslebren[1], c'est-à-dire, qui fait un mélange de son : il était un des hommes de Radulphe de Chaudri, qui était alors un des premiers chevaliers de l'armée française. Le chevalier, joyeux de posséder un pareil butin, le fit placer avec soin dans l'église de Saint-Martin, par le curé et ses paroissiens. Il y a déjà plus de soixante-dix ans qu'il y est conservé respectueusement. D'innombrables miracles y ont été opérés sur les malades, et jusqu'à ce jour, quand la foi de ceux qui les réclament mérite un tel bienfait, il s'en opère encore fréquemment, ainsi que l'atteste tout le voisinage.

Guillaume de Merlerault, vénérable moine et prêtre, a composé un excellent ouvrage sur la translation de ce saint corps, dont nous venons de dire quelque chose, et sur les guérisons nombreuses qu'éprouvèrent les malades à Parnes : dans ce traité véridique et éloquent, on trouve le récit de tous les événemens merveilleux qui ont eu lieu devant les saintes reliques de Josse.

Philippe, roi des Français, avait la fièvre depuis deux ans, et tout l'art de la médecine échouait contre sa maladie. Au bout de ces deux ans il vint à Parnes, but de

[1] Mêle-Bran.

l'eau sanctifiée par l'approche des reliques du bienheureux Josse, passa deux nuits en prières devant le saint corps, et sa douleur ayant cessé il recouvra la santé. Ainsi guéri, le roi offrit à saint Josse cinquante sous de Pontoise, accorda une foire annuelle en l'honneur du saint, pour la troisième fête de la Pentecôte et confirma cet établissement par un édit de son autorité royale. Il se fit en outre beaucoup d'autres miracles à Parnes, par le mérite de saint Josse; il s'y en fait encore journellement: quelques-uns ont été écrits; mais la plupart ne sont point parvenus à notre connaissance, à cause de la négligence ou de la maladresse de ceux qui les connaissaient et qui les ont vus ou éprouvés. Quoique nous soyons pressé de rapporter d'autres choses, bienheureux Josse, nous avons dit quelques mots sur votre mérite, et publié dans cet ouvrage les grâces que le ciel vous accorda; nous vous avons dévotement exalté, autant que nous le permettent nos faibles moyens. Ainsi nous vous prions, glorieux fils du roi des Bretons et digne compagnon des anges, de nous recommander à Dieu par l'efficacité de vos mérites, d'obtenir pour nous la société des saints, avec lesquels nous puissions contempler dans sa gloire le créateur de toutes choses, et chanter glorieusement ses louanges dans les siècles des siècles. Ainsi soit-il!

Au mois d'août, Hérald, roi des Norwégiens, s'embarqua sur l'immensité des mers avec Tostic et une flotte considérable. Secondé par le souffle de l'aquilon ou nord, il aborda en Angleterre et commença par envahir la province d'Yorck. Cependant l'Anglais Hérald, ayant appris l'arrivée des Norwégiens en Angleterre, se hâta de quitter Hasting et Pevensey, ainsi que les autres ports qui se trouvent en face de la Neustrie, et qu'il avait gardés soigneusement toute cette année; il se présenta en toute hâte avec une nombreuse armée devant ses adversaires, arrivés à l'improviste des contrées septentrionales. Un combat opiniâtre s'engagea de part et d'autre : le sang des deux partis y coula à grands flots, et une innombrable multitude d'hommes animés de la fureur des bêtes féroces y trouva la mort. Enfin les Anglais, ayant redoublé d'efforts, remportèrent la victoire, et le roi des Norwégiens ainsi que Tostic périrent avec la plus grande partie de leurs troupes. Le lieu de cette bataille est facilement reconnu par les voyageurs : on y voit encore aujourd'hui un énorme amas d'ossemens humains, preuve certaine du carnage considérable opéré par l'une et l'autre nation.

Toutefois, pendant que les Anglais étaient occupés à la bataille d'Yorck, et que, par une permission de Dieu, ils avaient, comme nous l'avons dit, abandonné la garde de la mer, la flotte des Normands qui, durant tout un mois, avait imploré le vent du midi à l'embouchure de la Dive et dans les ports voisins, fut portée par le souffle de l'ouest dans le port de Saint-Valéri. Là on fit beaucoup de vœux et de ferventes prières pour soi et pour ses amis, et l'on répandit des torrens de larmes. En effet, les amis, les compagnons, les proches parens de ceux qui partaient, demeurant dans leur pays, et voyant cinquante mille hommes d'armes et une grande quantité d'hommes de pied braver les horreurs de la mer pour aller combattre dans ses propres foyers une nation inconnue, pleuraient, soupiraient, étaient agités, tant pour eux que pour les leurs, de toutes les émotions de la crainte et de l'espérance. Alors le duc Guillaume et toute son armée se recommandèrent à Dieu par des prières, par des offrandes et par des vœux, et accompagnèrent processionnellement hors de l'église le corps de saint Valéri, confesseur du Christ, afin d'obtenir par son intercession des vents favorables. Enfin, lorsqu'un vent heureux, que tant de vœux avaient imploré, vint à souffler par la permission de Dieu, aussitôt le duc, plein d'une ardeur véhémente, fit appeler toute l'armée aux vaisseaux et ordonna de commencer promptement l'embarcation. En conséquence, le trois des calendes d'octobre (29 septembre), l'armée normande passa la mer pendant la nuit où l'Eglise catholique célèbre dans une fête la mémoire de saint Michel Archange, et, sans trouver de résistance, occupa avec joie les rives d'Angleterre. Ensuite elle s'empara de Pevensey et de Hasting, qui furent confiés à une troupe d'élite, afin de servir de point de retraite pour l'armée et de défense pour la flotte.

Cependant le tyran anglais s'enfla de joie pour avoir versé le sang de son frère et de ses ennemis, et après ce vaste carnage revint victorieux à Londres. Mais, comme la prospérité du monde se dissipe aussi promptement que la fumée dispersée par les vents, il perdit bientôt la joie de ses funestes trophées sous le poids des graves tribulations qui le menaçaient, et ne put se réjouir long-temps avec sécurité du fratricide qu'il avait commis : un envoyé ne tarda pas à lui annoncer le débarquement des Normands. Ayant appris

ainsi leur entrée en Angleterre, il lui fallut se préparer à un nouveau combat. Au surplus, il était intrépide et doué d'un grand mérite, plein de force et de beauté; il charmait par son éloquence, et son affabilité le rendait cher à ses partisans. Toutefois, comme sa mère Gita [1], qui était fort affligée de la mort de son fils Tostic, et ses plus fidèles amis cherchaient à le dissuader de faire la guerre, le comte Gorth [2] son frère lui dit : « Très-cher frère et seigneur, il est
« nécessaire que votre valeur soit tempérée par la
« modération de la prudence. Vous arrivez fatigué
« du combat des Norwégiens, et déjà vous vous em-
« pressez de marcher au combat contre les Normands.
« Prenez un peu de repos, je vous en prie. Rappelez-
« vous dans votre sagesse quels ont été vos sermens
« et vos promesses; prenez garde de tomber dans le
« parjure, et par un si grand crime d'entraîner dans
« une ruine commune et vous et toutes les forces de
« votre nation. Vous attireriez par là une honte du-
« rable sur votre race. Quant à moi, libre de tout ser-
« ment, je ne dois rien au comte Guillaume. Je suis
« donc prêt à combattre courageusement contre lui,
« pour la défense du sol natal. Pour vous, mon frère,
« tenez-vous en paix où vous pourrez et attendez
« l'issue de la guerre afin que l'illustre liberté des An-
« glais ne périsse pas par votre ruine. »

Ayant entendu ce discours, Hérald fut vivement indigné. Il méprisa ce conseil, qui pourtant semblait sage à ses amis, et accabla d'injures son frère qui lui donnait de fidèles avis; il porta même la fureur jusqu'à frapper du pied sa mère qui faisait les plus

[1] Ghitha ou Edithe, ou Gidda. — [2] Gurth.

grands efforts pour le retenir. Pendant six jours, il appela de tous côtés ses peuples aux armes, rassembla une multitude innombrable d'Anglais, et la conduisant avec lui au combat, il marcha en toute hâte contre l'ennemi. Il se flattait de le surprendre sans précautions dans une attaque nocturne ou du moins imprévue, et pour ne pas laisser d'issue à sa retraite, il mit en mer cent vaisseaux chargés d'hommes armés.

Dès que le duc Guillaume fut informé de la marche d'Hérald, il fit prendre les armes à tous les siens dans la matinée du samedi. Il entendit la messe et se fortifia le corps et l'ame par les sacremens du Seigneur; puis il suspendit humblement à son cou les saintes reliques sur lesquelles Hérald avait juré. Beaucoup de serviteurs de Dieu venus de la Normandie avaient accompagné l'armée : ainsi les deux évêques Odon de Bayeux et Geoffroi de Coutance se trouvaient là avec beaucoup de moines et de clercs, dont l'office était de combattre par les prières et les conseils. La bataille s'engagea le deux des ides d'octobre (14 octobre) à la troisième heure, et pendant tout le jour on combattit de part et d'autre avec une extrême fureur, avec perte de plusieurs milliers d'hommes. Le duc des Normands avait placé sur la première ligne de l'armée les fantassins armés de flèches et d'arbalètes ; les hommes de pied, couverts de cuirasses, occupaient la deuxième ligne ; au dernier rang se tenaient les escadrons de cavalerie, au milieu desquels se trouvait le duc avec l'élite de ses forces, afin de pouvoir porter, partout où il serait nécessaire, l'assistance de sa voix et de son bras.

Dans l'armée ennemie, les troupes anglaises, rassemblées de toutes parts, s'étaient réunies au lieu que depuis long-temps on appelait Senlac ; une partie de ces guerriers était pour Hérald, mais tous voulaient servir la patrie et la défendre contre l'étranger. Ils renoncèrent à employer leurs chevaux, et, mettant pied à terre ils serrèrent leurs rangs et prirent position.

Turstin, fils de Rollon, portait l'étendard des Normands. Le son terrible des trompettes donna de part et d'autre le signal de la bataille. Les Normands, pleins de gaîté et d'audace, commencèrent l'attaque. Leurs fantassins s'approchant au plus près des Anglais, les provoquèrent, et, par une décharge de traits, leur envoyèrent les blessures et la mort. Ceux-ci, de leur côté, résistèrent courageusement, chacun selon ses forces. De part et d'autre on combattit quelque temps avec un grand acharnement. L'infanterie et la cavalerie bretonnes, également effrayées de l'inébranlable fermeté des Anglais, lâchèrent pied ainsi que les autres auxiliaires et se jetèrent sur l'aile gauche, et presque tout le corps d'armée du duc, le croyant mort, faiblit aussi. Cependant ce prince, voyant qu'une grande partie des ennemis avait franchi les retranchemens et poursuivait ses troupes, s'élance au devant des fuyards et les ramène au combat, en les menaçant et les frappant de sa lance. Il découvre sa tête et détache son casque, en criant : « Reconnaissez-moi, je suis vivant, et avec l'aide de Dieu [1] je vaincrai. » Soudain, à ces paroles de leur prince, les fuyards reprirent courage, et enveloppant quel-

[1] *Opitulante Deo....* C'est l'ancien cri de guerre des Normands : *Diex aïe ! Diex aïe !*

ques milliers d'Anglais qui les poursuivaient, en un moment ils les taillèrent en pièces. Les Normands feignirent de prendre une seconde fois la fuite comme ils avaient fait la première fois; les Anglais se mirent à leur poursuite; mais tournant bride tout à coup, les chevaliers de Guillaume coupèrent la retraite à leurs ennemis, et, les ayant enveloppés, leur firent mordre la poussière. C'est ainsi que les Anglais furent trompés par une ruse fatale pour eux, et, rompus de toutes parts, ils ne trouvèrent plus que la mort. Plusieurs milliers d'entre eux ayant été tués, on attaqua le camp avec plus d'ardeur. Les Manceaux, les Français, les Bretons, les Aquitains chargèrent avec vigueur, et les Anglais tombant de toutes parts périrent misérablement.

Parmi ceux qui se trouvèrent à cette bataille, on remarqua Eustache comte de Boulogne; Guillaume fils de Richard, comte d'Evreux; Geoffroi, fils de Rotrou, comte de Mortagne; Guillaume, fils d'Osbern; Robert Tiron, fils de Roger de Beaumont; Haimeric, seigneur de Troarn; Hugues, le connétable; Gaultier Giffard; Raoul de Toéni; Hugues de Grandménil; Guillaume de Varenne, ainsi que plusieurs autres chevaliers d'une grande réputation militaire, et dont les noms doivent être placés honorablement par l'histoire, parmi ceux des plus fameux guerriers. Toutefois, le duc Guillaume les surpassait encore en bravoure et en prudence; aussi dirigea-t-il habilement son armée, arrêtant la fuite, ranimant les courages, s'associant à tous les dangers, et appelant les siens à lui plus souvent qu'il ne les poussait en avant. Dans l'action, trois chevaux percés de coups tombèrent sous lui. Trois fois il en descendit avec intrépidité, et ne tarda pas à venger la mort de ses coursiers. Dans son courroux, il enfonçait brusquement les boucliers, les casques et les cuirasses. De son propre bouclier il renversa quelques Anglais, et ne fut pas moins utile à plusieurs des siens, que redoutable aux ennemis.

Depuis neuf heures du matin on combattait avec fureur. Dans la première mêlée le roi Hérald fut tué, et son frère, le comte Leofwin, succomba ensuite avec plusieurs milliers des siens. Enfin, comme le jour commençait à baisser, les Anglais reconnaissant que leur roi, les premiers du royaume, plusieurs corps de leurs troupes avaient péri, tandis que les Normands tenaient ferme, et faisaient rage contre ceux qui résistaient encore, prirent la fuite au plus vite et éprouvèrent beaucoup d'accidens fâcheux : les uns emportés par leurs chevaux, les autres à pied, cherchèrent leur salut en se jetant ceux-ci dans des sentiers, la plupart dans des lieux inaccessibles. Cependant les Normands, voyant les Anglais en déroute, les poursuivirent sans relâche toute la nuit du dimanche, non sans faire de grandes pertes : car des herbes qui avaient poussé sur une antique tranchée, la dérobaient à la vue ; de manière que les Normands, courant à toutes jambes, s'y précipitaient avec leurs armes et leurs chevaux, et, tombant inopinément les uns sur les autres, s'étouffaient réciproquement. Les Anglais s'étant aperçus de cet événement pendant leur fuite, reprirent courage : voyant l'avantage que leur offraient le retranchement rompu et ses nombreux fossés, ils se rallièrent, firent tout à coup volte-face, et portèrent courageusement la mort dans les rangs des Normands. Là, Engenulfe, gouverneur de L'Aigle, et beaucoup d'autres périrent ; ceux qui étaient présens à l'action rapportent qu'environ quinze mille Normands succombèrent en ce lieu. C'est ainsi que le Dieu tout-puissant, la veille des ides d'octobre (14 octobre), punit de diverses manières les innombrables pécheurs de l'une et l'autre armée ; car par une cruauté qui s'accroissait intolérablement, les Normands avaient tué plusieurs milliers d'Anglais le jour du samedi, tandis que ceux-ci avaient long-temps auparavant mis injustement à mort l'innocent Alfred, avec ses gens, et le samedi précédent égorgé sans pitié le roi Hérald [1], le comte Tostic et beaucoup d'autres. Le juge suprême vengea les Anglais dans la nuit du dimanche, et précipita les Normands furieux dans un gouffre inaperçu. Au mépris des préceptes de la loi divine, ils avaient convoité immodérément le bien d'autrui, et, comme dit le psalmiste, leurs pieds furent prompts pour l'effusion du sang : c'est pourquoi ils trouvèrent dans leurs voies la contrition et l'infortune.

Le duc Guillaume voyant les troupes anglaises réunies inopinément, ne s'arrêta pas, et appela à haute voix, pour l'empêcher de se retirer, le comte Eustache qui tournait le dos avec cinquante chevaliers, et voulait donner le signal de la retraite. Le comte s'approcha familièrement du duc pour le ramener à son opinion, et lui parlant à l'oreille, lui annonça une mort prochaine s'il poussait en avant. Pendant cet entretien, Eustache, frappé entre les épaules par un coup violent qui retentit fortement, et qui fut telle-

---

[1] Le roi de Norwège.

ment rude que le sang lui jaillit aussitôt de la bouche et du nez, fut emporté mourant par ses compagnons d'armes.

Le duc ayant obtenu la victoire, revint sur le champ de bataille, et y vit les suites d'un effroyable carnage qu'on ne pouvait voir en effet sans pitié : toute la fleur de la noblesse et de la jeunesse anglaise, souillée de sang, couvrait au loin la terre. Hérald, qui ne fut pas reconnu à sa figure, mais seulement à quelques indices, fut apporté dans le camp normand. Le vainqueur le fit remettre à Guillaume Mallet, pour qu'il l'inhumât sur le rivage de la mer, qu'il avait longtemps protégée de ses armes.

Sur la terre la Fortune inconstante amène souvent aux mortels des événemens terribles et inattendus : quelques hommes s'élancent du sein de la poussière au sommet de la plus grande puissance, tandis que d'autres, précipités du faîte des grandeurs, gémissent dans l'adversité. C'est ainsi que Gita, veuve du comte Godwin, si heureuse autrefois de ses richesses et de sa puissance, se trouva alors accablée de la plus vive douleur, et fut en proie à la plus grande infortune. Elle avait donné sept fils à son mari, Suénon[1], Tostic, Hérald, Guorth, Elfgar, Leofwin et Vulvod[2] : tous furent comtes, et se distinguèrent par une grande beauté de corps et par beaucoup de mérites mondains ; tous éprouvèrent séparément des accidens différens, et pour la plupart affreux. Elfgar et Vulvod qui aimaient Dieu, vécurent pieusement et légitimement. Le premier, pélerin et moine, mourut à Rheims dans la vraie foi ; l'autre termina honorablement sa vie à

[1] Swen, ou Sweyn. — [2] Ulfnoth.

Salisbury. Quant aux cinq autres, livrés à la carrière des armes, ils périrent en divers lieux et dans des positions différentes.

Cependant l'infortunée Gita fit offrir au duc Guillaume, pour le corps de Hérald, son pesant d'or ; mais le magnanime vainqueur rejeta une telle négociation : il ne crut pas convenable que, pour la satisfaction d'une mère, on inhumât honorablement celui qui, par son excès d'ambition, était cause qu'une innombrable quantité de guerriers demeurait sans sépulture. Il ordonna de prendre les plus grands soins pour mettre en terre tous les siens, et laissa aux Anglais qui le voulurent, le pouvoir d'enterrer les leurs. Après avoir pourvu à ces soins, il marcha sur Romney[1], et ayant battu ceux qui s'y étaient renfermés, il vengea le meurtre des Normands, qui, y ayant abordé par erreur, avaient été victimes de la férocité des habitans, après avoir vendu chèrement leur vie.

Le duc se présenta ensuite devant Douvres, où se trouvait réuni beaucoup de monde, qui croyait la position inexpugnable, parce que le château est situé sur la pointe d'un rocher qui touche à la mer. Pendant que les gens du château, qui craignaient beaucoup le duc, demandaient en supplians à se rendre, les écuyers normands, enflammés du desir du butin, mirent le feu à la place et la livrèrent aux flammes, qui, se portant rapidement partout, occasionèrent les plus grands ravages. Le duc ayant compassion de ces gens qui avaient voulu se rendre à lui, fit payer le prix des maisons qui étaient à rebâtir, et dédommagea de toutes les autres pertes. Le château s'étant

---

[1] *Romaneium.*

rendu, fut réparé, et en huit jours complétement fortifié. Là, un grand nombre de chevaliers qui burent de l'eau et mangèrent de la chair d'animaux trop jeunes, moururent de dysenterie; quelques autres s'en ressentirent jusqu'à la fin de leurs jours. Le duc y laissa une garnison ainsi que ses malades, et se mit en route pour soumettre ceux qu'il avait vaincus. Les habitans de Cantorbéry, ville voisine de Douvres, accoururent au devant du vainqueur, lui jurèrent fidélité, et lui donnèrent des otages.

Hérald ayant été tué, Stigand, archevêque de Cantorbéry, Edwin et Morcar, illustres comtes, et plusieurs autres grands seigneurs anglais, qui ne s'étaient pas trouvés à la bataille de Senlac, établirent pour roi Edgar-Clyton[1], fils d'Edouard, roi des Huns, et petit-fils d'Edmond Irnéside, c'est-à-dire, Côte de Fer. Ils menaçaient d'abord de combattre courageusement pour leur patrie et leur nation contre les ennemis étrangers. Cependant le duc Guillaume ayant appris les réunions fréquentes de cette assemblée, s'avança avec des forces imposantes, prit position à peu de distance de Londres, et envoya cinq cents cavaliers en avant. Ils forcèrent à se réfugier dans leurs murs les troupes qui de la ville s'étaient avancées contre les Normands. La mort de leurs enfans et de leurs amis fut pour tous les citoyens le motif d'une profonde douleur. Les cavaliers ajoutèrent l'incendie au massacre, et mirent le feu à tous les édifices qui se trouvaient en deçà de la rivière. Le duc passa la Tamise, et arriva devant la place de Guarengefort[2]. L'archevêque Stigand et quelques autres nobles an-

[1] Edgar-Etheling, ou l'Illustre. — [2] Wallingford.

glais s'y rendirent. Renonçant à Edgar, ils firent la paix avec Guillaume et le reconnurent seigneur. Bien accueillis par lui, ils conservèrent leurs anciennes dignités et leurs biens. Cependant les gens de Londres suivant d'utiles conseils se soumirent au duc, et lui conduisirent autant d'otages et les personnes qu'il voulut. Edgar-Adelin[1], qui avait été établi roi par les Anglais, sentant bien qu'il ne pouvait résister, se soumit humblement, lui et ses Etats, au duc Guillaume. Cet Edgar, jeune homme doux et sincère, était parent du roi Edouard-le-Grand, car il était fils de son neveu : il embrassa tendrement le vainqueur, qui le traita honorablement toute sa vie et comme l'un de ses enfans.

Comme Dieu dispose de toutes choses, la paix se rétablit en Angleterre dans l'espace de trois mois. Tous les prélats et tous les grands du royaume traitèrent avec Guillaume et le prièrent de prendre le diadême royal, comme c'est l'usage chez les princes anglais. C'est ce que desiraient vivement les Normands qui, pour procurer à leur prince le bandeau des rois, s'étaient exposés à tant de dangers, sur la mer et dans les batailles. Les habitans de l'Angleterre, désormais soumis par la permission de Dieu, desiraient aussi cette cérémonie, parce que, jusqu'alors, ils avaient coutume de n'obéir qu'à un roi qui eût été couronné. Dans ce temps-là Adelred[2] était le métropolitain d'Yorck. Il aimait beaucoup l'équité et il était dans la maturité de l'âge : sage, bon, éloquent, il brillait de l'éclat d'un grand nombre de vertus, et, marchant sur les traces des Pères, il travaillait cons-

[1] Edgar-Etheling. — [2] Ælrede, ou Ethelred.

tamment à parvenir auprès du Roi des rois. Quant à Stigand, archevêque de Cantorbéry, il était trop livré aux affaires du siècle ; il avait même été interdit par le pape Alexandre, pour quelques crimes.

Enfin l'an de l'Incarnation du Seigneur 1067, le jour de la Nativité du Sauveur, les Anglais se réunirent à Londres pour installer le roi, et l'on disposa autour du monastère[1] des troupes normandes, pourvues d'armes et de chevaux, pour veiller à la sûreté générale, de peur qu'on ne commît quelques actes de perfidie et de sédition. Puis, en présence des prélats, des abbés et des grands de tout le royaume d'Albion, et dans la basilique dite de Westminster, consacrée à saint Pierre, prince des Apôtres, et où repose inhumé le vénérable roi Edouard, l'archevêque Adelred sacra le duc des Normands, Guillaume, roi des Anglais, et lui imposa sur la tête le diadême royal.

Cependant, à l'instigation de Satan, ennemi de tout bien, un événement fâcheux pour l'une et l'autre nation, présage de calamités futures, survint à l'improviste. Pendant que le prélat Adelred demandait aux Anglais, et Geoffroi, évêque de Coutances, aux Normands, s'ils consentaient à ce que Guillaume régnât sur eux, pendant que tout le monde donnait avec joie son consentement d'une voix unanime et dans des langues différentes, tout à coup les troupes qui étaient placées au dehors pour la sûreté des Normands, ayant entendu les acclamations du peuple dans l'église et les sons d'un langage inconnu, croyant qu'il arrivait quelque chose de sinistre, mirent imprudemment le feu aux maisons voisines. L'incendie fit promptement des

---

[1] Westminster.

progrès; et le peuple, qui se réjouissait dans l'église, passa promptement de l'allégresse au trouble. Dans l'excès de l'inquiétude, une multitude d'hommes et de femmes de diverses dignités et qualités sortirent en toute hâte de la basilique; les prélats et un petit nombre de clercs et de moines, effrayés et tremblans, restèrent seuls devant l'autel, et eurent à peine le temps de terminer la consécration du roi qui n'était pas moins épouvanté. Presque tout le monde courut au feu qui était excessivement violent, les uns, pour s'employer avec ardeur à l'éteindre, les autres, et c'était le plus grand nombre, pour profiter du trouble et commettre des vols. Les Anglais appréciant la cause de cet accident inattendu, furent fort irrités; et depuis, les Normands leur furent toujours suspects, et, comme ils les croyaient sans foi, ils desiraient vivement trouver l'occasion de la vengeance.

Le roi Guillaume gouverna courageusement et avec habileté, dans l'adversité comme dans le bonheur, les Etats qu'il avait soumis à son pouvoir; il mérita beaucoup d'éloges pour la manière avec laquelle il régna pendant vingt ans huit mois et seize jours. Guillaume de Poitiers, archidiacre de Lisieux, a supérieurement parlé du mérite de Guillaume, de son excellente conduite, de ses prospérités, de ses exploits, et de toutes les choses admirables qu'il a faites. Son livre est remarquable par l'élégance du style et par la profondeur des pensées. Il fut long-temps chapelain de ce monarque, et il s'appliqua à retracer avec netteté, dans un long récit, tous les événemens qu'il avait vus et auxquels il avait assisté; il est fâcheux que, empêché par plusieurs accidens, il n'ait pu conduire son livre jusqu'à la mort du roi. Gui, évêque d'Amiens, composa un poème métrique, dans lequel, à l'imitation de Virgile et de Stace, qui chantèrent les exploits des héros, il fit la description de la bataille de Senlac, blâmant et condamnant Hérald, mais louant beaucoup et glorifiant Guillaume.

Jean de Worcester, moine depuis son enfance, Anglais de nation, respectable par ses mœurs et sa science, a parlé convenablement, dans ses additions aux chroniques de l'Ecossais Marien [1], tant du roi Guillaume que des événemens qui se sont passés sous lui et sous ses fils Guillaume-le-Roux et Henri, jusqu'à nos jours. Marien était moine dans le couvent de Saint-Alban, martyr, près de Mayence ; c'est là que, selon ses moyens, suivant Eusèbe de Césarée, Jérôme, et d'autres historiens, il travailla avec bonté et offrit charitablement aux enfans de l'Eglise qui, par eux-mêmes, ne peuvent pas faire tant de recherches, les doux fruits de ses longues études et des grands travaux qu'il entreprit dans les régions lointaines. Après avoir soigneusement consulté les auteurs anciens et modernes, il donna sa *Chronographie*, dans laquelle il recueillit tout ce qu'il y a d'important depuis le commencement du monde, où Dieu pétrit Adam du limon de la terre ; et, parcourant tous les livres de l'Ancien et du Nouveau Testament, ainsi que les histoires des Romains et des Grecs, il supputa les années dans les temps des rois et des consuls jusqu'au jour de sa mort, et assura ainsi le succès de ses annales historiques. Jean de Worcester, qui le suivit, écrivit les événemens d'environ cent années,

---

[1] Ou Marianus Scotus, comme on l'appelle généralement.

et, par l'ordre du vénérable Vulstan, pontife et moine, les ajouta aux chroniques dont nous venons de parler : on y trouve, sur les Romains, les Francs, les Allemands et les autres nations, beaucoup de choses qui lui ont paru dignes d'être racontées succinctement. En conséquence, il a compris dans ses chroniques les juges, les rois et les pontifes des Hébreux, depuis Moïse jusqu'à la subversion de Jérusalem, quand, sous Titus et Vespasien, le royaume des Juifs fut justement détruit. On y lit les noms de tous les consuls, des dictateurs, des empereurs et des pontifes des Romains, et de tous les rois aussi qui régnèrent en Angleterre depuis que Hengist et Horsa firent, au grand détriment des Gallois, la guerre à Wortigern, roi de la Grande-Bretagne. On y fait aussi mention des évêques qui gouvernèrent l'Eglise d'Angleterre, depuis que le pape Grégoire y envoya, entre autres, Augustin et Mellitus, prêcher la parole de Dieu : pieux personnages par lesquels Dieu conduisit à la connaissance de la vérité Adelbert, roi de Cantorbéry, Edwin, roi de Northumbrie, et d'autres princes de la même nation. C'est dans ces ouvrages que Sigebert, moine de Gemblours, a puisé beaucoup de belles choses, surtout en ce qui concerne les insulaires de l'Océan, tout en ne négligeant pas de parler des Goths, des Huns, des Perses, et d'autres peuples barbares. J'ai fait usage avec plaisir de ces écrits, afin que les lecteurs avides de connaissances pussent en profiter, parce qu'ils en retireront de grands avantages pour leur instruction, et que d'ailleurs il est difficile de se procurer les chroniques. Publiées par les modernes, elles ne sont pas encore répandues dans l'univers. J'en ai vu une copie à Worcester en Angleterre, et une autre à Cambrai, dans la Lorraine. Fulbert, sage abbé du couvent du Saint-Sépulcre, qui est bâti au nord de Cambrai, m'a communiqué cet ouvrage. Ce couvent fut bâti aux frais de Libert, évêque de la même ville, qui a mérité l'honneur d'y être dignement enseveli.

Fatigué de mon travail, je sens le besoin du repos. Aussi je me dispose à terminer ainsi ce premier livre de l'histoire ecclésiastique, que j'ai tracée d'une plume véridique, relativement aux princes et aux saints personnages [1] voisins et contemporains. Dans les livres suivans, je parlerai plus longement du roi Guillaume, et je rapporterai tous les changemens fâcheux qui s'opérèrent tant en Angleterre qu'en Normandie, écrivant sans adulation, car je n'attends ni des vainqueurs, ni des vaincus, les honneurs d'aucune récompense.

[1] *Didascali*.

LIVRE QUATRIÈME.

Du temps du pape Alexandre II, plusieurs royaumes de l'univers furent en proie à de grandes calamités; et plusieurs peuples rivalisèrent de fureurs pour accroître leurs maux. Les habitans de l'Occident eurent beaucoup à souffrir, et, supportant de graves infortunes, éprouvèrent les plus affreux désastres. Henri, roi des Français, et Edouard, roi des Anglais, monarques accomplis, étant venus à mourir, les Français et les Anglais eurent long-temps sujet de pleurer leur perte, parce qu'ils n'obtinrent pas après ces princes de maîtres qui leur ressemblassent par les vertus et par l'excellence des mœurs. Les pères de la patrie ayant été enlevés du milieu des humains, eurent pour successeurs des tyrans qui abusèrent de la domination royale. Alors, souillée par la cruauté et le parjure de Hérald, l'Angleterre tomba en ruines, et, privée des maîtres héréditaires qu'elle avait vu naître, elle fut livrée en proie aux brigands étrangers, qui étaient attachés à Guillaume vainqueur : ce qui offre aux historiens sincères le sujet d'un affligeant récit de ruines et de malheurs.

Quelques philosophes éloquens se procurèrent facilement d'amples matériaux pour composer plusieurs ouvrages : en effet, ils se trouvèrent long-temps à la cour du roi Guillaume ; ils eurent connaissance de ses exploits ainsi que des événemens divers et glorieux de son règne ; ils n'ignorèrent pas ses projets et ses plans secrets et profonds, et participant à ses richesses ils s'élevèrent fort au-delà du point que leur assignait leur naissance. Les églises qu'il bâtit lui-même ou qui furent bâties de son temps, à la gloire de Dieu, tant en Neustrie qu'en Angleterre, portent un louable témoignage de sa dévotion et de sa libéralité pour le culte divin, en même temps qu'elles donnent à la postérité un exemple digne d'être imité. Il fit construire aussi avec piété un grand nombre de couvens ; il augmenta beaucoup ceux qui avaient été élevés par lui ou par d'autres personnes ; il les enrichit joyeusement de dons de toute espèce ; il les protégea de tous ses moyens contre leurs adversaires. C'est ce que, entre autres, attestent clairement les deux monastères de Caen, dont l'un est composé de moines, et l'autre de religieuses. Favorable au roi éternel, Guillaume bâtit ces deux maisons dans son duché. Il fit choix de l'un pour sa sépulture, et de l'autre pour celle de son épouse.

Quand il eut terminé la guerre, soumis vaillamment ses ennemis, et pris dans Londres le diadême royal, il fonda en l'honneur de la Sainte-Trinité un monastère à Senlac, où s'était livrée la grande bataille : il l'enrichit, comme il convient à la royale munificence, de beaucoup de biens et de fonds. Goisbert, moine religieux de Marmoutiers, y fut par lui établi abbé ; sous ce digne précepteur, l'ordre monastique et la discipline régulière jouirent de tous leurs avantages et de toute leur vigueur. Ce couvent de Marmoutiers avait été commencé par le très-saint Martin, archevêque de Tours; là, par l'inspiration de Dieu, la loi religieuse des hommes pieux prospéra et multiplia. De nos temps, Albert et Barthélemi, Bernard et Hilgot, puis Guillaume de Nantes, furent abbés de ce monastère; leur sainteté et leurs vertus rendirent de grands services, et, fameux de loin comme de près, ils brillèrent d'un grand éclat chez leurs voisins et chez les étrangers. Après la mort de Goisbert, Henri, prieur de Cantorbéry, fit les fonctions d'abbé, et tint honorablement le monastère de la Bataille[1]. A sa mort, Rodulfe de Rochester, prieur et moine de Caen, lui succéda. Il fit tous ses efforts pour son salut et pour celui de ses confrères, par le zèle de sa sainteté et par ses salutaires doctrines; dans sa respectable vieillesse, il témoigna encore la plus grande ardeur pour les exercices spirituels; enfin, l'an vingt-cinq du règne de Henri, roi des Anglais[2], ce religieux vieillard passa heureusement de ce monde à son créateur.

Couronné dans Londres, le roi Guillaume fit de sages dispositions avec prudence, avec clémence et avec équité : les unes pour l'avantage ou la dignité de la ville, les autres en faveur de la nation, et beaucoup pour l'utilité des églises. Il fit quelques lois qui furent appuyées sur de très-bonnes raisons. Personne ne réclama jamais en vain de ce prince un jugement équitable; il ne condamna jamais qui que ce soit sans qu'il eût été injuste de l'absoudre. Il ordonna aux grands de se comporter dignement et avec gravité, et de joindre l'activité à la justice, ayant constamment de-

---

[1] *Abbatia de Bello* : l'abbaye de la bataille.
[2] En 1125.

vant les yeux l'éternel monarque qui les avait fait vaincre. Il leur disait qu'il ne fallait pas opprimer les vaincus, qui, par la profession du christianisme, étaient les égaux des vainqueurs, parce qu'après les avoir soumis justement, l'iniquité les forcerait à la révolte. Il défendit les réunions séditieuses, le carnage et la rapine, contenant les armes par les lois, comme il avait contenu les peuples par les armes. Grâces à ce prince, les impôts et tous les revenus publics parvinrent au fisc sans trop grever les contribuables ; les voleurs, les brigands, les malfaiteurs ne trouvèrent aucun asile dans ses terres ; il fit ouvrir au commerce des ports et des routes et les mit à l'abri des insultes. Ainsi les commencemens de ce règne furent entièrement dignes d'éloges, et le résultat de tant d'activité brilla clairement à l'avantage des sujets, qui reconnurent à des signes certains le mérite de la persévérance dans le bien et dans de bonnes intentions.

Sorti de Londres, le roi passa quelques jours à Berting [1], lieu voisin de la ville, pendant que l'on y terminait quelques fortifications [2] pour se mettre à l'abri de l'inconstance d'une population nombreuse et fière. Edwin et Morcar, fils du comte Elfgar, les plus puissans de tous les Anglais par leur naissance et leurs richesses, vinrent trouver le roi, lui demandèrent pardon pour ce qu'ils auraient pu dire contre lui, et se remirent eux et leurs biens à sa clémence. Ensuite le comte Coxon [3], renommé pour sa bravoure et son

[1] Barking ou Berkhamsted.
[2] La tour de Londres fut faite à l'imitation de la vieille tour de Rouen, dit la Pommeraye dans une note latine inédite sur le texte d'Orderic Vital, pag. 506.
[3] Kox, comte Saxon.

mérite, Turchil de Limes, Sirvard et Alfred, fils d'Edelgard, arrière-petit-fils du roi Edouard; Ederic, surnommé Guilda, c'est-à-dire le Sauvage, petit-fils d'Ederic, prince redoutable, surnommé Stréone, c'est-à-dire conquérant, et plusieurs autres personnages nobles et puissans par leurs richesses, firent la paix avec Guillaume, et, ayant prêté serment, se maintinrent avec honneur dans toutes leurs possessions. Parti de Berting, le roi parcourut diverses parties du royaume, et partout ordonna des choses utiles pour lui et pour les habitans du pays. Il plaça en garnison dans les châteaux les plus vaillans de ses Français, et leur distribua des revenus considérables, pour qu'ils bravassent volontiers les fatigues et les périls de leur position. Il bâtit une forteresse imposante dans les murs de Winchester, ville célèbre par ses richesses et sa force, et en même temps contiguë à la mer; il y laissa Guillaume, fils d'Osbern, le premier homme de son armée, et le fit son lieutenant pour toute la partie septentrionale du royaume. Il confia Douvres et tout le pays de Kent à son frère[1], qui se faisait remarquer par une grande libéralité et par toute l'habileté mondaine. Ainsi ces deux seigneurs furent chargés du soin de l'Angleterre, et le roi leur adjoignit Hugues de Grandménil, Hugues de Montfort, Guillaume de Varennes, et d'autres braves guerriers. Quelques-uns méritèrent des éloges pour leur conduite à l'égard des vaincus; quelques autres au contraire, manquant de sagesse, les opprimèrent d'une manière excessive.

Le roi ayant ainsi réglé les affaires de son royaume,

[1] Odon, évêque de Bayeux.

se rendit à Pevensey. Beaucoup de chevaliers de l'armée anglaise vinrent l'y trouver. On y paya largement la solde à tous ceux qui se rattachèrent à lui. Ayant levé l'ancre au mois de mars, le roi Guillaume arriva heureusement sur sa terre natale et amena avec lui, d'une manière honorable, l'archevêque Stigand, Edgar-Adelin, parent du roi Edouard, les trois illustres comtes, Edwin, Morcar et Gualleve [1], Egelnod, gouverneur de Cantorbéry, et plusieurs autres seigneurs d'une haute noblesse et d'une grande beauté. Dans cette circonstance, il employa une adresse bienveillante afin que ces seigneurs ne pussent, après son départ, rien entreprendre qui lui fût nuisible. En effet, privée de ces princes, la nation eût eu moins de facilité pour se révolter. Il leur fit voir en Normandie quelles étaient les richesses et les honneurs dont il jouissait, tout en les retenant auprès de lui comme otages, parce que leur autorité et leur salut exerçaient une grande influence sur leurs proches et sur leurs compatriotes.

A l'arrivée du roi Guillaume, qui se présentait avec la plus grande gloire, toute la Normandie se livra aux transports de la joie. Quoique l'on se ressentît encore de l'hiver et que le carême durât encore, les évêques et les monastères commencèrent les fêtes de Pâques, partout où se présentait le nouveau roi; on ne négligeait rien de ce qu'il est d'usage de faire dans ces cérémonies honorifiques; on y ajoutait même tout ce qu'on pouvait inventer de nouveau. Tout ce zèle fut aussitôt récompensé par des dons de toute espèce, tels que des

[1] *Guallevus*, Waltheof.

manteaux, de l'or, et beaucoup d'autres libéralités en faveur des autels et des serviteurs du Christ. Celles des églises qu'il ne put visiter de sa personne témoignèrent leur joie des présens qu'elles reçurent.

On célébra la Pâque au couvent de la Sainte-Trinité à Fécamp, où se réunit une grande affluence de prélats, d'abbés et de nobles personnages. Radulphe, comte de Mantes, beau-père de Philippe roi des Français, et beaucoup de seigneurs de France s'y trouvèrent. Ils considéraient avec curiosité les enfans de la Bretagne anglaise, portant les cheveux longs; ils admiraient les vêtemens tissus en or ou relevés en bosses de même métal, que portaient le roi et les seigneurs de sa suite; ils prodiguaient les éloges à la beauté des vases d'or et d'argent et aux cornes de buffle revêtues d'or à leurs extrémités; les Français remarquaient beaucoup de choses de ce genre qui tenaient à la magnificence royale, et de retour chez eux les citaient comme des nouveautés admirables. Après avoir célébré la solennité de Pâques, le roi fit dédier la basilique de Sainte-Marie sur Dive [1] et y assista respectueusement avec un grand concours de seigneurs et de particuliers, le jour des calendes de mai (1er mai). Il fit proclamer par un héraut plusieurs édits très-avantageux au peuple. Ensuite, le jour des calendes de juillet (premier juillet), il fit faire la dédicace de Sainte-Marie de Jumiège, et assista avec respect à la célébration des saints mystères. Il fit à ces églises de grands dons aux dépens de ses domaines, et les honora dévotement de sa pré-

---

[1] Dans le bourg de Saint-Pierre-sur-Dive.

ence pendant qu'on y célébrait les mystères sacrés. Maurille fit humblement cette dédicace avec les évêques ses suffragans ; peu de temps après, la douzième année de son épiscopat, il fut obligé de garder le lit. S'étant acquitté de tous les devoirs d'un religieux serviteur de Dieu, il se rendit auprès de son créateur qu'il avait servi long-temps, le 5 des ides d'août (9 août) ; son corps fut porté et honorablement enterré devant le crucifix dans l'église épiscopale que lui-même avait dédiée à sainte Marie mère de Dieu, cinq ans auparavant (1er de l'indiction). Richard, fils d'Herluin, chanoine de cette église, composa son épitaphe, qui fut tracée en lettres d'or sur une lame de cuivre ; la voici :

« Citoyens humains, ne refusez pas une larme au
« moine Maurille votre pontife. Né à Rheims, ce fut
« Liége, mère des études, qui l'abreuva à la tri-
« ple fontaine de la philosophie. Ce fut pour vous
« qu'il conduisit jusqu'à sa perfection cet édifice que
« d'autres que lui avaient commencé ; il éprouva une
« vive allégresse à le combler de présens. Bienheu-
« reux Laurent, quand les sobres serviteurs du Christ
« célébraient la veille de ta fête, Maurille quitta ce
« monde et alla dans les cieux célébrer ces fêtes glo-
« rieuses. »

Après la mort de son prélat, l'église de Rouen choisit pour archevêque Lanfranc, abbé de Caen : ce choix fut approuvé très-volontiers par le roi Guillaume, par les grands et par tout le peuple ; mais cet homme dévoué à Dieu, et rempli d'humilité, refusa le fardeau d'une si grande dignité et fit tous ses efforts pour porter à ce point de grandeur Jean, évêque d'Avranches. Pour que cette opération se fît canoniquement, Lanfranc alla à Rome et obtint du pape Alexandre son consentement à l'ordination du prélat; et, ce qui était à la fois honorable pour lui-même et pour la Normandie, il apporta le saint pallium et le consentement qu'il avait demandé.

Ainsi Jean fut tiré du siége d'Avranches, qu'il avait occupé sept ans et trois mois, et devint archevêque de la métropole de Rouen. Il était animé d'une grande ardeur de vertu en paroles et en actions, et comme Phinée, il avait un zèle excessif contre les vices. Pour ce qui concerne la dignité du siècle, il brillait de l'éclat d'une grande noblesse. En effet, il était fils de Radulphe, comte de Bayeux, qui était frère utérin de Richard-le-Vieux, duc des Normands. Il gouverna courageusement et activement sa métropole pendant dix ans, et travailla avec constance à enlever aux prêtres impudiques les concubines qu'ils entretenaient : tandis qu'il leur adressait ces défenses en plein synode sous peine d'anathême, il fut poursuivi et frappé de pierres pendant qu'il fuyait de l'église, et s'écria avec force : « O mon Dieu, les gentils « ont envahi ton héritage. »

Il fut remplacé par un Italien nommé Michel, très-savant dans les lettres, vénérable par le zèle qu'il avait pour la religion, et qui fut promu par une élection légitime au trône épiscopal d'Avranches. Ce pasteur, digne d'éloges, fleurit plus de vingt ans, et, vieillard bienheureux, mourut dans le temps du duc Robert. A sa mort, Turgis lui succéda [1], et déjà depuis trente ans il gouverne son église [2].

[1] En 1094. — [2] Ce qui suppose que ce passage fut écrit en 1124.

Cependant les Anglais étaient opprimés par le faste des Normands, et éprouvaient les plus graves outrages de la part des gouverneurs qui méprisaient les avis de leur roi. Les officiers inférieurs qui gardaient les places fortes opprimaient cruellement les habitans du pays, tant nobles que de moyenne condition, et les accablaient de vexations et d'outrages. L'évêque Odon lui-même, et Guillaume, fils d'Osbern, lieutenant du roi, dans l'emportement de leur orgueil excessif, ne daignaient pas prêter raisonnablement l'oreille aux plus justes réclamations des Anglais, ni se servir pour eux des balances de l'équité. En effet, ils protégeaient leurs hommes d'armes qui employaient la violence pour commettre des vols et pour ravir des femmes; on n'employait la rigueur que contre ceux qui, atteints de graves offenses, osaient élever des plaintes. Les Anglais gémissaient profondément sur leur liberté ravie; et chacun employait toutes les ressources de son imagination pour trouver les moyens de secouer un joug intolérable et jusqu'alors inaccoutumé. En conséquence, les conjurés s'adressèrent à Suénon, roi des Danois, et lui offrirent le trône d'Angleterre, que ses aïeux, Suénon et Canut, avaient autrefois conquis. Quelques-uns s'exilèrent volontiers afin de s'affranchir ainsi de la puissance des Normands; d'autres allèrent implorer le secours de l'étranger pour rengager la lutte avec les conquérans. Plusieurs, qui étaient dans la fleur de leur belle jeunesse, gagnèrent les contrées lointaines et s'offrirent courageusement pour combattre dans les troupes d'Alexis, empereur de Constantinople. Ce prince était doué d'une grande sagesse et d'une admirable générosité. C'est contre lui que Robert Guiscard, duc de la Pouille, avait pris les armes avec toutes ses forces pour soutenir Michel, que les Grecs, indignés de son despotisme, avaient chassé du trône impérial. Les exilés anglais furent reçus favorablement par l'empereur grec, qui les opposa aux légions normandes, dont il était pressé vivement. L'auguste Alexis commença à fonder pour les réfugiés, au-delà de Byzance, une ville que l'on appela Chevetot ; mais comme les Normands ravageaient le pays, Alexis ramena ses hôtes dans la ville royale, et leur donna son principal palais avec de grandes sommes d'argent. C'est de là que les Saxons-Anglais gagnèrent l'Ionie, furent, ainsi que leurs successeurs, fidèlement attachés au saint Empire, et sont restés jusqu'à ce jour pourvus de grands honneurs dans la Thrace et toujours chers à César, au sénat et au peuple.

Accablés de vexations de toute espèce de la part des Normands et portés ainsi à la révolte, les Anglais envoyèrent des députés à Boulogne, et prièrent le comte Eustache de venir en toute hâte avec une flotte bien pourvue d'armes et de soldats pour s'emparer de Douvres. Ils avaient eu autrefois contre lui de grands motifs de haine ; mais comme ce comte et le roi étaient devenus ennemis, et que d'ailleurs ils savaient par expérience combien il était guerrier habile et heureux, ils se raccommodèrent avec lui, et firent tous leurs efforts pour lui livrer les fortifications de Douvres, contre les intérêts de Guillaume. Dès qu'il eut reçu le courrier des gens de Kent, Eustache, dont la flotte était prête, s'embarqua, et, dans le calme de la nuit, traversa rapidement le détroit afin de surprendre la place où l'on était loin de l'attendre. Il avait avec lui beaucoup de chevaliers ; mais il n'amena que quelques chevaux. Tout le voisinage s'arma, et surtout une troupe de gens de Kent qui firent tous leurs efforts pour bien seconder Eustache. L'évêque de Bayeux et Hugues de Montfort, qui étaient principalement chargés de la défense de Douvres, avaient passé la Tamise et emmené avec eux la plus grande partie de leurs troupes. Si le siége eût duré deux jours, il fût accouru un plus grand nombre d'ennemis des contrées voisines; mais tandis que les assiégeans s'efforçaient d'emporter la place par une attaque vigoureuse, la garnison ne perdit pas de temps pour la défendre, et se porta avec ardeur aux lieux qui pouvaient être menacés. On combattit de part et d'autre avec une grande opiniâtreté pendant quelques heures de la journée; mais Eustache, ayant conçu de la méfiance sur le succès de son entreprise et craignant qu'une attaque de ses ennemis ne le forçât à fuir honteusement, fit donner le signal de la retraite vers les vaisseaux. Les assiégés ouvrirent aussitôt leurs portes, et, sortant vaillamment, mais avec précaution, tombèrent sur les traîneurs. Les fuyards, persuadés que l'évêque de Bayeux venait d'arriver à l'improviste avec une troupe nombreuse, furent saisis d'une telle frayeur qu'ils se précipitèrent du haut des rochers escarpés, et perdirent ainsi la vie plus honteusement que sous le glaive de l'ennemi. Dans cette déroute, il périt beaucoup de monde par des genres de mort fort différens : la plupart, ayant jeté leurs armes, se tuèrent en tombant sur la pointe des rochers ; quelques-uns périrent par leurs propres armes en se précipitant avec leurs compagnons; beaucoup d'autres, blessés mortellement ou broyés par la chute, roulaient vivans encore jusque dans les flots de la mer. Il y en eut même un grand nombre qui, tremblans et trop inquiets sur leur salut, se jetant sans précaution sur les bâtimens, et les faisant enfoncer sous le poids de la multitude, périrent submergés. La cavalerie normande en prit ou tua autant qu'elle en put trouver. Quant à Eustache, il fut sauvé par la vîtesse de son cheval, la connaissance qu'il avait des chemins, et le bonheur qu'il eut de trouver un vaisseau tout prêt. Son neveu, jeune et très-noble chevalier, fut fait prisonnier. Un grand nombre d'Anglais s'échappa en se dispersant par des chemins détournés, parce que la garnison, peu nombreuse, ne put suivre tant de monde fuyant par tant de routes diverses.

Peu de temps après, le comte Eustache se réconcilia avec le roi Guillaume, et dès lors lui resta long-temps attaché par les liens de l'amitié. Ce comte était d'une grande noblesse, issu de la famille de Charlemagne, célèbre roi des Francs. Sa puissance n'était pas inférieure à sa noblesse, puisqu'il était prince souverain des trois comtés de Boulogne, de Guines et de Térouane. Il avait pris pour femme l'illustre et pieuse Itta, sœur de Godefroi, duc de Lorraine, de laquelle il eut trois fils, Godefroi, Baudouin et Eustache, et une fille qui épousa Henri IV, empereur des Allemands.

Tandis que la plupart des Anglais, regrettant la perte de leur ancienne liberté qu'ils desiraient recouvrer, préparaient des révoltes, plusieurs hommes de la même nation se montrèrent fidèles à Dieu et respectèrent le roi qu'il avait établi, d'après ce précepte de l'apôtre, qui dit : « Craignez Dieu ; honorez « le roi[1]. » Ainsi le comte Coxon[2], très-distingué parmi les Anglais pour son origine et sa puissance, remarquable d'ailleurs par la prudence singulière et l'honnêteté de son esprit, était fidèlement attaché au roi Guillaume et servait sa cause avec beaucoup de zèle. Ses voisins étaient fort éloignés de partager ses dispositions ; en effet, ils étaient fauteurs ou complices des entreprises les plus criminelles. C'est pourquoi ils le provoquaient de toutes manières, l'assiégeaient de prières, de menaces et de protestations, afin de le déterminer à quitter le parti des étrangers, et à se rendre aux vœux des hommes de bien de sa nation et de sa famille. Tandis que son esprit, fermement attaché à la probité, ne s'écartait pas de la droiture, ses compatriotes irrités lui tendirent des embûches, et l'assassinèrent à cause de l'intégrité de sa bonne foi. C'est ainsi que cet homme excellent prouva par sa mort que la majesté du Seigneur doit être toujours chère à des sujets fidèles.

Alors Adelred, primat d'Yorck, et quelques autres pontifes s'occupaient activement des intérêts du roi, parce que, connaissant les avis du sage, ils voulaient suivre l'équité : « Mes enfans, dit-il, craignez Dieu et « le roi. » En même temps quelques-uns des plus sages parmi les citoyens des villes, quelques chevaliers distingués par leurs noms et leurs richesses, et beaucoup d'hommes du peuple prenaient vivement parti pour les Normands contre leurs propres compatriotes.

Cependant le roi Guillaume, resté en Normandie,

[1] Ire Épître de saint Pierre, chap. II, v. 17. — [2] Kox.

ne négligeait pas de pourvoir au maintien d'une longue tranquillité, avec une grande sollicitude : de l'avis des hommes sages, il rendit en faveur des pauvres comme des riches, des lois justes et d'équitables jugemens ; il établit dans toutes les provinces de la Neustrie des juges et des gouverneurs excellens. Il délivra d'injustes exactions, par les priviléges et les garanties royales qu'il donna, les monastères sacrés et les fonds dont on leur avait fait donation. Il annonça par la voix du héraut la paix dans toutes ses terres, tant aux étrangers qu'aux hommes du pays, en même temps qu'il proclama rigoureusement des peines justes et graves contre les brigands, les séditieux et tous les perturbateurs de la tranquillité publique. Pendant ce temps-là, il lui venait d'outre-mer des rapports de diverse nature, qui mêlés de bien et de mal l'inquiétaient beaucoup. La malveillance des Anglais, secondée par l'effort des Danois et des autres nations barbares, menaçait les Normands d'un massacre général. En conséquence, Guillaume confia le gouvernement de la Neustrie à Mathilde sa femme, et à son fils Robert, qui était encore fort jeune ; il leur donna pour conseil dans l'administration de l'Etat plusieurs hommes capables, pris parmi les prélats religieux, et les grands les plus habiles. Ensuite dans la sixième nuit de décembre, il se rendit à l'embouchure de la rivière de Dieppe, au dessous de la ville d'Arques ; dès la première veille d'une nuit très-froide, il profita d'un vent de sud pour mettre à la voile, et dès le matin il arriva heureusement au rivage opposé, dans un port que l'on appelle Winchelsea. Déjà les vents d'hiver rendaient la mer très-orageuse ; mais ce jour-là l'Eglise de Dieu célébrait la fête de saint Nicolas, évêque de Myre, et dans la Normandie chacun priait fidèlement pour son pieux monarque. Aussi la toute-puissance de Dieu, qui conduit heureusement tous les hommes partout, et toujours ceux qu'il veut choisir, dirigea le bon prince vers le port du salut, parmi les tempêtes de l'hiver. Dans ce voyage, le roi amena avec lui Roger de Mont-Gomeri, qu'à son départ pour la première expédition d'outre-mer, il avait laissé avec la duchesse son épouse pour gouverner la Normandie. Il lui donna d'abord Chester[1] et Arundel, et quelque temps après le comté de Shrewsbury.

A l'arrivée du roi, les Anglais s'empressèrent de lui faire une digne réception, et il fut accueilli également bien par les moines et par les séculiers. Il célébra à Londres la nativité du Seigneur, et témoigna avec beaucoup d'adresse les plus grands égards aux prélats et aux seigneurs du pays. Il accueillait chacun avec d'affectueuses caresses, leur donnait gracieusement le baiser de bienvenue, et montrait à chacun la plus grande affabilité. Il accordait de bonne grâce tout ce qu'on lui demandait ; écoutait avec empressement les renseignemens et les avis qu'on lui donnait. C'est par cet artifice que souvent on ramène ceux qui seraient tentés de s'éloigner. Tantôt il usait à l'égard des Gallois d'autant de soins et d'adresse ; tantôt il avertissait les Anglais de se tenir toujours et partout en garde contre les piéges et les ruses de leurs ennemis. Toutes les villes et les contrées où il s'était rendu, ou qu'il avait fait occuper, lui obéissaient au moindre

---

[1] Chichester, selon quelques autres historiens.

signal. Quant aux cantons de l'ouest et du nord du royaume, l'orgueil et l'audace y étaient au comble; et même sous le roi Edouard et ses prédécesseurs, ces pays n'avaient obéi aux rois d'Angleterre qu'autant que cela leur convenait.

Exeter tenta la première de venger la liberté; mais attaquée vaillamment par les plus vaillans athlètes, elle fut obligée de se soumettre à la servitude. Cette ville est riche et ancienne; elle est située dans une plaine, fortifiée avec beaucoup de soin, distante d'environ deux milles du rivage de la mer, où l'on arrive par le plus court trajet, soit de l'Irlande, soit de la Petite-Bretagne. Elle était au pouvoir de citoyens furieux, dont la multitude considérable se composait de jeunes gens et de vieillards, tous ennemis obstinés des hommes d'origine française. Ils avaient appelé, dans leur ardeur belliqueuse, de nombreux défenseurs des contrées voisines; ils retenaient tous les marchands étrangers qui leur semblaient propres à la guerre; ils restauraient leurs murailles et leurs tours, et faisaient tout ce qu'ils croyaient nécessaire à leur défense. Ils engageaient, par des députations, les villes voisines à conspirer avec eux, et se préparaient, de tous leurs moyens, à résister à un prince étranger avec lequel jusque là ils n'avaient eu aucun rapport. Aussitôt que Guillaume eut acquis la certitude de ces entreprises, il manda aux principaux de la ville de venir lui jurer fidélité. Ceux-ci répondirent en ces termes : « Nous ne prêterons point serment au roi,
« et nous ne le recevrons point dans notre ville;
« mais nous lui paierons le tribut selon l'ancienne
« coutume. » Alors le roi leur répondit : « Ce n'est

« point ma coutume de recevoir des sujets à de telles
« conditions. » Il entra aussitôt avec son armée sur
leur territoire, et fit marcher en avant un corps d'Anglais. Les principaux de la ville, ayant appris l'arrivée
des troupes de Guillaume, allèrent au devant de lui,
lui demandèrent la paix, lui promirent d'ouvrir les
portes de la ville, de faire tout ce qui leur serait commandé, et donnèrent autant d'otages que le roi en
voulut. Dès leur retour auprès de leurs concitoyens,
qui craignaient beaucoup d'être punis du crime de
leurs préparatifs de résistance, ceux-ci continuèrent
à se disposer à la guerre, et s'encouragèrent de toutes
sortes de manières à combattre leur ennemi. Le roi
ayant appris ces choses, comme il s'était arrêté à
quatre milles de la place, fut saisi de colère et d'étonnement. En conséquence, il s'avança en toute hâte
avec cinq cents cavaliers, afin de visiter le terrain et
les murailles, et de voir ce que faisaient les habitans.
Les portes étaient fermées, d'épais bataillons couvraient les remparts et tout le tour des murailles.
Enfin, le roi fit approcher l'armée, et, près d'une des
portes, il fit crever les yeux à l'un des otages. Rien ne
put fléchir l'opiniâtreté de ce peuple furieux, ni la
crainte, ni la pitié pour les autres otages ; et il se disposa avec toute l'obstination de la fureur à défendre
ses foyers. Le roi fit investir la ville sans aucun retard;
il l'attaqua avec toute l'audace possible, et pendant
plusieurs jours s'appliqua sans relâche à combattre
les citoyens sur leurs murailles, et à saper les fortifications au dessous d'eux. Enfin les magistrats, forcés
par la vigueur avec laquelle l'ennemi les attaquait,
se décidèrent fort à propos, et descendirent jusqu'à

la prière. La plus belle jeunesse et les vieillards se rendirent auprès du roi, avec les prêtres portant les livres sacrés et les ornemens de l'église. Aussitôt le prince, adouci, employa la clémence envers ceux qui se prosternaient humblement à ses pieds : il pardonna au peuple qui confessait son crime, comme s'il eût ignoré que ces gens lui avaient résisté insolemment, et avaient usé d'outrages et de cruauté envers les chevaliers qu'il avait envoyés de Normandie, et que la tempête avait jetés dans leur port. Les habitans d'Exeter furent comblés de joie et rendirent grâce à Dieu de ce que, après tant de courroux et de menaces terribles, ils avaient l'espoir de traiter de la paix avec le roi étranger. Guillaume leur laissa leurs biens ; il s'assura des portes de la ville en y mettant une garde forte et fidèle, afin d'empêcher que le gros de l'armée ne se jetât tout à coup dans la place, et ne pillât violemment les citoyens. Il fit, dans l'intérieur des murs, le choix d'un local pour y élever un château, et y laissa Baudouin de Meules [1], fils du comte Gislebert, avec quelques autres de ses principaux officiers qui devaient présider à la confection des travaux nécessaires et assurer la possession de la ville. Il se rendit ensuite dans le pays de Cornouailles. Après avoir rétabli partout la tranquillité, il donna relâche à son armée, et retourna à Winchester pour célébrer les fêtes de Pâques.

L'an de l'Incarnation du Seigneur 1068, le roi Guillaume envoya en Neustrie des délégués d'une grande distinction, et ordonna à Mathilde sa femme de venir

---

[1] *De Molis.*

le rejoindre. Elle s'empressa d'obéir aussitôt aux ordres de son mari, et passa la mer avec un grand concours d'hommes et de femmes nobles. Parmi les clercs qui remplissaient auprès d'elle les fonctions du culte divin, on remarquait le célèbre Gui, évêque d'Amiens, qui déjà avait mis en vers le récit de la bataille de Hérald contre Guillaume. Adelred, métropolitain d'Yorck, qui avait sacré le mari, donna aussi l'onction à Mathilde, qu'il associa aux honneurs de la royauté, le jour de la Pentecôte, de la seconde année du règne de Guillaume. Décorée du diadême royal, la princesse, avant le terme d'une année, mit au monde un fils nommé Henri, que le roi établit héritier de tous ses domaines en Angleterre. Aussitôt que ce prince eut acquis l'âge de l'instruction, il se forma dans les lettres, et, après la mort de ses parens, il se livra courageusement aux exercices militaires. Enfin, dans tout l'éclat des titres que lui assuraient ses mérites, il occupa plusieurs années le trône paternel. La même année, Edwin et Morcar, jeunes gens distingués, fils du comte Elfgar, se révoltèrent; leur rébellion eut de nombreux imitateurs, dont les entreprises audacieuses troublèrent violemment le royaume d'Albion. Quand le comte Edwin avait traité avec Guillaume, et lui avait assuré la soumission de son frère, ainsi que de près du tiers du royaume d'Angleterre, le roi lui avait promis sa fille en mariage; mais ensuite par la décision frauduleuse des Normands, trop jaloux à la fois et trop avides, le roi refusa à ce noble jeune homme la princesse qu'il desirait et qu'il attendait depuis long-temps. Edwin en courroux se détermina, avec son frère, à déployer l'étendard de la rébellion : ils furent bientôt suivis de la plupart des Anglais et des Gallois. Ces frères étaient attachés avec ferveur au culte de Dieu, et respectaient beaucoup les hommes vertueux. Leur beauté était remarquable; leur famille noble et considérable; leurs États vastes et puissans, et leur popularité immense. Les clercs et les moines faisaient pour eux de fréquentes oraisons, et des troupes de pauvres ne laissaient point passer un jour sans prier pour eux.

Le comte Elfgar avait bâti le couvent de Coventry, et l'avait largement doté de revenus considérables, pour la nourriture des moines qui y étaient établis. Godiova, comtesse pleine de religion, donna tous ses biens à cette église, et ayant fait venir des orfèvres, leur remit tout ce qu'elle avait d'or et d'argent pour faire des ornemens sacrés, des croix, des images de saints et d'autres objets admirables, dont elle fit don dévotement. Ces vertueux époux dévoués à Dieu, et recommandables par leurs sentimens religieux, eurent une belle famille digne des plus grands éloges, savoir : Edwin, Morcar, et une fille nommée Aldit[1], qui épousa d'abord Witfrid, roi des Gallois, après la mort duquel elle s'unit à Hérald, roi des Anglais.

Au moment où les Normands versaient le plus de sang et accablaient les Anglais sous le poids d'intolérables vexations, Bliden, roi des Gallois, vint au secours de ses oncles, et amena avec lui une multitude de Bretons. Un grand nombre des principaux Anglais et Gallois se réunirent en conseil, et se plai-

---

[1] Elle est nommée Edgiva dans le livre précédent.

nirent généralement des outrages et de la tyrannie que les Normands et leurs partisans faisaient ressentir d'une manière accablante à l'Angleterre désolée. Ils envoyèrent dans toutes les contrées du royaume des députés pour soulever contre l'ennemi tous ceux que l'on pouvait rejoindre, soit à découvert, soit en secret. L'accord fut unanime, et pour recouvrer la liberté, on conspira avec audace ; et la conjuration contre les Normands se prononça avec énergie. De grands troubles s'élevèrent dans les contrées au-delà de l'Humber. Les révoltés s'établirent dans les forêts, dans les marais, sur les rivages de la mer et dans quelques villes fortifiées. La fureur fut portée jusqu'à l'ardeur la plus vive dans la ville d'Yorck, et la sainteté même de son prélat ne put la calmer. La plupart s'établirent sous des tentes, et, pour ne pas s'amollir, dédaignèrent d'habiter dans des maisons : c'est ce qui fit que quelques-uns d'eux furent appelés sauvages par les Normands. En conséquence de ces mouvemens, le roi visita avec sollicitude les lieux les plus inaccessibles de son royaume, et fortifia les positions avantageuses, pour arrêter la marche de l'ennemi. Les provinces anglaises avaient très-peu de ces fortifications que les Français appellent des châteaux : c'est pourquoi les révoltés, quoique belliqueux et entreprenans, avaient peu de moyens de résister à leurs ennemis. Le roi éleva un fort près de Warick, et en confia la garde à Henri, fils de Roger de Baumont. Alors Edwin et Morcar sentant, ainsi que leurs partisans, que l'issue de la guerre était douteuse, sollicitèrent du roi leur grâce qu'ils obtinrent, du moins en apparence. Le roi construisit un fort à Nottingham, et en remit la défense à Guillaume Péverel[1].

Dès que les habitans d'Yorck apprirent ces événemens, ils se hâtèrent, dans la crainte qu'ils éprouvaient, de se rendre, pour prévenir l'emploi de la force, et remirent au roi les clefs de leur ville ainsi que plusieurs otages. Toutefois, comme leur foi lui était suspecte, le roi éleva dans la ville même un fort dont il donna la garde à des troupes d'élite. Ce fut alors qu'Archill, le plus puissant de la Northumbrie, fit un traité avec le roi et lui remit son fils en otage. L'évêque de Durham obtint les bonnes grâces de Guillaume, intervint comme médiateur en faveur de Malcom, roi des Ecossais, et lui porta en Ecosse les conditions acceptées. Quoique Malcom eût été sollicité par les Anglais, et que pour les secourir il eût préparé une puissante expédition, cependant, ayant appris qu'il était question de paix, il resta tranquille et renvoya avec joie ses députés, accompagnés de l'évêque de Durham, pour prêter serment de fidélité au roi Guillaume. C'est ainsi que ce prince entendit bien ses intérêts, et se rendit agréable à son peuple en préférant la paix à la guerre; car la nation écossaise, quoique très-brave dans les combats, recherche toutefois le loisir et le repos, et n'aime pas à être inquiétée par ses voisins, plus occupée qu'elle est de se livrer aux exercices de la religion chrétienne qu'à ceux des armes. A son retour de cette expédition, le roi bâtit des forts à Lincoln, à Huntingdon et à Grimsby, et les plaça sous la garde de ses plus vaillans guerriers.

[1] Dans quelques manuscrits, il est appelé *Piperaltus*, qui vraisemblablement signifierait Piperai.

Dans ces temps-là, quelques Normandes étaient en proie aux feux des passions les plus dévorantes, et, par de fréquens courriers, sollicitaient leurs maris de revenir promptement, ajoutant que, si leur retour n'était pas prochain, elles se pourvoiraient d'autres époux. Elles n'osaient pas encore se rendre auprès d'eux, à cause du peu d'habitude que l'on avait alors des voyages par mer, ni passer en Angleterre, où l'on était continuellement sous les armes, et où chaque jour on entreprenait de nouvelles expéditions qui ne se faisaient pas sans une grande effusion de sang de part et d'autre. Cependant, au milieu de tant de motifs de guerre, le roi voulait retenir près de lui ses chevaliers; à cet effet, il leur offrait d'une manière amicale des terres avec leurs revenus, ainsi qu'une grande puissance, et leur promettait de plus grands biens encore, quand tout le royaume serait délivré de ses ennemis. Les anciens barons et les meilleurs guerriers éprouvaient de leur côté toutes sortes d'inquiétudes en voyant le roi sans cesse au milieu des dangers de la guerre ainsi que leurs frères, leurs amis et leurs compagnons les plus intimes; d'un autre côté ils craignaient, s'ils venaient à partir, d'être regardés publiquement comme des traîtres infidèles et comme de lâches déserteurs. Mais que feraient ces honorables athlètes, si leurs femmes, entraînées par le libertinage, allaient souiller par l'adultère le lit conjugal, et marquer leur lignée de la tache ineffaçable de l'infamie? D'après ces motifs, Hugues de Grandménil, qui possédait le comté des Géwisses, c'est-à-dire, du pays de Winchester, et son beau-frère Onfroi du Tilleul, qui avait reçu la garde du fort de Hasting dès le premier jour de sa construction, partirent, ainsi que plusieurs autres seigneurs, et abandonnèrent tristement, et malgré eux, leur prince accablé de travaux chez un peuple étranger. Ils allèrent donc servir en Neustrie le libertinage de leurs dames; mais ils ne purent jamais par la suite, ni eux ni leurs héritiers, recouvrer les biens qu'ils abandonnèrent ainsi, après les avoir acquis.

L'Angleterre était accablée de calamités de tout genre, et succombait sous le poids des maux que lui faisaient éprouver ses propres enfans, non moins que les étrangers. L'incendie, le brigandage, les meurtres journaliers attaquaient, frappaient, renversaient et brisaient, pour ainsi dire, les peuples malheureux. L'infortune rassemblait dans les mêmes filets et vaincus et vainqueurs que réunissait l'adversité, précipitant sans distinction la chute de tous, sous le glaive ou par l'atteinte de la famine et de la peste, selon que le Tout-Puissant arbitre en décidait pour chacun. En considérant tous les obstacles qu'il trouvait sur cette terre, Guillaume convoqua les chevaliers qu'il avait à sa solde, et leur permit avec bonté de retourner chez eux, chargés des présens qu'ils avaient reçus de la munificence royale pour leur service militaire.

La troisième année de son règne, le roi Guillaume donna le comté de Durham à Robert de Comines, qui entra en toute confiance dans la ville avec cinq cents hommes d'armes. Dès la première nuit, les citoyens se réunirent et massacrèrent ce seigneur et tous les siens, à l'exception de deux qui se dérobèrent par la fuite au sort qui les menaçait. Ces braves gens ne purent se défendre, ayant été trahis par la ruse et accablés par la inultitude.

Peu de temps après, Robert, fils de Richard, chargé de la garde d'Yorck, fut tué avec un grand nombre des siens. Désormais les Anglais reprirent courage contre les Normands, par lesquels ils voyaient vexer outre mesure leurs confrères et leurs amis. La foi, les sermens, le salut des otages leur parurent peu de chose dans leur courroux, lorsqu'ils virent la perte de leurs patrimoines et le meurtre de leurs parens et de leurs compatriotes.

Marius le Suève, Caïus Patrice [1], Edgard Archill et plusieurs autres seigneurs puissans et factieux se réunirent, rassemblèrent les forces de leurs concitoyens et de leurs voisins, et ne craignirent pas d'attaquer les fortifications que le roi avait élevées dans Yorck. Guillaume, surnommé Mallet, gouverneur du château, annonça au roi qu'il serait obligé de se retirer si les assiégés ne recevaient un prompt secours. Le roi accourut au plus vite, fondit sur les assiégeans, et n'épargna personne. Beaucoup d'entre eux furent pris, un plus grand nombre tués, et le reste mis en fuite. Le roi passa huit jours dans la ville, y construisit une seconde forteresse, et y laissa pour la garder le comte Guillaume, fils d'Osbern. Le roi satisfait retourna à Winchester, et y célébra les fêtes de Pâques. Après son départ, les Anglais se réunirent de nouveau pour attaquer les deux citadelles; mais le comte Guillaume les ayant chargés vivement avec ses troupes dans une certaine vallée, les révoltés eurent le dessous : plusieurs furent pris ou tués, les autres

[1] Gospatric, ainsi qu'il est nommé page 183.

ne firent que différer par la fuite le moment de leur mort.

Sans cesse occupé par les révoltes qui s'élevaient de toutes parts, le roi Guillaume renvoya en Normandie Mathilde, sa femme, qu'il aimait tendrement, afin qu'à l'abri des troubles qui agitaient l'Angleterre, elle pût vaquer en paix aux exercices religieux et conserver intacts au jeune Robert les Etats qui lui appartenaient. Cette princesse était cousine de Philippe, roi des Français; elle tirait son origine des rois de France et des empereurs d'Allemagne, et ne brillait pas moins par l'excellente noblesse de son sang que par la pureté de ses mœurs. Son illustre époux eut d'elle plusieurs enfans de l'un et de l'autre sexe, qu'ils avaient vivement desirés, savoir, Robert et Richard, Guillaume-le-Roux et Henri, Agathe et Constance, Adelise, Adèle et Cécile, dont la destinée a été fort différente dans ce monde si mobile, et a fourni aux philosophes éloquens l'ample matière de volumes considérables. Quant à la reine, elle fut comblée à la fois de toutes les faveurs, puisqu'elle réunissait la beauté, la naissance, la science, l'éclat des mœurs et des vertus, et, ce qui est plus digne encore d'un éloge immortel, une foi robuste et un amour ardent pour le Christ. Pendant que son mari subissait les épreuves les plus rudes dans la carrière des armes, elle multipliait journellement ses aumônes, au-delà de tout ce que l'on peut dire.

Les deux fils de Hérald, roi d'Angleterre, vivement affligés de la mort de leur père et de l'expulsion des siens, s'étaient réfugiés chez Dirmet, roi d'Irlande. Soutenus par ce prince et par les grands de son royaume, ils abordèrent à Exeter avec soixante-six vaisseaux chargés de troupes. Puis, quittant le rivage de la mer, ils pénétrèrent dans l'intérieur, ravagèrent le pays avec audace, et, dans leur fureur, s'efforcèrent de commettre les plus grands ravages par le fer et par le feu. Aussitôt Brienn[1], fils d'Eudes, comte de la petite Bretagne, et Guillaume Gualdé marchèrent en armes à leur rencontre, et, dans deux combats livrés le même jour, réduisirent cette horrible multitude à un si petit nombre de fuyards, que ce qui en resta se jeta sur deux bateaux et alla remplir l'Irlande de deuil; et si la nuit n'eût pas mis fin au combat, il n'aurait pas échappé un seul homme pour annoncer ce désastre. Ce fut justement qu'un tel présage frappa ces princes qui cherchaient à venger le tyran dont ils étaient les fils, et ceux qui leur prêtaient assistance dans cette entreprise.

Pendant ces événemens, Gisa[2], femme de Godwin, et mère de Hérald, emporta en secret de grands trésors, et, dans la crainte que lui faisait éprouver le roi Guillaume, passa en France pour n'en pas revenir.

Dans ce temps-là, Suénon, roi de Danemarck, équipa avec grand soin une flotte considérable sur laquelle il fit monter des Danois et des Anglais: il mit à la tête de l'expédition ses deux fils, Osbern son frère, deux évêques et trois comtes des plus distingués, et les envoya contre l'Angleterre. Ce monarque avait été fortement déterminé tant par l'argent et les prières constantes des Anglais, que par

---

[1] Ou Brian.

[2] Githa, souvent aussi nommée Gidda, Gita, Editha ou Edithe.

la ruine des siens qui avaient péri récemment dans le combat livré par Hérald ; il n'était pas moins porté à desirer le trône par ses droits de proche parent, puisqu'il était neveu du roi Edouard, et, par Emma, frère utérin de Hardicanut. Sa puissance était considérable ; il rassembla toutes les forces de ses Etats, auxquelles il réunit de grands secours qu'il tira de ses amis et des contrées voisines. Il fut secondé par la Pologne, la Frise et la Saxe. La Leutécie[1] aussi envoya des troupes auxiliaires pour se joindre aux forces anglaises. Cette contrée était habitée par un peuple nombreux qui, retenu encore dans les erreurs du paganisme, ne connaissait pas le vrai Dieu : embarrassé dans les filets de l'ignorance, il adorait Godève[2], Thur, Fréya, d'autres faux dieux et même les démons. Ce peuple est très-habile dans les combats de terre et de mer. Suénon l'avait vaincu ainsi que son roi et les avait soumis à sa puissance. Enorgueilli par ses nombreux triomphes, et pour augmenter encore sa puissance et sa gloire, Suénon envoya donc, comme nous l'avons dit, une grande flotte en Angleterre contre le roi Guillaume. Les Danois furent repoussés de Douvres par les troupes royales, qui marchèrent à leur rencontre ; ils allèrent de là descendre à Sandwich, d'où ils furent encore repoussés par les Normands. Ayant trouvé la facilité de débarquer auprès d'Ipswich, ils se dispersèrent pour ravager le pays. Mais les habitans s'étant réunis, en tuèrent trente et forcèrent le reste à prendre la fuite. Sortis ensuite de Norwich pour une semblable excursion, ils fu-

---

[1] C'est probablement le pays des Lettons, actuellement Lithuanie.
[2] Odin.

rent attaqués par Radulphe de Guader[1], qui en tua beaucoup par le glaive, en fit noyer un grand nombre et força ce qui restait à s'embarquer honteusement, pour regagner la pleine mer. Le roi Guillaume était alors dans la forêt de Dan, et, suivant son habitude, s'y livrait aux plaisirs de la chasse. Aussitôt qu'il apprit l'arrivée des Danois, il expédia des ordres pour Yorck, afin de prévenir ses troupes de se tenir sur leurs gardes et de l'appeler même si, par hasard, la nécessité l'exigeait. Ceux qu'il avait chargés de la défense de cette place, lui mandèrent qu'ils n'auraient pas besoin d'être secourus avant un an. Déjà Adelin, Guallève, Sigvard et quelques autres Anglais très-puissans s'étaient réunis aux Danois. On était déjà parvenu à l'embouchure de l'Humber, rivière considérable; là Adelin, s'étant séparé de la troupe alliée, était allé butiner avec quelques-uns des siens. Chargés tout à coup par les gens du roi qui sortirent de Lincoln, ils furent tous pris, à l'exception de deux chevaliers qui s'échappèrent avec Adelin; et le bâtiment qui les avait apportés, abandonné par les hommes préposés à sa garde, fut mis en pièces.

Les Danois marchèrent vers Yorck, et furent très-bien accueillis par les habitans du pays. Guallève, Gospatric, Marius-le-Suève, Elnocin, Archill, et quatre fils de Charles étaient les porte-enseignes, et précédaient les Norwégiens et les Danois. La garnison sortit étourdiment pour aller à leur rencontre, et livra, dans les murs de la place, un combat désavantageux. Comme elle était trop faible pour résister à tant de monde, tous les soldats furent tués et faits prison-

[1] Ou de Gaël.

niers; les forts abandonnés ouvrirent leurs portes. Pendant que le roi jouissait de la sécurité, on lui rapporta cet événement malheureux, et, grâces aux amplifications de la renommée, la terreur exagéra ce nombre des ennemis qui l'attendaient, disait-on, avec confiance pour le combattre. Le roi ne fut pas moins troublé par la douleur que par la colère et se disposa en toute hâte à marcher contre les Danois à la tête de son armée. Dans la crainte que ceux-ci éprouvèrent de se mesurer avec un si grand guerrier, ils se retirèrent sur l'Humber, et se fortifièrent sur la rive qui touche à Lindisfarney. Guillaume y marcha avec sa cavalerie, trouva quelques brigands dans des marais presque inaccessibles, les fit passer au fil de l'épée et détruisit leurs retraites. Les Danois se sauvèrent sur l'autre rive, attendant l'occasion de pouvoir se venger eux et leurs camarades.

Dans le même temps, les Saxons occidentaux de Dorset et de Sommerset se réunirent à leurs voisins pour attaquer Montaigu; mais, par la permission de Dieu, ils ne purent réussir dans leur entreprise, car les troupes de Winchester, de Londres, de Salisbury, arrivèrent conduites par Geoffroi, évêque de Coutances. Ils tuèrent plusieurs Saxons, mutilèrent une partie des prisonniers, et mirent en fuite le reste. Les Gallois et les habitans de Chester allèrent assiéger la forteresse que le roi avait fait construire à Shrewsbury; ils furent soutenus par les habitans de la ville que commandait Edric Guilde, homme puissant et belliqueux, et par quelques autres Anglais très-insolens. Les habitans du comté d'Exeter en firent autant dans la ville, et dans toute la Cornouailles

les habitans se soulevèrent. On appelle Cornes de Bretagne, c'est-à-dire Cornouailles, les dernières contrées des Anglais vers l'occident et l'Irlande. Les habitans d'Exeter étaient favorables au parti du roi, parce qu'ils se souvenaient encore des rigueurs dont ils avaient été l'objet. Aussitôt que le roi connut ces événemens, il fit marcher au secours des places menacées, les deux comtes Guillaume et Brienn. Avant qu'ils fussent parvenus à Shrewsbury, l'ennemi, après avoir brûlé la place, s'était retiré. De son côté, la garnison d'Exeter avait fait une sortie à l'improviste, et chargeant impétueusement les assiégeans, les avait mis en déroute. Guillaume et Brienn s'étant portés à la rencontre des fuyards en firent un grand carnage, et punirent ainsi leur témérité.

Cependant le roi, qui se trouvait à Stafford, anéantit les chefs des rebelles avec une grande activité. Dans tous ces combats, le sang coula de part et d'autre, et le peuple, tant armé que désarmé, fut misérablement accablé de tous les genres de calamités. La loi de Dieu fut partout violée, et la rigueur des règles ecclésiastiques fut fort relâchée pour tout le monde. Partout les malheureux étaient mis à mort; les cœurs étaient excités et corrompus par les aiguillons de la cupidité et de la colère; et de part et d'autre les enfers recevaient une proie immense condamnée par Dieu, dont les jugemens sont toujours très-équitables. Le roi Guillaume, à son retour de Lindisfarney, laissa son frère utérin, Robert, comte de Mortain, et Robert, comte d'Eu, pour arrêter la marche des Danois. Ceux-ci restèrent cachés quelque temps.

Dès qu'ils crurent que tout était en sûreté autour d'eux, ils sortirent pour prendre part aux festins des habitans dans les maisons qu'on appelle des fermes : les deux comtes tombèrent sur eux à l'improviste, mêlèrent le carnage aux festins, et poursuivirent sans relâche leurs ennemis tremblans, qu'ils menèrent battans jusqu'à leurs navires. On annonça de nouveau que les mêmes brigands se rendaient à Yorck, pour célébrer la Nativité du Seigneur et se disposer au combat. Le roi arrivant en toute hâte de Notthingham, se trouva arrêté par la rivière de Pontefract, qui n'était pas guéable, et où il n'y avait pas de bateaux. Quoiqu'on lui persuadât de revenir sur ses pas, il n'y consentit point; il répondit qu'il n'était pas à propos de faire un pont, de peur que l'ennemi ne les chargeât soudain et ne trouvât, dans leur occupation même, une circonstance favorable pour les égorger. On fut retenu là pendant trois semaines. Un brave chevalier, nommé Lisois de Moutiers, se mit à sonder la rivière, et chercha un gué soit en remontant, soit en descendant; enfin et avec la plus grande difficulté, il trouva un lieu guéable, et passa avec soixante vaillans cavaliers, sur lesquels fondit une multitude d'ennemis ; mais la défense fut si vigoureuse, que les Danois furent repoussés. Le lendemain, Lisois étant revenu fit part de sa découverte, et sans nul retard l'armée effectua son passage. On traversa les forêts, les marais, les montagnes et les vallons par des sentiers tellement étroits, qu'il n'y pouvait pas même passer deux hommes de front. C'est ainsi qu'on s'approcha d'Yorck; mais on apprit en même temps que les Danois avaient pris la fuite. Aussitôt le roi envoya des officiers

et des chefs avec un grand corps d'hommes d'armes
pour rétablir les forteresses de la ville, en même temps
qu'il laissa d'autres troupes sur les rives de l'Humber,
pour faire tête aux Danois. Quant à lui, il se rendit
dans des lieux couverts de bois et presque inaccessibles, où l'ennemi se tenait caché; il s'attacha à le
poursuivre sans relâche et dispersa ses camps sur une
surface de cent milles. Dans l'exercice de sa vengeance, la plupart tombèrent sous le glaive; il détruisit les retraites de ceux qui restaient, dévasta les
terres, et brûla les maisons avec ce qu'elles renfermaient. Jamais Guillaume n'avait montré tant de
cruauté : il céda honteusement à ce vice, et ne daigna
pas mettre un frein à ses ressentimens, frappant avec
une même fureur les innocens et les coupables. Dans
la colère qui le transportait, il fit réunir les moissons, les troupeaux, les alimens et les ustensiles de
toute espèce, et les fit complétement brûler : ainsi
toutes les ressources alimentaires furent également
anéanties dans tout le pays au-delà de l'Humber. Il
s'en suivit, en Angleterre, une disette si grave et si
étendue; les calamités de la famine furent si affreuses,
pour une population simple ou désarmée, que, de
ces chrétiens de tout âge et de l'un et l'autre sexe, il
périt plus de cent mille individus. Je n'ai point hésité,
dans cette relation, à faire l'éloge de Guillaume dans
beaucoup de circonstances ; mais je n'ose le louer dans
ce cas, où il frappa également et fit périr, dans la détresse de la famine, les bons et les méchans. En effet,
je vois s'éteindre dans cet affreux désastre, et l'enfant
innocent, et le jeune homme brillant au printemps de
son âge, et le vieillard couvert de cheveux blancs ; et

touché d'une profonde pitié, j'aime mieux m'associer à la douleur et aux tourmens de ce peuple infortuné que d'applaudir à l'auteur de tant de meurtres, et de me faire violence pour prodiguer de criminelles adulations. Sans hésiter, j'affirme que ce ne serait pas impunément que l'on pardonnerait cette meurtrière férocité. Le juge tout-puissant voit également les grands et les petits ; ce vengeur sévère examinera les actions de tous et punira les crimes, afin de mettre partout en évidence les lois divines qui sont éternelles.

Pendant le cours de la guerre, Guillaume, étant à Winchester, ordonna d'apporter la couronne et les autres ornemens royaux, ainsi que les vases nécessaires; il fit rentrer l'armée dans les forts et se rendit à Yorck pour y célébrer la Nativité de notre Sauveur. Il apprit qu'une nouvelle réunion d'ennemis s'était formée et se tenait cachée dans un endroit écarté du pays, qui était défendu de tous côtés par la mer et par les marais. Un seul point solide, large de vingt pieds seulement, conduisait à cette retraite. Les Danois y avaient réuni beaucoup de butin ; ils y vivaient dans une grande sécurité, et ne croyaient pas qu'aucune force pût leur nuire. Toutefois, dès qu'ils apprirent que les troupes du roi approchaient, ils décampèrent la nuit au plus vite. Le roi, plein d'ardeur, poursuivit ces ennemis jusqu'à la rivière de Tées, et rompit les chemins, dont la difficulté fut telle que lui-même fut souvent obligé d'aller à pied. Il passa quinze jours sur cette rivière. Là, firent leur paix Guallère, qui était présent, et Gospatric, qui ne s'y trouva pas, mais qui fit prêter serment par ses envoyés. Après avoir vécu avec eux peu de temps auparavant, les Danois se trouvaient exposés à de grands dangers, ballottés qu'ils étaient par les flots et les vents, comme des pirates vagabonds. Ils n'étaient pas moins en proie à la famine qu'aux tempêtes. Il en périt une partie par le naufrage; ceux qui survécurent, ne soutinrent leur existence que par les plus vils alimens, non seulement la foule des soldats, mais encore les princes, les comtes et les pontifes. Les viandes qui, toute corcompues et pourries qu'elles étaient, avaient servi à leur nourriture, vinrent à leur manquer tout-à-fait. Ils n'osaient plus sortir pour butiner ni même gagner le rivage, par la crainte qu'ils avaient des habitans. Enfin les faibles restes de la grande flotte retournèrent en Danemarck, et racontèrent tristement à Suénon, leur roi, tous les malheurs qu'ils avaient éprouvés, l'extrême vigueur de l'ennemi, et la perte de leurs compagnons.

Au mois de janvier, le roi Guillaume se mit en route et quitta la Tées pour se porter à Haugustald[1], par un chemin qui jusqu'alors avait été impraticable pour les armées, et où souvent, même à l'approche du printemps, la profondeur des vallées et les points les plus élevés sont inondés par les neiges. Mais le roi y passa au milieu des plus fortes gelées de l'hiver, et sa constance pleine de gaîté, fortifia le courage de ses soldats. Ce ne fut pas sans de grandes difficultés que l'on termina ce voyage, pendant lequel on perdit un grand nombre de chevaux. Chacun était inquiet pour son propre salut, et s'occupait peu de ses chefs ou de ses amis. Dans ces conjonctures difficiles, le roi

---

[1] Peut-être Knaresborough.

erra quelque temps, n'ayant pour toute escorte que six cavaliers, et passa une nuit entière sans savoir quelle route il devait tenir. De retour à Yorck, il rétablit plusieurs châteaux, et fit quelques dispositions pour l'avantage de la ville et du pays. Puis il prépara une expédition contre les peuples de Chester et du pays de Galles, qui, entre autres offenses, avaient récemment mis le siége devant Shrewsbury. L'armée qui avait souffert beaucoup jusque-là, craignait d'avoir plus encore à souffrir dans cette marche. En effet, on redoutait la difficulté des chemins, la rigueur de l'hiver, le manque de vivres, et la cruauté d'un ennemi redoutable. Les Angevins, les Bretons et les Manceaux prétendaient qu'on les accablait dans les places d'un service intolérable, et, se plaignant avec obstination, demandaient au roi leur renvoi. Ils disaient, pour justifier leurs desirs, qu'ils ne pouvaient servir un seigneur dont les entreprises étaient sans exemple et sans modération, et qui ordonnait sans cesse des choses inexécutables. Dans cette position difficile, le roi employa la fermeté de Jules-César: pour retenir les mécontens il ne daigna pas descendre aux prières et aux promesses. Il poursuivit avec courage le chemin où il s'était engagé, ordonna à ses fidèles bataillons de le suivre, et dit qu'il mépriserait, comme des lâches sans courage et sans vigueur, les déserteurs qui l'abandonneraient. Après de pénibles fatigues, il promit le repos aux vainqueurs, et dit que ce n'était que par les travaux que l'on pouvait parvenir aux honneurs. Il s'achemina donc, toujours infatigable, par un chemin jusqu'alors inaccessible aux chevaux, à travers des montagnes escarpées, de profondes vallées, des rivières et des courans dangereux, des gouffres et des ravins impraticables. Pendant que l'armée fit ce trajet, elle eut beaucoup à souffrir des pluies excessives et des grêles. Souvent toute l'armée était obligée de se nourrir de la chair des chevaux qui périssaient dans les marais. Le roi lui-même marchait souvent à pied avec agilité à la tête de l'armée, et secondait de ses propres mains les travailleurs les plus actifs. Enfin il conduisit l'armée en bon état jusqu'à Chester, et comprima royalement tous les mouvemens hostiles qui infestaient le pays des Merciens. Il bâtit un fort à Chester, et, à son retour, un autre à Stafford, et les pourvut l'un et l'autre abondamment de vivres et de défenseurs. Arrivé à Salisbury, il distribua largement des récompenses aux chevaliers pour les dédommager de toutes leurs souffrances. Il donna des éloges à ceux qui en avaient mérité, et les congédia avec beaucoup de remercîmens. Pour témoigner son indignation aux déserteurs, il les retint quarante jours au-delà du départ de leurs camarades, et châtia ainsi un délit qui méritait une plus sévère punition.

Le roi Guillaume célébra la Résurrection du Seigneur dans la ville de Winchester, où les cardinaux de l'Eglise romaine le couronnèrent solennellement. D'après sa demande, le pape Alexandre avait envoyé auprès de sa personne, en le considérant comme son plus illustre fils, trois légats spéciaux, Hermenfroi, évêque de Sion, et deux cardinaux chanoines ; il les retint auprès de lui pendant l'espace d'une année presque entière, les écoutant et les honorant comme les anges de Dieu. Ils se comportèrent ainsi dans divers lieux et dans plusieurs négociations, et reconnurent quelles étaient les contrées qui avaient besoin de l'autorité et de l'ordination canonique.

L'an de l'Incarnation du Seigneur 1070, on tint à Windsor un concile important et très-utile : il fut présidé par le roi et les cardinaux. Stigand, déjà frappé d'anathême, y fut déposé. Ce prélat était souillé de parjures et d'homicides, et n'était point parvenu par la bonne porte au siége épiscopal : soutenu par les deux évêques de Norfolk et de Winchester, il y était monté par les infâmes degrés de l'ambition et de la supplantation. On déposa aussi quelques suffragans qui s'étaient montrés indignes du pontificat par leur vie criminelle et leur négligence des soins pastoraux. Deux prélats normands, chapelains du roi, Vauquelin et Thomas, furent nommés, le premier au siége de Winchester, le second à celui d'Yorck, pour remplacer, l'un l'archevêque déposé, l'autre l'évêque décédé. Ces nouveaux prélats étaient prudens, remplis de douceur et d'humanité, respectés de tout le monde, craignant et aimant Dieu de tout leur cœur. On remplaça quelques autres évêques par des prêtres appelés de la France, tous lettrés, de bonnes mœurs, et zélés pour les choses divines.

Le roi Guillaume se montra louable en beaucoup de choses par le zèle qu'il manifesta pour ce qui était honnête. Il aima surtout dans les ministres de Dieu l'observation de la vraie religion, de laquelle dépendent la paix et la prospérité du monde. C'est ce que la renommée n'a cessé d'attester en tous lieux ; c'est ce que les bonnes œuvres prouvent partout évidemment. En effet, quand un pasteur venait à quitter le monde, après avoir terminé le cours de sa vie, et que l'église de Dieu pleurait son veuvage, le prince, dans sa sollicitude, envoyait des délégués prudens au siége abandonné, et faisait dresser un état de tout ce qui appartenait à l'église, de peur que ses biens ne fussent dissipés par des tuteurs profanes; ensuite il convoquait les prélats, les abbés et d'autres sages conseillers, et prenait conseil d'eux, avec grand soin, afin de savoir quelle était la personne la plus propre à tenir la maison de Dieu pour les choses tant divines que séculières. Enfin ce monarque bienveillant établissait maître et chef de l'évêché ou de l'abbaye celui que le conseil des sages préférait pour le mérite de ses vertus et la sagesse de sa doctrine. Guillaume tint à ces principes durant cinquante-six ans, pendant lesquels il gouverna le duché de Normandie ou le royaume d'Angleterre. C'est ainsi qu'il légua à la postérité de bons exemples et des habitudes religieuses. Il avait en toutes choses horreur de la simonie; aussi, dans le choix des abbés ou des évêques, il ne considérait pas tant la fortune et la puissance que la sainteté et la sagesse des personnes. Il mit à la tête des monastères d'Angleterre des chefs dont les vertus étaient éprouvées, et qui, tant par leur zèle que par l'observance rigoureuse des règles monastiques, firent revivre la ferveur qui s'était déjà attiédie, et la ramenèrent à sa première force qu'elle paraissait avoir perdue.

Augustin, Laurent et les autres premiers prédicateurs des Anglais étaient des moines: ils établirent pieusement dans leurs évêchés ce que l'on ne voyait guère ailleurs, des cénobites pour y remplir les fonctions de chanoines. Ils élevèrent des monastères beaux et nombreux, et donnèrent des institutions régulières aux nouveaux convertis, prêchant de parole et d'exemple. C'est ainsi que l'ordre monacal fleurit magnifiquement en Angleterre, pendant plus de deux cents ans, et que la religion chrétienne contint heureusement les rois anglais Hédelbert, Edwin, Oswald, Offa et plusieurs autres qu'elle éleva salutairement au sommet des vertus, jusqu'au moment où Edmond, roi de l'Estanglie, tomba martyr sous le glaive des païens, avec deux autres rois d'Angleterre. Alors, Oskiter et Gudrum, Hamund et Halfdens, Inguar et Huba, rois des Danois, envahirent l'Angleterre avec leurs troupes, brûlèrent les églises des moines et des clercs, et égorgèrent le peuple de Dieu comme un faible troupeau.

Quelques années après, Elfred roi des Géwisses [1], fils du roi Edelvulf, se révolta contre les païens, et, grâce à l'assistance de Dieu, tua, soumit ou chassa tous les ennemis, et le premier de tous les rois réunit seul dans ses mains la monarchie de toute l'Angleterre. Il surpassa, comme je le crois, tous les rois anglais qui l'avaient précédé ou qui le suivirent, tant par sa valeur et sa libéralité que par sa prudence. Après avoir occupé le trône honorablement pendant vingt-neuf ans, il laissa son sceptre à son fils Edouard-le-Vieux. C'est ainsi que, le royaume étant pacifié, des princes religieux et les évêques se remirent à rétablir les couvens. Comme tous les moines sur la surface entière de l'Angleterre avaient été tués ou mis en fuite pendant la persécution des Gentils, on envoya le jeune Osvald, recommandable par ses ver-

---

[1] Elfred-le-Grand, roi des Saxons de l'ouest.

tus, au monastère de Fleuri, que Léodebod d'Orléans avait bâti en France, sur les bords de la Loire, du temps de Clovis fils de Dagobert, roi des Francs. Ce lieu est surtout respectable par la possession des os de saint Benoît, père et maître des moines, que le moine Aigulf envoyé par l'abbé Mummol rapporta de la province de Bénévent dans le pays d'Orléans. Ceci arriva après la dévastation du monastère du Mont-Cassin, qui avait été prédite par saint Benoît lui-même, avec beaucoup de larmes, au moine Théoprobus, comme on le lit dans le deuxième livre des dialogues que l'illustre pape Grégoire adressa avec tant d'éloquence à Pierre le sous-diacre.

A la mort du roi Clépon, avant que son fils Antarith fût propre à gouverner, et que toute la nation des Lombards, se trouvant sans monarque, eût été soumise à trente-trois ducs, des brigands furieux de cette nation pénétrèrent de nuit dans le couvent du Mont-Cassin, et le ravagèrent : heureusement, par la protection de Dieu, tous les moines s'échappèrent sans accident, sous la conduite de Bonitus leur abbé. La désolation dura cent dix ans dans ce monastère, jusqu'à ce que Pétronax, évêque de Brescia, se rendit au Mont-Cassin, et, avec l'aide du pape Zacharie, rétablit ce noble monastère, qui, depuis cette époque et jusqu'à ce jour, reçoit journellement de magnifiques accroissemens. Pendant que la calamité dont nous avons parlé durait encore, et que le Mont-Cassin manquait de cultivateurs pour la vigne du Seigneur, la maison de Fleuri, grâce à la volonté de Dieu, s'enrichit du précieux corps de l'illustre père Benoît, dont les religieux Cisalpins célèbrent la translation tous les ans avec solennité et dévotion, le 5 des ides de juillet (11 juillet). C'est là que le jeune et respectable Osvald se rendit pour se faire moine, s'instruire dans les règles monacales, soumettre salutairement sa vie à la volonté de Dieu, et conduire les zélateurs de cet ordre sur les traces des Apôtres, dans la voie de la vocation supérieure. C'est en effet ce qui arriva.

Quelques années après, Osvald fut envoyé de Fleuri, comme abbé, aux Anglais qui le réclamaient. Comme il n'excellait pas moins par la bonté que par les mérites de toute espèce, il fut mis à la tête de tous les couvens d'Angleterre. Dunstan et Adelvold, hommes vénérables, le secondèrent de toutes leurs forces, et commencèrent par former des institutions régulières dans les villes de Glaston et d'Abingdon. Ces docteurs furent fidèlement servis par les rois anglais Adelstan, Edred, Edmond, et principalement par Edgar, fils de ce dernier prince. Sous son règne Dunstan fut nommé métropolitain de Cantorbéry, et Adelvold intronisé évêque de Winchester. Quant à Osvald, il gouverna d'abord l'évêché de Worcester et ensuite l'archevêché d'Yorck. A leurs prières Abbon, sage et religieux cénobite de Fleuri, fut envoyé outremer et forma à la règle monastique Ramsey et les autres monastères d'Angleterre, de la même manière qu'on les gouvernait à cette époque en France. Il échauffa chez les prélats dont nous venons de parler le zèle de la sainteté et l'amour de toute honnêteté; il les éclaira par l'exposition des dogmes qu'il enseigna, et des miracles qu'il leur fit opérer, et rendit ainsi les plus grands services aux hommes instruits ainsi qu'au vulgaire.

Alors le prélat Adelvold rétablit, sous le règne d'Edgar, dans le lieu que l'on appelle Burg, le monastère de Medeshamsted, que le pontife Sexwolf avait bâti du temps de Vulfer, roi de Mercie, et enrichit considérablement la basilique, bâtie en l'honneur de saint Pierre, prince des Apôtres. Ensuite on bâtit dans plusieurs contrées les monastères de Torney, d'Ely et plusieurs autres, et l'on y établit convenablement des moines, des clercs et des religieuses. De grands revenus furent largement accordés à chacune de ces maisons, afin de fournir à ceux qui les habitaient des alimens et des habits suffisans, de peur que le défaut des choses nécessaires ne les fît vaciller dans l'exercice du culte divin.

C'est ainsi qu'en Angleterre l'ordre monastique fut relevé dans un grand nombre de couvens : une glorieuse armée de moines fut pourvue des armes de la vertu contre Satan, et noblement instruite à combattre avec persévérance dans les guerres du Seigneur, jusqu'à ce qu'il obtînt la victoire. Quelque temps après, quand l'ivraie se fut par trop multipliée, une violente tempête, destinée à dégager le bon grain, s'éleva du Nord contre les Anglais, sous le règne d'Edelred, fils d'Edgar. Suénon roi des Danois, idolâtre insensé, débarqua avec une puissante flotte chargée de païens, et comme un violent tourbillon frappa soudain les peuples pris au dépourvu. Le roi Edelred effrayé s'enfuit en Normandie avec ses fils Edouard et Elfred, ainsi qu'avec la reine Emma. Suénon, persécuteur cruel des chrétiens, ne tarda pas, d'après l'ordre de Dieu, à être frappé de mort par saint Edmond : Edelred alors ayant appris la mort de son ennemi, rentra dans sa patrie.

Ensuite Canut, roi des Danois, connaissant les divers accidens qui étaient arrivés à son père, se réunit à Lacman, roi des Suèves, et à Olaüs, roi des Norwégiens, et passa en Angleterre avec une armée considérable. Après une grande effusion de sang, le roi Edelred étant mort, son fils Edmond Irneside monta sur le trône d'Angleterre, qu'il posséda, ainsi que ses fils Hérald et Hardichanut, pendant plus de quarante ans.

Dans ce temps-là, la métropole de Cantorbéry fut assiégée et brûlée, et l'archevêque Saint-Elfag souffrit le martyre, au milieu des supplices auxquels le livrèrent les Danois païens. Alors plusieurs villes furent livrées aux flammes, et plusieurs églises, tant épiscopales que monacales, furent détruites ainsi que leurs livres et leurs ornemens. Le troupeau des fidèles, dispersé en différens lieux par l'effet de si grandes tempêtes, fut horriblement déchiré de toutes manières par la dent des loups auxquels il se trouvait livré.

J'ai développé au long cette digression qui, si je ne me trompe, n'est pas inutile; j'en ai recueilli les détails dans nos anciennes annales, afin que le lecteur studieux puisse voir clairement la cause pour laquelle les Normands trouvèrent les Anglais à peu près sauvages et ignorans, tandis qu'autrefois les pontifes romains les avaient soumis aux meilleures institutions. En effet, Grégoire et Boniface avaient envoyé aux Anglais d'habiles docteurs pourvus de livres et de tous les ornemens ecclésiastiques : ils les avaient instruits et formés au bien, comme des enfans chéris. Le pape Vitalien fit passer ensuite en Angleterre, sous les règnes d'Osvius et d'Egbert, deux hommes très-sages, l'archevêque Théodore et l'abbé Adrien :

grâce à leur habileté et à leur zèle, le clergé d'Angleterre, profondément imbu de l'érudition tant grecque que latine, prit une admirable force. Ils eurent pour successeurs l'abbé Albin et l'évêque Adelin qui brillèrent avec éclat, et qui, par leur religion et leurs mérites, instruisirent beaucoup de monde : ils léguèrent à la postérité, dans leurs écrits, de louables monumens de leur vertu. Le savant Bède a donné de justes éloges à ces hommes et à beaucoup d'autres ; et les a montrés égaux aux plus parfaits, dans la connaissance des arts libéraux et des choses mystiques. En jetant une vive lumière sur ces matières, il a rompu, pour les enfans de l'Eglise, le pain salutaire de l'Ancien et du Nouveau Testament ; dans ses livres d'explications, il a éclairci plus de soixante points obscurs et a mérité ainsi une éternelle mémoire, tant chez ses compatriotes que chez les étrangers.

» Quand les pierres précieuses eurent été placées sur les murs de la céleste Jérusalem, et que les moissons de blé eurent été déposées diligemment dans les greniers du véritable Joseph, les pierres furent étendues sur les places, et les pailles jetées au fumier furent honteusement foulées aux pieds des passans. Ainsi, par la juste punition du Dieu tout-puissant, les élus du Seigneur passèrent de cette vie transitoire à l'éternité, pendant que les Danois, comme nous l'avons déjà dit, privés de toute crainte divine et humaine, exerçaient leurs longues fureurs en Angleterre. La loi de Dieu fut l'objet d'innombrables prévarications consommées avec témérité. Les œuvres des hommes, qui tendent toujours au crime, devinrent d'abominables actions, dès qu'on leur eut enlevé ceux qui les gouvernaient avec la verge de la discipline. Alors la dissolution introduisit le relâchement chez les clercs et les laïcs, et porta l'un et l'autre sexe à toutes sortes de débauches. L'abondance de la nourriture et de la boisson entretenait la luxure; la légèreté et la mollesse poussaient facilement chacun au crime. Après la destruction des monastères, la discipline monastique s'affaiblit, et la rigueur canonique ne se releva pas de sa chute, jusqu'au temps de l'invasion des Normands.

Pendant un long-temps, la vie monastique avait disparu chez les peuples d'outre-mer, et l'existence des moines différait peu de celle des séculiers. Ils trompaient par leur habillement, et par le titre de leur profession, adonnés qu'ils étaient à la débauche, à l'usure et aux plus hideuses prévarications. Les institutions du roi Guillaume ramenèrent les ordres religieux à l'observance des règles, et, les soumettant à leurs bienheureuses coutumes, les firent honorer. Quelques abbés furent institués par le roi, et il envoya plusieurs cénobites s'instruire dans les monastères de France. Placés en Angleterre par les ordres du roi, ils établirent la discipline et prêchèrent d'exemple l'excellence de la vie religieuse. Dans ce couvent du bienheureux Pierre, prince des Apôtres, qui avait été bâti par Augustin, premier docteur des Anglais, l'illustre abbé Stelland se distingua par la science et les vertus. Ce prélat, né en Normandie d'une famille illustre, fut élevé régulièrement au mont de Saint-Michel Archange en Péril de mer [1], et placé, par les

---

[1] Le Mont-Saint-Michel était autrefois appelé le Mont-Saint-Michel-en-Péril de mer : *Mons Sancti Michaelis in periculo maris.*

Normands, sur le siége de Cantorbéry, pour l'amélioration des mœurs. On en fit de même dans les autres monastères pour les nominations des supérieurs. Ces changemens, utiles à un grand nombre, furent fâcheux à quelques personnes, tant parmi les supérieurs que parmi les inférieurs.

L'église de Cantorbéry, dans laquelle siégea Augustin, et qui, d'après le décret du pape Grégoire, avait été constituée la première de la Grande-Bretagne, fut, lors de la déposition de Stigand, confiée à Lanfranc abbé de Caen, par le choix favorable du roi et de tous les grands. Sorti d'une noble famille de la ville de Pavie en Italie, il avait étudié, dès les années de son enfance, dans les écoles des arts libéraux, et s'était adonné avec ardeur et dans une intention toute laïque à l'étude des lois séculières que l'on enseignait dans sa patrie. Très-jeune encore, il avait souvent, dans les plaidoiries, triomphé des adversaires les plus en crédit, et les torrens de son éloquence avaient vaincu même les vieillards les plus habiles dans l'art de bien dire. Parvenu à l'âge mûr, ses décisions étaient reçues avec empressement par les jurisconsultes, les juges et les préteurs de sa ville. Comme il était occupé à la philosophie dans une contrée étrangère, de même qu'autrefois l'académicien Platon, une flamme éternelle embrasa son ame, et l'amour de la vraie sagesse éclaira son cœur. Il remarqua avec l'Ecclésiaste ce qu'il n'avait pas encore appris par l'usage des lectures religieuses, que les biens de ce monde ne sont que vanité. C'est pourquoi, repoussant le monde avec un souverain mépris, il se livra avec ardeur à la profession de la religion et se soumit au joug de la règle. Il fit choix du couvent du Bec en Normandie, à cause de la situation et de la pauvreté du lieu : sa prudence et ses soins vigilans ne tardèrent pas à l'enrichir et à l'élever à une splendeur remarquable. Pendant que sa discipline, à la fois sévère et douce, gouvernait le collége de ses frères, et que, par d'humbles et utiles conseils, il dirigeait le saint abbé Herluin, nouveau moine étranger ; pendant qu'il se mortifiait par l'éloignement des vices et du monde, et travaillait de toutes ses forces aux choses intérieures et supérieures, Dieu, qui voit toutes les pensées, lui prescrivit de poser la lumière sur le candelabre et d'illuminer, comme il convenait, la vaste maison du Seigneur. Facile à l'obéissance, tiré du repos claustral, il devint maître et fit briller, dans ses instructions, toutes les richesses des lettres philosophiques et divines. Il était très-habile à résoudre les questions les plus épineuses des uns et des autres. Ce fut sous un tel maître, que les Normands reçurent les premières notions de la littérature ; et c'est de l'école du Bec que sortirent tant de philosophes éloquens dans les sciences divines et dans celles du siècle. En effet, auparavant et du temps des six premiers ducs de Neustrie, aucun Normand ne se livrait aux études libérales, et l'on ne pouvait trouver de docteur, jusqu'à l'époque où Dieu, qui pourvoit à tout, fit aborder Lanfranc sur les rivages de la Normandie. La réputation de son savoir fut bientôt connue dans toute l'Europe. Ce qui fit que de France, de Gascogne, de Bretagne et de Flandre, on accourut en foule à ses leçons.

Pour connaître tout le génie admirable et les talens de Lanfranc, il faudrait être Hérodien dans la grammaire, Aristote dans la dialectique, Cicéron dans la rhétorique, Augustin et Jérôme, et quelques autres docteurs de la loi et de la grâce, dans les saintes Ecritures. Lorsqu'Athènes était florissante et se faisait remarquer par l'excellence de ses instructions, elle eût honoré Lanfranc en tout genre d'éloquence et de discipline, et eût desiré s'instruire en recevant ses sages préceptes. Ce cénobite fut rempli de zèle pour atteindre les sectes avec le glaive de la parole, si elles attaquaient la foi catholique. Dans les conciles de Rome et de Verceil, il frappa du tranchant de l'éloquence spirituelle Béranger de Tours, et quelques personnes considérées comme hérésiarques, et dont on condamnait le dogme qui ne tirait de l'hostie du salut que la mort pour les ames. Lanfranc exposa très-saintement et prouva très-véridiquement que le pain et le vin que l'on sert sur la table du Seigneur devenaient, après la consécration, la vraie chair et le vrai sang du Sauveur. Après les plus profondes discussions, Béranger fut vaincu en public à Rome ainsi qu'à Tours, et forcé d'anathématiser lui-même toute son hérésie, et de signer sa profession de pure croyance. Ensuite cet hérésiarque blasphémateur, affligé et rougissant d'avoir été obligé de jeter à Rome, de ses propres mains, dans le feu pour ne pas être brûlé lui-même, les livres qui contenaient ses dogmes pervers, parvint à corrompre un de ses disciples, à force d'argent et de tromperie, afin qu'il cachât chez lui ses derniers écrits et les transmît dans les pays étrangers, pour donner de l'appui et de l'approbation à ses vieilles erreurs, et les rendre plus durables à l'avenir. Ce fut pour détruire ces pernicieuses doctrines que Lanfranc mit au jour un livre clair, bien écrit et soutenu d'autorités sacrées : cet ouvrage est remarquable par la force du raisonnement, abondant dans les preuves qu'il offre sur l'Eucharistie aux intelligences saines, riche d'éloquence et nullement ennuyeux par sa prolixité. Un grand nombre d'églises réclamèrent, avec un zèle incroyable, Lanfranc pour leur abbé ou leur pontife; Rome même, la capitale du monde chrétien, le sollicita par des lettres nombreuses, et s'efforça de le retenir par les prières et même par la force. Ainsi brilla honorablement pour tous, celui que la vertu et la sagesse décoraient spécialement.

Quand l'évêque de Sion eut, comme nous l'avons dit, déposé Stigand, il appela Lanfranc au gouvernement pontifical; et, dans un concile d'évêques et d'abbés normands, lui fit connaître la demande de l'Église de Dieu. Lanfranc, troublé, craignit de se charger d'un si grave fardeau, et demanda un délai pour délibérer, tenant pour indubitable qu'il ne pourrait concilier à la fois le recueillement d'un moine et les travaux d'un archevêque. L'abbé Herluin lui commanda d'accepter, et il avait l'habitude de lui obéir comme au Christ; la reine, ainsi que le prince son fils, le prièrent de leur côté; les vieillards aussi, qui se trouvaient réunis, le pressèrent vivement. Il ne se détermina pas avec précipitation, parce que ses actions et ses paroles étaient constamment dirigées par la prudence. Il craignait de blesser l'obéissance, en même temps que ceux qui le priaient, le secondaient et l'exhortaient. Tout affligé, il passa la mer pour aller porter ses excuses, espérant parvenir au comble de ses vœux à son retour. Le roi accueillit avec respect et avec joie celui qui venait le seconder dans la culture du christianisme, et, combattant avec humilité et majesté celui dont les excuses lui opposaient de la résistance, il parvint à le vaincre.

L'an de l'Incarnation du Seigneur 1070, Lanfranc, premier abbé de Caen, fut donné, par l'ordre de Dieu même, pour instituteur aux Anglais : après une honorable élection et une consécration fidèle, il fut intronisé archevêque de l'église de Cantorbéry, le 4 des calendes de septembre (29 août). Son ordination eut pour témoins beaucoup de prélats et d'abbés, un nombreux clergé et une grande multitude de peuple. Présens comme absens, les habitans de toute l'Angleterre eussent été au comble de la joie, et, dans leur allégresse, auraient rendu grâces à Dieu, s'ils avaient pu connaître dès lors tout le bien que le ciel leur accordait.

Dans l'église de Caen, Guillaume fils de Radbod, évêque de Seès, succéda à Lanfranc. Ce fut, je crois, neuf ans après que le roi Guillaume lui confia le gouvernement de la métropole de Rouen. Guillaume était cousin de Guillaume évêque d'Evreux, fils de Girard Fleitel : la puissance de cette famille fut très-grande en Normandie du temps des Richard. Chanoine et archidiacre, il fut soumis au prélat Maurille, et, de plus en plus fervent dans l'amour de Dieu ; il alla en pélerinage avec Théoderic, abbé d'Ouche, et visita respectueusement dans Jérusalem le glorieux tombeau du Sauveur. A son retour, craignant de perdre le fruit de ses anciens travaux, il eut le courage de se soustraire entièrement aux attraits du monde, et s'attacha avec empressement, dans le couvent du Bec, à la milice divine. Il en fut tiré avec Lanfranc pour l'instruction des novices qui venaient de toutes parts servir le Christ dans la ville de Caen : il ne mérita pas moins d'éloges, comme leur père que comme leur maître. A la mort de Guillaume, évêque d'Evreux[1], Baudouin, chapelain du duc, lui succéda, et gouverna régulièrement l'évêché pendant plus de sept ans. Il eut pour successeur, après son décès, Gislebert, fils d'Osbern, chanoine et archidiacre de Lisieux ; pendant plus de trente ans celui-ci gouverna utilement son église, dont il augmenta les biens de plusieurs manières, et qu'il régla avec habileté. Ives, évêque de Seès, ayant cessé de vivre, Robert, fils de Hubert de Rie, devint son successeur, présida l'évêché durant près de douze ans, et, toujours fervent dans le culte de Dieu, chérit tendrement les religieux.

Dans ce temps, avec l'aide de la grâce de Dieu, la paix régnait en Angleterre, et un peu de sécurité ramenait le cultivateur, aussitôt que les brigands avaient été repoussés. Les Anglais habitaient tranquillement avec les Normands dans les bourgs, les places fortes et les villes ; leurs familles mêmes se réunissaient par les liens du mariage. Vous eussiez vu quelques lieux et quelques foires des villes se remplir de marchandises françaises et de marchands, et les Anglais qui,

---

[1] Orderic Vital ne fait pas mention de Michel, parce que probablement il ne siégea que fort peu de temps.

récemment vêtus de l'habit du pays, paraissaient ridicules aux Français, changer leurs habitudes pour prendre les costumes étrangers. Personne n'osait plus se livrer au brigandage ; chacun cultivait ses champs avec sécurité, et applaudissait gaîment, mais pour peu de temps, à ce que faisait son voisin. On construisait des églises et l'on en réparait : les orateurs sacrés s'appliquaient à rendre à Dieu les devoirs de leur état. L'activité dont le roi était pénétré le faisait veiller à tout ce qui était bien et exciter l'ardeur de chacun autant qu'il le pouvait. Il essaya quelque temps d'apprendre la langue anglaise afin de pouvoir, sans interprète, entendre les plaintes de ses sujets, et rendre affectueusement à chacun la justice qu'exigeait son droit autant que la raison ; mais son âge, peu propre à l'étude, ne lui permit pas ce travail. Il se trouvait nécessairement entraîné vers d'autres occupations, par l'embarras des affaires de toute espèce dont il était chargé.

Comme l'ennemi du genre humain, semblable à un lion rugissant, rôde partout, cherchant à dévorer ce qui tombe sous la dent de sa férocité, de même un grand trouble s'éleva entre les Anglais et les Normands, et la perfide Erinnys causa cruellement le malheur de beaucoup de personnes. En effet, le roi Guillaume ayant eu mal à propos recours au conseil des méchans, fit un grand tort à sa gloire, en faisant renfermer frauduleusement le comte Morcar dans l'île d'Ely, où il l'assiégea malgré leur liaison, et quoiqu'il n'entreprît ni ne machinât rien de répréhensible. Des conseillers perfides s'entremirent dans cette affaire, et firent un coupable usage de la fraude en engageant le comte à se rendre au roi, et le monarque à recevoir pacifiquement le comte comme un fidèle ami. En effet, Morcar eût pu se défendre long-temps à cause de la difficulté de l'accès du lieu où il se trouvait, et même dans le cas où la force eût triomphé de lui, s'embarquer et gagner l'Océan en suivant le cours de la rivière ; mais, trompé par de fausses insinuations, il eut la simplicité de les croire. Il sortit de son île avec des intentions pacifiques, pour se rendre auprès du roi. Le roi, craignant que Morcar ne voulût se venger des outrages que lui et ses compatriotes avaient injustement reçus, et qu'on ne se servît de lui pour faire naître d'implacables révoltes dans le royaume d'Albion, le fit jeter dans les fers sans crime prouvé et le retint en prison toute sa vie, en le confiant à la garde de Roger, comte de Beaumont. Dès que le comte Edwin, jeune homme d'une grande beauté, eut appris cet événement, il préféra la mort à la vie, à moins qu'il n'obtînt la liberté de son frère Morcar, qui avait été injustement enlevé, ou qu'il n'eût vengé cet attentat par une large effusion de sang normand. Il passa six mois à chercher des secours chez les Ecossais et les Gallois ou Anglais. Cependant trois frères qui étaient admis à sa familiarité, et principalement chargés de sa garde, le trahirent en faveur des Normands, et le tuèrent pendant qu'il se défendait courageusement avec vingt cavaliers. La marée fut dans cette circonstance favorable à Guillaume, pour l'exécution de ce crime, en forçant Edwin à s'arrêter près d'un ruisseau qui ne lui laissa aucun moyen de fuir. Quand on apprit en Angleterre le sort de ce jeune prince, non seulement les Anglais,

glais, mais encore les Normands et les Français éprouvèrent une profonde douleur, et pleurèrent vivement en lui un compagnon, un ami, et, pour ainsi dire, un parent. Comme nous l'avons dit plus haut, il appartenait à une famille religieuse ; il était doué de beaucoup de mérite, quoique placé au milieu des plus grands embarras des affaires du monde. Sa beauté le faisait remarquer parmi des milliers d'individus, et il était plein d'une tendresse affectueuse pour les clercs, les moines et les pauvres. Le roi Guillaume ayant connu la trahison qui avait fait périr le comte de Mercie, fut touché de compassion : il pleura et dans sa sévérité exila les traîtres qui, pour obtenir ses bonnes grâces, lui apportaient la tête de leur maître.

C'est jusque-là que Guillaume de Poitiers a écrit son histoire en imitant le style de Salluste, et raconté avec habileté et éloquence les actions du roi. Cet auteur, de famille normande, était né au bourg de Préaux, et eut une sœur[1] qui fut abbesse des religieuses de Saint-Léger[2]. On l'appela Guillaume de Poitiers, parce que ce fut dans cette ville qu'il s'abreuva largement aux fontaines philosophiques. De retour dans son pays il se distingua avec éclat, comme le plus savant de ses voisins et de ses condisciples. Devenu archidiacre, il seconda beaucoup dans les affaires ecclésiastiques les évêques de Lisieux, Hugues et Gislebert. Avant de devenir clerc, il s'était montré intrépide à la guerre, et avait combattu pour le prince terrestre. Il pouvait d'autant plus certainement

---

[1] Emma.
[2] Il y avait à Préaux, près de Pont-Audemer, deux abbayes : Saint-Pierre, abbaye d'hommes, et Saint-Léger, abbaye de femmes.

raconter les combats qu'il avait vus, qu'il avait plus long-temps partagé les dangers de la guerre. Parvenu à la vieillesse, il se livra à la retraite et à la prière, et se montra plus habile à écrire en prose et en vers qu'à faire des prédications. Il publia souvent des poésies ingénieuses et élégantes, très-propres à être récitées, et les soumit sans jalousie à l'examen de jeunes auteurs, pour leur instruction.

J'ai suivi en peu de mots le texte de Guillaume de Poitiers, pour ce qui concerne Guillaume et ses compagnons d'armes; mais je n'ai pas essayé de rapporter tout ce qu'il a dit, ni de le raconter avec autant d'élégance que lui. Maintenant, avec l'aide de Dieu, je ferai mention des événemens qui se sont passés depuis dans mon voisinage, indubitablement persuadé que, comme j'ai développé volontiers ce qui a été rapporté par nos anciens, de même nos jeunes gens et ceux qui doivent naître à l'avenir rechercheront les faits du temps présent.

Le roi Guillaume ayant renversé, comme nous l'avons dit, les grands comtes de Mercie, Edwin qui fut tué, et Morcar qui était dans les fers, distribua à ceux qui l'avaient secondé les plus belles contrées d'Angleterre, et fit de puissans et riches seigneurs des Normands de la plus basse classe. Il donna l'île de Wight et le comté de Herfort au sénéchal de Normandie, Guillaume fils d'Osbern, et l'opposa aux Bretons acharnés à la guerre, avec Gauthier de Laci, et d'autres guerriers non moins éprouvés. Ils attaquèrent d'abord avec audace les Brachaviens[1], et les rois gallois Risen, Caducan et Mariadoth, ainsi que plusieurs autres qui

[1] Probablement les gens du comté de Brecknoch.

furent défaits. Depuis long-temps, le roi avait donné Chester et son comté à Gherbod, de Flandre, qui avait eu beaucoup à souffrir de la part des Anglais et des Gallois, qui le harcelaient sans cesse. Ensuite, appelé par une députation des siens qu'il avait laissés en Flandre, et auxquels il avait confié ses fiefs héréditaires, il avait obtenu du roi la permission d'aller dans son pays, et d'en revenir promptement : mais sa mauvaise fortune l'entraîna dans les piéges ; il tomba aux mains de ses ennemis, fut jeté dans les fers, privé des félicités de ce monde, et forcé à supporter de longues calamités. Cependant le roi remit le comté de Chester à Hugues d'Avranches, fils de Richard, surnommé Gois, lequel de concert avec Robert de Rutland[1], Robert de Maupas, et quelques autres grands seigneurs très-cruels, répandirent largement le sang des Gallois. Hugues n'était pas libéral, mais prodigue ; il conduisait avec lui, non sa famille, mais toujours une forte armée ; il ne gardait aucune mesure ni pour donner ni pour recevoir ; journellement il dévastait ses biens et favorisait beaucoup plus les oiseleurs et les chasseurs que les cultivateurs et les prêtres. Tout entier aux débauches de la table et surchargé d'un excessif embonpoint, il pouvait à peine marcher. Il se livrait sans retenue à tous les plaisirs charnels. Il eut de différentes courtisanes une nombreuse lignée de l'un et l'autre sexe qui, accablée de diverses infortunes, périt presque toute entière. Il avait épousé Ermentrude, fille de Hugues de Clermont, en Beauvaisis, de laquelle il eut Richard qui hérita de lui le comté de

---

[1] Ou Rhuddlan (*de Rodelento*).

Chester. Jeune encore et sans enfans, il périt dans un naufrage, le 7 des calendes de novembre (26 octobre), avec Guillaume Adelin, fils de Henri, roi d'Angleterre, et beaucoup de grands seigneurs [1].

Le roi Guillaume donna d'abord à Roger de Mont-Gomeri le château d'Arondel et la ville de Chichester; il y ajouta ensuite le comté de Shrewsbury, ville placée au haut d'une montagne sur la Saverne. Sage, modéré, équitable, ce seigneur aima beaucoup la douceur des hommes sages et modestes. Il eut très-long-temps auprès de lui trois clercs remplis de prudence, Godebauld, Odelirius et Herbert, dont il suivit les conseils pour son avantage. Il donna sa nièce Emerie et le commandement de Shrewsbury à Guérin-le-Chauve, homme de petite taille, mais d'un grand courage, qui lui servit à soumettre vaillamment les Gallois, ainsi que ses autres ennemis, et à pacifier toute la province confiée à sa garde. Il donna les charges de son comté à Guillaume, surnommé Pantoulf, à Picold, à Corbat, à Roger et Robert fils de Corbat, et à quelques autres hommes aussi fidèles que vaillans ; et, favorablement secondé par leur habileté et leur force, il brilla au premier rang des plus grands seigneurs. Le roi Guillaume fit don au comte Gallève, fils de Sivard, homme très-puissant, du comté de Northampton, et lui donna en mariage Judith, sa nièce, afin de maintenir entre eux une amitié durable : cette princesse mit au monde deux filles remarquables par leur beauté. Gauthier, surnommé Giffard, eut en partage le comté de Buckingham, et Guillaume de Va-

[1] C'est le fameux naufrage de la Blanche-Nef devant le port de Barfleur, en 1120.

renne, qui avait épousé Gondrède, sœur de Gherbod, reçut Surrey; Eudes de Champagne, neveu du comte Thibaut, qui avait épousé une sœur du roi, fille comme lui du duc Robert, obtint le comté de Holderness[1], et Radulphe de Guader, gendre de Guillaume, fils d'Osbern, le comté de Norwich. Le roi confia la ville de Leicester à Hugues de Grandménil; puis il distribua à d'autres seigneurs des places et des comtés avec beaucoup de puissance et d'honneurs. Le fort de Shrewsbury[2], qui avait d'abord été occupé par Hugues d'Avranches, fut accordé à Henri, fils de Vauquelin de Ferrières. Il accorda aux autres étrangers qui s'étaient attachés à lui des fiefs grands et nombreux; quelques-uns même furent tellement élevés qu'ils eurent, en Angleterre, des vassaux plus riches et plus puissans que leurs parens même ne l'avaient été en Neustrie.

Que dirai-je d'Odon, évêque de Bayeux, qui était comte du palais, se montrait redoutable partout à tous les Anglais, et comme un second roi faisait la loi en tous lieux? Il eut la supériorité sur tous les comtes et les grands du royaume : il posséda Kent avec les trésors qui s'y trouvaient. C'est dans cette ville qu'avaient régné Edilbert, fils d'Irmenric, Eadbald, Ercombert, Egbert et Lotheris son frère; les premiers rois anglais y avaient reçu la foi du Christ par les envoyés du pape Grégoire, et avaient, dans l'observation de la loi divine, trouvé le chemin de la vie éternelle. Si je ne me trompe, on trouvait dans ce prélat

---

[1] Petite île près de l'embouchure de l'Humber.

[2] On lit dans le texte latin *Stutesburia*. J'ai hasardé de traduire ce mot par Shrewsbury. *C'est Tutobury, dans le comté de Stafford (Le Prévost, II, p. 222)*

beaucoup de vices unis à des vertus : il s'occupait plus des affaires mondaines que des grâces et des connaissances spirituelles. Les monastères des saints se plaignent beaucoup des dommages qu'ils ont eu à souffrir de la part d'Odon, et de ce qu'il leur enleva injustement et avec violence des fonds qui leur avaient été donnés anciennement par des Anglais fidèles.

Geoffroi, évêque de Coutance, issu d'une noble famille normande, qui s'était montré vaillamment et comme consolateur à la bataille de Senlac, ainsi que dans plusieurs autres combats, et qui partout avait battu les étrangers et les gens du pays, fut nommé maître des chevaliers, et obtint en don du roi deux cent quatre-vingts fermes, que nous appelons ordinairement des manoirs. En mourant, il les laissa en totalité à son neveu Robert de Monbrai, qui ne devait pas les garder long-temps, à cause de sa méchanceté et de sa témérité.

Eustache de Boulogne, Robert de Mortain, Guillaume d'Evreux, Robert d'Eu, Geoffroi, fils de Rotrou de Mortagne, et plusieurs autres comtes et seigneurs que je ne puis nommer individuellement, obtinrent en Angleterre du roi Guillaume de grands revenus et de grands honneurs. C'est ainsi que les étrangers s'enrichissaient des biens des Anglais dont les fils étaient mis à mort avec scélératesse, ou chassés en exil perpétuel dans les autres Etats. On assure que le roi touchait par jour, des seuls revenus de l'Angleterre, une somme de mille soixante livres sterlings trente sous et trois oboles, sans compter les présens qu'on lui faisait, le rachat des crimes, et les autres taxes multipliées, qui, chaque jour, entraient dans le trésor. Guillaume fit faire de nombreuses recherches dans son royaume, et dresser un état exact de tout ce qui composait le fisc au temps du roi Edouard. Il distribua tellement les terres à ses chevaliers et disposa leur ordre de telle sorte, qu'on en comptât toujours soixante mille dans le royaume tout prêts à exécuter avec célérité les volontés du roi. Après avoir acquis d'immenses richesses que d'autres avaient amassées, les Normands, effrénés, s'enflaient d'un orgueil immodéré, et immolaient avec impiété les gens du pays que le fléau de Dieu frappait pour leurs crimes. Nous voyions en eux s'accomplir ces deux vers du poëte de Mantoue :

Nescia mens hominum, fati sortisque futuræ,
Et servare modum, rebus sublata secundis!

Les plus nobles demoiselles servaient de jouet aux écuyers les plus méprisables, et violées par d'infâmes scélérats, n'avaient plus qu'à pleurer sur leur déshonneur. Les dames les plus remarquables par leur élégance et leur naissance gémissaient dans l'affliction ; privées de la consolation qu'eussent pu leur offrir ou leurs époux ou leurs amis, elles préféraient la mort à l'existence. D'indociles parasites s'étonnaient, dans la lâcheté de leur orgueil, d'où leur venait tant de puissance, et s'imaginaient que tout ce qu'ils pouvaient vouloir leur était permis. Insensés et pervers, pourquoi ne pensaient-ils pas, dans la contrition de leur cœur, que leur victoire sur l'ennemi était moins due à leur valeur qu'à la permission du Dieu qui gouverne toutes choses ; qu'ils avaient dompté une nation grande, riche et plus ancienne que la leur, dans laquelle avaient brillé beaucoup de saints, d'hommes sages et de rois puissans, qui avaient fait éclater noblement leur mérite en mille manières, tant chez eux que dans les camps? Ils auraient dû craindre constamment cette sentence de vérité, et la graver profondément dans leur cœur : on se servira envers vous de la même mesure dont vous vous serez servis[1].

Un certain nombre d'ecclésiastiques qui passaient pour sages et religieux, suivaient constamment la cour pour en obtenir les dignités qu'ils desiraient, et, par divers modes de bassesses, se faisaient flatteurs, au grand déshonneur de la religion. De même que les princes paient une solde aux soldats de leur milice, ainsi quelques prêtres recevaient des laïques, pour prix de leurs adulations, des évêchés, des abbayes, des archidiaconats, des doyennés, des charges d'église, des dignités et d'autres revenus qui ne devraient être donnés qu'au mérite de la sainteté et de la sagesse. Les clercs et les moines s'attachaient aux princes de la terre pour obtenir de telles récompenses, et, pour un avantage temporel, se livraient indécemment à toutes sortes de services qui ne s'accordent pas avec le culte divin. Les anciens abbés étaient effrayés par les menaces de la puissance séculière, et étaient injustement chassés de leurs siéges, sans discussion d'assemblée synodale, pour être remplacés par des stipendiaires intrus, qui étaient moins des cénobites que des tyrans, et qui violaient les règles des saints canons. Alors il s'établissait des arrangemens et un trafic entre les abbés de cette espèce, et les troupeaux qui leur étaient confiés. C'est ainsi qu'il en arrive entre les loups et les brebis sans

[1] Évangile selon saint Matthieu, chap. VII, v. 2.

défenseur. On pourrait facilement le prouver, par ce qui se passa entre Turstin de Caen et le couvent de Glaston. En effet, pendant que cet abbé sans pudeur forçait ses moines à renoncer au chant que les Anglais avaient appris des disciples du bienheureux pape Grégoire, et à apprendre des Flamands ou des Normands un chant jusqu'alors inconnu pour eux, il s'éleva une violente dispute, qui fut bientôt suivie d'un affront pour les ordres sacrés. Tandis que les moines ne voulaient pas recevoir de nouveaux instituts, et que le chef insolent persistait dans son opiniâtreté, des laïques vinrent prêter à leur maître le soutien des javelots. Tout à coup le couvent fut enveloppé et plusieurs des religieux furent cruellement frappés, et même, comme on le rapporte, blessés mortellement. On pourrait raconter beaucoup de choses de ce genre, si elles étaient propres à édifier l'esprit du lecteur ; mais, comme ces récits sont affligeans, je les omets pour passer à autre chose.

Guitmond, vénérable moine du couvent qu'on appelle La Croix d'Helton [1] où, selon ce qu'on rapporte, Leudfroi, glorieux confesseur du Christ, combattit avec succès dans la milice du Seigneur, durant quarante années, sous les règnes de Childebert et de Chilpéric, Guitmond fut appelé par l'ordre du roi Guillaume, passa la mer, et refusa positivement le fardeau du gouvernement de l'église, qui lui fut offert par le roi et les grands du royaume. Il était d'un âge mûr, très-religieux, et fort instruit dans les lettres. On trouve une belle preuve de son esprit, en toute son évidence, dans son livre sur le corps et le sang du Seigneur, écrit

[1] Nommé depuis la Croix-Saint-Leufroi, diocèse d'Evreux.

contre Béranger, et dans quelques autres ouvrages qu'il a composés. Il fut prié par le roi de rester avec lui en Angleterre et d'attendre le moment favorable pour sa promotion; mais Guitmond délibéra en lui-même, et, prouvant que ses desirs étaient bien différens des propositions qu'on lui faisait, il répondit ainsi au monarque :

« Beaucoup de causes me dégoûtent du gouverne-
« ment de l'Eglise : vous les exprimer toutes en par-
« ticulier n'est ni dans ma volonté, ni dans les con-
« venances. Je considère d'abord les infirmités dont
« j'ai sans cesse à souffrir dans le corps et dans l'ame :
« en les envisageant avec soin, elles me font vive-
« ment craindre la justice de Dieu, affligé que je suis
« de travailler tous les jours dans la voie divine et
« d'être exposé, en y vacillant, à m'écarter de la vé-
« rité. Impuissant à me gouverner moi-même pour
« mon salut, comment pourrai-je diriger la vie d'au-
« trui dans cette route? Si je considère chaque chose
« avec une vigilante attention, je ne saurais voir par
« quel moyen je pourrais dignement me mettre à la
« tête de ceux dont les mœurs me sont étrangères et
« dont j'ignore le langage barbare : malheureux dont
« les pères, les amis et les plus chers parens ont péri
« sous votre glaive, ou que vous retenez déshérités
« dans l'oppression de l'exil, ou dans une injuste cap-
« tivité, ou dans un intolérable esclavage. Examinez
« les Ecritures, et voyez s'il est permis par quelque
« loi que l'ennemi impose violemment au troupeau
« du Seigneur les pasteurs qu'il a élus. Toute élec-
« tion ecclésiastique doit d'abord être faite avec
« sincérité par des sujets fidèles, et, si elle est cano-

« nique, être respectueusement confirmée par l'as-
« sentiment des pères et des amis. S'il en était autre-
« ment, elle devrait être réformée avec charité. Ce
« que vous avez ravi cruellement par la guerre et par
« une grande effusion de sang, comment pouvez-
« vous sans crime me l'accorder à moi et à tant d'au-
« tres qui méprisons le monde et qui, pour le Christ,
« nous sommes volontairement dépouillés de nos
« biens? C'est la loi générale de tous les religieux
« de s'abstenir du vol, et, pour mieux observer la
« justice, de refuser la part du butin qu'on leur offri-
« rait. En effet, l'Ecriture s'exprime ainsi : « Des vic-
« times immolées injustement, l'offrande elle-même
« est souillée. » Peu après elle dit : « Celui qui offre
« en sacrifice la substance des pauvres est comme
« celui qui immolerait le fils sous les yeux du père. »
« En considérant ces préceptes de la divine loi et d'au-
« tres semblables, je ne puis me défendre de trem-
« bler : je regarde toute l'Angleterre comme une
« ample proie, et je crains d'y toucher ainsi qu'à ses
« trésors, tout autant qu'au brasier le plus ardent. Et,
« puisque Dieu ordonne que chacun aime son prochain
« comme soi-même, je vous dirai sans feinte les choses
« que le Ciel m'a déclarées : ce que je crois utile pour
« moi me semble salutaire pour vous. Ainsi ce que je
« vous dirai avec amitié ne doit pas vous sembler amer.
« Prince courageux, et vous ses frères d'armes, qui
« avez partagé ses graves dangers, recevez dans toute
« la bonté du cœur ce discours et ces avis. Considé-
« rez attentivement tous les jours de votre vie les œu-
« vres de Dieu ; craignez dans toutes vos entreprises
« ses jugemens qui sont incompréhensibles, et faites

« vos efforts pour peser votre vie dans une juste ba-
« lance suivant la volonté divine, afin que l'arbitre
« éternel, qui dispose de tout justement, vous traite
« avec bonté au jugement dernier. Que vos flatteurs
« ne vous bercent pas d'une vaine sécurité; ne vous
« laissez pas endormir mortellement dans les prospé-
« rités mondaines, d'après les heureux événemens de
« la vie présente, qui occasionent l'insolence. Si vous
« avez vaincu les Anglais dans les combats, ne tirez
« pas vanité de ce succès, mais prenez garde au com-
« bat plus grave et plus dangereux de la malice spiri-
« tuelle, qu'il vous faut encore soutenir et qui vous
« menace journellement. Les révolutions des royaumes
« sont fréquentes sur ce globe, ainsi que nous le voyons
« dans le champ des Ecritures, par lesquelles Dieu
« nous a donné connaissance des événemens.

« Sous le roi Nabuchodonosor, les Babyloniens
« soumirent la Judée, l'Egypte et plusieurs autres
« royaumes ; mais, soixante-dix ans après, ils furent
« vaincus et soumis eux-mêmes, sous leur roi Baltha-
« zar, par les Mèdes et les Perses, qui étaient comman-
« dés par Darius et Cyrus son neveu. Deux cent trente
« ans après, les Macédoniens, commandés par Alexan-
« dre-le-Grand, vainquirent Darius, roi des Perses, avec
« ses légions innombrables ; et eux-mêmes, au bout de
« quelques années, ne furent-ils pas battus ainsi que
« leur roi Persée par les Romains, qui dirigèrent leurs
« phalanges sur tout l'univers? Sous Agamemnon et
« Palamède, les Grecs assiégèrent Troie, et mirent à
« mort le roi Priam, fils de Laomédon, ainsi que ses fils
« Hector et Troïle, Pâris, Deiphobe et Amphimaque;
« ils détruisirent, après dix ans de siége, ce fameux

« royaume de Troie, qu'ils ravagèrent par la flamme
« et par le fer. Une partie des Troyens, conduits par
« Enée, obtint le royaume d'Italie ; une autre partie,
« sous les ordres d'Anténor, après un long et périlleux
« voyage, aborda dans la Dacie, et, s'y étant établie,
« s'y est maintenue jusqu'à ce jour. Sous Vespasien
« et Titus, les Romains détruisirent le royaume de Jé-
« rusalem, que David et plusieurs de ses successeurs
« puissans avaient enrichi des dépouilles de l'étranger,
« et porté à un haut point de splendeur, après avoir
« subjugué les nations barbares qui les avoisinaient ;
« alors le noble temple fut détruit, mille quatre-vingt-
« neuf ans après sa première construction, à l'époque
« où périrent par le fer ou par la faim onze cent mille
« juifs. Les Francs se réunirent aux Gaulois du temps
« du duc Sunnon, et commencèrent à régner sur eux,
« après avoir virilement secoué de leur tête le joug
« imposé par les Romains. Sous la conduite d'Hengist
« et d'Horsa, les Anglo-Saxons enlevèrent, il y a près
« de six cents ans, par l'astuce et par la vaillance,
« l'empire aux Bretons, que l'on appelle maintenant
« Gallois. Les Guinils[1], chassés par le sort de la Scan-
« dinavie, envahirent, sous le règne d'Albain, fils
« d'Audon, cette partie de l'Italie que l'on appelle
« maintenant la Lombardie, et, résistant sans cesse
« aux Romains, s'y sont maintenus jusqu'à ce jour. Tous
« ces hommes que je vous ai rappelés, enorgueillis de
« leur victoire, ne tardèrent pas à subir de grandes ca-
« lamités ; tourmentés par une contrition égale à celle
« des vaincus, ils gémissent maintenant sans remède
« dans les cloaques de l'enfer. Les Normands, sous le

[1] Les Lombards.

« duc Rollon, enlevèrent la Neustrie à Charles-le-
« Simple, et déjà, depuis cent quatre-vingt-dix ans, ils
« la possèdent malgré les Français, qui leur ont, à ce
« sujet, suscité beaucoup de guerres. Que dirai-je des
« Gépides et des Vandales, des Goths et des Turcs,
« des Huns et des Hérules, et des autres peuples bar-
« bares, dont toutes les entreprises n'ont eu d'autre
« but que de dépouiller, de voler et d'exercer cons-
« tamment leur fureur en détruisant partout la paix?
« Ils troublent la terre, brûlent les édifices, tyranni-
« sent l'univers, dissipent les trésors, égorgent les
« hommes, et partout répandent le trouble et le ra-
« vage. C'est par ces signes que s'annonce la fin du
« monde, ainsi que nous l'enseigne la vérité même,
« lorsqu'elle dit : On verra soulever peuple contre
« peuple, et royaume contre royaume; et il y aura
« des pestes, des famines et des tremblemens de terre
« en divers lieux [1].

Cladibus innumeris premitur sic jugiter orbis.

« En considérant attentivement ces bouleverse-
« mens, et plusieurs autres du même genre qui agitent
« les choses humaines, le vainqueur ne se glorifiera
« pas en lui-même de la chute de son rival, parce que
« lui-même n'est assuré de se maintenir qu'autant que
« le prescrira la volonté du créateur. O roi, je vous
« ferai maintenant l'application de mon discours, que
« je vous prie d'écouter avec bonté pour votre salut
« éternel. Avant vous, aucun de vos ancêtres n'a porté
« le bandeau royal, et ce n'est pas par droit héréditaire
« qu'un si grand honneur vous arrive, mais bien par

[1] Evangile selon saint Matthieu, ch. 24, v. 7.

« les largesses gratuites du Dieu tout-puissant, et par
« l'amitié d'Edouard votre cousin. Edgar-Adelin, et
« plusieurs autres sortis de la lignée royale, sont, selon
« les lois des Hébreux et des autres nations, les plus
« proches héritiers de la couronne anglaise. C'est en
« les écartant que le sort vous en a fait don ; mais plus
« le jugement de Dieu est caché, plus il est terrible :
« il s'apprête à vous demander compte du gouverne-
« ment qu'il vous a confié. C'est du fond d'un cœur
« plein de bienveillance que je parle à votre subli-
« mité, demandant humblement que votre ame se
« souvienne toujours des derniers événemens, et que
« la prospérité présente ne vous fasse pas perdre de
« vue que tant de biens sont ordinairement suivis d'in-
« tolérables douleurs, d'un deuil profond et de grin-
« cemens de dents. Vous, vos amis et tous ceux qui
« vous sont attachés, je vous recommande à la grâce
« de Dieu ; je me dispose, avec votre permission, à
« retourner en Normandie, et j'abandonne, comme
« de viles ordures, aux amateurs du monde, les ri-
« ches dépouilles de l'Angleterre ; j'aime la libre pau-
« vreté du Christ qu'embrassèrent Antoine et Benoît,
« de préférence aux richesses mondaines que Crésus
« et Sardanapale recherchèrent trop avidement, et que,
« peu après, périssant misérablement, ils furent obli-
« gés d'abandonner à leurs ennemis : car le Christ, le
« bon pasteur, menace de malheur les riches de ce
« monde qui s'abandonnent à la jouissance des volup-
« tés vaines et superflues, tandis qu'il promet aux pau-
« vres d'esprit la béatitude dans le royaume des cieux.
« Puissions-nous l'obtenir de celui qui vit et règne
« pendant les siècles des siècles. Ainsi-soit-il. »

Le roi admira, ainsi que les grands seigneurs, la fermeté de cet illustre moine ; humble et plein de dévotion, il le salua respectueusement, le fit reconduire en Normandie, et lui ordonna d'attendre sa présence où il voudrait.

Quand Guitmond fut rentré dans le cloître de son couvent, le bruit se répandit partout qu'il avait préféré la pauvreté monacale aux richesses des évêques, et qu'en présence du roi et de ses grands, il n'avait craint ni d'appeler rapine, ce qu'ils avaient obtenu en Angleterre, ni d'accuser de rapacité tous les évêques et les abbés qui, malgré les Anglais, s'étaient établis dans les églises d'Angleterre. Ces discours se répandirent au loin, et, racontés à dessein, ne plurent pas à tout le monde ; ceux qui méprisaient ces doctrines s'enflammèrent d'une grande colère contre lui. Peu après, Jean, archevêque de Rouen, étant venu à mourir, le roi et plusieurs autres personnes voulurent élever Guitmond à ce siége ; mais ses rivaux, qu'il avait tant blâmés, firent tous leurs efforts pour l'empêcher de parvenir à l'archiépiscopat. Ils ne trouvèrent à reprendre dans un tel homme que sa naissance, parce qu'il était fils d'un prêtre. Comme il ne voulait pas être taxé d'avidité, et qu'il aimait mieux souffrir la pauvreté dans l'étranger que d'entretenir la dissension parmi ses concitoyens, il alla trouver respectueusement Odilon, abbé de son couvent, lui demanda humblement la permission de passer dans l'étranger, et obtint cette faveur. Cet abbé, dépourvu de lettres, était incapable d'apprécier combien était grand le trésor de sagesse que recelait le docteur dont nous venons de parler. Aussi laissa-t-il facilement s'éloigner de son couvent ce philosophe digne de regrets, que le pape Grégoire VII reçut avec joie et fit cardinal de la sainte Eglise romaine. Le pape Urbain, connaissant la capacité de Guitmond, l'ordonna solennellement métropolitain de la ville d'Averse. Du temps du pape Léon IX, cette ville avait été bâtie par les Normands, qui se fixèrent d'abord dans la Pouille. Comme elle fut fondée par des hommes qui étaient leurs adversaires, les Romains l'appelèrent Adverse. Opulente des richesses des Cisalpins, belliqueuse par la bravoure de ses habitans, redoutable à l'ennemi, respectable à ses cliens et à ses alliés, cette ville se soumit volontiers au pape, et à lui seul, par le choix des Normands. Ce fut du pontife qu'elle reçut pour archevêque le philosophe Guitmond, décoré brillamment du manteau de beauté mystique. Cet archevêque gouverna long-temps l'église qui lui était confiée, et jouit des priviléges apostoliques, libre de toute exaction de la part des hommes. Il instruisit le peuple avec un grand soin, le protégea de ses mérites et de ses prières, et, après beaucoup de combats dans l'exercice des vertus, alla se réunir au Seigneur.

La cinquième année de son règne, le roi Guillaume envoya en Normandie Guillaume, fils d'Osbern, pour gouverner la province de concert avec la reine Mathilde. Il y avait alors en Flandre de grandes dissensions entre les héritiers du comté. Baudouin, gendre de Robert, roi des Français, avait été comte des Flamands, et s'était distingué par sa bravoure. Il eut de sa femme Adèle plusieurs fils et plusieurs filles, qui se firent remarquer par leur mérite : Robert le Frison, Arnoul, Baudouin, Odon, archevêque de Trèves, Henri le Clerc, la reine Mathilde et Judith femme du comte Tostic, furent les enfans de Baudouin et d'Adèle. Leur caractère, et les divers événemens de leur vie, peuvent fournir aux écrivains la matière de gros volumes. Robert, l'aîné de ces fils, avait depuis long-temps offensé son père qui le chassa ; il se retira chez Florent, duc des Frisons, ennemi de Baudouin ; et, pour prix de ses services, il obtint sa fille en mariage. Vivement irrité, le duc de Flandre le surnomma dans son courroux le Frison, et, le déclarant banni à jamais, établit Arnoul pour son héritier. Peu après, le duc Baudouin mourut, et Arnoul posséda quelque temps le duché. Robert le Frison rassembla une grande armée de Frisons et d'autres peuples, et attaqua la Flandre avec vigueur. Cependant Philippe, roi des Français, qui était leur cousin, réunit l'armée française pour marcher au secours d'Arnoul, et manda le comte Guillaume qui était chargé de la garde de la Normandie. Ce seigneur alla trouver le roi avec dix chevaliers seulement, et partit gaîment avec lui pour la Flandre, comme s'il allait à une fête. Robert le Frison réunit à ses forces celles de l'empereur Henri. Le dimanche de la septuagésime, 10 des calendes de mars (20 février), il attaqua ses ennemis de grand matin et à l'improviste, et mit en fuite Philippe avec ses Français. Son frère Arnoul, Baudouin son neveu, et le comte Guillaume tombèrent sous les coups des Flamands. Ensuite Robert conserva long-temps son duché, et en mourant le laissa à ses fils, Robert de Jérusalem et Philippe. Le corps du comte Guillaume fut transporté par les siens en Normandie, et fut inhumé avec un grand deuil dans le couvent de Cormeilles. Guillaume avait bâti dans ses domaines deux couvens de moines en l'honneur de sainte Marie, mère de Dieu : l'un deux était placé à Lire, sur la rivière de Rille, où sa femme Adelise fut enterrée ; l'autre à Cormeilles, où, comme nous l'avons dit, il fut inhumé. Ce baron, le plus brave de tous les Normands, fut beaucoup pleuré par tous ceux qui connaissaient sa générosité, sa gaîté et tout son mérite. Son héritage fut partagé entre ses fils par le roi Guillaume : l'aîné, nommé Guillaume, eut Breteuil, Pacy, et le reste des biens de son père en Normandie ; il en jouit toute sa vie, pendant à peu près trente ans. Roger son frère puîné, reçut le comté de Herfort, et tous les biens de son père en Angleterre ; mais il les perdit peu de temps après, à cause de sa perfidie et de son insolence, comme nous le dirons par la suite.

Quoique la puissance de la reine Mathilde fût très-grande, et qu'elle fût comblée de biens de toute espèce, elle éprouva de grands chagrins que firent naître la mort de son père, la désolation de sa mère, la cruauté d'un de ses frères, d'où résulta la ruine de l'autre, ainsi que celle de son cher neveu et de plusieurs de ses amis. C'est ainsi que Dieu tout-puissant frappe les enfans de la terre qui ne se souviennent pas de lui, humilie les orgueilleux, et montre clairement sa domination sur l'univers.

Robert le Frison subjugua toute la Flandre, la posséda près de trente ans, et mérita facilement l'amitié de Philippe, roi des Français. Ces deux princes étaient cousins, et tous deux avaient épousé des filles de Florent, marquis des Frisons ; leurs fils sont jusqu'à ce jour restés unis par les liens de l'amitié. Toutefois une nouvelle dissension divisa les Normands et les Flamands, à cause de la mort du frère de la reine, ainsi que de quelques-uns de ses parens, et surtout à cause du malheur du comte Guillaume. Comme le trouble régnait en Normandie, le roi Guillaume mit en ordre les affaires d'Angleterre, et se rendit en toute hâte dans le duché, pour y régler toutes choses utilement et justement. Dès que l'on connut l'arrivée du roi, les amis de la paix se réjouirent; mais les enfans de la discorde et les hommes souillés de forfaits, dont la conscience vengeresse leur reprochait des crimes, se mirent à trembler. Alors le roi rassembla les personnages les plus marquans, tant du Maine que de la Normandie, et les exhortant à la paix et à l'équité, leur rendit royalement le courage. Il engagea les évêques et tous les autres ecclésiastiques à mener une bonne conduite, à ne pas cesser d'observer la loi de Dieu, à pourvoir en commun aux besoins de l'Eglise, à veiller aux mœurs de leurs subordonnés, selon les décisions des canons, et à gouverner en tout avec sagesse.

L'an de l'Incarnation du Seigneur 1072, on assembla un concile dans le siége métropolitain de la ville de Rouen; Jean, archevêque de cette ville, le présida dans l'église de la bienheureuse et glorieuse Marie, mère de Dieu, toujours vierge. Ce prélat qui suivait les traces des Pères, s'occupait avec zèle des intérêts de l'Eglise, de concert avec ses suffragans, Odon de Bayeux, Hugues de Lisieux, Robert de Seès, Michel d'Avranches, et Gislebert d'Evreux. Il fut surtout question dans ce concile de la foi qu'on doit avoir en la sainte et indivisible Trinité, qui fut con firmée, sanctionnée et professée en toute croyance de cœur, selon les statuts des saints conciles, tels que ceux de Nicée, de Constantinople, le premier d'Éphèse et celui de Chalcédoine. Après cette profession de la foi catholique, on annexa dans les mêmes principes les chapitres suivans qui furent souscrits.

D'abord il est statué par nous que, conformément aux décisions des Pères, la consécration du chrême, de l'huile du baptême et de l'onction, doit se faire à heure convenable, c'est-à-dire après none, ainsi que l'ont déterminé les saints Pères. L'évêque doit pourvoir à ce que, dans cette consécration, il ait avec lui au moins douze prêtres revêtus des habits sacerdotaux.

Item. Il s'est établi dans quelques provinces une coutume détestable, selon laquelle certains archidiacres, manquant de pasteurs, reçoivent de quelque évêque de petites portions d'huile et de chrême, et les mêlent ainsi à leur huile : ce qui est condamné. Chaque archidiacre doit présenter tout son chrême et toute son huile à un évêque pour les faire consacrer, comme par son propre diocésain.

Item. La distribution du chrême et de l'huile doit être faite par les doyens, avec beaucoup de soin et de respect, de manière qu'ils soient revêtus de leurs aubes, pendant qu'ils font cette distribution : elle sera faite dans de petits vases, afin qu'il ne s'en perde pas par négligence.

Item. Personne ne célébrera la messe sans communier.

Item. Aucun prêtre ne baptisera d'enfant s'il n'est

à jeun et revêtu de l'aube, ainsi que de l'étole, si ce n'est dans un cas urgent.

Item. Il y a quelques prêtres qui réservent au delà de huit jours le viatique et l'eau bénite : ce qui est condamné. D'autres n'ayant pas d'hosties consacrées consacrent de nouveau : ce qui est terriblement interdit.

Item. Le don du Saint-Esprit ne doit être donné et reçu qu'à jeun. La confirmation ne peut se faire sans feu. Ceci est statué afin qu'en donnant les ordres sacrés, nous ne nous montrions point violateurs de l'autorité apostolique. On lit dans les décrets du pape Léon que ces ordres ne doivent pas être conférés indistinctement tous les jours, mais bien après le jour du samedi, au commencement de la nuit du dimanche, de manière que la sainte bénédiction soit conférée par des personnes à jeun, à d'autres qui soient dans le même état. On observera la même règle, si la continuation du jeûne du samedi s'étend au dimanche matin. Le commencement de la nuit précédente ne s'éloigne pas de ce temps, auquel appartient sans nul doute le jour de la résurrection, comme il a été établi pour la Pâque du Seigneur.

Item. L'observation des quatre-temps aux jours compétens, selon l'institution divine, est conservée par nous en commune observance, c'est-à-dire, dans la première semaine de mars, la seconde de juin, la troisième de septembre, ainsi que de décembre, à cause du respect dû à la Nativité du Seigneur. En effet, il serait fort inconvenant que l'institution des choses saintes fût privée des précautions et des soins que l'on accorde aux choses mondaines.

Item. Les clercs qui, sans être élus ou appelés,

ou à l'insu de leur évêque, s'immiscent dans les ordres sacrés; ceux qui reçoivent de l'évêque l'imposition des mains, comme s'ils étaient diacres; ceux qui n'ayant pas les autres ordres sont consacrés diacres ou prêtres, méritent la déposition.

Item. Ceux qui ont eu et abandonné la tonsure seront excommuniés jusqu'à suffisante satisfaction. Les clercs qui doivent être ordonnés se rendront auprès de leur évêque le cinquième jour de la semaine (jeudi).

Item. Les moines et les religieuses qui ayant quitté leurs églises divaguent par le monde, et ceux qui ont été chassés des couvens pour leur mauvaise conduite, doivent être par l'autorité pastorale déterminés à retourner dans leur monastère. Si les abbés refusent de les recevoir, on leur donnera la nourriture de l'aumône, et ils travailleront de leurs mains, jusqu'à ce qu'ils paraissent s'être amendés.

Item. Des cures pastorales ou églises paroissiales sont achetées et vendues, tant par des laïques que par des clercs, et même des moines : c'est ce qui est interdit et ne doit plus se faire.

Item. Les noces n'auront plus lieu en cachette, ni après dîner; mais l'époux et l'épouse, à jeun, seront bénis dans le monastère par un prêtre également à jeun : avant de les unir, on recherchera avec soin quelle est leur famille; et si l'on découvre quelques rapports de consanguinité au dessous de la septième génération, et si quelqu'un d'eux a été divorcé, le mariage n'aura pas lieu. Le prêtre qui n'observera pas ce statut sera déposé. On observera le concile de Lisieux en ce qui concerne les prêtres, les diacres et les sous-diacres qui se permettent d'avoir des femmes : ils ne gouverneront les Eglises, ni par eux-mêmes, ni par leurs suffragans; ils n'auront droit à aucuns bénéfices. Les archidiacres qui doivent les diriger ne leur permettront d'avoir, ni concubine, ni femme venant en cachette, ni courtisanne; mais ils vivront chastement et justement, et donneront à leurs subordonnés l'exemple de la chasteté et d'une sainte conduite. On doit choisir les doyens de telle manière qu'ils sachent reprendre et corriger ceux qui leur sont soumis, et que leur vie ne soit point infâme, mais au contraire plus régulière que la conduite de ceux qu'ils doivent diriger.

Item. Il est interdit à celui qui, du vivant de sa femme, a été accusé d'adultère, d'épouser, après la mort de cette femme, celle qui fut l'objet de l'accusation. De la non observation de cette mesure, il est résulté beaucoup de maux, et plusieurs maris ont par ce motif fait périr leurs femmes.

Item. Celui dont la femme a pris le voile, ne peut tant qu'elle vivra en épouser une autre.

Item. Si la femme, dont le mari est parti en pélerinage ou allé ailleurs, a pris un autre mari, elle sera excommuniée jusqu'à satisfaction suffisante, tant qu'on n'aura pas la certitude de la mort du premier.

Item. Il est statué que ceux qui sont publiquement tombés en péché mortel ne doivent pas être trop promptement rétablis dans les ordres sacrés; car, comme dit le bienheureux Grégoire, si l'on accorde à ces pécheurs la permission de rentrer dans leur ordre, toute la force de la discipline canonique sera sans nul doute détruite, tant que chacun, par l'espoir du retour, ne craindra pas de concevoir le desir des mauvaises actions. Il est donc nécessaire de maintenir cette décision, afin que celui qui est tombé publiquement dans le crime ne puisse rentrer dans son premier état avant d'avoir terminé sa pénitence, à moins de grande nécessité, et toutefois après une digne satisfaction.

Item. Si quelque pécheur a été trouvé dans le cas d'être repris, et que, pour le déposer, on n'ait pu réunir le nombre de co-évêques que l'autorité demande, savoir, six pour la déposition d'un prêtre, et trois pour celle d'un diacre ; chacun des co-évêques qui n'aura pu venir, se fera représenter par son vicaire.

Item. Il est statué que nul ne doit dîner dans le carême, avant que l'heure de none soit terminée, et que le soir commence. En effet, celui qui mange auparavant ne jeûne pas.

Item. Il est statué que le samedi de Pâques, l'office ne doit pas commencer avant none. Effectivement il se rapporte à la nuit de la Résurrection du Seigneur, en l'honneur duquel on chante le *gloria in excelsis* et *l'alleluia*. Au commencement de cet office, on fera la bénédiction du cierge. Le livre des offices dit que, durant ces deux jours, on ne fait pas de célébration de sacremens ; il appelle ces deux jours le sixième jour (vendredi), et le samedi, dans lesquels on renouvelle le deuil et la tristesse des Apôtres.

Item. Si la fête de quelque saint survient ce même jour, pendant lequel on ne peut la célébrer, elle le sera non auparavant, mais huit jours après.

Item. Conformément aux décrets des saints pères, savoir les papes Innocent et Léon, nous statuons que le baptême général ne peut se faire que le samedi de Pâques et de la Pentecôte; en observant toutefois que ce bain de la régénération ne peut être refusé aux enfans en quelque temps et quelque jour que ce soit. Nous interdisons entièrement de conférer le baptême la veille ou le jour de l'Epiphanie, à moins de nécessité pour cause de maladie.

A ce concile, assistèrent Jean, archevêque de l'église de Rouen; Odon, évêque de Bayeux; Michel, évêque d'Avranches; Gislebert, évêque d'Evreux, et un grand nombre de vénérables abbés, qui alors étaient l'honneur des monastères de la Normandie, et y maintenaient la discipline monacale.

Je pense qu'il est à propos de transmettre à la postérité la mémoire des Pères qui gouvernèrent prudemment les monastères de Normandie, sous le règne de Guillaume, et s'efforcèrent jusqu'à leur mort d'exécuter avec diligence les lois du monarque éternel qui règne sans changement et sans trouble. Les disciples de ces Pères ont, comme je le pense, laissé à la postérité plusieurs écrits sur leur histoire. Cependant il m'est doux ainsi qu'à mes maîtres de nommer, au moins dans cette page, ceux que je chéris de préférence, non pour aucune récompense temporelle, mais à cause du seul amour de la sagesse et de la religion que le ciel leur départit.

Après Guillaume de Dijon, homme sage et d'une religion très-fervente, le vénérable abbé Jean gouverna cinquante-un ans le monastère de Fécamp, situé en face de la mer, dédié à la sainte et indivisible Trinité, créatrice de toutes choses, fondé noblement par Richard 1, duc des Normands, et largement augmenté en honneurs et en richesses par Richard II. Après Jean, Guillaume de Roz, clerc de Bayeux et moine de Caen, fut à la tête de l'abbaye pendant près de vingt-sept ans. Comme le nard mystique, il parfuma la maison du Seigneur par la charité, la libéralité et toutes sortes de mérites. Toutes les œuvres qu'il fit soigneusement en public, ou qu'il offrit au Dieu tout-puissant secrètement ou en présence d'un petit nombre de témoins, prouvent de quel esprit il était animé. Cet esprit qui le possédait tout entier, le conduisit pour être couronné au pied du trône du Seigneur.

Le cénobite Gontard fut, par l'élection des hommes sages, tiré du monastère de Fontenelles[1], et chargé de gouverner Jumiège, après la mort de l'abbé Robert. Il mit un grand soin à ouvrir les pâturages de la doctrine aux brebis qui lui furent confiées, et il observa sévèrement toute la rigueur de l'ordre monastique. Il honora avec bonté ceux qui étaient doux et obéissans, de même qu'un père traite ses enfans; mais comme un maître sévère, il frappa de la verge de la discipline les méchans, les mutins et ceux qui méprisaient la règle. Ce père avec les autres pasteurs, ses collègues de Normandie, se rendit au concile que le pape Urbain tint à Clermont, l'an de l'Incarnation du Seigneur 1095, 3ᵉ de l'indiction, et par l'ordre de Dieu il termina sa vie le 6 des calendes de décembre (26 novembre). Il eut pour successeur Tancard, prieur de Fécamp, qui se montra redoutable comme un lion.

Après la mort de Herluin, qui fut le fondateur et le premier abbé de l'abbaye du Bec, et qui, doué de

[1] Qui depuis prit le nom de Saint-Wandrille.

beaucoup de grâces, se montra pendant sa vie entière disposé à servir sans feinte tous les enfans de l'Eglise, le vénérable Anselme, pleinement imbu de la science des lettres, lui succéda et remplit le monastère, avec la grâce de Dieu et en méritant de grands éloges de frères aussi savans que dévots. Le nombre des serviteurs de Dieu s'étant accru, ce qui leur était nécessaire ne leur manqua pas : il y eut honorablement et en abondance toutes sortes de secours pour ces nobles amis et ces frères intimes qui se réunissaient de toutes parts. Les clercs et les laïques accouraient pour entendre ce philosophe éprouvé, de la bouche duquel les douces paroles de vérité découlaient et plaisaient aux amis de la justice comme les discours de l'ange de Dieu. Anselme, né en Italie, avait suivi Lanfranc au Bec ; et de même que les Israélites, chargés de l'or et des richesses des Egyptiens, il s'était muni de la science séculière des philosophes, et avait avec ardeur gagné la terre de promission. Devenu moine, il s'attacha de toutes manières aux célestes connaissances, et versa copieusement, de la plus abondante fontaine de sagesse, des ruisseaux pleins du miel de la doctrine. Il approfondit avec sagacité les sentences les plus obscures de l'Ecriture-Sainte, il les éclaircit habilement dans ses entretiens et ses écrits, et débrouilla d'une manière salutaire les passages les plus difficiles des Prophètes. Tous ses discours étaient de la plus grande utilité, et ne manquaient pas d'édifier ses auditeurs bénévoles. Ses disciples dociles conservèrent par écrit ses lettres et ses discours typiques ; et s'en étant rassasiés en retirèrent de grands avantages, non seulement pour eux, mais encore pour beaucoup d'autres. Ses successeurs Guillaume et Bozon, pénétrés de ses maximes, puisèrent d'une manière éclatante à la source des sciences de ce grand docteur, et y firent boire largement ceux qui avaient soif de ce desirable breuvage. Anselme était affable et doux et répondait charitablement à tous ceux qui l'interrogeaient avec simplicité. A la demande de ses amis il publia pieusement des livres d'une grande profondeur et d'un grand mérite sur la Trinité, sur la vérité, sur le libre arbitre, sur la chute du diable et sur la question de savoir pourquoi Dieu s'est fait homme. La réputation de ce disciple de la sagesse se répandit par toute la latinité, et l'Eglise s'abreuva noblement du nectar de ses bonnes opinions. Un grand dépôt de sciences libérales et de lectures sacrées commença à s'établir dans l'église du Bec par les soins de Lanfranc, et s'augmenta magnifiquement par ceux d'Anselme, de manière qu'il en résulta d'habiles docteurs, des nochers prévoyans et des cochers spirituels [1], auxquels on confia les rênes de l'église, pour conduire les fidèles divinement à travers la carrière de ce siècle. C'est ainsi que, par un bon choix, les moines du Bec se livrèrent aux études des lettres et se montrèrent empressés à rechercher et à répandre les saints mystères et les discours utiles, à tel point que presque tous paraissaient des philosophes. Dans leurs relations avec eux, ceux qui semblaient illettrés, et que l'on appelle rustiques, pouvaient s'instruire avantageusement dans la grammaire. Ils se réjouirent dans le culte de Dieu par une affabilité mutuelle et par les douceurs de la charité; ainsi

---

[1] *Providi nautæ et spirituales aurigæ.*

que l'enseigne la vraie sagesse, ils excellèrent infatigablement dans la religion. Je ne puis parler avec assez de détail de l'hospitalité des moines du Bec; que l'on interroge les Bourguignons, les Espagnols, et les autres personnes qui arrivaient de loin ou de près, ils répondront. et diront véridiquement avec quelle bienveillance ils furent accueillis par les religieux, et ils s'efforceront sans doute de les imiter sans feinte dans ces actes pieux. La porte du Bec est ouverte à tous les voyageurs, et leur pain n'est jamais refusé à quiconque le demande dans l'esprit de charité. Que dirais-je de plus de ces cénobites? Que celui qui a commencé et qui entretient le bien qui brille en eux, les maintienne dans leur persévérance et les conduise sains et saufs au port du salut.

Gerbert de Fontenelles, Ainard de Saint-Pierre-sur-Dive et Durand du Troarn, dignes archimandrites, jetèrent un grand éclat dans le palais d'Adonaï, comme trois étoiles rayonnantes dans le firmament des cieux. Ils n'excellaient pas moins par la religion et la charité que par leurs connaissances multipliées, et ils ne cessaient de chanter avec zèle les louanges divines dans le temple de Dieu. Parmi les principaux chantres, ils possédèrent la science de l'art musical dans ses modulations les plus suaves, et mirent au jour des airs pleins de douceur pour les antiennes et les répons. Le roi suprême, que louent les chérubins, les séraphins, et toute la milice des cieux; Marie, vierge immaculée, qui nous a donné le Sauveur des siècles; les anges, les apôtres, les martyrs, les confesseurs et les vierges, furent l'objet de louanges pleines d'agrément, qui coulaient des cœurs le plus doucement émus. Ils les donnèrent aux enfans de l'Eglise, pour les faire chanter au Seigneur, comme avaient fait Asaph et Eman, Ethon, Idithon et les fils de Coré.

Nicolas, fils de Richard III, duc des Normands, devenu moine de Fécamp depuis son enfance, gouverna pendant près de soixante ans le couvent de Saint-Pierre, prince des Apôtres, situé dans un faubourg de Rouen, et jeta les fondemens d'une église remarquable par sa grandeur et son élégance : c'est là que repose le corps de saint Ouen, archevêque de Rouen, avec les reliques de plusieurs autres saints. Il y avait alors en Normandie plusieurs autres Pères dont je suis forcé d'omettre les nombreux mérites, de peur que la longueur de mes discours n'ennuie mes lecteurs.

L'an de l'Incarnation du Seigneur, 1073, 2ᵉ de l'indiction, le pape Alexandre II sortit de ce monde après avoir, pendant onze ans, gouverné le siége romain et apostolique. Grégoire VII, qui, au baptême, avait été appelé Hildebrand, lui succéda et siéga dix-sept ans dans la chaire pontificale. Moine depuis son enfance, il avait étudié beaucoup les lois du Seigneur, et plein de ferveur pour l'exécution de la justice, il eut à souffrir de grandes persécutions. Il adressa, dans tout l'univers, ses édits apostoliques; et n'épargnant personne, il fit tonner terriblement les célestes oracles, et tant par les menaces que par les prières, força tout le monde à s'unir de cœur au Seigneur des armées.

A la demande du pape, le vénérable Hugues, abbé de Cluni, envoya à Rome avec d'autres moines capables, Odon, prieur du même monastère, et qui était chanoine de l'église de Rheims. Le pape les reçut avec joie et comme des collaborateurs que Dieu lui envoyait. Il choisit pour son premier conseiller Odon, qu'il établit évêque de la ville d'Ostie. Ce siége a pour prérogative de recevoir son évêque du clergé romain et de bénir le pape. Grégoire éleva les autres moines, autant qu'il était raisonnable, et leur confia dignement le gouvernement de diverses autres églises.

A la mort d'Ernauld, évêque du Mans, le roi Guillaume dit à Samson de Bayeux, son chapelain : « Le « siége de l'évêché du Mans est privé de son pontife, « et, avec la permission de Dieu, je veux t'y pla- « cer. Le Mans, qui tire son nom de la rage canine[1], « est une ville ancienne dont le peuple est insolent « et sanguinaire pour ses voisins, en même temps « qu'il est toujours opposé à ses maîtres, et avide « de révoltes. C'est pourquoi je juge à propos de « te remettre les rênes pontificales, à toi, que j'ai « nourri dès l'enfance, et que j'ai toujours aimé. « Je desire maintenant t'élever au rang des plus « grands seigneurs de mon royaume. » Samson répondit : « D'après les traditions apostoliques, un « évêque doit être irrépréhensible ; quant à moi, je « suis loin d'être dans ce cas, pour toutes les cir- « constances de ma vie ; à la face de Dieu, mon ame « et mon corps sont souillés de crimes, et je ne puis, « à cause de ces souillures, recevoir tant d'hon- « neurs, malheureux et méprisable que je suis. » Le roi reprit : « Tu as de l'esprit, et tu vois ha- « bilement qu'il convient que tu te confesses pé-

---

[1] *Cœnomanis a canina rabie dicta.* Étymologie ridicule.

« cheur. Je ne m'en arrête pas moins à mon pro-
« jet, et je ne permettrai pas que vous persistiez
« à refuser l'évêché, ou que vous ne me désigniez
« pas quelqu'un pour l'occuper. » A ces mots, Samson, plein de joie, répondit : « Maintenant, seigneur
« roi, vous avez très-bien parlé, et vous me trou-
« verez, avec l'aide de Dieu, disposé à vous servir.
« Vous avez, dans votre chapelle, un certain clerc
« qui est pauvre, mais qui est noble et de bonnes
« mœurs. Confiez-lui l'évêché du Mans dans la crainte
« du Seigneur, parce qu'il est, comme je le pense,
« digne d'un tel honneur. » Le roi ayant demandé
quel était ce clerc, Samson ajouta : « On l'appelle
« Hoël, il est originaire de Bretagne ; mais il est
« humble et véritablement homme de bien. » Le roi
donna ordre de mander Hoël, qui ignorait encore
pourquoi on l'appelait. Le roi l'ayant trouvé jeune,
maigre, et vêtu simplement, conçut pour lui du mépris, et, s'étant tourné vers Samson, il lui dit : « Voilà
« donc l'homme que vous exaltez tant ? » Samson
reprit : « Oui, seigneur, je le loue en toute fidélité,
« et sans aucun doute ; et c'est avec raison que je le
« mets avant moi et mes semblables. Il est doux et
« bienveillant, et par conséquent digne du siège
« épiscopal. Que sa maigreur ne vous le fasse pas mé-
« priser. Ses vêtemens simples ne le rendent que
« plus agréable aux sages. Dieu ne s'arrête pas à
« l'extérieur, mais il considère ce qui est caché in-
« térieurement. » Le roi, qui était prudent, réfléchit au discours du sage, et commença un examen
plein de sagacité. Ayant fait un retour sur lui-même,
il resserra peu à peu, dans les liens de la raison,

ses pensées diffuses, manda aussitôt le clerc dont il s'agit, et lui confia le soin et les droits séculiers de l'évêché du Mans. La décision du roi fut transmise au clergé; et tous ceux qui le connaissaient portèrent bon témoignage de la vie édifiante du clerc. Les fidèles rendirent dévotement grâces à Dieu d'une élection si pure et si sainte, et le pasteur élu fut conduit honorablement au bercail de son troupeau, par les évêques et les autres chrétiens que le roi avait chargés de cette mission. Hoël ne s'étonna pas moins de sa subite promotion à l'épiscopat, que David de son élévation au trône, lorsque Samuel eut écarté ses frères aînés. C'est ainsi que Hoël devint évêque des Manceaux, et s'acquitta saintement des fonctions pontificales pendant quinze ans. Il commença à bâtir la cathédrale dans laquelle repose le corps du confesseur saint Julien, premier évêque du Mans; il entreprit aussi plusieurs autres bons ouvrages nécessaires à l'Eglise de Dieu; il s'appliqua à terminer, autant que le temps put lui permettre, les travaux qui étaient commencés. Quand il fut mort, l'excellent versificateur Hildebert lui succéda; et, pendant près de trente ans, dirigea d'une manière digne d'éloges l'évêché qui lui était confié; il termina la cathédrale que son prédécesseur avait commencée, et en fit la dédicace à la grande satisfaction des peuples. Peu de temps après, l'an de l'Incarnation du Seigneur 1125, 4ᵉ de l'indiction, quand Gislebert, archevêque de Tours, fut mort à Rome ainsi que le pape Calixte II, Hildebert, sous le pape Honorius, monta sur le siége métropolitain de la ville de Tours, forcé par les prières et par les ordres de la sainte Eglise; et, dans ce moment-ci, il s'y distingue encore par les plus louables travaux.

De même que la mer, qui ne se repose jamais avec une certaine solidité, mais toujours plus ou moins agitée se trouble et demeure toujours en mouvement, et, quoiqu'elle paraisse quelquefois tranquille aux yeux de ceux qui la contemplent, n'en épouvante pas moins les navigateurs par ses fluctuations et son instabilité naturelle, de même le siècle présent est constamment tourmenté de son inconstance et varie sans cesse dans ses innombrables alternatives d'infortune et de bonheur. Parmi les insolens amateurs du monde, auxquels ce monde ne suffit pas, il s'élève souvent de cruelles altercations, qui vont croissant à l'infini. Pendant que chacun s'efforce de surpasser et d'écraser ses rivaux, il oublie l'équité, il transgresse les lois divines, et, pour acquérir ce que chacun ambitionne, le sang humain est cruellement répandu. C'est ce que rapportent fort au long les anciens livres des historiens; c'est ce que les écrits modernes nous montrent constamment dans les villes et sur les places. Il en résulte que certaines personnes se réjouissent du temps présent, tandis que d'autres n'ont qu'à pleurer et s'attrister.

J'ai touché en peu de mots dans ce livre quelque chose de ces accidens, et je me propose d'en ajouter d'autres encore avec véracité, d'après ce que j'ai appris de nos anciens.

Herbert comte du Mans, descendant, comme on le rapporte, de la famille de Charlemagne, mérita, par son grand mérite, d'être appelé vulgairement, mais en mauvais latin, *Eveille-chien.* Après la mort de Hugues son père, que le vieux Foulques avait soumis par la violence, il prit les armes contre ce prince et fit de fréquentes expéditions nocturnes. Il effrayait, dans les villes et dans les lieux fortifiés de l'Anjou, les hommes et les chiens, et les forçait de veiller, épouvantés par ses vives attaques.

Après qu'Alain, comte des Bretons, fut mort en Normandie, empoisonné par les Normands, Hugues, fils d'Herbert, prit en mariage Berthe sa veuve, qui était sœur de Thibault, comte de Blois. Elle lui donna un fils nommé Herbert et trois filles : l'une d'elles fut mariée à Aszon, marquis de Ligurie; une autre nommée Marguerite, fiancée à Robert fils de Guillaume duc de Normandie, mourut vierge pendant qu'elle était sous sa garde; la troisième que l'on appelait Paule, se maria à Jean, seigneur du château de La Flèche. Elle donna à son mari trois enfans, Goisbert, Elie et Enoch.

Geoffroi Martel, très-vaillant comte d'Anjou, étant venu à mourir, deux de ses neveux, enfans de sa sœur et d'Alberic comte du Gâtinois, lui succédèrent. L'un d'eux, nommé aussi Geoffroi, homme simple et de mœurs douces, obtint le comté par droit de primogéniture. Après la mort du jeune Herbert, Guillaume, prince des Normands, prit possession de son héritage. Le comte Geoffroi concéda tous les biens de Herbert et donna sa fille au jeune Robert, duquel il reçut, en présence de son père à Alençon, l'hommage et la foi qui lui étaient dus. Peu de temps après, Foulques, surnommé le Réchin, se révolta contre Geoffroi son frère et son seigneur, le prit par trahison et le retint plus de trente ans enfermé dans les prisons du château de Chinon. Parmi tant de changemens, les affaires mondaines éprouvèrent de grands troubles dans la province d'Anjou, et dans son voisinage ; et les grands de l'Etat prirent différens partis, selon qu'ils y étaient déterminés par leur propre volonté.

Pendant que Foulques était profondément affligé de voir le Maine soumis aux Normands qui possédaient malgré lui un comté qui lui appartenait, des citoyens séditieux, des habitans des frontières et quelques chevaliers soldés conspirèrent unanimement contre les étrangers, et, s'armant avec vigueur, assiégèrent la citadelle et les autres fortifications de la ville, combattirent et chassèrent Turgis de Traci, Guillaume de La Ferté, et les autres officiers du roi. Ceux qui résistèrent avec courage furent tués, d'autres furent jetés cruellement dans les fers, et les vainqueurs, triomphant tout à leur aise, se vengèrent ainsi des Normands. Tout le pays ne tarda pas à être troublé, la puissance normande à s'y éclipser et à se trouver attaquée de toutes parts, comme par une peste générale. Geoffroi de Mayenne et quelques autres seigneurs du Maine prirent part à cette conspiration contre les Normands, tandis que d'autres, mais en petit nombre, au milieu des alternatives des événemens, restèrent favorables ou soumis à la cause du roi Guillaume.

Ce monarque magnanime ayant appris, par de cruels rapports, le massacre des siens, s'occupa de réprimer l'attaque de ses ennemis et de tirer par les armes une vengeance légitime de la rébellion des traîtres. Il fit un appel aux Normands et aux Anglais, et donna les ordres nécessaires pour rassembler promptement ses troupes en un corps d'armée. Aidé des principaux chefs, il prépara au combat ses chevaliers et son infanterie; et, terrible, il entra à leur tête sur le territoire du Maine. Il assiégea d'abord le château de Frênai[1], et y ceignit l'épée de chevalier à Robert de Bellême. Hubert, châtelain de la place, fit sa paix avec le roi, lui rendit ses châteaux de Frênai et de Beaumont[2], et pendant quelque temps resta à son service. Ensuite le roi assiégea Sillé[3]; mais le châtelain alla trouver le roi en suppliant et demanda à traiter. Le roi marchait avec trop de valeur pour qu'on osât lui résister : tous les habitans des villes et des campagnes, avec les clercs et les religieux, résolurent d'accueillir dignement le prince qui venait rétablir la paix, et de se soumettre de bonne grâce à sa puissance légitime. Enfin le roi arriva devant le Mans, mit le siége devant la ville avec plusieurs corps d'armée, fit connaître à propos sa volonté royale et manda, en maître, aux bourgeois de se consulter prudemment et de se soumettre en paix eux et leurs places avant l'assaut, le massacre et l'incendie. Dès le lendemain les citoyens, cédant à un avis salutaire, sortirent de la ville et vinrent en supplians apporter les clefs de leurs portes au roi qui les accueillit avec bonté. Le reste des habitans du Maine fut effrayé de voir sur son territoire une si grande affluence de troupes cruelles. Ils apprirent que leurs complices et leurs fauteurs avaient fait défection, ne pouvant pas même soutenir

---

[1] Frênai-le-Vicomte, ou Frênai sur Sarthe.
[2] Beaumont-le-Vicomte, sur la Sarthe.
[3] Sillé-le-Guillaume.

les regards d'un guerrier éprouvé par tant de victoires. Ils envoyèrent de leur côté aux vainqueurs des délégués pour solliciter la paix, et, chacun s'étant donné la main, ils réunirent gaîment leurs drapeaux aux étendards du roi, puis reçurent la permission de s'en retourner tranquillement pour demeurer et s'ébattre dans leurs maisons et sous leurs vignes.

Le Maine ayant été ainsi rendu à la paix sans de grands combats, et restant tranquille sous la puissance du roi Guillaume, le comte Foulques fut attaqué méchamment de coupables sentimens et tenta de nuire aux partisans des Normands. Jean de La Flèche, le plus puissant des Angevins, lui était principalement odieux, parce qu'il leur était attaché. Dès qu'il eut la certitude que le comte marchait sur lui avec une armée, il réclama l'assistance de ses voisins qui étaient ses alliés, demanda et obtint des secours du roi Guillaume. Ce monarque si actif fit marcher au secours de Jean Guillaume de Moulins, Robert de Vieux-Pont et plusieurs autres guerriers vaillans et expérimentés : Jean s'empressa de leur confier, ainsi qu'à leurs troupes, la défense de ses places. Foulques ayant appris ces dispositions, fut vivement affligé ; de toutes parts il rassembla des forces, et mit le siége devant le château de Jean. Le comte Hoël, avec un corps de Bretons, vint au secours de Foulques, et, de concert avec lui, s'employa vivement à détruire la puissance de Jean qui fut serré de très-près. Dès que le roi Guillaume connut quelle était la force des ennemis qui attaquaient ses alliés, il rendit un édit pour rappeler aux armes les Normands et les Anglais, et, comme un courageux général, il rassembla aussi les autres peuples qui lui étaient soumis. On rapporte qu'il marcha contre les bataillons ennemis avec soixante mille cavaliers. Les Angevins et les Bretons, ayant appris l'arrivée du roi et de ses troupes, tinrent ferme, passèrent hardiment la Loire, et, pour ôter aux lâches tout espoir de fuite et les forcer à combattre vaillamment, ils détruisirent les bateaux qui les avaient transportés. Pendant que les deux armées se préparaient aux chances du combat, et que les esprits du plus grand nombre étaient agités par la crainte, en présence de la mort et des malheurs qui suivent le trépas des réprouvés, un certain cardinal-prêtre de l'Église romaine et quelques moines religieux se trouvèrent là par la permission de Dieu, et, divinement inspirés, allèrent trouver les chefs des deux armées, pour les implorer et les réprimander. De la part de Dieu, ils leur défendirent courageusement de combattre, et, tant par leurs avis que par leurs prières, leur persuadèrent de faire la paix. Guillaume d'Evreux, Roger, quelques autres comtes et plusieurs grands remplis de courage, se joignirent à ces instances : comme ils étaient actifs et braves pour les combats légitimes, de même ils avaient horreur de concourir à des guerres détestables, entreprises injustement et avec orgueil. L'excessive fierté des ambitieux s'apaisa devant les messagers du Christ qui répandaient les semences de la paix, et la pâle crainte de ceux qui étaient effrayés se dissipa peu à peu. Plusieurs délibérations eurent lieu ; on prépara divers traités, on échangea des propositions, et le Dieu victorieux permit que les envoyés de paix fussent partout accueillis. Le comte d'Anjou céda ses droits sur le

Maine au jeune Robert, fils du roi, ainsi que les fiefs qu'il avait reçus du comte Herbert en épousant Marguerite. Ensuite Robert rendit les hommages dus à Foulques, comme doit agir l'inférieur à l'égard du supérieur. Jean et les autres Angevins qui, jusque-là, s'étaient armés en faveur du roi contre le comte, se réconcilièrent avec leurs princes, et la paix fut accordée aux Manceaux qui avaient pris parti pour le comte contre le roi. C'est ainsi que la grâce de Dieu adoucissant les cœurs des princes, pardonna en tous lieux à ceux qui se repentaient de leurs crimes; et le bon peuple voyant la sérénité de la paix dissiper au loin la noire tempête des guerres, se livra publiquement à la joie. Cette paix, qui fut conclue entre le roi et le comte, au lieu que l'on appelle ordinairement Blanche-Lande ou Blanche-Bruyère, dura toute la vie du roi pour l'avantage des deux États.

Dans le même temps, il s'éleva une effroyable tempête, qui fut excessivement cruelle et préjudiciable à beaucoup de monde en Angleterre. Deux comtes anglais très-puissans, Roger de Herfort et Radulphe de Norwich son beau-frère se concertèrent pour se révolter ouvertement et s'emparer du trône, ou, pour mieux dire, de la tyrannie, après avoir enlevé le sceptre d'Angleterre au roi Guillaume. A l'envi l'un de l'autre, ils fortifièrent leurs châteaux, préparèrent leurs armes, rassemblèrent des chevaliers, envoyèrent souvent des délégués à ceux des seigneurs voisins ou éloignés en qui ils avaient confiance, et tant par promesses que par prières, engagèrent chacun d'eux à marcher à leur secours.

Ayant considéré les révolutions des choses et les avantages du temps, ils disaient à leurs partisans, à leurs alliés : « Tous les hommes sages sont d'avis
« qu'il faut attendre le moment favorable ; et que
« lorsqu'il se présente agréable et commode, on doit
« commencer avec courage et persévérance l'ou-
« vrage que l'on entreprend. Nous n'avons jamais vu
« de circonstances plus avantageuses pour prendre
« la couronne de ce royaume, que celle qui nous est
« maintenant accordée par un don ineffable de Dieu.
« Celui qui prend le titre de roi en est indigne, puis-
« qu'il est bâtard ; et il est bien évident qu'il ne plaît
« pas à Dieu qu'un tel maître gouverne ce royaume.
« Au delà des mers, il est partout attaqué par la
« guerre et obligé de se défendre non seulement
« contre les étrangers, mais encore contre son pro-
« pre sang ; ses créatures elles-mêmes l'abandon-
« nent dans sa détresse. Tel est le juste prix de
« son iniquité, connue par tout l'univers. Pour
« une seule parole, il a déshérité et chassé entière-
« ment de la Neustrie Guillaume Warlenge, comte
« de Mortain ; Gaultier, comte de Pontoise, neveu
« du roi Edouard, et sa femme Biote, accueillis par
« lui à Falaise et empoisonnés par ses ordres, ont
« trouvé la mort dans une même nuit. Il a empoi-
« sonné aussi le vaillant comte Conan, dont toute la
« Bretagne pleure la mort, au sein du deuil le plus af-
« fligeant que fait naître la perte d'un si grand mé-
« rite. Tels sont entre autres crimes ceux dont s'est
« rendu coupable, envers nous et nos alliés, ce Guil-
« laume, qui ne cesse d'en consommer de sembla-
« bles sur nous et nos pareils. Il a témérairement

« envahi le noble royaume d'Angleterre, tué injus-
« tement ses héritiers naturels, et cruellement exilé
« les plus puissans de l'Etat. Il a honoré d'une ma-
« nière inconvenante tous les partisans qui l'ont élevé
« au dessus de son rang. Pour les causes les plus frivo-
« les, il s'est montré ingrat envers un grand nombre
« de ceux qui ont versé leur sang à son service, et
« les a même punis de mort comme s'ils avaient été
« ses ennemis. Les blessés de son parti victorieux
« ont reçu de lui des terres stériles et désolées par
« le ravage ; et, dès qu'elles ont été réparées, son ava-
« rice les leur a enlevées en tout ou en partie. Ainsi,
« il est odieux à tous, et, s'il succombe, sa mort
« comblera tout le monde de joie. La plus grande
« partie de son armée est retenue au delà des mers,
« et s'y trouve occupée par des guerres sanglantes et
« continuelles. A la vérité, les Anglais ne se livrent
« qu'à la culture de leurs terres ; ils ne pensent qu'aux
« banquets et à l'ivresse, sans songer aux combats :
« toutefois ils n'en desirent pas moins vivement
« voir venger la mort et le désastre de leurs pa-
« rens. »

Les séditieux, tenant ces propos et d'autres semblables, s'exhortaient de toute manière à consommer
le crime qui faisait l'objet de leurs vœux ; ils appelèrent à leur conciliabule Guallève comte de Northampton, et lui parlèrent en ces termes, pour le
tenter de quelque manière que ce fût : « Le temps
« que nous desirions tous, homme courageux, est
« enfin arrivé ; vous voyez maintenant que vous pou-
« vez recouvrer les honneurs et les biens que l'on
« vous a ravis, et vous venger, comme vous le devez,

« des outrages que vous avez reçus récemment. Réu-
« nissez-vous à nous, et restez-nous sans cesse attaché;
« vous pourrez, sans nul doute, tenir, en vous unis-
« sant à nous, le tiers de l'Angleterre. Nous voulons
« que le royaume d'Albion soit en tout rétabli dans
« le même état où il était sous le très-pieux roi
« Edouard. Que l'un de nous soit roi et les deux au-
« tres ducs : ainsi nous partagerons entre nous trois
« tous les honneurs de l'Angleterre. Guillaume est
« au delà des mers, surchargé du poids accablant
« d'interminables guerres; et nous sommes bien cer-
« tains que désormais il ne saurait rentrer en Angle-
« terre. Allons, noble héros, profitez d'un avis et
« d'une détermination si avantageuse pour vous et
« votre famille, et en même temps si salutaire à la
« nation écrasée sous le poids des calamités. »

Voici la réponse de Guallève :

« Dans de semblables entreprises, la prudence est
« nécessaire, et tout homme en tout pays doit, avec
« intégrité, garder la foi à son seigneur. Le roi Guil-
« laume a reçu la mienne comme le supérieur de
« l'inférieur; et pour que je lui fusse toujours fidèle,
« il m'a donné en mariage sa propre nièce. J'ai reçu
« de lui un riche comté, et il m'admet au nombre de
« ses commensaux les plus intimes. Comment voulez-
« vous que je puisse devenir infidèle à un tel prince,
« à moins de vouloir entièrement trahir ma foi?
« Je suis connu dans beaucoup de pays, j'aurais à
« subir, ce dont Dieu me garde, un grand déshon-
« neur, si j'étais publiquement cité comme un traître
« et un sacrilége, et jamais bonne chanson ne fut
« chantée sur les traîtres. Toutes les nations mau-

« dissent comme un loup le traître et l'apostat;
« elles le poursuivent comme digne d'être pendu;
« et quand on le peut, on l'attache au gibet avec dés-
« honneur et outrage. Achitophel et Judas consom-
« mèrent le crime de la trahison, et périrent tous
« deux, indignes des cieux et de la terre, par le sup-
« plice de la corde. Les lois anglaises font tomber
« la tête du traître et privent toute sa race de son
« héritage. Il n'arrivera pas que ma noblesse soit
« souillée d'une criminelle trahison, et l'univers ne
« retentira pas du bruit d'une si honteuse infamie.
« Mon Seigneur, qui délivra si puissamment David des
« mains de Goliath et de Saül, d'Adarezer et d'Ab-
« salon, m'a moi-même arraché, sans que je le méri-
« tasse, à de graves périls sur la terre et sur les flots.
« Je mets fidèlement en lui ma confiance, et sans
« crainte j'espère en lui. Il ne permettra pas que ma
« vie soit souillée par la trahison, ni que je devienne
« semblable par l'apostasie à l'ange Satan. »

En entendant un tel discours, Radulphe le Breton
et Roger furent profondément contristés : ils forcèrent
Guallève de jurer par les plus terribles sermens qu'il
ne découvrirait pas leur complot. Peu de temps après,
une révolte soudaine fut par toute l'Angleterre le fruit
de la conjuration, et l'opposition contre les officiers du
roi se propagea au loin. En conséquence, Guillaume
de Varenne et Richard de Bienfaite fils du comte Gislebert, que le roi avait établis ses principaux justiciers
pour régler les affaires d'Angleterre, convoquent les
rebelles au palais. Ceux-ci ne daignent pas obéir aux
ordres qu'ils reçoivent, et, s'efforçant de suivre le
cours de leur insolence, préfèrent combattre les par-

tisans du roi. Sans nul retard, Guillaume et Richard réunissent l'armée d'Angleterre, et livrent aux séditieux un combat sanglant dans le camp que l'on appelle Fagadune[1]. Par la grâce de Dieu, ils triomphent des rebelles, et, les ayant tous pris, quelle que fût leur condition, ils leur font couper le pied droit afin de pouvoir les reconnaître. Ils poursuivent le Breton Radulphe jusqu'à son château, mais ils ne peuvent le prendre. Ayant rassemblé une forte armée, ils mettent le siége devant Norwich, l'attaquent, réunissent la valeur à l'habileté militaire, accroissent ainsi leurs forces, fatiguent les assiégés par de fréquens assauts et diverses attaques, et, durant trois mois, les pressent et les combattent de toute manière. Au dehors, l'armée vengeresse croît journellement, se fortifie et reçoit en abondance les vivres et les autres secours dont elle a besoin, pour ne pas être forcée de se retirer. Cependant Radulphe de Guader, se voyant ainsi renfermé, et n'espérant aucun secours de ses complices, eut soin de confier sa forteresse à des gardes fidèles, et, s'étant embarqué sur la mer, qui était à sa proximité, se rendit en Danemarck pour y solliciter de l'assistance. Pendant ce temps, les lieutenans du roi, Richard et Guillaume, pressèrent les bourgeois de la ville de se rendre : ils envoyèrent en toute hâte, au delà des mers, des délegués pour faire part au roi des troubles qui s'étaient élevés, et le prier de revenir promptement défendre lui-même ses propres Etats.

Aussitôt que ce monarque plein d'activité connut le message de ses lieutenans, il mit ordre provisoirement à ses affaires de la Normandie et du Maine; et,

[1] Ou Fagadon.

ayant parfaitement réglé tout, il passa promptement en Angleterre. Aussitôt il convoqua à sa cour tous les grands du royaume, il réjouit par des paroles caressantes les héros qui avaient fait preuve de fidélité, et demanda, avec juste raison, aux auteurs et aux fauteurs des révoltes, pourquoi ils préféraient le crime à l'équité. Les assiégés ayant fait leur paix, Norwich se rendit au roi, et Radulphe de Guader, comte de Norwich, fut, à perpétuité, déshérité et chassé d'Angleterre. Ainsi banni, il retourna en Bretagne avec sa femme. Là, les excellens châteaux de Guader[1] et de Montfort sont en sa puissance ; le monarque anglais ne put les lui ravir, et ses enfans les possèdent encore aujourd'hui par droit héréditaire. Beaucoup d'années après, du temps du pape Urbain, Radulphe prit la croix du Seigneur et se rendit à Jérusalem contre les Turcs avec Robert II, duc des Normands ; pénitent et pèlerin, il mourut dans les voies de Dieu avec sa femme.

Roger de Breteuil, comte de Herfort, appelé par le roi, se rendit à la cour ; ayant été questionné, il ne put nier sa trahison, évidente aux yeux de tout le monde. En conséquence, il fut jugé selon les lois normandes, privé de tous ses biens, et condamné à passer le reste de ses jours en prison. Là même, il accabla souvent le roi des plus grands outrages, et l'offensa d'une manière implacable par des injures répétées. En effet, un jour que le peuple de Dieu célébrait convenablement la fête de Pâques, le roi envoya au comte dans sa prison, par les gardes du lieu, des vêtemens précieux ; le comte fit préparer de-

---

[1] Gaël.

vant lui un grand feu, et y fit aussitôt brûler les parures dont le roi lui avait fait présent, le manteau, la tunique de soie, et la pelisse de précieuses peaux de rats étrangers. Le roi Guillaume ayant appris cela, entra dans une grande colère, et dit : « C'est un « trait d'insolence et d'orgueil que de me faire un « tel affront ; mais, par la splendeur de Dieu, cet « homme ne sortira pas de sa prison tant que je vi- « vrai. » L'arrêt fut si bien observé que, même après la mort du roi, Roger ne sortit de la prison qu'après avoir quitté la vie. Renaud et Roger, fils de ce comte, se montrent fidèles au roi Henri, et, dans une dure détresse, attendent l'effet d'une clémence qui leur paraît bien lente.

Il est trop vrai, la gloire de ce monde tombe et se dessèche comme la fleur au milieu du foin ; elle se dissipe et passe comme la fumée. Qu'est devenu ce Guillaume, fils d'Osbern, comte d'Herford, lieutenant du roi, sénéchal de la Normandie, et belliqueux chef de ses troupes? Le premier et le plus dur des oppresseurs des Anglais, il commit par sa témérité un forfait énorme, qui attira le désastre d'une mort misérable sur plusieurs milliers d'hommes ; mais le juge équitable voit tout et rend dignement à chacun ce qu'il a mérité. Quelles douleurs! Guillaume tombe, et cet athlète audacieux reçoit ce dont il est digne. Comme il avait fait périr beaucoup de monde par l'épée, il tomba aussi tout à coup sous le fer. Enfin, après sa chute, et avant qu'un lustre fût accompli, l'esprit de la discorde arma hostilement son fils et son gendre contre leur seigneur et leur cousin, de même qu'elle avait soulevé les Sichémites contre Abimelech, qu'ils avaient pris pour chef, après avoir tué les soixante-dix fils de Jérobaal. C'est ainsi que j'ai rapporté avec véracité l'attentat par lequel la lignée de Guillaume, fils d'Osbern, disparut tellement de l'Angleterre que, si je ne me trompe, on n'y en peut plus trouver de traces.

Le comte Guallève fut appelé par le roi. Il avait été accusé par la délation de Judith, sa femme, d'être coupable et fauteur de la trahison dont nous venons de parler, et de s'être montré infidèle à son seigneur. Comme il était sans crainte, il convint publiquement qu'il avait appris des conjurés leurs projets pervers, mais il soutint n'avoir donné aucune espèce d'assentiment à cette action criminelle. D'après cet aveu, le jugement de l'affaire se prolongea, et, les juges n'étant point d'accord entre eux, les délais s'étendirent jusqu'à une année. Cependant ce héros était retenu dans les prisons du roi à Winchester, où il pleurait amèrement ses fautes dont il entretenait, les larmes aux yeux, les religieux évêques et les abbés qui s'y trouvaient. C'est ainsi que, pendant l'espace d'un an, il fit pénitence d'après l'avis des prêtres, et ne manqua pas de chanter, dans ses prières de tous les jours, les cent cinquante psaumes de David qu'il avait appris dans son enfance. C'était un homme d'une taille élevée et élégante, et qui l'emportait sur des milliers de personnes en générosité comme en bravoure. Dévot adorateur de Dieu, il écoutait humblement les prêtres et les religieux, et chérissait avec tendresse l'Eglise et les pauvres : pour ces mérites et beaucoup d'autres qui le distinguaient parmi les laïques, il était fort aimé des siens et de tous ceux qui

accomplissent la volonté de Dieu; aussi sa délivrance était-elle desirée instamment pendant tous ces délais d'une année. Enfin ses rivaux l'emportèrent et se réunirent à la cour : après beaucoup de discussions, il fut jugé digne de mort comme ayant été d'accord avec les conjurés qui tramaient la perte de leur maître, pour ne s'être pas opposé à leur criminelle entreprise, et ne l'avoir pas découverte par une dénonciation formelle. On ne lui accorda aucun répit. Les Normands qui craignaient beaucoup son évasion, desiraient obtenir pour eux ses grands biens et ses titres considérables. Pendant que le peuple dormait encore, il fut conduit, de grand matin, hors la ville de Winchester, sur la montagne où l'on a bâti l'église de Saint-Gilles, abbé et confesseur. Là, Guallève distribua dévotement aux clercs et aux pauvres, qui se trouvaient par hasard présens à ce spectacle, les vêtemens qu'il avait portés honorablement en sa qualité de comte, et se prosternant jusqu'à terre, il pria long-temps le Seigneur avec des larmes et des sanglots. Comme les bourreaux craignaient que les citoyens éveillés ne vinssent empêcher l'exécution des ordres du roi, et, dans l'accès de leur amour pour un si noble compatriote, n'égorgeassent les officiers du roi, ils dirent au comte qui était encore prosterné : « Levez-vous, afin que nous
« puissions accomplir les ordres de notre Seigneur. »
Guallève répondit : « Par la clémence du Dieu tout-
« puissant, attendez un moment, afin que je dise au
« moins pour moi et pour vous l'Oraison dominicale. »
Ils accordèrent cette permission : le comte leva la tête, et, ayant fléchi seulement les genoux en même temps qu'il élevait les yeux au Ciel et qu'il étendait

les mains, il commença à dire tout haut : *Pater noster, qui es in cælis.* Quand il fut parvenu au dernier verset et comme il disait : *Et ne nos inducas in tentationem,* ses pleurs qui coulèrent en abondance et ses gémissemens qui éclatèrent vivement ne lui permirent pas de terminer les prières qu'il avait commencées. Le bourreau ne voulut pas attendre davantage : aussitôt ayant tiré son glaive, et frappant fortement, il trancha la tête du comte. Cependant la tête qui venait d'être coupée prononça d'une voix claire et distincte, et qui fut entendue de tous les assistans : *Sed libera nos a malo. Amen!* Ainsi le comte Gualève fut décollé à Winchester, le 2 des calendes de mai, au matin (30 avril). Là et sans aucune distinction, son corps fut jeté dans une fosse et fort à la hâte recouvert de gazon. A leur réveil, les citoyens, ayant appris cet événement par la rumeur publique, furent profondément affligés, et les hommes comme les femmes jetèrent de grands cris sur la catastrophe du comte Gualève. Quinze jours après, à la prière de Judith, et par la permission du roi, Visketel, abbé de Croyland, vint enlever le cadavre que l'on trouva encore entier et dont le sang était frais comme s'il venait de mourir : il le porta au milieu du deuil général au monastère de Croyland, et l'ensevelit avec respect dans le chapitre des moines.

Je crois qu'il est maintenant à propos d'insérer dans cet opuscule l'abrégé que j'ai fait récemment de la vie de saint Guthlac ermite, à la prière du vénérable prieur Wilfin. Un certain Félix, évêque des Anglais de l'Est[1], né en Bourgogne et respectable

[1] Les Est-Angles.

par sa sainteté, a écrit dans un style prolixe et quelque peu obscur, les gestes de ce très-saint anachorète. Autant qu'il est en mon pouvoir, je les ai éclaircis en peu de mots, d'après la prière gracieuse de mes frères, avec lesquels j'ai passé cinq semaines à Croyland, par l'ordre bienveillant du vénérable abbé Goisfred. L'occasion de parler de ce bienheureux ermite nous est présentée dans ce récit par le comte Guallève, qui fut un frère fidèle et un ami secourable pour le monastère de Croyland, ainsi que je le dirai avec vérité à la fin de cet abrégé, d'après le rapport des vieillards. Sans nul doute, croyez que le récit des saintes actions des Saxons ou des Anglais d'outre-mer ne sera pas moins utile aux fidèles Cisalpins que ne peut l'être l'histoire des Grecs et des Egyptiens, sur lesquels on lit fréquemment des récits, longs à la vérité, mais profitables et avantageux, recueillis par le zèle des saints docteurs. Je pense en outre qu'autant ces choses ont été peu connues jadis de nos compatriotes, autant elles plairont aux hommes embrasés du feu de la charité et qui, au fond du cœur, s'affligent des crimes passés.

Du temps d'Ethelred, roi des Anglais, Guthlac eut Tecta pour mère, et pour père Penvald descendant d'Icles seigneur des Merciens. A sa naissance, un céleste prodige fut manifesté au peuple. On vit une main qui s'étendait des nuages vers une croix placée en face de la maison où Tecta faisait ses couches. Huit jours après, l'enfant fut baptisé et appelé Guthlac, c'est-à-dire présent de guerre, par la tribu que l'on appelle Guthlasingue. Après l'enfance la plus douce, lorsqu'il sentit la chaleur de l'adolescence et qu'il eut re-

marqué les vaillantes actions des héros, il rassembla
des troupes, ravagea et détruisit par le fer et par le
feu les terres et les forteresses de ses adversaires.
Ayant ainsi enlevé un immense butin, il en remit
spontanément le tiers, pour l'amour de Dieu, à ceux
auxquels il l'avait enlevé. Ensuite neuf années s'étant
écoulées, pendant lesquelles il avait causé les plus
grands maux à ses ennemis tant par le meurtre que
par la rapine, il considéra quelle était la fragilité de
la vie mortelle et l'instabilité des choses périssables :
effrayé, il fit un retour sur lui-même, se détacha
de lui comme s'il eût eu la mort présente devant les
yeux, et s'efforça d'entrer dans la voie d'une meilleure vie. En conséquence, il abandonna ses complices; dédaigna ses parens, sa patrie et les compagnons
de son enfance pour ne plus s'occuper que du Christ;
et, dès l'âge de vingt-quatre ans, renonçant aux pompes du siècle, il se rendit au monastère de Ripald[1], et
là, sous l'autorité d'une abbesse nommée Elfride, il
reçut la tonsure et l'habit clérical. Il fit ensuite tous
ses efforts pour renoncer à l'ivrognerie ainsi qu'à
toute espèce de débauches, et s'attacha, autant que
l'humanité en est capable, à la religion et aux choses
honnêtes. Il employa deux années à se pénétrer des
saintes Ecritures et de la discipline monastique. Il ne
se borna pas à ces choses : car il essaya de livrer le
combat singulier de la vie d'ermite, dans laquelle on
en vient aux mains de plus près avec l'ennemi. Enfin,
en ayant obtenu la permission des vieillards, il fut
conduit dans une barque de pêcheur, par un certain
homme nommé Tatwin, dans l'île que l'on appelle

[1] *Ripablunm monasterium.*

Croyland. On trouve dans le milieu des terres de l'Angleterre un marais d'accès difficile et d'une grandeur immense, qui commence aux rives de la Gronta; il s'étend pendant un long espace du midi jusqu'au nord le long de la mer, semé tantôt d'étangs, tantôt de flaques d'eau, quelquefois de sources noirâtres, d'îles couvertes de bois et de cavités profondes le long de ses rives. Plusieurs personnes avaient tenté d'y habiter; mais ne connaissant pas les monstres qui peuplaient ce désert, et frappées de diverses terreurs, elles avaient quitté cette noire solitude. Dans le cours de l'été, Guthlac visita Croyland, et partit pour aller voir ses frères et ses maîtres, qu'il avait quittés sans prendre congé d'eux : il revint trois mois après avec deux enfans dans l'ermitage qu'il avait choisi. C'était le 8 des calendes de septembre (24 août), et il était alors âgé de vingt-six ans. On célèbre ce jour la fête de saint Barthélemi apôtre [1], qu'il pria avec un grand zèle d'être son compagnon et son soutien dans ses adversités.

Pendant quinze ans, il ne se couvrit ni de laines ni de lin, mais seulement de vêtemens de peau, et n'usa que de pain d'orge et d'eau bourbeuse : encore n'en prenait-il que très-peu et seulement après le coucher du soleil. Satan le tenta de mille manières et essaya de le prendre dans ses filets ou au moins de le chasser de son ermitage.

Une fois, comme il commençait à désespérer de mettre à fin un ouvrage qu'il avait commencé depuis trois jours, tout à coup Barthélemi, qui le secourait

---

[1] La Saint-Barthélemi est portée au 25 août par le bréviaire romain.

avec fidélité, lui apparut clairement dès la première veille du matin, et le fortifiant malgré sa crainte par des préceptes spirituels, il lui promit son assistance en toute chose. L'apôtre accomplit fidèlement sa promesse dans plusieurs tentations que l'ermite éprouva.

Un autre jour, deux démons sous forme humaine vinrent à lui, et le tentant l'engagèrent à jeûner excessivement pour imiter Moïse, Elie, et quelques pères de l'Egypte. Il se mit à psalmodier, et, pour leur témoigner son mépris, mangea aussitôt un morceau de pain d'orge.

Pendant que l'homme de Dieu veillait et passait la nuit en prières, il vit de toutes parts entrer dans sa cellule des troupes de démons. Après lui avoir lié les membres, ils l'entraînent dehors et le plongent dans un marais bourbeux. Ils le transportent ensuite dans les lieux les plus inaccessibles du marécage à travers les buissons les plus épais, et après lui avoir déchiré le corps lui ordonnent de sortir de son ermitage. Comme il n'y voulait pas consentir, ils le frappent avec des fouets de fer, et après d'affreux tourmens le portent dans les espaces nébuleux de la région glacée. Là, secondés par d'innombrables troupes de démons accourus des contrées septentrionales, ils le mènent jusqu'au gouffre du Tartare. Alors Guthlac ayant vu les tortures de la géhenne fut effrayé; mais ayant méprisé les menaces des démons, il soupira profondément vers Dieu. Sans nul retard, saint Barthélemi, brillant d'une céleste lumière, se présenta à lui, et ordonna à ses ennemis de le reconduire en grande tranquillité jusqu'au sein de son ermitage. Les démons gémissans obéirent aux ordres de l'apôtre, et les anges pleins de joie vinrent au devant de lui en chantant avec douceur : « les saints iront de vertus « en vertus. » Fréquemment et de diverses manières les démons s'efforcèrent d'effrayer Guthlac; mais, secondé par le Seigneur, il déjoua toutes leurs entreprises. Intrépide, il se maintint dans la forteresse des vertus, endura dans le combat de rudes épreuves, et rendit vaines toutes les tentatives diaboliques. Du temps de Coenred, roi des Merciens, le clerc Bécelin fut porté par le démon à tuer l'homme de Dieu. Pendant que le clerc frappait l'ermite, celui-ci lui demanda pourquoi son cœur avait conçu un pareil forfait. Dès qu'il se vit ainsi prévenu, rougissant de honte, il se jeta aux pieds du saint, confessa son crime, demanda pardon, et l'ayant obtenu promit de se réunir à lui.

Un corbeau ayant volé un petit papier l'abandonna au milieu d'un étang, où il resta suspendu à un roseau. Par les mérites de l'homme de Dieu, il n'éprouva aucun dommage, et il le rendit en bon état à l'écrivain qui était fort affligé.

Deux corbeaux qui habitaient l'île gênaient beaucoup le bienheureux Guthlac, brisant, jetant à l'eau, enlevant et souillant tout ce qu'ils pouvaient atteindre, de manière à le désoler, sans aucun respect pour lui, dans son ermitage comme au dehors; ce que l'homme de Dieu supportait avec bonté, à cause de la vertu de patience dont il était doué. A sa voix, comme à celle d'un pasteur, les oiseaux de cette inculte solitude, et les poissons errans dans ce marais fangeux accouraient en volant ou en nageant et recevaient de sa main leur nourriture, selon que leur nature l'exigeait. En présence du vénérable Wilfrid, deux hirondelles vinrent suivant leur naturel le visiter gaîment, et s'arrêtaient en chantant sur ses bras, ses genoux et sa poitrine : il posa des brins de paille sur son auvent, et désigna ainsi aux oiseaux l'emplacement de leur nid dans sa cellule ; car, sans sa permission, ils n'auraient pas osé le faire.

Un jour, pendant que Wilfrid conduisait vers l'homme de Dieu l'exilé Ethelbald, il avait oublié sa besace dans le vaisseau qui l'avait apportée : des corbeaux ravisseurs la lui enlevèrent. Aussitôt l'homme de Dieu, assis devant sa porte, reconnut par l'esprit divin et annonça à Wilfrid, pendant son entretien, que l'enlèvement avait été fait par les oiseaux dont il s'agit; et peu de temps après, par la vertu de la foi et de la prière, il fit cesser ses regrets en lui rendant la besace.

Wethred, jeune homme illustre de l'Angleterre orientale, fut envahi par le démon et pendant quatre années tourmenté misérablement. Il déchirait tous ceux qu'il pouvait atteindre avec du bois, du fer ou avec les ongles et les dents. Dans un moment où la multitude faisait des efforts pour le lier, il saisit une hache et tua trois hommes. A la fin des quatre années, il fut conduit à Croyland : l'homme de Dieu le prenant par la main le fit entrer dans son oratoire; il y jeûna pendant trois jours entiers, fit ses prières, et fut guéri de toute agitation de l'esprit malin.

Egga, compagnon de l'exilé Ethelbald, fut possédé par l'esprit immonde, à tel point qu'il ne savait ni ce qu'il était, ni où il se trouvait, ni ce qu'il devait faire. Ses amis le conduisirent à la porte de l'ermitage de Guthlac. Aussitôt qu'il eut mis la ceinture de l'homme de Dieu il recouvra la tranquillité, et depuis ce moment conserva toute sa vie et la ceinture et sa raison.

Guthlac était doué de l'esprit de prophétie : cet homme de Dieu avait coutume de prédire l'avenir, et de raconter aux personnes présentes ce qui se passait en leur absence. Il fit connaître à un certain abbé, qui était venu le voir pour une pieuse conférence, que deux clercs s'étaient rendus dans la maison d'une veuve, avant la troisième heure, pour s'y enivrer.

Il réprimanda deux autres frères, parce qu'ils avaient caché dans le sable du marais deux flacons pleins de bière. Comme ils étaient tout étonnés de la grande sagacité de l'homme de Dieu, et qu'ils s'étaient prosternés devant lui, il leur pardonna avec bonté. La réputation du bienheureux Guthlac ayant acquis de la célébrité et se répandant de tous côtés, il fut visité par beaucoup de personnes de divers rangs : abbés, moines, comtes, riches, opprimés, pauvres accouraient vers lui des contrées voisines de la Mercie et des cantons de la Bretagne, afin d'obtenir la santé du corps et le salut de l'ame. Et chacun obtenait ces avantages s'il venait avec foi. Grâce aux paroles et aux prières efficaces de l'homme de Dieu, le malade trouvait un remède, l'affligé de la joie, le pénitent des consolations, et l'infortuné du soulagement à ses anxiétés.

Obba, autre compagnon de l'illustre exilé Ethelbald, parcourant des champs sans culture, fut grièvement blessé au pied par une épine cachée sous l'herbe de ce terrain inculte. Cette blessure était si grave que tout son corps enfla jusques aux reins, et que cette douleur excessive ne lui permettait aucun repos, soit qu'il se tînt debout, soit qu'il se couchât. Ce fut avec beaucoup de peine qu'il put se traîner jusqu'à Croyland : ayant été conduit devant Guthlac, il lui raconta en détail la cause de ses douleurs. Guthlac l'enveloppa dans la peau de mouton sur laquelle il avait coutume de prier, et aussitôt, plus promptement que ne vole la parole, l'épine jaillit du pied, comme la flèche lancée par l'arc. En même temps toute la douleur s'étant calmée par l'écoulement des humeurs, le malade fut guéri, et, plein de joie, rendit grâces à Dieu avec ceux qui furent témoins du miracle.

Une autre fois, l'évêque Headda avec un certain nombre de clercs et de laïques alla trouver Guthlac. Tout en s'entretenant, chemin faisant, de ce qui concernait ce bienheureux, ce prélat ayant découvert dans le vénérable Guthlac toute l'abondance des grâces divines et toute l'éloquence de la sagesse propre à exposer les saintes Écritures, après avoir dédié l'église de Croyland, le 12 des calendes de septembre (21 août), usa de l'inviolable prétexte de l'obéissance, pour forcer le serviteur de Dieu à prendre l'habit sacerdotal. Le saint homme fut obligé, contre son usage, de prendre part au repas du pontife. Voyant assis à quelque distance le copiste Wigfrid, il l'interrogea sur la promesse qu'il avait faite la veille, pendant qu'il voyageait avec ses compagnons, d'examiner si la religion de l'ermite était sincère ou simulée. Wigfrid se mit à rougir, se prosterna à terre, sollicita sa grâce, et l'obtint. Chacun fut émerveillé de ce qu'un discours tenu en chemin avait été ainsi révélé à l'homme de Dieu, par l'esprit divin.

La très-révérende abbesse Egburge, fille du roi Aldulf, ayant fait supplier humblement Guthlac, ce digne homme reçut d'elle un sarcophage de plomb avec un linceul pour l'ensevelir après sa mort; et comme elle lui faisait demander quel serait son successeur dans ce lieu, il répondit qu'il était encore païen. C'est ce qui eut lieu, car Cissa, qui lui succéda, fut, quelques années après, baptisé en Bretagne.

Cliton Ethelbald, que le roi Céolred poursuivait en tous lieux, ayant épuisé ses forces et celles des siens en fuyant les périls dont il était menacé, vint, suivant son usage, se retirer auprès de l'homme de Dieu, afin d'implorer le secours divin quand celui des hommes lui manquait. Le bienheureux Guthlac le consola avec douceur, et lui promit, inspiré par l'esprit divin, qu'il aurait la souveraineté de sa nation, la principauté des peuples et le triomphe sur ses ennemis; et que toutes ces choses arriveraient, non par la violence des armes ni l'effusion du sang, mais par la main du Seigneur. Ces événemens s'accomplirent dans leur ordre, et tels que l'homme de Dieu les avait prédits : car le roi Céolred mourut, et Ethelbald monta sur son trône.

Après avoir passé quinze ans dans son ermitage, le vénérable Guthlac commença à devenir malade, le mercredi avant Pâques : toutefois, le jour de cette fête, il fit un effort au dessus de ses moyens, se leva et chanta sa messe. Le septième jour de sa maladie, il ordonna à son serviteur Beccel[1] de faire venir après sa mort sa sœur Péga, afin qu'elle ensevelît son corps avec le suaire et dans le sarcophage qu'Egburge lui avait envoyé. Beccel pria et conjura l'homme de Dieu de lui faire connaître avant sa mort quel était celui qui journellement s'entretenait avec lui le matin et le soir. Le généreux athlète de Dieu, reprenant haleine, lui dit après quelques instans : « Mon cher fils, ne te mets pas en peine sur ce point. « Ce que pendant mon vivant je ne voulus révéler à « personne, je vais maintenant te le manifester. La « deuxième année où j'ai commencé à habiter cet « ermitage, le Seigneur envoyait, matin et soir, pour « s'entretenir avec moi et me consoler, quelqu'un « qui me démontrait les mystères qu'il n'est pas per- « mis à l'homme de raconter ; qui soulageait, par de « célestes avis, toute la peine de mes travaux, et qui « me faisait voir les choses absentes comme si elles « avaient été présentes. O mon cher fils, conserve « mes paroles et n'en fais part à qui que ce soit, « excepté à Péga, ou à l'anachorète Egbert. » A ces mots il sortit de sa bouche une si suave odeur, qu'on eût cru la maison remplie des parfums du nectar. La nuit suivante, pendant que le frère Beccel veillait, il vit, depuis minuit jusqu'à l'aurore, toute la maison briller des feux d'un vif éclat. Au lever du soleil, l'homme de Dieu s'étant un peu levé et étendant les mains vers l'autel, se munit de la communion du corps et du sang du Christ; et ayant élevé les yeux et les mains au ciel, il rendit l'âme pour aller

[1] Plus haut il est appelé Bécelin.

goûter les joies éternelles, l'an 715 de l'Incarnation du Seigneur.

Sur ces entrefaites, Beccel vit la maison se remplir d'une splendeur céleste, et comme une tour de feu s'élever de la terre jusqu'au ciel : en comparaison de tant d'éclat, le soleil semblait pâlir comme une lanterne en plein jour. On entendait retentir dans tout l'espace des airs des concerts angéliques. L'île rendit l'odeur et les émanations de divers aromates. Alors le frère, tout tremblant et ne pouvant supporter un éclat si vif, s'embarqua pour aller trouver Péga, vierge du Christ, et lui dire avec ordre tout ce qu'avait prescrit son frère. A ces mots, elle gémit profondément : le lendemain, elle se rendit avec Beccel à Croyland ; le troisième jour elle ensevelit, dans un oratoire, les bienheureux membres de Guthlac, selon l'ordre qu'elle avait reçu de lui. Là le Seigneur opéra de nombreux miracles par la guérison des malades, en faveur des mérites de son ami.

Le jour de l'anniversaire de la mort de saint Guthlac, sa sœur Péga réunit des prêtres et quelques autres hommes de l'ordre ecclésiastique, et ouvrit le tombeau pour faire transférer le corps dans un autre mausolée. Le corps fut trouvé tout entier comme s'il eût été encore en vie ; les linges qui l'enveloppaient étaient neufs encore, et conservaient la pureté de leur première blancheur. Comme tout le monde s'émerveillait, s'étonnait et restait tout tremblant en voyant ce miracle, Péga, émue par l'esprit divin, enveloppa respectueusement ce saint corps dans un suaire que, du vivant de Guthlac, l'anachorète Egbert avait envoyé pour cet usage, et fit poser le sarcophage sur la terre, comme un monument de souvenir, et jusqu'à ce jour on l'a conservé honorablement. L'exilé Ethelbald, dont nous avons déjà parlé, ayant appris la mort du saint homme, se rendit à son tombeau. Comme il s'était endormi dans une maison voisine, après avoir pleuré beaucoup et longuement prié, le saint lui apparut, et l'ayant consolé, lui promit qu'il obtiendrait le sceptre avant qu'un an fût écoulé. Il donna pour preuve que, le lendemain avant la troisième heure, les habitans de Croyland recevraient la consolation d'obtenir des vivres qu'ils désespéraient d'avoir. Sans retard, l'effet suivit les paroles. Ensuite Ethelbald ayant obtenu le royaume, décora d'admirables constructions et de divers ornemens le mausolée du vénérable Guthlac.

Un certain père de famille, dans la province de Wisa [1], perdit la vue pendant un an, et ne put la recouvrer, quoiqu'il employât toutes sortes d'onguens et de remèdes. Enfin, s'étant transporté avec foi à Croyland, il demanda à s'entretenir avec Péga, vierge du Christ, qui lui permit de s'étendre dans l'oratoire sur le saint corps. Cependant elle gratta dans de l'eau consacrée antérieurement par le saint homme un morceau de sel, et en versa quelques gouttes sur les paupières de l'aveugle : dès que la première goutte eut touché les yeux du malade, la vue lui fut rendue. Après l'avoir recouvrée, le père de famille rendit grâces à Dieu par les mérites de saint Guthlac. Plusieurs autres personnes souffrant de diverses infirmités, ayant entendu parler des miracles du bienheureux Guthlac, se transportèrent

[1] *In provincia Wisa*, peut-être Wessex.

dans les marais de Croyland, où repose son saint corps ; ils y recouvrèrent la santé par ses mérites et en rendirent grâces à Dieu.

Jusqu'ici j'ai suivi, en les abrégeant, les écrits de l'évêque Félix, relativement au vénérable Guthlac, et j'en ai fait usage pour la louange de Dieu et l'édification des fidèles. Ce qui reste à dire sur la construction du monastère de Croyland et l'habitation de ses cénobites, je le tirerai de la relation véridique du sous-prieur Ansgo et de quelques autres écrivains.

Le roi Ethelbald ayant appris que son bienheureux consolateur opérait d'éclatans miracles, se rendit plein de joie au lieu de sa sépulture, et concéda à perpétuité aux serviteurs de Dieu les biens que, monté sur le trône, il avait donnés au saint homme. En effet le roi, voulant visiter son patron, avant son départ, était venu à Croyland. Là, l'homme de Dieu l'avait prié de lui accorder dans cette île une demeure tranquille. Ethelbald lui avait accordé cinq milles d'étendue de terrain vers l'orient, c'est-à-dire jusqu'à la fosse que l'on appelle Asendic, trois milles vers l'occident, deux au midi et deux au nord. Il affranchit ce terrain de toute redevance et coutume séculière, et de toute autre espèce de charge, et confirma, de son sceau, la charte de donation en présence des évêques et des grands.

Comme la terre de Croyland est marécageuse, ainsi que l'indique son nom (en effet Croyland signifie une terre crue, c'est-à-dire fangeuse), le fond ne pouvait supporter de construction en pierres. Dans cette circonstance, le roi fit enfoncer en terre une innombrable quantité de grands pieux de chêne ; puis il fit transporter en bateau une terre plus ferme à la distance de neuf milles, depuis Uppalonde, c'est-à-dire le sol supérieur, et la fit mêler au sol du marais. C'est ainsi qu'il fit commencer et terminer une église en pierre. Saint Guthlac s'était contenté d'un oratoire en bois. Le roi y réunit des hommes religieux, fonda un monastère, l'enrichit d'ornemens, de fondations et d'autres dons faits en l'honneur de Dieu et du saint anachorète, qu'il avait beaucoup aimé pour les douceurs de la consolation qu'il en avait tant de fois reçue pendant son exil. Il aima ce lieu pendant toute sa vie, et, depuis la première fondation que ce prince avait faite, la maison de Croyland a été jusqu'à ce jour constamment habitée par des moines remplis de religion. Un certain Kevulfe [1] eut alors une grande réputation : il gouverna pendant quelque temps le monastère de Saint-Guthlac, et c'est de lui que la limite posée contre les habitans de Deping prit le nom de pierre de Kevulfe [2].

Peu de temps après, l'Angleterre fut troublée par les orages de la guerre. Le monastère de Croyland ainsi que plusieurs autres furent dévastés, quand les chefs barbares Jugar, Halfdenc, Gudrun et d'autres tyrans vinrent du Danemarck et de la Norwège, et firent descendre du trône les rois anglais, qui naturellement devaient commander à l'Angleterre. Alors ces maisons perdirent leurs ornemens, leurs fermes furent détruites, et, contre le droit canonique, soumises à des laïques ; mais la divine bonté

---

[1] On lit dans quelques manuscrits *Revulsus*.
[2] *Kevulfestan lapis.*

qui, à cause des péchés du peuple, laisse quelque temps régner les hypocrites, jugea à propos, après avoir châtié ses enfans, de rendre un temps serein à l'administration des princes légitimes. Par la permission de Dieu, la mort ou l'expulsion délivra l'Angleterre des tyrans dont nous venons de parler, qui avaient mis à mort saint Edmond, roi des Estangles, ainsi que plusieurs autres hommes pieux, et livré aux flammes les églises des saints et les habitations des chrétiens. Alfred, fils du roi Adelvulf, l'emporta avec l'aide de Dieu, et fut le premier qui réunit dans sa main tout le royaume d'Angleterre. Après lui, son fils Edouard, que l'on surnomme le vieux, régna long-temps avec distinction, et après sa mort laissa le trône à ses trois fils Edelstan, Edmond et Edred. Ils régnèrent tous trois dans leur ordre ; chacun d'eux mérita des éloges et s'appliqua à faire le bien de ses sujets.

Du temps du roi Edred, un certain Turketel, clerc de Londres, alla lui demander l'abbaye de Croyland, et le roi lui accorda volontiers sa demande. Ce clerc était du sang royal, et cousin d'Osketel, métropolitain d'Yorck. Il possédait de grandes richesses et de vastes propriétés, dont il faisait peu de cas en comparaison de l'éternelle demeure. Comme nous l'avons dit, il avait demandé Croyland au roi, non pour augmenter ses revenus, mais parce qu'il savait que des hommes pieux habitaient cette solitude, qui est partout entourée de marais et d'étangs, et parce qu'il était décidé à renoncer à tous les attraits du siècle pour se livrer au culte divin. Après avoir mis sagement ordre à ses affaires, Turketel se fit moine à

Croyland; il accrut par son zèle le nombre des religieux, devint leur maître et leur abbé, par la permission de Dieu et l'élection des gens de bien. Il devint l'ami le plus intime des saints prélats qui gouvernaient alors l'Eglise de Dieu, tels que Dunstan, archevêque de Cantorbéry, Adelvold, évêque de Winchester, et Osvald, d'abord évêque de Worcester et ensuite archevêque d'Yorck. Leurs conseils furent toujours la règle de sa conduite. Comme nous l'avons dit, Turketel était un homme très-généreux; il possédait soixante manoirs du patrimoine de ses pères : pour le repos de leurs ames, il donna à l'église de Croyland les six terres de Wenliburg, de Beby, de Wiritorp, d'Elmenton, de Coteham et d'Oghinton. Cette donation fut confirmée par le sceau du grand roi Edgar, fils du roi Edmond. L'archevêque Dunstan, avec ses suffragans, fortifia le don des biens dont nous avons parlé en faisant un signe de croix sur la charte, et excommunia, sous l'éternelle malédiction, quiconque enleverait à l'église de Croyland tout ou partie des biens désignés, à moins qu'il ne fît une digne satisfaction.

Long-temps après, Turketel étant mort le 4 des ides de juillet (12 juillet), Egelric, son neveu, lui succéda, et, ayant terminé le cours de sa vie, il laissa l'abbaye de Croyland à un autre Egelric qui était de sa famille. A sa mort, Osketel, moine d'une grande noblesse, devint abbé de cette église. Sa sœur Leniova possédait la seigneurie d'Enolfsbury, où était alors déposé le corps de saint Néot, abbé et confesseur; mais on n'y faisait point encore un service digne d'un si grand homme. C'est ce qui détermina cette dame à se rendre à Withelesey, où elle appela son frère Osketel ainsi que quelques moines de Croyland, et remit le corps de saint Néot, qu'elle avait apporté respectueusement avec elle, à des moines qu'elle croyait plus dignes de le conserver. Ils reçurent avec satisfaction ce présent qui leur était fait par Dieu même, et le placèrent honorablement dans la partie septentrionale de leur église, auprès de l'autel de sainte Marie mère de Dieu. C'est là que, jusqu'à ce jour, il a reçu des fidèles un culte de vénération, et sa fête y est célébrée le 2 des calendes d'août (31 juillet). Osketel étant mort le 12 des calendes de novembre (21 octobre), Goderic lui succéda. Quand il fut entré dans la voie de toute chair, le 14 des calendes de février (19 janvier), Brithmer fut mis à la tête de l'abbaye. Alors existait le couvent de Pégeland dont était abbé Wulfgeat, homme noble. La sainte Pega, sœur de saint Guthlac, y avait long-temps combattu pour le Seigneur. Après la mort de son vénérable frère, elle fit tous ses efforts, par amour pour le Christ, pour avancer la fin de sa carrière par l'austérité de ses travaux. Elle se rendit à Rome, pria pour elle et les siens dans l'église des saints apôtres, et y termina glorieusement sa vie le 6 des ides de janvier (8 janvier). Elle repose ensevelie dans l'église qui fut bâtie en son honneur par les fidèles. Cette vénérable sainte a obtenu beaucoup d'illustration par les pieux secours qu'elle accorde miraculeusement à ceux qui la prient avec foi.

Quand Brithmer, abbé de Croyland, fut mort, le 7 des ides d'avril (7 avril), Wulfgeat, abbé de Pégeland, demanda au roi Edouard, fils d'Ethelred, la persion de réunir les troupeaux des deux couvens, et de n'en faire qu'un monastère sous un seul abbé et sous une seule loi, pour la plus grande gloire de Dieu. C'est ce que le prince s'empressa d'accorder avec bonté. Wulfgeat, en conséquence, prit long-temps soin de Croyland, et mourut le jour des nones de juillet (7 juillet). Ulfketel, moine de l'église de Burg, reçut du roi Edouard le gouvernement de Croyland et s'en chargea sur l'ordre de Leofric son abbé. Ce religieux fut à la tête de Croyland pendant vingt-quatre ans, et commença la construction de la nouvelle église, parce que l'ancienne menaçait ruine. Par l'inspiration de Dieu, il fut secondé dans cet ouvrage par Wallève [1], comte de Northampton, fils de Siward, duc de Northumbrie, lequel fit don à Saint-Guthlac d'une terre nommée Bernec. Peu de temps après il eut la tête tranchée par le fait de la méchanceté des Normands, qui lui portaient envie à cause de son mérite, et il périt à Winchester, à la grande douleur de beaucoup de personnes, la veille des calendes de juin (31 mai). A la prière de sa femme Judith, et par la permission du roi Guillaume, son corps fut transporté à Croyland par l'abbé Ulfketel.

Peu de temps après, cet abbé, qui était anglais et odieux aux Normands, fut accusé par ses rivaux, déposé par l'archevêque Lanfranc et envoyé au couvent de Glaston. Ensuite Ingulf, moine de Fontenelles, reçut du roi Guillaume l'abbaye de Croyland, et la gouverna pendant vingt-quatre ans, malgré de grandes contrariétés. Il était anglais d'origine, il avait été secrétaire du roi, et avait fait le voyage de Jérusalem.

[1] Ou Guallève : c'est toujours Waltheof, fils de Siward.

A son retour, il s'était rendu à Fontenelles et y avait reçu l'habit monacal de la main du savant Gerbert, abbé de ce monastère, sous lequel s'étant instruit dans la règle, il avait été nommé prieur. Le roi, qui l'avait connu antérieurement, le demanda à son abbé, et le mit à la tête des moines de Croyland. Lorsqu'il fut chargé de ce soin, il ne négligea pas de s'employer auprès du roi Guillaume, dont il réclama la bonté en faveur de son prédécesseur. En conséquence, Ulfketel, avec la permission du roi, retourna à Burg, c'est-à-dire, à son église, et, quelques années après, y mourut le 7 des ides de juin (7 juin).

Cependant l'abbé Ingulf s'appliqua autant qu'il le put à servir le monastère qui lui avait été confié; mais, par la permission de Dieu, il eut beaucoup à souffrir. Une partie de son église ainsi que diverses pièces, le vestiaire, les livres et beaucoup d'autres choses nécessaires furent la proie d'un incendie inattendu. Lui-même, retenu par de graves douleurs de goutte, languit long-temps avant de mourir. Toutefois il ne cessa, par l'activité de son esprit, d'être utile à ses subordonnés. Il fit transférer du chapitre dans l'église le corps du comte Guallève, et fit chauffer de l'eau pour laver ses ossemens; mais, quand on eut levé le couvercle du sarcophage, on trouva le corps tout entier comme le jour où il avait été inhumé, quoiqu'il y eût seize ans qu'il fût mort, et la tête du comte était réunie au tronc. Les moines et quelques laïques qui étaient présens à cette cérémonie virent comme un fil rouge qui indiquait la décollation. Le corps fut transporté dans l'église et enterré honorablement auprès de l'autel. Il s'y fait souvent des miracles : c'est ce que déclarent avec vérité les malades qui, lorsqu'ils l'invoquent avec foi, recouvrent fréquemment le bonheur de la santé qu'ils desirent.

Enfin, le 16 des calendes de décembre (16 novembre), l'abbé Ingulf étant mort, Goisfred fut son successeur, et rendit de grands services, par sa bonté et son honnêteté pleine de zèle, à l'église de Croyland et à ses habitans. Français et né à Orléans, il avait dès l'enfance suivi les écoles des arts libéraux et s'était profondément pénétré de l'instruction de son âge. Ayant pris le monde en aversion, et brûlant de l'amour des cieux, il revêtit l'habit monacal dans le couvent que le saint abbé Evroul avait bâti à Ouche du temps de Childebert roi des Francs. Comme ce lieu offre plus de religion que de richesse séculière, le novice Goisfred préféra s'y soumettre au joug monastique, qu'il porta long-temps sous l'abbé Mainier, qui jouissait de la réputation d'une grande ferveur. Eprouvé dans divers emplois, il mérita, quinze ans après sa profession, d'être promu au ministère du priorat. Enfin, l'an 1109 de l'Incarnation du Seigneur, il prit le gouvernement de l'église de Croyland, d'après les ordres du roi Henri. Il y commença la nouvelle église qui est un très-bel ouvrage, fit plusieurs autres constructions, et durant les quinze années qu'il remplit les fonctions d'abbé, il s'occupa, avec l'aide de Dieu, à consommer l'œuvre de son propre salut et de celui de ses subordonnés.

Ce fut la troisième année de son gouvernement que commencèrent à se manifester les miracles du tombeau du comte Guallève. A la nouvelle de ces miracles, les Anglais éprouvèrent une grande joie. Les peuples d'Angleterre accoururent fréquemment vers la sépulture de leur saint compatriote, dont ils apprenaient que Dieu avait déjà glorifié la vie par de nombreux miracles. Ils venaient le prier tant pour le plaisir de la nouveauté que pour leurs propres besoins. Un certain moine normand, nommé Audin, ayant vu ces choses, en fut très-irrité : il se permit de rire aux dépens des pélerins, insulta avec dérision au comte Guallève, en disant qu'il n'avait été qu'un méchant traître, et qu'il avait mérité par son crime d'avoir la tête tranchée. L'abbé Goisfred, ayant entendu ces propos, réprimanda doucement Audin comme étranger, lui disant qu'il ne devait pas se faire le détracteur des œuvres divines, parce que Dieu a promis d'annoncer sa présence aux fidèles jusqu'à la consommation des siècles, et ne cesse de promettre à ceux qui se repentent du fond du cœur qu'il leur ouvrira, pour s'y désaltérer, la source de son inépuisable miséricorde. Tandis que l'abbé tâchait par ses paroles de mettre un frein à la témérité de l'insensé, qui proférait de plus en plus des injures déplacées, ce clerc fut tout à coup, en présence de l'abbé, frappé d'un grand mal dans les entrailles, et, peu de jours après, il mourut dans l'église de Saint-Alban, premier martyr des Anglais, où il avait fait sa profession monastique. La nuit suivante, comme l'abbé Goisfred reposait dans son lit, et s'occupait à méditer dans son esprit sur les événemens qu'il venait de voir, tout à coup il eut une vision, et se vit debout au tombeau du comte Guallève, entouré des saints de Dieu, Barthélemi l'apôtre et Guthlac l'anachorète, revêtus d'aubes éclatantes. Il paraissait que l'apôtre, tenant la tête du

comte remise en sa place, disait : « Il n'est pas déca-
« pité. » Guthlac, au contraire, qui se tenait à ses
pieds, répondit : « Il fut comte........ » L'apôtre termina ainsi la phrase commencée : « Et maintenant il
« est roi. » L'abbé ayant entendu ces choses, et les
ayant rapportées aux frères, les combla de joie, et glo-
rifia le Seigneur, qui ne cesse en aucun temps de manifester sa bonté à ceux qui croient en lui. Après avoir
passé quinze ans dans le gouvernement de Croyland,
le vénérable abbé et prêtre Goisfred mourut le jour
des nones de juin (5 juin). Son successeur fut Guallève, moine anglais du monastère de Croyland, frère
de Gospatric, homme d'une grande noblesse en Angleterre. Les miracles étant devenus plus fréquens à
Croyland, les moines en furent comblés de joie, et,
autant qu'ils le purent, honorèrent avec satisfaction
le corps d'un si grand comte, dont ils ordonnèrent
à l'anglais Vital de composer l'épitaphe en vers héroï-
ques. Celui-ci s'empressa de leur obéir, et leur fit part
de ce fruit de ses méditations :

« La pierre que vous voyez recouvre un homme
« d'un grand mérite. Fils intrépide de Siward, comte
« danois, l'excellent comte Guallève repose ici ense-
« veli. Il vécut avec honneur, redoutable sous les ar-
« mes et par le courage; cependant, au milieu des ri-
« chesses corruptibles et des honneurs, il aima le
« Christ, et s'attacha à lui plaire; servit l'Eglise; il
« aima avec respect le clergé, et principalement les
« moines de Croyland, fidèles à sa mémoire. Enfin,
« frappé du glaive par des juges normands, ce fut le
« dernier jour de mai que ses membres furent confiés
« à la terre. La marécageuse Croyland se réjouit de

« posséder le tombeau d'un seigneur qui, tant qu'il
« vécut, l'aima avec un grand respect. Que le Tout-
« Puissant donne à son ame l'éternel repos dans la ci-
« tadelle des cieux ! »

Le roi Guillaume fut blâmé par beaucoup de monde d'avoir fait périr le comte Guallève. Par un équitable jugement de Dieu, ce monarque eut à souffrir beaucoup de maux par les nombreuses entreprises qui se formèrent contre lui, et depuis ce moment il ne jouit pas d'une longue paix. A la vérité, comme il était plein de courage, il fit courageusement face à tous; mais il n'eut pas la joie, comme auparavant, de voir les événemens réussir au gré de ses vœux, ni la victoire le couronner aussi fréquemment. En effet, pendant les treize années qu'il vécut encore, il ne mit en fuite aucune armée et ne prit de vive force aucune ville. L'arbitre tout-puissant dispose tout justement; il ne laisse aucun forfait impuni : tout crime reçoit sa peine, soit dans le présent, soit dans l'avenir.

Le roi Guillaume desirant étendre ses frontières et voulant soumettre les Bretons à l'obéissance, comme ils avaient autrefois dépendu de Rollon, de Guillaume Longue-Epée et des autres ducs normands, marcha à la tête d'une grande armée, mit le siége devant la ville de Dol, effraya les assiégés par de grandes menaces, et affirma par serment qu'il ne quitterait pas la place sans l'avoir prise. Enfin, par l'ordre de Dieu qui gouverne tout, la chose arriva autrement qu'il ne le présumait. Pendant que le roi se tenait avec orgueil sous ses tentes et se glorifiait de sa puissance et de ses richesses, il apprit qu'Alain Fergant, comte de Bretagne, s'avançait au secours des assiégés, avec de nombreux corps de troupes : effrayé, il fit la paix avec la garnison qui ignorait encore que l'on marchait à son secours, et se retira sans retard, mais non sans une grande perte de bagages. Lors de la retraite faite en toute hâte, on abandonna les tentes, les couvertures, les vases, les armes et toutes sortes d'effets dont la perte, qui causa beaucoup de douleur, fut évaluée à quinze mille livres sterling. Ensuite le prudent monarque, considérant qu'il ne pouvait vaincre les Bretons par les armes, prit adroitement un autre parti, plus avantageux pour lui et pour ses successeurs. Il conclut avec Alain Fergant un traité d'amitié, et lui donna honorablement en mariage, à Caen, sa fille Constance. Elle vécut respectablement avec son mari pendant près de quinze ans, et s'attacha toujours à témoigner beaucoup d'affection à ses sujets et à tous ceux qui vécurent auprès d'elle. Effectivement, elle aspira toujours au nectar de la paix, elle aima les pauvres, elle honora de son respect tous les serviteurs de Dieu, qu'elle affligea toutefois beaucoup en mourant sans enfans. Les amis de l'équité seraient comblés de joie en Bretagne, s'ils avaient pour maîtres de dignes héritiers de cette illustre famille qui, dans leur bonté naturelle, tiendraient les balances de la justice chez les Bretons indomptés, et les forceraient de marcher selon les règles de la raison et de la divine loi. Après la mort de Constance, le comte Fergant épousa la fille du comte des Angevins, de laquelle il eut un fils nommé Conan, auquel depuis peu Henri, roi des Anglais, a donné sa fille en mariage, pour cimenter la paix entre eux.

Vers ce temps-là, le révérend Ainard, premier abbé de Saint-Pierre-sur-Dive, fut forcé de garder le lit, et, ayant accompli ce qu'il appartient de faire à un serviteur de Dieu, il mourut le 19 des calendes de février (14 janvier)[1]. Il était Allemand de nation, pleinement imbu de toutes sortes de sciences et très-habile dans l'art de versifier, de chanter avec modulation, et de composer des chants gracieux. C'est ce que l'on pourrait prouver par l'histoire de Kilian, évêque de Wurtzbourg, et de la vierge Catherine, et par plusieurs autres chants pleins d'élégance qu'il composa à la louange du Créateur. Dès sa jeunesse, brûlant du zèle de la religion, il alla trouver le vénérable abbé Isembert et se soumit avec plaisir et pour l'amour de Dieu au joug de sa discipline : ce fut dans le couvent de la Sainte-Trinité, que Goscelin d'Arques avait bâti sur la montagne de Rouen, vers l'orient, qu'Ainard embrassa la profession monastique. De là, par la permission divine, l'an de l'Incarnation du Seigneur 1046, il fut tiré de cet asile par les chefs de cette église et placé sur le chandelier, pour éclairer de ses lumières ceux qui étaient dans la maison. Ordonné abbé du couvent de Saint-Pierre-sur-Dive que la comtesse Lesceline, femme de Guillaume comte d'Eu, avait fait bâtir, il lui donna ses soins, et, pendant trente ans d'une bonne vie consacrée à l'instruction, il le gouverna avec succès ; devenu vieux et plein de jours, il accomplit le cours de cette vie. Le vénérable Durand, abbé de Troarn, inhuma son corps dans l'église de Sainte-Marie, et composa des vers mémorables pour être gravés sur la pierre de

---

[1] En 1077.

son tombeau. Il y célèbre éloquemment, ainsi qu'il suit, les bonnes mœurs, les vertus et les grâces divines qui brillaient dans cet archimandrite :

« Ci-gît Ainard qui répandait le parfum du nard pilé
« par les fleurs et les mérites de ses vertus. Ce lieu
« fut fondé par lui, et bâti avec un zèle ardent et à
« grands frais. Ainard fut un grand homme, doux
« dans ses mérites comme un agneau, illustre par
« sa vie, supérieur dans la science, sobre, chaste,
« prudent, simple, honnête, puissant par le conseil,
« célèbre par ses travaux. Son ame était pleine de
« gravité; il avait dépassé la maturité de l'âge; ses
« cheveux étaient blancs et sa figure maigre. Quand
« février parvint au dix-neuvième jour des calendes,
« le sort suprême l'enleva, et une prompte mort le
« ravit. Vous qui passez en ce lieu, n'oubliez pas de
« prier pour lui, afin qu'il jouisse suffisamment de la
« favorable présence de Dieu. »

L'église de Saint-Pierre-sur-Dive, devenue veuve de celui qui la gouvernait, reçut pour la conduire Foulques, prieur d'Ouche, qui fut consacré abbé par Robert, évêque de Seés[1]. Il gouverna la maison et la pourvut magnifiquement de tout ce dont elle avait besoin, dès le temps du roi Guillaume et pendant plusieurs années du duc Robert II. Ce héros amena avec lui quatre moines d'Ouche, Bernard surnommé Matthieu, son cousin Richard, Guillaume de Montreuil et Turchetil, utiles et expéditifs copistes de livres, très-instruits dans le culte divin : ils le secondèrent pacifiquement, et furent les premiers à prêter leurs épaules pour porter jour et nuit le joug du

[1] *Salariensis episcopus.*

Seigneur. Ils disaient sans cesse et gaîment à leurs confrères, tant par leurs discours que par leur exemple infatigable, « venez avec nous à Béthel. »

Robert, fils du roi, fut, comme on le rapporte, la cause et le foyer des tempêtes qui agitèrent, ainsi que nous l'avons dit, les Manceaux et les Normands. Avant la bataille de Senlac, et depuis, dans une de ses maladies, le roi Guillaume avait nommé Robert, son fils aîné, pour lui succéder; il lui avait fait rendre hommage et fidélité par tous les grands. Ils s'empressèrent d'obéir à ses ordres. Après la mort de sa femme Marguerite, le jeune prince, animé par l'ambition de son âge et poussé par les conseils préjudiciables de ses amis, réclama de son père ce qu'il lui devait, c'est-à-dire la souveraineté du Maine et de la Neustrie. Le père, plein de prévoyance, d'après diverses considérations, refusa ce qu'on lui demandait et engagea son fils à attendre un temps plus favorable pour obtenir ce qu'il desirait. Robert fut profondément blessé du refus de son père et disputa à ce sujet avec arrogance. Ce jeune prince était causeur et prodigue, hardi, vaillant dans les armes, habile à tirer de l'arc, ayant la voix claire et nette, la langue éloquente, la figure pleine, le corps gras, et la taille petite : ce qui l'avait fait surnommer Gambaron et Courte-Botte [1].

Un jour que le roi préparait une expédition contre le Corbonnois, et qu'il se trouvait logé chez Gunhier dans la ville de Richer, que l'on appelle L'Aigle à cause d'un nid d'aigle qu'on y trouva dans un chêne, pendant que Fulbert en faisait construire la forteresse,

---

[1] *Gambarom et Brevis ocrea*; Courte-Botte et Courte-Heuse.

il s'éleva entre les fils du roi une discussion diabolique qui depuis produisit de nombreux différens et beaucoup de crimes. Les deux frères Guillaume-le-Roux et Henri étaient d'accord avec leur père, et, croyant que leur pouvoir devait être égal à celui de Robert, trouvaient qu'il était injuste que leur frère obtînt seul les biens de leur père et se montrât son égal, en s'entourant d'une armée de cliens. En conséquence, ils se rendirent à L'Aigle dans la maison où était descendu Robert chez Roger Calcège. Ils se mirent, suivant l'usage des chevaliers, à jouer aux dés sur une terrasse. Ensuite ils firent un grand bruit et jetèrent de l'eau sur Robert et ses amis qui se trouvaient au dessous d'eux. Alors Yves et Alberic de Grandménil dirent à Robert : « Pourquoi donc souf-
« fres-tu cet outrage? Est-ce que tu ne vois pas tes
« frères qui se sont élevés au dessus de ta tête et
« qui, par mépris pour toi, nous couvrent d'or-
« dures? Ne vois-tu pas ce que cela signifie? Les
« moins clairvoyans s'en apercevraient. Si tu ne
« punis pas promptement l'outrage que l'on te fait,
« tu es perdu, et tu ne t'en relèveras jamais. » A ces propos, Robert furieux se leva, et courut à la chambre où étaient ses frères. Au bruit qui s'éleva, le roi accourut de son appartement, et, par son autorité royale, calma pour un temps la fureur de ses fils. La nuit suivante, Robert avec sa suite quitta la cavalerie du roi, gagna Rouen et tenta de s'emparer furtivement du château. Mais Roger d'Ivri, échanson de Guillaume, et qui gardait la tour, ayant vu quel était le dessein de ceux qui lui tendaient un piége, la fortifia en toute diligence pour la mettre à l'abri de

l'attaque des méchans, et fit partir sur-le-champ des dépêches pour annoncer promptement au roi leur entreprise. Dans l'excessive colère qui l'anima, Guillaume ordonna de saisir tous les factieux. Dès qu'ils eurent connaissance de cet ordre, ils éprouvèrent une grande terreur; quelques-uns furent pris; les autres s'enfuirent, et gagnant les pays étrangers, s'y mirent en sûreté.

Alors Hugues de Château-Neuf [1], neveu et héritier d'Albert Ribault, reçut le premier les exilés, et, pour dépeupler la Neustrie, leur ouvrit Château-Neuf, Rémalard [2], Sorel et quelques autres places. Il était gendre du comte Roger, ayant épousé Mabille, sœur de Robert de Bellême, qui avait suivi le fils du roi avec Raoul de Conches et plusieurs autres. Leur mauvaise entreprise les ayant forcés à fuir, ils commencèrent l'exécution de leur trame détestable. Ils abandonnèrent leurs places et leurs riches propriétés, pour un vain espoir et de frivoles promesses. Le roi s'empara de leurs biens et se servit de leurs revenus pour récompenser les hommes qu'il arma contre eux.

Ces troubles agitèrent cruellement les habitans du pays et du voisinage, qui tous prirent les armes soit contre le roi, soit en sa faveur. Français et Bretons, Manceaux, Angevins et autres peuples flottaient dans l'incertitude et ignoraient quel parti la justice leur prescrivait de suivre. Comme la guerre menaçait de toutes parts, le roi, plein de courage, rassembla son armée, et marchant à l'ennemi, fit la paix avec Ro-

---

[1] Château-Neuf en Thymerais.
[2] Raimolast. On a depuis écrit Regmalard; et aujourd'hui Rémalard.

rou, comte de Mortagne. Ce comte ayant souvent pillé les terres de l'église de Chartres, qui est dédiée à la Vierge Marie, avait souvent été réprimandé à ce sujet, par l'évêque et par son clergé, et même excommunié comme incorrigible. Par punition divine, il perdit l'ouïe, et resta sourd jusqu'à sa mort. Le roi Guillaume le gagna à prix d'argent, et le mena avec lui au siège de Rémalard qui était dans sa mouvance. Il fortifia quatre châteaux des environs, et y plaça des troupes pour tenir en bride les assiégés. Cependant, un certain jour, Aimeric de Villerei conduisait le maître d'hôtel du roi des Français, qui retournait vers son maître et se rendait avec trois chevaliers à son château, où les ennemis du roi s'étaient mis en sûreté; par hasard, quatre chevaliers des troupes du roi étant venus à sortir, marchèrent à sa rencontre et lui fermèrent l'accès de son château. Ils le frappèrent et le tuèrent. Ils placèrent ensuite sur un cheval le cadavre de cet infortuné partisan, comme celui d'un porc qu'ils auraient égorgé, et le jetèrent devant les chaumières du comte Roger contre lequel il avait long-temps fait la guerre. Goulfier, fils d'Aimeric, effrayé de la catastrophe de son père, fit la paix avec le roi, et lui resta fidèle ainsi qu'à ses héritiers pendant environ cinquante ans.

De nombreuses infortunes menacent les enfans de la terre : si on les racontait toutes avec soin, on en remplirait de grands volumes. Comme je souffre beaucoup du froid de l'hiver, je vais me livrer à d'autres occupations, et, fatigué de mon travail, je crois convenable de terminer ici ce présent livre. Au retour de la sérénité du doux printemps., je reprendrai dans les livres suivans le récit des faits sur lesquels je ne me suis pas suffisamment étendu ou dont il me reste à parler et j'éclaircirai complétement, avec l'aide de Dieu et dans un style véridique, les causes de la guerre et de la paix entre nos concitoyens.

LIVRE CINQUIÈME.

Imitateurs fidèles de nos ancêtres, nous devons sans cesse éviter la dangereuse oisiveté, et nous livrer avec ferveur aux études utiles et aux salutaires exercices : l'ame occupée de ces choses se purifie des vices, et se trouve glorieusement armée, contre tous les crimes, d'une sagesse pleine de vie. Tout homme oisif, comme dit Salomon, est en proie à ses desirs. Et, comme il le dit encore, les desirs tuent le paresseux. Celui-là est paresseux et oisif qui, manquant de bonne volonté, se livre de lui-même aux vices. On juge que la paresse accable misérablement l'homme qui ne médite pas jour et nuit, c'est-à-dire, dans le bonheur comme dans l'adversité, les saintes lois du Seigneur, et qui n'essaie pas de résister, en luttant fortement, aux piéges et aux attaques de Satan, afin de mériter le prix de sa vocation céleste. De coupables desirs donnent, sans nul doute, la mort à celui qui, engourdi dans la prospérité, se laisse entraîner au crime et se plonge, par la voie oblique de ses propres passions, dans le gouffre de la perdition. Aussi nos ancêtres condamnent, comme véritablement ennemies, la paresse et l'oisiveté de l'ame, et engagent par les paroles et par l'exemple leurs sectateurs à se livrer aux avantages du travail et de l'étude. Sur ce point non seulement les chrétiens, mais aussi les poètes gentils sont parfaitement d'accord. En effet, Virgile s'exprime ainsi :

> *Quid labor, aut benefacta juvant?........*
> *. . . . . Labor omnia vincit*
> *Improbus, et duris urgens in rebus egestas*[1].

Ovide aussi nous instruit contre Vénus, si nous voulons résister à nos passions ; il dit :

> *Otia corrodunt mentes et corpora frangunt.*
> *Fac fugias monitis otia prima meis.*
> *Otia si tollas, periere Cupidinis arcus,*
> *Contemptæque jacent, et sine luce, faces*[2].

Père Guérin, en considérant attentivement ces choses et plusieurs autres du même genre, je me suis déterminé à mettre au jour avec simplicité un travail utile et agréable aux fidèles de la maison de Dieu, et à observer avec vigilance les maximes que j'en recueillerais, afin que, lorsque le Seigneur procédera au jugement dernier, je ne sois pas condamné pour avoir caché mon talent dans la terre, comme le serviteur négligent. J'ai desiré obéir d'abord aux ordres du vénérable abbé Roger, et ensuite me conformer aux vôtres, en commençant, sur l'état de l'église d'Ouche, cet opuscule que nos prieurs se sont mutuellement engagés à faire, mais qu'aucun d'eux n'a jusqu'à présent entrepris. Chacun a mieux aimé garder le silence que parler, et préféré un tranquille loisir aux soins dévorans qu'exige la recherche des choses passées. Quoiqu'ils eussent lu volontiers tout ce qu'ont fait nos abbés et leurs frères ; quoiqu'ils eussent voulu voir se former ce recueil de choses qui

---

[1] *Georg.*, liv. I. — [2] *De Remed. Amoris.*

se sont peu à peu augmentées, grâces à la grande sollicitude des Pères, par les soins de fondateurs pauvres mais pieux, cependant ils ont refusé de ployer leur génie au travail, de dicter ou d'écrire le résultat de leurs réflexions. Enfin, moi Vital, moi Anglais, qui ai, dès l'âge de dix ans, été conduit ici de l'extrême frontière de la Mercie, étranger barbare et inconnu, mêlé à des peuples remplis d'esprit, je m'efforce de mettre par écrit, avec l'inspiration de Dieu, en faveur des Normands, les exploits et les événemens qui concernent la Normandie. Déjà secondé par Dieu même, j'ai publié deux livres, dans lesquels j'ai parlé en peu de mots de la restauration de notre maison, et de trois de nos abbés, ainsi que de certains événemens du temps; j'ai dû parler avec vérité, puisque je me suis diligemment enquis à ce sujet auprès des vieillards les plus chargés d'années.

Je commencerai mon troisième livre à partir de l'an de l'Incarnation du Sauveur 1075 : je parlerai de mon abbé[1], du couvent d'Ouche, et des affaires qui ont eu lieu pendant le cours de douze années, c'est-à-dire, jusqu'à la mort du roi Guillaume[2]. J'éprouve du plaisir à commencer ce travail à l'année dont il s'agit, qui est celle où je suis sorti du sein maternel pour voir la lumière, le 14 des calendes de mars (16 février) : le samedi de la pâque suivante, je renaquis dans la sainte fontaine du baptême, par le ministère du prêtre Orderic, auprès d'Ettingham, dans l'église du confesseur saint Eatt, située sur la rivière de Saverne. Cinq ans après, je fus remis par mon père, pour être instruit dans les lettres, au noble

---

[1] Mainier qui mourut en 1089. — [2] Le 9 septembre 1087.

prêtre Siward, sous lequel je passai cinq années à apprendre mes premiers rudimens. Parvenu à l'âge de onze ans, pour l'amour de Dieu, je quittai ma patrie ; jeune et tendre exilé, je passai d'Angleterre en Normandie, et je fus destiné à combattre pour le monarque éternel. Ensuite, reçu par le vénérable père Mainier, revêtu des insignes de la robe monacale, lié par un pacte indissoluble à la pure association des moines, j'ai déjà, depuis quarante-deux ans, porté avec joie le joug léger du Seigneur, et j'ai marché avec mes contemporains gaîment, et selon mon pouvoir, dans la voie de Dieu, selon les institutions de ma règle. J'ai travaillé à apprendre les usages et le service de l'Eglise, et toujours j'ai appliqué mon esprit à quelque chose d'utile.

Si nos pontifes et les autres chefs du monde jouissaient d'une assez grande sainteté pour que Dieu daignât opérer pour eux et par eux les miracles qu'avaient coutume de faire nos anciens pères, et qui, racontés dans les livres, pénètrent avec suavité le cœur des lecteurs ; certain que les prodiges des anciens maîtres rendent leur gloire respectable aux hommes du temps présent, je m'exercerais moi-même à bannir toute langueur, et je transmettrais par écrit, à l'avide postérité, des choses dignes d'être rapportées.

Mais comme nous sommes dans un temps où la charité du plus grand nombre se refroidit et où l'iniquité abonde, les miracles, indices de sainteté, ont cessé, et les crimes ainsi que les sujets de deuil se multiplient de toutes parts. Les historiographes trouvent plus abondamment une matière à exploicer, dans les discussions des prélats, dans les combats sanglans des princes, que dans les dogmes des théologiens ou dans la sobriété et les prodiges des ermites. Le temps de l'Ante-Christ approche : devant lui, comme le Seigneur l'a dit au bienheureux Job, les miracles cesseront, et la rage des vices s'emparera, outre mesure, de ceux qui s'aiment charnellement. Maintenant, vénérable abbé, je poursuivrai hardiment, au nom du Seigneur, ce que j'ai entrepris, me confiant avec bonté sur votre habileté qui corrigera les erreurs qui auraient pu échapper à mon ignorance.

L'an de l'Incarnation du Seigneur 1075, 13e de l'infliction, le roi Guillaume célébra à Fécamp la sainte fête de Pâques, et, par les mains de l'archevêque Jean, il offrit pour la consacrer à Dieu sa fille Cécile. Elevée avec grand soin dans le monastère de Caen, et instruite en divers genres de science, elle y fut consacrée à la sainte et indivisible Trinité, y resta vierge sous la vénérable abbesse Mathilde, et ne cessa d'être fidèle au joug des saintes règles. Cette abbesse étant morte après quarante-sept ans de gouvernement, Cécile lui succéda ; et, pendant près de quatorze ans, mérita beaucoup d'éloges pour sa manière de diriger les religieuses ; puis elle quitta ce siècle l'an de l'Incarnation du Seigneur 1127, le 3 des ides de juillet (13 juillet). Ainsi, depuis le moment où elle fut offerte à Dieu par son père, comme religieuse, elle servit dignement le ciel pendant cinquante-deux ans dans toute la piété de l'ordre, de l'habit et de la foi. Sa mort eut lieu l'an vingt-sixième du règne de son frère Henri.

Pendant que le roi Guillaume restait en Neustrie et prenait toutes les précautions nécessaires pour mettre, avec l'aide de Dieu, ses Etats en sûreté contre ses ennemis, les prélats d'Angleterre, Lanfranc de Cantorbéry, Thomas d'Yorck, et Remi de Lincoln, se rendirent à Rome, et furent reçus avec les plus grands honneurs par le seigneur pape Grégoire VII et par le sénat romain. Ils offrirent abondamment, à l'avidité romaine, les présens considérables de l'opulence anglaise, et se firent admirer à Rome autant par leurs largesses que par leur éloquence et leurs sciences tant sacrée que profane. Le pape et le clergé romain accueillirent avec un extrême plaisir les messages du roi Guillaume, dont les prélats que nous venons de citer avaient été porteurs en même temps que des présens ; ils accordèrent volontiers les priviléges demandés et qu'autrefois leurs prédécesseurs avaient donnés.

L'an de l'Incarnation du Seigneur 1077, 15e de l'indiction, les prélats revinrent gaîment de Rome. A leur arrivée, le roi et tous les Normands se livrèrent à tous les transports de la joie. Alors on dédia en Normandie avec une grande satisfaction plusieurs basiliques ; à cette cérémonie assistèrent le roi ainsi que la reine avec leurs fils Robert et Guillaume, et un nombreux concours de grands et de peuples. Les églises mères des évêchés de Bayeux, d'Evreux et du couvent du Bec furent dédiées en l'honneur de Marie, mère de Dieu, toujours vierge.

La même année, l'église du couvent de Caen fut dédiée en l'honneur de saint Etienne, premier martyr ; le roi et les grands lui firent de riches présens, et donnèrent des sommes d'argent considérables. Ces dédicaces d'églises furent faites avec solennité par Jean, archevêque de Rouen, et par les évêques de Normandie ses suffragans. Indépendamment d'une admirable multitude de gens, les respectables métropolitains Lanfranc et Thomas y assistèrent.

Le vénérable abbé Herluin éprouva beaucoup de joie de la dédicace de l'église du Bec; ayant vu ce qu'il desirait vivement dans le siècle, il ne daigna pas rester plus long-temps parmi les hommes. L'an de l'Incarnation du Seigneur 1034, à l'âge de quarante ans, il avait abandonné la milice du siècle, changé de vie et reçu l'habit de la sainte religion des mains d'Herbert, évêque de Lisieux. Trois ans après, il fut ordonné par le même prélat et institué abbé. C'est alors que commença d'exister le monastère du Bec. Enfin l'an de l'Incarnation du Seigneur 1078, à l'âge de quatre-vingt-quatre ans, et la quarante-quatrième année de sa profession, le 7 des calendes de septembre (26 août), il mourut et fut honorablement inhumé dans le chapitre des moines. Peu de jours après sa mort, Anselme, qui était prieur du même lieu, fut élu abbé. L'année suivante, à la fête de saint Pierre, que l'on appelle la Chaire[1], il fut consacré abbé dans l'église du Bec par le seigneur Gislebert, évêque d'Evreux. A l'âge de vingt-sept ans, il s'était soumis au joug monacal, et avait vécu trois ans moine cloîtré sans être promu à aucune dignité. Ensuite, après Lanfranc, il fut prieur durant quinze années, et pendant quinze autres années abbé

---

[1] La Chaire de saint Pierre était fêtée à Antioche le 22 février, et à Rome le 18 janvier.

du Bec, après Herluin, qui le premier avait occupé ce poste. C'est là qu'il fut pris pour succéder au vénérable Lanfranc sur le siége archiépiscopal de Cantorbéry, qu'il occupa seize ans au milieu de beaucoup de désagrémens. La dix-septième année de son archiépiscopat, la quarantième de sa profession monacale, et la soixante-dix-septième de son âge, le 11 des calendes de mai (21 avril), la quatrième férie avant la Cène du Seigneur, ce prélat quitta le monde.

Comme les hommes sans expérience se laissent trop séduire par le leurre de la prospérité, et que sous le souffle variable de l'infortune ils sont facilement agités çà et là comme de frêles roseaux, Dieu, modérateur de toutes choses, a eu soin de mêler le bien au mal pour rabattre et régulariser salutairement les entreprises mobiles des mortels. Aussi, pendant que le roi Guillaume éprouvait un grand orgueil des pompes de ce siècle, et que le peuple de Normandie se livrait à un luxe extraordinaire, et ne prévoyait pas ce qui pouvait par la suite résulter d'un tel amas de crimes, tout à coup un terrible fracas de tonnerre retentit dans le sanctuaire de la cathédrale de Lisieux, et, sous les coups redoublés de la foudre, le peuple fut renversé sur le pavé de ce temple. Un certain jour de dimanche, comme on célébrait le matin les mystères de la sainte messe, et qu'un prêtre mîtré nommé Herbert se trouvait à l'autel, il parut tout à coup un éclat très-brillant, qui fut à l'instant suivi d'un bruit formidable et d'une forte détonation. La foudre atteignit, brisa et renversa la croix qui était sur la tour; puis descendit effroyablement dans l'église, tomba sur le crucifix, lui frappa les pieds et les mains et arracha, d'une manière singulière, les clous de fer de la croix. Un brouillard ténébreux aveugla l'assistance épouvantée; une flamme étincelante parcourut l'édifice et tua huit hommes et une femme. Elle brûla sur tout leur corps et la barbe et les cheveux des hommes et des femmes, et répandit partout la plus fétide odeur. Une femme, nommée Marie, resta non sans un grand effroi dans un coin de l'église, et vit tout ce peuple comme inanimé, étendu sur le pavé.

Cet événement arriva avant la Nativité de saint Jean-Baptiste. Bientôt après Hugues, évêque de Lisieux, tomba malade. Au mois de juillet, le mal s'étant accru, le prélat sentit que la mort inévitable approchait; il vit clairement que comme serviteur de Dieu, il fallait se rendre à la cour de son Seigneur, et il se prépara en grande crainte à rendre compte de son administration. Purgé par la confession et la pénitence, lavé par la prière et par des torrens de larmes, heureusement instruit par la communion du salutaire mystère, il fit une exhortation aux clercs et aux laïques qui se trouvaient auprès de lui, leur donna l'absolution et sa bénédiction. Au dernier moment, principalement affligé d'une certaine affaire, il implora tous les assistans ainsi qu'il suit : « Je sais que je vais dans ce moment en-
« trer dans la voie de toute chair; mais je m'at-
« triste surtout de ce que je suis loin de mon siége
« et ne vois pas l'épouse à laquelle, par l'ordre de
« Dieu, j'ai été uni légitimement pendant près de
« quarante ans. C'est pourquoi je vous prie tous,

« vous que j'ai autrefois aimés, nourris, élevés et
« honorés, de me tirer de ce lieu, et de me con-
« duire à mon épouse très-chère. J'ai terminé l'é-
« glise de Saint-Pierre, prince des Apôtres, que
« mon vénérable prédécesseur Herbert avait com-
« mencée ; j'ai mis beaucoup de soin à l'orner ; je l'ai
« dédiée honorablement ; je l'ai abondamment enri-
« chie de prêtres, de vases nécessaires au service
« divin, et de toutes les autres choses propres à aug-
« menter son éclat. Je la recommande en suppliant
« au céleste maître ; je desire reposer dans son sein
« et y attendre le second avènement du Sauveur. » A
ces mots, chacun se leva soudain ; on plaça le prélat
sur un brancard pour le transporter ; et du bourg que
l'on appelle Pont-l'Evêque, on le conduisit à Lisieux,
où il fut porté comme un père bien aimé, par des
prêtres illustres et d'honorables laïques. Enfin, pendant que l'on tâchait de gagner la ville, la mort accélé-
rant sa venue, on se rendit dans une plaine couverte
d'herbe, et on y attendit en plein air, au milieu des
prières et des larmes, la mort du prélat. Le soleil,
qui était parvenu au signe du cancer, brillait du
plus vif éclat, et de ses rayons épars couvrit comme
d'un voile le pontife expirant[1]. Le noble évêque
Hugues, placé dans ce lieu agréable et bien éclairé,
s'étendit ; et s'étant remis à Dieu dans les mains
des siens, rendit l'ame le 16 des calendes d'août
(17 juillet).

Ainsi mourut un homme dont la perte en ce siècle

[1] Ce sont deux vers :

Sol erat in cancro radians splendore corusco,
Sparsis pontificem velat radiis morientem.

est irréparable, Hugues notre père, la perle des prêtres et l'honneur de la patrie [1].

Que le Christ, ce pontife souverain, dont il fit les fonctions sur la terre jusqu'à sa dernière heure, lui soit toujours propice! Le Pont-l'Evêque est éloigné de quatre lieues de la ville de Lisieux. Le long du chemin, dans le champ où l'évêque mourut, on érigea une croix qui, jusqu'à ce jour, a été appelée la croix de l'Evêque. Le corps fut apporté à Lisieux; mais, à cause de la difficulté qui s'éleva entre les chanoines et les religieuses, l'inhumation fut différée pendant dix-huit jours. Les clercs voulaient l'ensevelir dans l'évêché; mais les religieuses s'y opposaient fortement, et disaient : « Notre père Hugues a construit « cette abbaye en l'honneur de sainte Marie, notre « Dame; il nous a réunies ici pour servir Dieu, et « nous a élevées dans la crainte du Seigneur, comme « un père dirige ses filles. Songeant à la mort, il avait « fait choix du lieu de sa sépulture dans cette église « qu'il avait fondée. Soit puni de mort éternelle celui « qui veut enlever à ses filles le tombeau de leur père. »

On se rendit à Rouen, à la cour du roi, et chacun des deux partis exposa ses sujets de plainte; le jugement royal fut favorable au sexe le plus fragile. Guillaume ordonna à l'archevêque Jean de se rendre en toute hâte à Lisieux, et d'y ensevelir comme il convenait le corps de l'évêque, dans l'oratoire de Sainte-Marie. Cet archevêque, fier et arrogant, et qui depuis long-temps nourrissait dans son cœur une haine cou-

---

[1] Deux autres vers :

Sic obiit nostro vir non reparabilis œvo,
Gemma sacerdotum, patriæque decus pater Hugo.

pable contre l'évêque de Lisieux, plein de fureur, méprisa les ordres du roi, et ne voulut pas aller inhumer son co-évêque. Il revenait de la cour du roi, traversant la ville sur sa mule, et parlait fort haut de l'événement présent ; il était très-près de son logis lorsque, par la permission de Dieu, il fut saisi d'une douleur violente qui, devant la foule assemblée, le renversa par terre : il vécut encore deux ans, mais sans pouvoir parler. Alors Gislebert, évêque d'Evreux, se rendit à Lisieux avec un nombreux concours de fidèles, et, en présence de Robert, comte d'Eu, frère de Hugues, il inhuma le corps du prélat, comme il convenait, dans le chœur des religieuses. On plaça sur le mausolée de ce grand pontife une pierre décente, et l'on grava en lettres d'or sur des lames de cuivre l'épitaphe suivante en vers adonaïques, qui consistent en un dactyle et un spondée :

« Ci-gît Hugues, évêque de Lisieux, illustre par
« ses honneurs, noble par son pontificat et par le sang
« de ses pères. Il fut doué d'une grande pureté de
« mœurs ; il reçut le double don de l'esprit et du
« sentiment ; sa piété lui attira beaucoup de gloire.
« Lorsqu'il mourut, Philippe régnait en France et
« Guillaume en Angleterre. Le lendemain le soleil
« entra au signe du lion. Que Dieu lui accorde les
« joies du ciel ! Ainsi soit-il. »

Gislebert, surnommé Maminot, médecin et chapelain du roi, fut choisi pour gouverner l'église de Lisieux ; il fut consacré par Michel, évêque d'Avranches, en présence de l'archevêque Jean, qui, comme nous l'avons dit, était devenu muet. Gislebert était fils de Robert de Courbépine, chevalier distingué; il occupa vingt-trois ans l'évêché de Lisieux, et gouverna parfaitement les affaires de l'église. Très-habile dans l'art de la médecine, il ne put toutefois, pendant son pontificat, se donner assez de soins à lui-même. Il excellait dans la science des lettres et dans l'éloquence; il ne se lassait pas d'accroître ses richesses et ses délices; il tenait fortement à ses volontés, et prenait trop de soin de sa personne; l'oisiveté et le repos faisaient l'objet de ses vœux, et souvent il se plaisait à jouer aux dés et aux autres jeux de hasard. Il était paresseux et négligent pour le culte ecclésiastique, mais plein d'ardeur et d'activité pour chasser et prendre des oiseaux. Toute sa vie il fut attaché aux exercices et aux affaires du siècle, et c'est ainsi qu'il vécut jusqu'à la décrépitude de l'âge. Je pourrais raconter plusieurs de ses actions; mais j'arrête ma plume, parce que j'ai été promu par lui au sous-diaconat, avec plus de trois cents autres ecclésiastiques, autant qu'il m'en souvient. Comme j'ai rapporté de lui certaines choses qui sont répréhensibles, il convient que je fasse connaître ce qu'il a fait de louable et digne d'être imité. Il faisait volontiers aumône aux pauvres; il était honorable et savait distribuer ses largesses avec magnificence. Dans ses jugemens il recherchait habilement la vérité, aspirait à défendre courageusement la vertu, et rendait gratuitement la justice à tous ceux qui s'adressaient à lui; il accueillait avec douceur ceux qui lui confessaient humblement leurs fautes, et donnait avec zèle aux véritables pénitens de sages et salutaires conseils. C'était avec piété et sollicitude qu'il conférait les ordres sacrés, qu'il faisait les dédicaces et procédait aux autres cérémonies du même genre. Mais, dans ces choses, il se montrait lent, et avait peine à s'y déterminer : il ne voulait pas les commencer à moins qu'il ne fût pressé par les instantes prières de beaucoup de personnes. L'église de Lisieux possédait à cette époque d'honorables personnes, des archidiacres et des chanoines illustres, tels que Guillaume de Glandeville, doyen et archidiacre, Richard d'Angerville et Guillaume-le-Poitevin, archidiacres[1]; Goisfred Trégaville, trésorier, Turgis, chantre, Radulphe son fils, et plusieurs autres que Hugues avait élevés et pourvus d'emplois honorables. Son successeur se les attacha et les instruisit avec succès dans l'arithmétique, l'astronomie, la physique et d'autres sciences profondes ; il en fit ses amis, et se plaisait à les réunir avec bonté et familièrement à sa table et à ses conversations.

L'an de l'Incarnation du Seigneur 1079, l'archevêque Jean mourut après avoir gouverné son église pendant douze ans, et fut inhumé dans le baptistaire de son église, vers le nord. Son tombeau fut construit en pierre blanche, sur laquelle on grava habilement l'épitaphe qui suit :

« Cité de Rouen, ton métropolitain repose ici. Sa
« mort t'a fait tomber du haut de ta grandeur. La
« puissance de l'Eglise s'affaiblit; la ferveur des or-
« dres sacrés se refroidit, malgré les soins que la re-
« ligion a pris pour les établir. Ce prélat, remettant
« en vigueur les décrets des canons négligés trop long-
« temps, prescrivit aux prêtres de vivre chastement.
« De son temps, les grâces de Dieu cessèrent d'être

[1] Ou Guillaume de Poitiers, né à Préaux, près de Pont-Audemer. Orderic Vital parle de cet auteur dans le livre IV, ci-dessus.

vénales, et c'est ainsi qu'il rendit à l'Eglise les plus grands services. Cet homme, que recouvre une simple pierre, fut éloquent, grave, sage et sobre. Septembre était parvenu à son neuvième jour lorsque Jean se dépouilla de la chair. Puisse-t-il obtenir le véritable repos! Ainsi soit-il! »

L'archevêque Jean étant mort, Guillaume, abbé de Caen, fut élu canoniquement, et conduit de son monastère, où il servait Dieu régulièrement comme un digne moine, à l'église de Rouen, qui fut confiée à ses soins. Il fut consacré par le grand Gislebert, évêque d'Evreux, dans l'église de Sainte-Marie mère de Dieu, et fut le quarante-sixième archevêque de Rouen depuis saint Nicaise, que saint Denis, premier pontife de Paris, avait donné pour évêque aux Rouennais. Guillaume était bon, gai et doux. Il garda pendant trente-deux ans le troupeau que Dieu lui avait confié. Il enrichit la basilique métropolitaine de tous les ornemens nécessaires au culte divin, et rebâtit avec élégance le cloître de l'évêché et les bâtimens convenables. Ce fut lui qui transféra glorieusement le corps de l'évêque saint Romain de sa propre église à la cathédrale; il le plaça avec respect dans une châsse d'or et d'argent, recouverte de pierres précieuses avec beaucoup d'art. Il fit célébrer la fête de cette solennité dans tout son diocèse, le 10 des calendes de novembre (23 octobre); il ordonna par décret général que l'on fît annuellement hors la ville une station au corps du saint pontife, et il invita presque tous ses paroissiens à s'y trouver, par des avis, des absolutions et des bénédictions. Comme un tendre père, ce prélat se montra toujours affable aux moines, aux clercs et à tous ses subordonnés. Il s'occupa sans cesse des psaumes, des hymnes, des cantiques spirituels et des mystères sacrés. La fraude et la haine étaient loin de son cœur : il ne cherchait à blesser personne et faisait secourir les indigens autant qu'il le pouvait. Chantre très-habile, il avait reçu de la nature une très-belle voix. Très-instruit dans les matières ecclésiastiques, il prêchait la parole de Dieu avec beaucoup de clarté et de convenance. Par sa patience et sa bonté, il faisait le charme de ceux qui vivaient avec lui; il remettait sans jalousie une grande partie de son fardeau à ses doyens et aux archiprêtres, et admettait avec empressement les gens de bien à participer à sa fortune.

L'an de l'Incarnation du Seigneur 1080, le roi Guillaume passa les fêtes de la Pentecôte à Lillebonne, et y convoqua l'archevêque Guillaume, tous les évêques, les abbés, les comtes et les autres grands de la Normandie. Les ordres du roi furent exécutés. En conséquence, la huitième année du pontificat du pape Grégoire VII, on tint à Lillebonne un concile célèbre; on s'y occupa utilement, par la sagesse du roi et de l'avis de ses barons, de ce qui concernait l'état de l'Eglise et du royaume. Je vais insérer ici les statuts de ce concile tels qu'ils ont été recueillis avec sincérité par ceux qui étaient présens, afin que la postérité puisse savoir quelles furent, sous le roi Guillaume, les lois en Normandie.

I. La *Paix de Dieu*, que l'on appelle vulgairement la *Trève de Dieu*, sera observée exactement de même que le prince Guillaume l'avait d'abord établie; elle sera renouvelée dans chaque paroisse avec les excommunications. Ceux qui dédaigneront de l'observer, ou qui l'enfreindront en quelque point que ce soit, seront remis, pour être jugés, à la justice de l'évêque, ainsi qu'il a été statué antérieurement. Si quelqu'un se montre désobéissant à son évêque, celui-ci le dénoncera au seigneur sur la terre duquel habite le délinquant, afin qu'il soit remis à la justice épiscopale. Si le seigneur refuse de le faire, le vicomte du roi requis par l'évêque le fera sans aucun délai.

II. Les évêques exerceront la justice canonique contre ceux qui retiennent des épouses de leur parenté ou les épouses de leurs parens ; car le roi ne soutient ni ne protège aucun de ceux qui sont dans ce cas : au contraire, il avertit et seconde les évêques, afin que la loi de Dieu soit strictement observée.

III. Les prêtres, les diacres, les sous-diacres, les chanoines et les doyens n'auront absolument aucune femme chez eux. Si quelqu'un est reconnu pour être retombé dans la même faute, et s'il a été d'abord accusé par les officiers de l'évêque, c'est devant lui qu'il devra se défendre. Si quelqu'un des paroissiens ou des seigneurs l'accuse le premier, il lui sera accordé un délai, afin qu'il puisse s'entretenir avec son évêque ; si un clerc veut se purger de l'accusation, il sera libre de le faire dans la paroisse où il est attaché, en présence de plusieurs des paroissiens, devant les délégués de l'évêque, qui le jugeront. S'il ne peut se justifier, il perdra son église sans pouvoir y rentrer. Le roi statue ainsi sur ce point, non pour ôter à perpétuité à ses évêques l'exercice de leur justice, mais parce que les évêques ont fait moins qu'ils n'eussent dû dans ce temps, et jusqu'à ce que, voyant leur changement de conduite, il puisse leur rendre, comme bienfait, ce que pour un temps il a retiré de leurs mains.

IV. Aucun laïque n'aura rien, ni dans les revenus de l'autel, ni dans les sépultures, ni dans le tiers des dîmes ; il ne recevra rien du prix de leur vente. Que le prêtre ne fasse aucun service, si ce n'est de porter un message de son seigneur ; mais qu'alors il retourne le même jour au service de son église et à ses prières ; que si son seigneur l'exige, il aille avec lui, mais seulement en Normandie, et vivant aux dépens de son seigneur : cependant un autre prêtre prendra soin du service de l'église.

V. Les prêtres ne seront forcés ni par violence ni par menace de fournir rien aux évêques ou à leurs officiers au delà de leurs justes revenus. On n'exigera d'eux aucune amende d'argent pour les femmes qu'ils entretiendraient.

VI. Les archidiacres visiteront, une fois par an, dans leur archidiaconat, les vêtemens, les calices et les livres des prêtres leurs suffragans, après que les évêques auront désigné, dans chaque archidiaconat, trois lieux seulement où les prêtres du voisinage seront convoqués pour cette visite.

VII. Quand l'archidiacre viendra pour visiter ces objets, il recevra pour lui cinquième, s'il convient, pendant trois jours, les vivres nécessaires de la part des prêtres qui seront assemblés.

VIII. Si un prêtre a forfait dans les forêts du roi ou de ses barons, l'évêque ne recevra rien de l'amende.

IX. Tous les ans, vers la Pentecôte, les prêtres iront

en procession à l'église dont ils dépendent, et, pour l'illuminer, il sera offert à l'autel pour chaque maison une *denarate*[1] de cire ou sa valeur. Celui qui refusera de le faire, sera contraint par son prêtre à fournir cette redevance, sans amende d'argent.

X. Un laïque ne donnera ni n'ôtera à l'église son prêtre, à moins que ce ne soit du consentement de l'évêque. Cependant, si le prêtre mérite d'être reçu, l'évêque ne le repoussera pas, comme il ne le retiendra pas s'il mérite d'être écarté.

XI. Dans les cimetières des églises qui sont au sein des cités, des châteaux ou des bourgs, les évêques auront de nouveau tout ce dont ils jouissaient, du temps du comte Robert, ou du consentement du roi Guillaume.

XII. Quant aux cimetières qui sont situés dans les marches, si la guerre a lieu et si quelqu'un s'y fait une demeure pendant la durée de la guerre, et réside, pour cette cause, dans ce lieu sacré, l'évêque ne pourra poursuivre contre lui aucune amende autre que celle à laquelle il aurait eu droit avant son séjour en ce lieu. Quand la paix sera faite, ceux qui avaient fui à cause de la guerre, seront forcés de sortir de l'asile sacré et replacés sous les lois épiscopales. Mais ceux qui auront de toute antiquité habité ces cimetières continueront d'y rester tranquilles comme par le passé.

XIII. Les églises des campagnes conserveront l'étendue de cimetière qu'elles possédaient du temps du comte Robert, ou jusqu'à ce concile ; les évêques y jouiront des droits dont ils étaient en possession

[1] *Denerata*, valeur d'un denier.

du temps du comte Robert, ou du consentement du roi Guillaume, à moins que ces évêques, du consentement du même roi, n'aient donné quelque quittance.

XIV. Si, après ce concile, quelque nouvelle église s'établit dans un village, l'évêque placera le cimetière à la commodité des seigneurs et des paroissiens. Si la nouvelle église s'établit loin des habitations, elle aura autour d'elle cinq perches de cimetière.

XV. Si l'on donne une église à des moines, le prêtre qui occupe cette église jouira de tout ce qui lui revenait avant que les moines la possédassent, et d'autant mieux qu'il est associé à des hommes plus saints. S'il vient à manquer par mort ou autrement, l'abbé cherchera un prêtre convenable, et le présentera à l'évêque, soit par lui-même, soit par un délégué; s'il est recevable, l'évêque le recevra. Si le prêtre veut vivre religieusement avec les moines, il avisera à ce que l'église, où il sera entré avec la permission de l'évêque, soit traitée convenablement tant en vêtemens qu'en livres et autres objets nécessaires au service de l'église, selon les moyens dont elle dispose. Si le prêtre ne veut pas vivre avec les moines, l'abbé lui fournira, des biens de l'église, de quoi vivre convenablement et de manière qu'il puisse faire décemment le service de son église. Si l'abbé n'y consent pas, il y sera contraint par l'évêque selon les convenances. Le prêtre sera justement soumis à son évêque, et lui payera les redevances épiscopales. Le surplus sera consacré par l'abbé à l'usage de son monastère. La même chose sera observée dans les églises des chanoines.

XVI. La violation de l'église et du parvis, comme il a été déterminé ci-dessus, et toutes actions propres à interrompre le service divin, seront punies d'amende pécuniaire par les évêques. Il en sera de même de toute voie de fait sur le chemin de l'église.

XVII. La même peine sera infligée à quiconque poursuivra avec colère une autre personne, soit dans l'église, soit dans le parvis.

XVIII. Si un laïque laboure ou bâtit dans le parvis sans la permission de l'évêque, même peine.

XIX. Si un clerc fait un larcin ou un vol, ou frappe quelqu'un, ou le blesse, ou le tue; s'il accepte un duel sans la permission de son évêque, s'il enlève des objets donnés en nantissement, s'il attaque quelqu'un, s'il saisit quelque chose injustement, s'il met le feu, soit lui, soit un homme à ses gages, soit un habitant du parvis, même peine.

XX. Si un clerc commet un adultère ou un inceste, semblable peine.

XXI. Si un prêtre forfait à son ministère, semblable peine.

XXII. Les prêtres qui négligeront de se rendre au synode encourront la même peine.

XXIII. Celui qui n'assistera pas au synode, et ne fera pas la tournée dans les termes prescrits, sera puni de la même manière.

XXIV. Si un clerc quitte sa tonsure, semblable peine.

XXV. Si un moine ou une religieuse, qui ne sont soumis à aucune règle spéciale, quittent leur habit, semblable peine.

XXVI. Si des prêtres, sans la permission de l'évêque, excommunient d'autres personnes que les infracteurs de la trève de Dieu et les voleurs, semblable peine.

XXVII. Si des épaves, que l'on appelle vulgairement *weridifs* [1], viennent se rendre dans la cour du prêtre ou du clerc qui habite dans le parvis, ils appartiendront à l'église ou à l'évêque.

XXVIII. Il en sera de même de ce qui aurait pu être abandonné par suite d'une querelle dans la maison d'un prêtre ou d'un clerc, ou dans le parvis, pour l'un des deux ou pour quelqu'un de leurs gens.

XXIX. Si quelqu'un assaillit [2] un prêtre, un moine ou une religieuse; s'il les frappe, les prend ou les tue, ou s'il incendie leurs maisons situées dans le parvis, il sera mis à l'amende.

XXX. Si quelque chose est trouvée dans l'église ou dans son parvis, elle appartiendra à l'évêque.

XXXI. Si quelqu'un commet un adultère ou un inceste, soit avec sa marraine, soit avec sa mère, soit avec sa fille, semblable peine.

XXXII. Si une femme en fait autant, semblable peine.

XXXIII. Si un mari quitte sa femme, ou la femme son mari sans la permission de l'évêque, semblable peine.

XXXIV. Ceux qui consultent les morts ou font des maléfices, semblable peine.

XXXV. Si quelqu'un désavoue ou nie le crime qui lui est imputé, et qu'il en soit convaincu par le jugement du fer, si ce n'est pendant la trève de Dieu, semblable peine.

[1] Bétail égaré. — [2] *Si quis assallierit....*

XXXVI. Celui qui résistant à la justice souffre qu'on excommunie, semblable peine.

XXXVII. Les crimes des paroissiens, qui sont de la compétence de l'évêque, comme c'est l'usage, seront examinés par le jugement des évêques.

XXXVIII. S'il y a opposition au jugement, que l'affaire soit terminée devant l'évêque.

XXXIX. Si le jugement du fer a été prescrit par jugement, il s'exécutera devant l'église.

XL. S'il y a lieu à se purger par jugement, on se rendra où l'on a d'abord plaidé.

XLI. Que personne ne se permette de prêcher dans la paroisse de l'évêque sans sa permission.

XLII. Celui qui commettra les fautes dont on vient de parler, pourvu qu'il vienne de lui-même à la pénitence, la subira selon la gravité du crime, et il ne sera exigé de lui aucune somme d'argent.

XLIII. Si un laïque commet un vol dans le parvis, sera soumis à l'amende au profit de l'évêque.

XLIV. Si le vol a eu lieu ailleurs, de quelque manière que ce soit, l'évêque n'aura rien.

XLV. Les évêques percevront les droits de douane dans les mêmes lieux où ils les ont eus du temps du comte Robert, ou par la concession du roi Guillaume. Quant aux choses qui en sont quittes, elles auront cette exemption, comme elles l'ont eue jusqu'à ce jour. Dans toutes ces justices et droits, le roi se rerent ce qu'il a possédé jusqu'à ce moment.

XLVI. Si un prêtre pour une affaire ecclésiastique est en instance contre son seigneur, et le fatigue injustement en l'appelant devant l'évêque, il payera par amende dix sous à son seigneur.

XLVII. Si les évêques peuvent prouver devant la cour du roi qu'ils ont possédé du temps du comte Robert, ou par la concession du roi Guillaume, quelque chose qui ne soit pas écrit ici, le roi ne leur en conteste pas la propriété ; mais ils ne doivent pas s'en saisir, jusqu'à ce qu'ils aient prouvé à sa cour qu'ils doivent l'avoir. Il en est de même des laïques auxquels le roi ne retire, par le présent décret, rien de ce qu'ils pourront prouver à sa cour que les évêques n'ont pas droit de posséder : toutefois les évêques n'en seront pas dessaisis [1], jusqu'à ce que les laïques prouvent à la cour du roi que les évêques ne doivent pas le retenir.

Ce synode fut célébré sur le bord de la Seine, dans un bourg royal [2] où fut autrefois l'antique ville que les habitans appelaient Calet, d'où le pays circonvoisin, depuis la mer jusqu'à Talou [3], a été appelé Caux [4]. Comme on lit dans les anciens livres qui traitent des exploits des Romains, Caïus Jules-César assiégea cette ville et la détruisit pour se venger de l'excessive obstination des assiégés, qui se défendirent très-vivement dans l'intérieur de la place. Ensuite, ayant, suivant ses desirs, puni ses ennemis, et considérant les avantages du lieu, il y bâtit provisoirement un fort pour y établir les Romains, et l'ap-

---

[1] *Episcopos inde non disaisiscant....*

[2] *In vico reguli....* Sigebert l'appelle aussi *Sedes regia.*

[3] *Talaucium.* On lit dans d'autres auteurs *Talogium.* C'est le comté de Tellau ou plutôt Talou, qui prit ensuite le nom de comté d'Arques, vers le x⁰ siècle.

[4] Le mot *Caletes*, dans Jules-César, désigne les habitans du territoire que nous appelons le pays de Caux. Quant à une prétendue ville nommée *Caletus*, comme le dit ici Orderic Vital, et comme l'a répété Nagerel, on ne trouve nulle part aucune trace d'une semblable dénomination pour un tel lieu.

pela de son nom Julia-Bona, dont les Barbares ont, par la corruption du mot, fait sortir celui de Lillebonne. César parcourut exactement toute la Neustrie, et fit bâtir sur le fleuve de la Seine la ville de Rouen, dans un lieu très-avantageux, où les rivières d'Aubette [1] et de Robec [2] coulent pour aller se jeter dans la Seine à l'orient, tandis que la Maronne [3] coule à l'occident. Cette ville fut appelée par ses fondateurs *Rodomus*, comme pour signifier la maison des Romains (*Romanorum Domus*). Là se fixa en sûreté une légion romaine, pour gouverner et contenir les provinces d'alentour [4].

La ville de Rouen est très-peuplée et très-riche par différens genres de commerce; elle est très-agréable à cause de l'affluence de bâtimens qui se réunissent dans son port, par le murmure de ses eaux courantes et par l'agrément de ses prairies. Une grande abondance de fruits, de poissons et de toutes sortes de denrées ajoute encore à son opulence. Les montagnes et les forêts dont elle est entourée de toutes parts, les murs, les retranchemens et les autres constructions militaires, la rendent très-forte. Elle reçoit beaucoup de lustre de ses édifices ainsi que de l'aspect de ses maisons et de ses églises. Ce fut vers elle que saint Denis, du temps de l'empereur Domitien, envoya l'évêque Nicaise avec ses compagnons; mais, pendant leur voyage, Nicaise fut arrêté dans un certain lieu

---

[1] *Albula*.

[2] *Rodebeccum*.

[3] Ou Bapaume.

[4] Il serait difficile de découvrir où Orderic Vital a puisé toutes les erreurs qu'il raconte ici sur Lillebonne et sur la fondation de la ville de Rouen.

qu'on appelle Ecaux ¹ par Sisinnius Fescenninus, et, persévérant constamment dans la foi du Christ, il fut décollé avec le prêtre Quirin et le diacre Scunicule ², le 5 des ides d'octobre (11 octobre). Les persécuteurs de ces saints firent abandonner leurs corps aux oiseaux de proie, aux chiens dévorans et aux autres bêtes féroces pour leur servir de pâture ; mais, par l'ordre de Dieu tout-puissant, ils furent conservés intacts, grâces aux soins des anges. Quand les satellites profanes se furent retirés, les saints martyrs se levèrent miraculeusement la nuit suivante, par le secours de Dieu ; puis, ayant pris leur tête, ils passèrent la rivière d'Epte vers un gué jusqu'alors inconnu aux hommes et se reposèrent dans une île très-agréable que forme cette rivière. En mémoire de ces saints, ce lieu a conservé jusqu'à ce jour le nom de Gâni ³, c'est-à-dire gué Nicaise. Par les mérites de ces martyrs, Dieu accorda beaucoup de bienfaits à ceux qui l'imploraient avec foi. Les anciens Gentils, après le martyre de leurs prédicateurs, possédèrent long-temps la ville de Rouen et la remplirent des innombrables ordures de leurs idoles jusqu'à l'époque de saint Mellon archevêque.

Dans ce même temps, la foi du Christ avait conquis la ville des Evantiques, c'est-à-dire d'Evreux ⁴,

---

¹ *Scancius*, et non pas *Scamnis*, comme on lit dans le texte de Duchesne, page 554. On écrit aujourd'hui plus communément *Ecos*. Cette commune est dans l'arrondissement d'Andelys, département de l'Eure.

² Saint-Nicaise ou Nigaise; Saint-Cerin ou Quirin (*Quirinus*); Saint-Escobille ou Egobille (*Scuniculus, Scuviculus, Scubilius*, etc.).

³ *Vani, id est vadum Nigasii*.

⁴ C'est l'ancien *Mediolanum Eburovicum*. Il était situé au Vieil-Evreux, à deux lieues sud-est de la ville actuelle.

laquelle est située sur la rivière d'Iton, et y répandait ses lumières. En effet, le bienheureux Taurin y avait été envoyé par Denis Macaire, et, avec l'aide de Dieu, avait fait de nombreux miracles ; car Dieu était toujours avec lui et dirigeait glorieusement toutes ses œuvres. C'est ce qui lui avait fait choisir courageusement les souffrances et les tourmens de ce siècle. Il avait laissé à Rome son père Romain Tarquin, et sa mère Eutychie, très-pieuse adoratrice du Christ, avec plusieurs autres personnes qui étaient de ses amis ou de ses parens. Par l'ordre du pape Clément, ce jeune et agréable voyageur s'était rendu dans les Gaules avec le Grec Denis. Lorsque la seconde persécution exerça ses rigueurs contre les chrétiens sous l'empire de Domitien, ce Denis, promu à l'évêché de Paris, ordonna évêque Taurin qu'il aimait comme son fils, et qui était déjà parvenu à l'âge de quarante ans, et, après lui avoir prédit tout ce qu'il aurait à souffrir, il l'envoya au nom du Seigneur auprès des habitans d'Evreux. Comme l'homme de Dieu s'approchait des portes de la ville, le démon se présenta devant lui sous trois formes différentes : il voulut effrayer le champion du Christ en s'offrant à ses yeux comme un ours, comme un lion et comme un buffle ; mais Taurin, semblable à un mur inexpugnable, résista fortement dans la foi et reçut l'hospitalité dans la maison de Lucius. Le troisième jour, comme Taurin prêchait le peuple d'Evreux, et que ses nouveaux auditeurs éprouvaient un grand plaisir à recevoir les douceurs de la foi, le diable, plein d'affliction, se mit à tourmenter Euphrasie, fille de Lucius, et la jeta dans le feu. Elle mourut aussitôt : mais, peu après, Taurin s'étant mis en prières et ayant ordonné à cette fille de ressusciter, elle revint à la vie au nom du Seigneur. On ne trouva en elle aucun signe de brûlure. Tous ceux qui virent ce miracle éprouvèrent une terreur soudaine, et dans leur stupeur crurent au Seigneur Jésus-Christ. Ce même jour, cent vingt hommes furent baptisés, huit aveugles rendus à la lumière, quatre muets recouvrèrent la parole, et beaucoup d'autres personnes affligées de diverses infirmités revinrent à la santé au nom du Seigneur.

Taurin entra ensuite dans le temple de Diane, et, par la vertu de Dieu, força le diable de se rendre visible au peuple. A cette vue, toute la population païenne fut saisie d'une grande frayeur; car il leur apparut clairement sous la forme d'un Ethiopien noir comme la suie, ayant la barbe longue, et jetant par la bouche des étincelles de feu. Ensuite un ange du Seigneur arriva brillant comme le soleil, et, aux regards de tout le monde, emmena le démon les mains liées derrière le dos. Dans le cours de cette journée deux mille hommes furent baptisés, et tous les malades furent guéris par le secours divin. Déodat, frère d'Euphrasie, vit ces choses; il crut, fut baptisé, et, devenu prêtre, il rapporta avec vérité par écrit ce dont il avait été témoin. Alors Taurin fit son entrée dans le hideux temple de Diane, le purifia par ses exorcismes, ses prières, et le consacra au service divin en l'honneur de sainte Marie mère de Dieu. Il se mit ensuite à détruire les idoles dans tout le pays aux environs, à consacrer des églises au Christ, à visiter tout son diocèse, à faire des ordinations canoniques, et à établir des hôpitaux en tous lieux.

L'envieux Satan s'affligea de voir tant de bien ; il essaya de porter atteinte à l'homme de Dieu, par diverses machinations, et suscita contre lui beaucoup d'ennemis. Deux magiciens, Cambisses et Zaraa, étaient prêtres de Diane. Ils gémirent de voir le peuple se convertir à Dieu, et engagèrent vingt de leurs disciples à tuer Taurin. Dès leur arrivée, l'homme de Dieu les vit de loin et les reconnut ; faisant contre eux le signe de la croix, il les força aussitôt de rester immobiles. A son ordre ils redevinrent libres, se jetèrent à ses pieds, crurent et furent baptisés au nom de la sainte et indivisible Trinité. Quand les magiciens virent que leurs artifices étaient impuissans contre le soldat du Christ, ils se tuèrent de leurs propres couteaux. Cependant le comte [1] Licinius entendit parler du bienheureux pontife, et se le fit présenter dans sa maison de Gisai [2]. Comme on y conduisait Taurin, il rencontra un paralytique dont la sœur était aveugle, sourde et muette. Aussitôt il bénit de l'eau, en versa sur les malades, et ils recouvrèrent la santé. Les bourreaux virent ce miracle et crurent aussitôt au Seigneur. Le prélat et le comte disputèrent vivement sur l'idolâtrie et la croyance de Dieu ; le comte ordonna, dans les transports déraisonnables de sa fureur, de dépouiller Taurin et de le frapper de verges. Le saint prélat pria Dieu avec fidélité, et fut reconforté par une voix qui se fit entendre du ciel. Les mains des bourreaux se desséchèrent à l'instant. Licinius, enflammé de colère contre sa femme Léoville, parce qu'elle parlait en faveur de l'homme de Dieu, la fit livrer aux tortures.

[1] *Consul.* — [2] *In Gizaico villa.* Dans l'arrondissement de Bernai.

Pendant que ces événemens se passaient, un courrier vint lui dire que son fils s'était tué avec son écuyer en tombant dans un précipice, comme il était à la chasse aux environs du château d'Alerce [1]. Licinius et toute sa suite furent vivement affligés, et, par la permission divine, il fut contraint de prier l'homme de Dieu, qu'il avait commencé à faire torturer. Taurin se prosterna dans l'église de Sainte-Marie, se mit à prier, et, réuni au peuple, se rendit auprès des corps des deux défunts. Etant là, il supplia dévotement le Seigneur, termina sa prière, prit la main du jeune Marin, son cousin, et le ressuscita de la mort au nom du Sauveur. Ce qu'ayant vu Licinius, sa femme et tous les grands, ils se réjouirent, et, tombant aux pieds du prélat, le prièrent de leur conférer le saint baptême. Ce jour-là on baptisa douze cents hommes.

Cédant à la demande formée par Marin en faveur de son écuyer, Taurin s'approcha du corps de cet homme, invoqua Dieu, appela à haute voix Paschase, et le rendit à la vie par la puissance de Dieu. Ces deux hommes, ressuscités, rapportèrent aux vivans ce qu'étant morts ils avaient vu dans les enfers. Paschase prédit à Marin qu'il mourrait le jour où il quitterait le blanc [2]. C'est ce qui arriva en effet : Marin fut saisi d'une légère fièvre, et mourut le huitième jour de son baptême. Ce fut par ces miracles et beaucoup d'autres que Taurin, premier évêque d'Evreux, ac-

---

[1] *Castellum Alerci.* Peut-être est-ce Alisai dans l'arrondissement de Louviers.

[2] D'après le dix-neuvième canon du concile de Rouen de 1063, conforme aux usages d'alors, les nouveaux baptisés restaient pendant huit jours vêtus de la robe blanche qu'ils avaient reçue dans cette cérémonie.

quit une brillante réputation, et conduisit à la connaissance de la vérité et de la justice plusieurs milliers d'hommes. Lorsque le pape Sixte était assis sur le siége apostolique, et qu'Elius Adrien gouvernait la république, Taurin, plein de jours et de vertus, fut appelé au ciel le 3 des ides d'août (11 août); et aussitôt, en présence du peuple, l'église fut remplie d'un nuage épais et odoriférant. Au bout de l'espace d'une heure, la nuée se dissipa, et l'on vit le pontife assis dans sa chaire et comme priant, ayant les mains étendues et les yeux tournés vers le ciel. La mort du pasteur accabla d'un deuil profond tous les paroissiens. Par l'ordre d'un ange qui apparut au peuple, sous la forme d'une personne de haut rang, l'homme de Dieu fut enseveli hors la ville, à environ un tiers de mille vers l'Occident. Ce lieu resta long-temps négligé; mais maintenant, par la grâce de Dieu, un troupeau de moines choisis y est établi, afin d'y combattre pour le salut. Il arriva une chose extraordinaire lors de l'inhumation de ce vénérable évêque. Pendant que, suivant l'usage, on le déposait dans le mausolée et que le peuple se livrait à une douleur excessive, on le vit tout à coup se lever vivant de sa fosse; il dit : « Mes enfans, que faites-vous? Ne craignez rien; « écoutez cet homme qui vous parle. » Il inclina la tête et garda le silence. En effet, aussitôt que le serviteur du Christ fut enseveli, l'ange de Dieu dit au peuple : « Retirez-vous promptement de peur d'être « enveloppés par les ennemis; cette ville est près « d'être bouleversée, mais aucun de vous n'éprouvera « de danger. Pendant long-temps ce lieu restera in- « connu. » A ces mots on ne le revit plus, et tout ce qu'il avait prédit reçut son accomplissement. En effet, le tombeau du saint prêtre et l'anniversaire de sa mort furent long-temps dérobés à la connaissance des hommes; mais, par la révélation de Dieu, ils obtinrent ensuite une glorieuse manifestation. Journellement il se fait encore à Evreux de nombreux miracles par l'intercession de ce saint. Le démon qu'il avait expulsé du temple de Diane resta long-temps dans la même ville, et se présenta fréquemment sous diverses formes, mais il ne put nuire à personne. Le vulgaire l'appelle Gobelin [1], et assure que, jusqu'à ce jour, les mérites de saint Taurin l'ont empêché de nuire aux hommes : comme il avait obéi aux ordres du saint évêque en brisant ses propres statues, il ne fut pas à l'instant replongé dans l'enfer, mais il subit sa peine dans le lieu où il avait régné, et vit sauver les hommes auxquels il avait si souvent insulté en travaillant de tant de manières à leur perte.

Les habitans rapportent, et ce fait est vrai, qu'il ne peut vivre aucun animal venimeux dans la ville d'Evreux, quoique le sol naturellement gras du pays, baigné par le cours de la rivière d'Iton, produisît beaucoup de couleuvres ainsi que de serpens, et que la ville d'Evreux fût remplie de ces animaux. A la demande des citoyens qui se plaignaient amèrement d'une telle peste, saint Taurin pria le Seigneur de délivrer la ville de cette calamité, et de ne pas per-

---

[1] Le Gobelin, démon très-facétieux, est encore connu en Normandie. Dans le département de l'Orne, on le désigne aussi sous le nom de cheval Bayard. M. Louis du Bois a inséré un chapitre sur le Gobelin, dans la grande *Statistique du département de l'Orne*, qu'il rédigea en 1807; il a reparu en partie dans les *Annuaires* du même département, et dans le tome 1er des *Archives Normandes* en 1824.

mettre qu'à l'avenir aucun reptile venimeux pût pénétrer dans les murs de la ville. La prière du saint fut exaucée. Si par hasard une couleuvre ou un crapaud se trouve apporté dans quelque paquet d'herbe, dès qu'il a pénétré dans l'enceinte d'Evreux, il meurt sur-le-champ.

Long-temps après, la religion chrétienne prit de l'accroissement; et le clergé d'Evreux, réuni aux fidèles du pays, fit la recherche du tombeau de son premier évêque Taurin, et le trouva par la grâce de Dieu, qui le fit connaître. Le corps fut tiré de terre avec beaucoup de respect, et transféré peu de temps après par les fidèles dans la ville de Fécamp. On y construisit un vénérable couvent de moines pour rendre continuellement hommage à Dieu, et le corps du saint homme y fut placé respectueusement dans une châsse précieuse.

Par les prières et les mérites du pieux prélat Taurin, que Dieu nous délivre de tout le venin des vices, qu'il nous décore de l'éclat parfait des saintes vertus, et qu'il nous réunisse dans les demeures célestes à la société de ses saints, afin que nous puissions dignement chanter les louanges du Roi des rois pendant tous les siècles des siècles! Ainsi soit-il!

Sous l'empire d'Ælius Adrien et d'Antonin-le-Pieux, la rage des ennemis frappa vivement dans les Gaules le christianisme naissant, et la sainte mère Eglise reçut de grandes humiliations pendant cent soixante ans. Nous ne voyons clairement dans aucune histoire quelle fut la nation qui opprima d'une manière intolérable les Chrétiens et les idolâtres, ni d'où elle vint, ni sous quel prince ou quel tyran elle exerça ses fureurs. Dans les actes de plusieurs saints de ce temps, on voit clairement que, sous ces princes, une armée barbare et cruelle ravageait horriblement les Gaules. Dans ce temps, cette contrée n'avait aucun monarque : elle était gouvernée par les empereurs des Romains, ainsi que les autres Cisalpins, depuis la conquête de Jules César, et leurs gouverneurs ou tous autres magistrats commandaient dans chaque ville à leur gré.

On ne s'occupa guère de Dieu dans la Neustrie, après la mort du saint évêque Taurin, jusqu'au temps de Dioclétien et de Maximien, qui exercèrent la dixième persécution de fureur diabolique, dont fut frappée l'église du Christ, plus durement et plus long-temps que par les autres. Au reste, celui qui a promis d'assister constamment les siens dans les affreuses tempêtes des tribulations a reconforté admirablement son épouse ; il l'a délivrée, protégée et élevée ; il l'a manifestement glorifiée par de brillans triomphes. Il la récompensera du diadême éternel dans la céleste Jérusalem. Ainsi il n'a pas voulu que celle qu'il a tant aimée manquât de maîtres illustres au milieu de la fureur des persécutions.

Pendant que la dixième persécution menaçait rigoureusement les Chrétiens, durant le cours de dix années, et faisait périr par toutes sortes de supplices d'innombrables milliers de martyrs, qu'elle envoyait aux lieux décorés glorieusement de leur précieux sang ; Quentin et Lucien, Valérien, Rufin, Eugène, Mellon, Avicien, et plusieurs autres personnages qui appartenaient au clergé et à la noblesse romaine, quittèrent Rome et se répandirent dans les Gaules pour y prêcher avec confiance la parole de Dieu. Quentin se rendit à Amiens, et Lucien à Beauvais ; Mellon, Avicien, et quelques autres hommes distingués passèrent à Rouen.

Dioclétien et Hercule Maximien ayant déposé volontairement les faisceaux de la puissance, Constance, prince d'une grande bonté, prit l'empire en Occident, après l'abdication d'Hercule. Il témoignait aux hommes une grande clémence, à Dieu une profonde piété. Ainsi que l'atteste Eusèbe de Césarée, Constance n'avait pas, malgré la fureur de ses collègues, souillé son règne du sang des hommes pieux, ni détruit par une dévastation furieuse, comme l'avait fait Maximien, les oratoires et les lieux de réunion des chrétiens. Il fonda en Neustrie une ville, que de son nom il appela Coutance. Ce fut dans cette province qu'il prit pour concubine Hélène, dont il eut le grand Constantin, qui depuis fonda Constantinople. Dans ce temps-là, le vénérable Mellon, avec quelques autres fidèles, se fixa à Rouen, et, suivant la volonté de Dieu, y occupa le premier la chaire pontificale. Depuis ce prélat jusqu'à ce jour, cette ville a conservé la dignité métropolitaine. Elle a pour suffragantes les six villes des Béiocases [1], c'est-à-dire Bayeux, des Evantiques, c'est-à-dire Evreux, de Lisieux [2], d'Avranches, de Coutances, et des Salariens [3], c'est-à-dire Sées. L'église de Rouen a déjà eu quarante-six évêques ; le clergé y a publié [4] pour l'instruction de la

---

[1] *Biducasses, Viducasses* ou *Bajocasses.*
[2] *Luxovium.* — [3] *Salarium.*
[4] C'est donc à tort que le P. Pommeraye, dans son *Histoire des archevêques de Rouen*, attribue ces distiques à Orderic Vital.

postérité, un distique héroïque sur chacun de ces évêques: je vais les placer dans cet ouvrage, agréablement et par ordre, avec quelques additions indispensables.

I.

Antistes sanctus Mallonus, in ordine primus,
Excoluit plebem doctrina Rotomagensem.

(Le saint prélat Mallon, le premier dans l'ordre des évêques de Rouen, en instruisit le peuple par sa doctrine).

Il brilla du temps du pape Eusèbe et de Melchiade, et se rendit auprès du Seigneur le 11 des calendes de novembre (22 octobre). Il resta long-temps enseveli hors la ville, dans une crypte de l'église du saint martyr Gervais. Son mausolée s'y est conservé jusqu'à ce jour; mais le corps en fut enlevé après y être long-temps resté, par la crainte que l'on eut des Danois. Il fut transféré dans une ville forte du Vexin, que l'on appelle Pont-Oise. On l'y conserve respectueusement dans une église bâtie en son honneur, et un couvent de chanoines y célèbre ses louanges.

II.

Post hunc, præcipuus devotus et Avidianus
Obtinuit regimen, curam quoque plebis herilem.

(Après Mallon, le grand et dévot Avidien gouverna l'église, et comme un bon maître prit soin du peuple).

Il assista au concile d'Arles [1], qui eut lieu du temps du pape Silvestre, sous l'auguste Constantin, qui commença à régner l'an de Rome 1061. Ce fut alors que fut tenu le concile de Nicée [2] par trois cent dix-huit Pères, parmi lesquels brillèrent principalement Nico-

---
[1] En 314. — [2] En 325.

las, évêque de Myrre en Lycie, et plusieurs autres prélats d'un mérite éminent.

III.

Successit præsul fulgens virtute Severus,
Moribus insignis, commissis ac sibi mitis.

(Il eut pour successeur Séver, prélat éclatant par sa vertu, distingué par ses mœurs, et comme à lui-même doux au troupeau qu'on lui confia).

Il fleurit pendant quinze ans, du temps de Constantin et de Constance, sous les papes Marc et Jules. Alors brillèrent comme des astres les évêques Maximin à Trèves, Hilaire à Poitiers, Athanase à Alexandrie, Eusèbe à Verceil, et Denis à Milan.

IV.

Eusebius, dulcis et in ordine pontificali
Constans, enituit virtutum floribus almis.

(Eusèbe, si doux et si constant dans les devoirs du pontificat, reçut un vif éclat des fleurs précieuses de ses vertus).

Il brilla vingt-cinq ans du temps des papes Libère et Félix, sous les règnes de Constantin, de Julien l'apostat, de Jovien et de Valentinien.

V.

Marcellinus huic successit munere Christi,
Pastor præcipuus, morum probitate decorus.

(Par les faveurs du Christ, Marcellin lui succéda, pasteur distingué, et qu'embellissait l'excellence de ses mœurs).

Il travailla pour le bien de l'Eglise pendant vingt ans, du temps du pape Damase, sous les règnes de Valentinien[1] de Valens, de Gratien et de Valenti-

---
[1] Valentinien 1er.

nien[1]. Alors Antoine, le plus illustre des moines d'Egypte, vint à mourir; Pierre, orateur distingué, brilla à Saragosse. Ambroise de Milan s'opposa aux Ariens comme un mur insurmontable. On célébra à Constantinople, sous le pape Damase, un concile de cent cinquante Pères contre Macédonius et Eunomius.

VI.

Pervigil in populo Petrus, dignus quoque custos,
Sancte commissum sibi rexit pontificatum.

(Pierre, qui toujours veilla pour son peuple, comme un digne gardien, occupa saintement la chaire qui lui fut confiée).

Pendant dix-neuf ans il brilla du temps des papes Cirice et Anastase, sous Théodose et Arcadius. C'est alors que jetèrent un si vif éclat Martin, évêque de Tours, Maurice d'Angers, Bazile de Césarée, l'excellent orateur Augustin d'Hippone, et saint Jérôme l'interprète des lois divines.

VII.

Victricius, victor vitiorum fortis et ultor,
Ecclesiam Domini mandatis imbuit almis.

(Victrice, vainqueur courageux et vengeur des vices, imbut l'église de Dieu de ses pieux préceptes).

Il fleurit vingt-trois ans du temps du pape Innocent, sous Arcadius et Honorius. Alors on vit briller saint Donat, évêque d'Epire, et Jean, évêque de Jérusalem; alors se fit l'invention du corps de saint Etienne, premier martyr, d'après la révélation que Dieu en fit à Lucius, prêtre de Caphargamala. Alors le prêtre Orose, qui a écrit le livre de *Ormesta mundi*, en-

---

[1] Valentinien II.

voyé par Augustin auprès de Jérôme pour lui demander la solution de quelques questions profondes, alla trouver Lucius qui lui remit pour le prêtre Avitus les reliques de saint Etienne qu'il porta en Espagne.

VIII.

Successit præsul huic Innocentius almus,
Ecclesiam recreans Domini, plebemque reformans.

(Le pieux prélat Innocent fut le successeur de Victrice ; il rétablit l'église du Seigneur, et réforma les mœurs du peuple).

Il fut évêque pendant huit ans, du temps des papes Zozime, Boniface et Célestin, sous les règnes d'Honorius et de Théodose, fils d'Arcadius. A cette époque, sous la présidence de Cyrille d'Alexandrie, un concile de deux cents évêques se réunit à Ephèse. Palladius, premier évêque des Ecossais, ordonné par le pape Célestin, leur fut envoyé pour les convertir au Christ.

IX.

Eloquiis plenus sacris, successit Evodus,
Fortis et innocuus, prudens, pius atque modestus.

(Evode, doué d'une sainte éloquence, se distingua par son courage, sa bonté, sa prudence, sa piété et sa modestie).

Il fut florissant pendant sept années, du temps des papes Célestin et Sixte. A cette époque, les Gaulois se révoltèrent contre les Romains, et s'allièrent aux Francs qui descendaient des Troyens [1] ; toujours unis, ils établirent pour roi le franc Ferramond [2], fils du duc Sunnon. On remarque alors Maxime, évêque de Turin, si éloquent dans la composition des sermons.

[1] Presque tous nos vieux historiens donnent, comme on sait, cette origine à la nation française. — [2] Pharamond.

X.

Præfuit Ecclesiæ sanctus Silvester honore
Quam juste rexit prudens et amplificavit.

(Saint Silvestre présida avec honneur l'Eglise, que dans sa prudence il gouverna justement et qu'il combla de biens).

Il brilla seize ans, du temps du pape Léon, pendant que Clodion et Mérovée régnaient en France.

XI.

Præsul Malsonus, divino dogmate fultus,
Extitit in populo, venerabilis undique pastor.

(Le prélat Malson, fort des dogmes divins, se montra pour le peuple un pasteur vénérable).

Il gouverna neuf ans son église sous l'empire de Martien et de Valentinien [1], lorsque le pape Léon réunit cinq cent trente évêques au concile de Chalcédoine contre Eutychès et Dioscore. Alors Hengist et Horsa passèrent dans la Grande-Bretagne avec les Saxons et les Angles, portés sur trois navires de forme longue, et ils furent employés par le roi Vortigerne contre les Pictes. Alors Germain d'Auxerre fleurit admirablement.

XII.

Inclytus antistes, populi custos quoque perpes,
Suscepit sedem Germanus pontificalem.

(Prêtre illustre, gardien assidu de son peuple, Germain occupa le siége pontifical).

Ce prélat brilla onze ans, pendant que Childéric donnait des lois aux Français et Léon aux Latins. C'est à cette époque que Théodore, évêque de Syrie, écri-

---

[1] Valentinien III.

vit son *Histoire ecclésiastique*, à partir de la fin des livres d'Eusèbe jusqu'à son temps, c'est-à-dire, jusqu'au règne de l'empereur Léon [1], sous lequel il mourut.

XIII.

Commissos coluit Crescentius ac decoravit
Moribus egregiis, virtuteque crescere fecit.

(Crescence prit un grand soin des fidèles qui lui furent confiés ; il les décora de bonnes mœurs et les fit croître en vertu).

Il répandit un grand éclat pendant vingt-six ans, du temps des papes Hilaire et Simplice, et sous le règne de Léon. Alors Childéric, fils de Mérovée, régna en France.

XIV.

Fulsit Gildardus, pastor sacer atque benignus,
Dapsilis et constans, verbi quoque lumine flagrans.

(Gildard, pasteur saint et bienveillant, constant et généreux, brilla vivement par les lumières de la parole).

Il gouverna quarante-six ans [2], du temps des papes Félix, Gélase, Anastase et Symmaque, sous l'auguste Zénon ; il consacra saint Lô, évêque de Coutance. A cette époque brillèrent sur leur chaire Remi de Rheims, Solin de Chartres, et Waâst d'Arras, qui baptisèrent le Mérovingien Clovis, roi des Français, l'an de l'Incarnation du Seigneur 496. Trois ans après, Mamert, archevêque de Vienne, institua, à cause des

---

[1] Léon 1er.
[2] Les Bénédictins qui préparaient une édition d'Orderic Vital, au commencement du siècle dernier, ont corrigé les dates de cet auteur en ce qui concerne les évêques Pierre, Victrice, Sylvestre, Gildard, Flavius et Evode. Nous avons cru devoir adopter leurs corrections qui sont très-fondées.

massacres qui avaient lieu, de solennelles litanies, qui sont les Rogations avant l'Ascension du Seigneur. Par l'ordre du pape Hilaire, Victor écrivit son *Cycle pascal* de cinq cent trente-deux ans. Odoacre, roi des Goths, s'empara de Rome, que les rois de ce peuple, Théodoric Triaire et Théodoric Walamer, occupèrent ensuite long-temps. L'Arien Honeric, roi des Vandales, passa en Afrique, mit en fuite plus de trois cent trente-quatre évêques catholiques, ferma leurs églises, et fit endurer divers supplices au peuple. Gildard de Rouen et Médard de Soissons avaient pour père Nectard de Noyon, et pour mère Protagie. Tous deux se rendirent auprès du Seigneur le 6 des ides de juin (8 juin). L'illustre Ouen a composé sur ces deux frères les vers suivans :

« Gildard et Médard furent deux frères jumeaux.
« Un même jour les vit sortir du sein maternel, re-
« cevoir la consécration, revêtir l'aube, et quitter les
« liens de cette chair. »

XV.

Flavius insignis virtutum flore refulsit,
Commissosque sibi divina lege replevit.

(Flavius reçut un grand éclat de la fleur des vertus, et pénétra de la loi divine les peuples qui lui furent confiés).

Il fleurit quinze ans, du temps des papes Symmaque, Hormisdas, Jean, Félix, Boniface, Jean et Agapit, sous l'empire d'Anastase, de Justin-le-Vieux et de Justinien. A la mort de Clovis, Sigismond, Childebert, et ses autres fils, lui succédèrent. Clotaire, qui survécut à tous, régna en France cinquante-un ans; de son temps et dans ses Etats fleurirent Laumer,

Evroul et plusieurs autres saints personnages. Transamond, roi des Vandales, ferma les églises catholiques, et exila en Sardaigne deux cent vingt évêques, auxquels le pape Symmaque fournit pendant une année de l'argent et des habillemens. L'empereur Anastase mourut frappé de la foudre de Dieu, parce que, favorisant l'hérésie d'Eutychès, il avait persécuté les catholiques. Le pape Jean, sous l'empire de Justin-le-Vieux, rendit dans Constantinople la lumière à un aveugle, et fut tué par Théodoric comme il retournait à Ravenne. Théodoric fit aussi périr le patrice Symmaque et Boèce; lui-même, l'année suivante, mourut de mort subite. Il eut pour successeur son neveu Athalaric. Hildéric, roi des Vandales, rappela d'exil les évêques, et fit rétablir les églises, après soixante-quatorze ans de profanations hérétiques. L'abbé Benoît reçut beaucoup de splendeur de la gloire de ses vertus, sur lesquelles le bienheureux pape Grégoire a écrit un livre de *Dialogues*. Le patrice Bélisaire, envoyé en Afrique par Justinien, y détruisit les Vandales; il envoya à Constantinople leur roi Gélismer, qu'il avait fait prisonnier. Carthage fut reprise quatre-vingt-seize ans après son occupation par les barbares. Denis-le-Petit écrivit sur le *Cycle pascal*, commençant à l'an 532 de l'Incarnation du Seigneur, année où eut lieu la promulgation du code de Justinien. Victor, évêque de Capoue, écrivit un livre sur la Pâque pour réfuter les erreurs de Victorius. Le sénateur Cassiodore, le grammairien Priscien, et le sous-diacre Arator se distinguèrent à cette époque.

XVI.

Occubuit martyr Prætextatus, Fredegondis
Reginæ monitu, pro Christi nomine Jesu.

(Prétextat tomba martyr par les ordres de la reine Frédégonde, pour avoir dignement soutenu le nom de Jésus-Christ).

Il fleurit pendant quarante-deux ans [1], du temps des papes Agapit, Silvère, Vigile, Pélage, Jean et un autre Pélage, sous l'empire de Justin, de Tibère et de Constantin. Le patrice Narsès vainquit et tua en Italie Totila, roi des Goths. Soumis au roi Alboin, les Lombards envahirent toute l'Italie, accompagnés par la famine et la mortalité.

XVII.

Ecclesiam rexit multis Melantius annis,
Subjectos docuit, juste quoque vivere fecit.

(Mélance gouverna son église pendant plusieurs années, il instruisit ses peuples et les détermina à vivre dans l'exercice de la justice).

Il fut à la tête du diocèse de Rouen pendant douze années, du temps des papes Pélage, Benoît et Grégoire-le-Grand, docteur fameux, sous l'empire de Maurice, le premier des Grecs qui ait commandé aux Romains. Sa conduite fut indigne, parce qu'on rapporte qu'il trahit Prétextat son maître, que Frédégonde, femme du roi Chilpéric, avait fait mettre à mort.

---

[1] On lit ailleurs quarante-huit ans.

XVIII.

Nobilis Hildulfus præfato pontificatu
Sedit, et excoluit divini dogmata verbi.

(Hildulfe, que le pontificat rendit illustre, monta sur le siége de Rouen, et mit en valeur les dogmes de la parole divine).

Ce prélat brilla beaucoup pendant vingt-huit ans, du temps du docteur Grégoire-le-Grand, et des autres papes Savinien, Boniface, Dieudonné, Boniface et Honorius, sous le règne de Maurice, de Phocas et d'Héraclius. Alors régnèrent en France Childebert et son fils Téoderic, Théodebert et Lothaire-le-Grand [1]. En Angleterre, le trône était occupé par Edilbert à Kent, Edwin en Northumbrie, Reduald en Wessex, et Penda chez les Merciens. Grégoire leur envoya, pour leur prêcher la parole divine, Augustin, Mellitus, Jean, et plusieurs autres moines craignant Dieu, qui convertirent les Anglais à la foi du Christ. Les Lombards en Italie eurent pour chefs Autarith, fils de Clépon, et Agon Agilulfe avec Théodeline, reine digne d'éloges. La douzième année du règne de Childebert, saint Evroul, abbé d'Ouche, mourut, déjà octogénaire, en Neustrie, le 4 des calendes de janvier (29 décembre). Dans le même temps, le monastère du Mont-Cassin fut envahi de nuit par les Lombards, et détruit, après la dispersion des moines, du temps de Bonitus; cinquième abbé de ce couvent, à la tête duquel avaient été Benoît, Constantin, Simplice, Vital et Bonitus. Cosdroe [2], roi des Perses, fit une guerre très-fâcheuse à la république, et affligea beaucoup la sainte Église par l'incendie, la rapine

---

[1] Clotaire II. — [2] Chosroès ou Khosrou.

et le massacre. Anastase, moine de Perse, reçut la couronne glorieuse du martyre avec soixante-dix autres fidèles. Héraclius vainquit les Perses, tua Cosdroe, rapporta à Jérusalem la croix du Seigneur, et ramena de captivité tous les chrétiens.

XIX.

Sanctus Romanus præclaro nobilis actu,
Moribus emicuit, sacri quoque lumine verbi.

(Saint-Romain, qu'ennoblirent ses éclatantes actions, brilla beaucoup par ses mœurs ainsi que par les lumières de la parole sacrée).

Pendant treize années il jeta un grand éclat par ses miracles, du temps des papes Honorius, Severin et Jean, sous le règne d'Héraclius, et passa glorieusement au Seigneur le 10 des calendes de novembre (23 octobre). Alors Dagobert et Clovis, princes chrétiens, régnaient dans les Gaules; en Angleterre, Osvald, Osvin et Osvius; en Italie, Agilulfe, Adoloald, Arioald, Rotarith et Rodald. Sous le règne d'Arioald, le bienheureux Colomban, originaire d'Ecosse, après avoir fondé en France le monastère de Luxeuil[1], éleva celui de Bobbio dans les Alpes Cottiennes.

XX.

Audoenus huic successit pontificali
Ordine splendescens, virtutibus atque refulgens.

(Ouen succéda à Romain, illustre dans l'ordre des évêques et distingué par ses grandes vertus).

Durant quarante ans il brilla d'une manière insigne, du temps des papes Théodore, Martin, Eugène, Vi-

[1] Orderic Vital emploie indifféremment le mot *Luxovium* pour Lisieux et pour Luxeuil.

lien, Adeodat, Donus, Agathon, Léon, Benoît et Jean, sous l'empire d'Héracléon, fils d'Héraclius, et sous celui des trois Constantin. Ce prélat vécut longtemps et bien, travailla beaucoup et rendit d'admirables services à l'Eglise de Dieu. Les forces me manquent pour raconter par combien de noblesse, de sainteté et de mérites de toute espèce cet évêque se distingua. Le pape Martin tint à Rome un concile de cent cinq évêques; peu de temps après, son attachement à la foi catholique occasionna son enlèvement, qui eut lieu par l'ordre de Constantin, neveu d'Héraclius, et qui fut effectué par l'exarque Théodore : relégué à Cherson, il y fit une sainte fin, et y repose. L'archevêque Théodose et l'abbé Adrien, hommes également très-savans, furent envoyés par le pape italien dans la Grande-Bretagne, où ils fécondèrent, par la culture de la doctrine divine, plusieurs églises anglaises. Ensuite le pape Grégoire fit passer en Angleterre plusieurs dispensateurs de la divine semence. Augustin et Laurent, Mellitus de Londres, Juste de Rochester, Honorius et Dieudonné, gouvernèrent l'église de Cantorbéry, et conduisirent à la foi du Christ, avec les peuples qui leur étaient soumis, les rois de Kent, Edilbert et Eadbald, Ercombert et Egbert. Viard fut choisi pour septième prélat de ce siége, par les rois Osvius et Egbert, qui l'envoyèrent à Rome pour se faire ordonner. Il y mourut pendant qu'il attendait le jour fixé pour sa consécration : on ordonna à sa place un Grec nommé Théodore, homme très-distingué par sa sainteté et sa sagesse. Dans la Neustrie, Philibert, que comblèrent de gloire sa noblesse, sa sainteté et l'éclat de ses miracles, fonda, avec la permission du roi Clovis et de la reine Bathilde, un couvent à Jumiège, pour recevoir huit cents moines : quelques années après, il mit à la tête de cette maison saint Aichadre, qu'il avait tiré du couvent de Noirmoutier [1]. Alors Wandrille [2] bâtit un monastère à Fontenelles, et y réunit, pour la milice de Dieu, près de quatre cents moines, parmi lesquels l'Eglise prit avec satisfaction, pour la gouverner, plusieurs évêques et plusieurs abbés très-capables. On voyait fleurir alors dans le diocèse de Rouen Sidoine, Ribert, Gérémar, Leufroi et plusieurs autres moines, tous favorisés, pour toutes sortes de biens, par le zèle et l'assistance du vénérable archevêque Ouen, ainsi que tout lecteur avide d'instruction peut le voir clairement dans leur histoire. En Italie, le roi Aripert étant mort au bout de neuf ans à Pavie, ses deux fils, encore fort jeunes, lui succédèrent : Godebert s'établit à Pavie, Bertarith fixa le siége de son gouvernement dans la ville de Milan. Peu après, Grimoald, vaillant duc de Bénévent, tua d'un coup d'épée Godebert, mit Bertarith en fuite, s'empara de leur trône et de leur sœur, et gouverna neuf ans avec force et succès. A sa mort, Bertarith régna dix-huit ans, et s'associa son fils Cunipert, qu'il avait eu de la reine Rodelinde : ils aimèrent tous deux la justice, et n'hésitèrent pas à se montrer fortement serviteurs bienveillans de Dieu et de son église, ainsi que protecteurs des pauvres. Alacheris, duc de Brescia, se révolta contre eux. Il troubla beaucoup et long-temps tout le pays, jusqu'à ce que, tué dans un combat par Cunipert, il trouvât le terme de sa méchanceté. A la

---

[1] *Herium monasterium.*
[2] *Guandregesilus*, et ailleurs *Wandegesilus.*

prière de Constantin, d'Héraclius et de Tibère, princes très-pieux, le pape Agathon envoya à Constantinople Jean, évêque de Porto, sur le Tibre, le diacre Jean et plusieurs autres légats de la sainte Eglise romaine; par leur intermédiaire, il assembla un concile de cent cinquante évêques contre George patriarche de la cité royale, Macaire, évêque d'Antioche, et plusieurs autres hérétiques. A la fin des débats, George se rétracta; mais Macaire, qui se montra opiniâtrément attaché à ses opinions, fut, ainsi que ses complices, frappé d'anathême.

XXI.

Inclytus Ansbertus, probitatis culmine comptus,
Ecclesiam rexit quam sancte nobilitavit.

(L'illustre Ansbert, comblé de tout mérite, gouverna son église et l'ennoblit saintement).

Il brilla pendant dix-huit ans, du temps des papes Léon, Benoît, Jean, Conon et Serge, sous l'empire de Constantin et de Justinien-le-Jeune. Alors régnaient en France Lothaire [1], Thierri et Childéric. Les maires du palais étaient Léger, Ebroin et le prince Pepin.

XXII.

Insignis Grippo successit in ordine sancto,
Actibus egregius, meritis pastor venerandus.

(Grippon, prélat distingué, succéda à son tour dans cette sainte catégorie, noble pasteur dans ses actions et vénérable par ses mérites).

Il fleurit vingt-quatre ans, du temps des papes Jean Sisinnius, Constantin et Grégoire. Alors Léon,

[1] Clotaire III.

Tibère, Justinien, Philippique, Anastase, Théodose et Léon gouvernaient la république. Clovis, Childebert et Dagobert-le-Jeune régnaient en France. En Angleterre, le très-révérend Cuthbert, devenu d'anachorète évêque de l'église de Lindisfarn, illustra toute sa vie, depuis l'enfance jusqu'à la vieillesse, par d'éclatans miracles. Sous le règne de Henri, roi des Anglais, Radulf, évêque de Rochester, trouva son corps intact : il changea ses vêtemens, assisté par des moines et des clercs, en présence et sous les regards respectueux d'Alexandre, roi des Ecossais.

XXIII.

Justus et insignis Radilandus in ordine fulsit,
Compatiens cunctis, meritisque refertus opimis.

(Le juste et grand Radiland brilla dans l'épiscopat, compatissant pour tout le monde, et rempli de mérites éminens).

Ce prélat fleurit pendant trois années, du temps du pape Grégoire II. Alors Léon gouvernait l'empire. Les Français élevèrent au trône des rois, à la mort de Dagobert, le clerc Daniel. Les Sarrasins, avec une nombreuse armée, assiégèrent Constantinople pendant trois ans ; mais ils furent vaincus par les citoyens, qui combattirent contre eux beaucoup plus par les prières que par les armes ; ils prirent la fuite au milieu des périls, de la famine, du froid et de la peste. Liutprand, roi des Lombards, confirma, de l'avis du pape Grégoire, la donation du patrimoine des Alpes Cottiennes, qu'Aripert avait envoyée à Rome écrite en lettres d'or, et qu'il avait ensuite annulée. Il acheta pour une somme d'argent les os du docteur saint Augustin ; il les transféra à Pavie, et les y plaça honorablement, après les avoir retirés de la Sardaigne, que les Sarrasins avaient ravagée.

XXIV.

Profuit in populo Domini venerabilis Hugo,
Et tribuit sanctæ subjectis dogmata vitæ.

(Le vénérable Hugues servit beaucoup le peuple du Seigneur, et prodigua à ses sujets les dogmes de la sainte vie).

Il était cousin de Pepin, prince des Français; il fut archevêque pendant huit ans, du temps du pape Grégoire. Il gouverna les églises de Paris et de Bayeux, ainsi que les abbayes de Jumiège et de Fontenelles. Son corps fut transporté en Lorraine avec le corps de saint Aichadre par les moines de Jumiège; placé dans une châsse d'argent, il a été conservé jusqu'à ce jour dans un lieu que l'on appelle Aspes[1], dans le territoire de Cambrai. C'était sous le règne de Constantin. L'anglais Bède, serviteur du Christ, et prêtre du couvent des saints apôtres Pierre et Paul, jeta un grand éclat à Weremuth. Il naquit sur le territoire de ce monastère; dès l'âge de sept ans, il fut instruit par le révérend abbé Benoît, et ensuite par Céolfride. Il habita toute sa vie dans ce même monastère; il y donna tous ses soins à la méditation des Ecritures; il trouva de grandes douceurs, comme il le dit lui-même, à apprendre, à enseigner ou à écrire, partageant son temps entre l'observance de la discipline régulière et l'occupation journalière de chanter à l'église. Dans la dix-neuvième année de sa vie, il fut promu au diaconat, et à trente ans à la prêtrise : ce fut d'après les ordres de Céolfride, son abbé, que le très-révérend

[1] Haspis.

évêque Jean lui conféra l'un et l'autre ministère. Ensuite, ayant reçu le sacerdoce, il n'interrompit pas ses salutaires études jusqu'à l'âge de cinquante-neuf ans ; il tira des ouvrages des vénérables Pères beaucoup de notes concises sur la sainte Ecriture, et prit soin de les ajouter aux textes pour en faire saisir le sens et l'interpréter. Le fruit de ses travaux et de ses études fut très-utile et agréable à l'Eglise de Dieu. Il publia soixante-douze livres sur la loi de Dieu et sur les recherches nécessaires pour l'entendre : il les dénombre tous et les décrit avec soin à la fin de son *Histoire des Anglais*. Alors brilla en Lombardie le moine Paul du Mont-Cassin, et en France le poète Fortunat, pieux évêque de Poitiers.

XXV.

Sedem Radbertus digne pastoris adeptus
Viribus enituit sanctis, sancte quoque vixit.

(Radbert, qui acquit dignement le siége de pasteur, se distingua par les forces de la sainteté, et vécut aussi saintement).

Il fleurit quatre ans, du temps du pape Grégoire II, et sous l'empire de Constantin. Alors en France commandait Charles-le-Marteau [1], c'est-à-dire, Martel, qui, réuni au duc Eudes, livra aux Sarrasins une bataille en Aquitaine, et leur tua trois cent soixante-quinze mille hommes ; dans la province de Narbonne, il les battit encore vaillamment, et les repoussa après en avoir fait un grand carnage.

[1] *Tudites.*

XXVI.

Grimo, devotus pastor, pius, inclytus actu,
Suscipit Ecclesiam divino jure regendam.

(Grimon, dévot pasteur, homme pieux et célèbre par ses bonnes actions, se chargea du soin de gouverner l'Eglise suivant les lois de Dieu).

Il occupa le pouvoir pendant quatre ans, du temps de Grégoire III. En Angleterre, Berchtwald, archevêque de Cantorbéry, étant venu à mourir, Tatwin lui succéda. C'est alors que les deux rois anglais, Coenred, roi de Mercie, et Offa, fils de Siher, roi des Saxons orientaux, quittèrent leur sceptre terrestre pour le Christ, se rendirent à Rome, reçurent la bénédiction du pape Constantin, se firent moines, et, fixés aux portes des Apôtres, vécurent jusqu'à leurs derniers jours dans les prières, les jeûnes et les aumônes. Wilfrid, vénérable archevêque d'Yorck, mourut l'an quarante-cinq de son épiscopat, le 4 des ides d'octobre (12 octobre), dans la province d'Undalum [1], sous le règne de Coenred et d'Osred, fils d'Alfred, roi de Northumbrie. Peu après mourut le très-sage abbé Adrien, qui eut pour successeur Albin, son disciple, homme très-instruit en tout genre.

XXVII.

Culmine pastoris nituit Rainfridus, in omni
Actu magnificus, constructor pontificatus.

(Sur le siége du pasteur, Rainfroi se montra magnifique dans toutes ses actions, et travailla à reconstruire l'édifice du pontificat).

Il gouverna pendant dix-sept ans, du temps des

---

[1] *Undalum.* Mot défiguré sans doute par les copistes.

papes Zacharie et Etienne. Carloman et Pepin étaient alors maires du palais.

XXVIII.

Remigius præsul, regali stirpe creatus,
Devote vixit, commissos dogmatisavit.

(Le prélat Remi, issu du sang des rois, vécut dévotement et fit connaître les dogmes saints à son troupeau).

Il était fils de Charles-Martel et frère du roi Pepin : après l'expulsion de Rainfroi, il gouverna pendant dix-sept ans l'église de Rouen, du temps des papes Paul, Constantin et Etienne. L'empereur Constance, fils de Léon, convoqua à Constantinople un concile de trois cent trente évêques. Le pape Etienne, tourmenté par les persécutions d'Astolphe, roi des Lombards, passa en France, et y consacra le roi Pepin et ses fils Charles et Charlemagne. Alors Boniface, archevêque de Mayence, et Gui, abbé de Fontenelles, vivaient avec distinction ; Constantin et l'émir Abdalla, roi des Sarrasins, rivalisèrent de cruauté contre les orthodoxes. Léon, fils de Constantin, le soixante-onzième empereur depuis Auguste, régna cinq ans. L'an de l'Incarnation du Seigneur 678, le 8 des calendes d'octobre (24 septembre), le roi Pepin mourut, et eut pour successeur son fils Charlemagne.

XXIX.

Præsul Mainardus, bonitatis odore refertus,
Subjectus docuit, vitiorum sorde piavit.

(Le prélat Mainard, tout parfumé de bonté, enseigna les fidèles, et les purifia de l'ordure des vices).

Il brilla huit ans, du temps du pape Adrien. L'an

six de son règne, le roi Charlemagne s'empara de Rome. A son retour il prit Pavie, conduisit prisonnier en France Didier, roi des Lombards, qui avait fait éprouver de grandes persécutions au pape Adrien, et chassa d'Italie son fils Adalgise. Ce Didier fut le trente-unième roi des Lombards : en lui cessa la dignité royale à cause de ses forfaits, et depuis ils n'eurent plus de roi de leur nation ; ils furent toujours soumis désormais aux rois des Français ou aux empereurs des Allemands. Les premiers chefs lombards furent Ibor et Aïon, qui avec leur mère Gambara les amenèrent de l'île de Scandinavie[1] ; ensuite ils eurent pour rois Agelmond, Lamission, Lethu, Hildehoc et Godehoc, Claffon et Caton, Wachon, Waltarith, Audouin et Alboin. Agelmond conduisit les Lombards en Bulgarie, Audouin en Pannonie, et Alboin en Italie. Secondé par le patrice Narsès, le roi Alboin, ayant, d'après l'inspiration de sa femme Rosemonde, été tué par Helméchis, son écuyer, Clépon, élu par le peuple, monta sur le trône. Après lui Flavius Autarith, son fils, régna et prit pour femme Théodelinde, fille de Garibald, roi des Boïens. Autarith périt empoisonné au bout de six ans de règne, et Agilulfe Agon, duc de Turin, s'empara de la reine et du royaume, et, mourant vingt-cinq ans après, laissa son royaume à son fils Adoloald. Celui-ci ayant régné dix ans avec sa mère Théodelinde, Arioald posséda le royaume des Lombards pendant douze ans, et eut pour successeur Rotharith, prince puissant, mais souillé de la perfidie

---

[1] La Scandinavie n'était pas une île : on avait désigné sous ce nom la Suède, la Norwège, et quelquefois d'une manière vague les pays du nord jusqu'à la mer Glaciale.

de l'hérésie d'Arius : après un règne de seize années, il laissa son royaume à son fils Rodoald qui, cinq ans après, surpris en adultère, fut tué par le Lombard Rival. Aripert, fils de Gondoald, neveu de la reine Théodelinde, régna ensuite, et, mourant neuf ans après, laissa son royaume à ses fils Bertarith et Godibert. Cependant Grimoald, duc des Bénéventins, épousa Rodelinde, fille du roi Aripert, fit périr par le glaive son frère Godibert, et chassa du trône son autre frère Bertarith. Grimoald étant mort neuf ans après, Bertarith monta sur le trône et chassa Garibald, fils de Grimoald, qui avait régné durant trois mois après la mort de son père. Bertarith régna dix-huit ans, et Cunipert douze. A la mort de ce dernier, les Lombards eurent pendant deux ans quatre rois à la fois, savoir, Liutpert, fils de Cunipert, Ragimpert, duc de Turin, fils de Godibert, Aripert son fils, et Rotarith, duc de Bergame. Enfin Aripert l'ayant emporté sur ses rivaux, tua Liutpert et Rotarith ; il chassa de l'île Comacine[1] Ansprand, qui avait pris soin de l'enfance de Liutpert, fit crever les yeux à son fils Sigisbrand, régna ensuite pendant neuf ans, et rendit à saint Pierre plusieurs domaines qui avaient été ravis par ses prédécesseurs. Ensuite, comme il nageait dans le Pô, chargé d'or, il s'y enfonça, et, suffoqué par les eaux, y périt. Ansprand, homme sage, ne régna que trois mois, et son fils Liutprand, prince entreprenant, occupa le trône pendant près de trente-deux ans. Son neveu Hildebrand fut élevé à la royauté, mais il mourut avant deux ans. Ensuite Rathchise et Astolphe, fils de Penmon, duc de Frioul, prirent la

---

[1] Ile qui a donné son nom au lac de Côme, anciennement lac Larius.

couronne que le premier déposa volontairement pour se faire moine à Rome.

Astolphe persécuta beaucoup l'Eglise du Seigneur de toutes les manières, du temps du pape Etienne ; mais enfin, par un juste jugement de Dieu, il fut tué à la chasse d'un coup de flèche. Enfin le duc Didier, secondé par le pape Etienne, devint roi des Lombards, et, lorsqu'il fut parvenu au trône, il persécuta le pape, le clergé et le peuple de Rome. C'est ce qui détermina le pape Adrien à implorer l'assistance des Français, qui détruisirent et ont renversé jusqu'à ce jour la puissance cruelle du royaume des Lombards. C'est du temps de Mainard, archevêque de Rouen, que cet événement arriva l'an de l'Incarnation du Seigneur 774.

XXX.

Præsul successit cui Gillebertus, in omni
Constans, et lenis populi pastorque fidelis.

(Alors succéda Gillebert, prélat constant et doux en toute chose, et pasteur fidèle de son peuple).

Il brilla quarante-huit ans du temps des papes Adrien, Léon, Etienne et Pascal. Alors fleurissaient à Constantinople les Augustes Constantin, Léon [1], Nicéphore, Staurace son fils, Michel [2], Léon [3] et Michel [4]. Charles [5], roi des Français, signala sa vaste puissance, et par son grand mérite si digne d'éloge accrut son empire sur tous ses voisins. Il détruisit Pampelune, assiégea et prit Sarragosse, subjugua la Gascogne, l'Espagne, la Saxe et la Bavière ; il dévasta

---

[1] Léon Chazare. — [2] Michel Curopalate.
[3] Léon l'Arménien. — [4] Michel-le-Bègue. — [5] Charlemagne.

le pays des Slaves que l'on appelle Voultes[1], et celui des Huns. Du temps de Constantin[2] et de sa mère Irène, on trouva à Constantinople une cassette de pierre qui contenait un homme étendu avec cette inscription : « Le Christ naîtra de la Vierge Marie, et je crois en « lui. O soleil, vous me reverrez sous l'empire de « Constantin et d'Irène. » Sous le pontificat de Léon, un grand tremblement de terre ébranla presque toute l'Italie, et renversa en grande partie le toit de l'église de Saint-Paul avec ses poutres. L'an 800 de l'Incarnation du Seigneur, le roi Charles fut consacré empereur par le pape Léon et proclamé Auguste par les Romains. Après avoir accompli un règne de quarante-sept ans, ce monarque mourut. Louis son fils régna vingt-sept ans, et eut pour secrétaire l'archevêque Gislebert.

XXXI.

Rainowardus huic successit in ordine felix,
Hic aluit mites, compescuit atque rebelles.

(Rainard succéda heureusement dans cet ordre sacré. Il nourrit les gens de bien et comprima les rebelles).

Pendant dix ans il fleurit, du temps des papes Eugène, Valentin et Grégoire IV, sous l'Auguste Théophile. A cette époque, la discorde régna en France pendant que Lothaire se révolta contre son père Louis-le-Pieux[3]. Alors les Normands commencèrent à ravager la Bretagne et quelques autres contrées. Le

---

[1] *Vulti* ou *Wiltzi*.
[2] Constantin v.
[3] *Ludovicus Pius*, Louis-le-Débonnaire.

corps de saint Philibert fut transporté de l'île de Noirmoutier.

XXXII.

Gumbaldus justæ tenuit moderamina vitæ,
Prospiciens populo venerabilis utpote pastor.

(Gombaud tint avec fermeté les rênes d'une vie équitable, pasteur vénérable qui s'occupa sans cesse de son peuple).

Ce prélat vécut onze ans du temps des papes Grégoire et Sergius, sous l'empire de l'Auguste Michel, fils de Théophile.

L'an de l'Incarnation du Seigneur 840, l'empereur Louis mourut le 12 des calendes de juillet (20 juin). L'archevêque Drogon son frère fit transférer son corps dans la ville de Metz pour y recevoir sa sépulture. Le royaume fut divisé, et la guerre s'étant élevée entre les trois fils de ce prince, Louis, Lothaire et Charles-le-Chauve, on se battit près d'Auxerre, le 7 des calendes de juillet (25 juin) : il y périt de part et d'autre, dans un carnage mutuel, beaucoup de chrétiens. Le corps de saint Ouen fut transporté, lorsque les Normands ravagèrent Rouen et brûlèrent son monastère, le jour des ides de mai (15 mai), l'an du Seigneur 841.

XXXIII.

Insignis Paulus, pastoris culmine dignus,
Verbo doctrinæ fulsit probitateque vitæ.

(L'illustre Paul, digne d'être élevé au siége de pasteur, brilla par les paroles de sa doctrine et par la pureté de sa vie).

Son pontificat dura six années, du temps du pape Serge, sous l'Auguste Michel. Lothaire occupa une partie du royaume de France que son père lui avait donnée de son propre mouvement, et il régna sur ce territoire qui a gardé jusqu'à ce jour le nom de Lorraine, c'est-à-dire royaume de Lothaire. Charles-le-Chauve fut établi roi des Français et empereur des Romains. C'était un homme bon et courageux.

XXXIV.

Wanilo, vir prudens, divino dogmate pollens,
Eternæ docuit commissos jura salutis.

(Wanilon, prélat prudent, savant dans les dogmes divins, dicta aux fidèles les lois de l'éternel salut).

Il fleurit onze ans du temps des papes Léon, Benoît et Nicolas. La cinquième année de son gouvernement, il gela depuis la veille des calendes de décembre jusqu'aux nones d'avril (du 30 novembre au 5 avril).

XXXV.

Indole præcipuus, bonitate nitens, Adalardus
Jura sacerdotii tenuit pie pastor heritis.

(Remarquable par la beauté de son caractère, brillant de bonté, le pasteur Adalard défendit pieusement les droits du sacerdoce suprême).

Il occupa le siége pendant quarante ans, du temps du pape Nicolas. Basile tua son maître Michel, et régna en sa place à Constantinople durant vingt années. L'univers éprouva pendant trois ans les fureurs d'une grande famine, de la mortalité des hommes et de la peste des animaux.

XXXVI.

*Felix atque probus præclara stirpe Riculfus
Contulit ecclesiæ quam plurima prædia terræ.*

(Riculfe, heureux et bon, issu d'une noble origine, donna de grands biens à son église).

Il fleurit trois ans du temps des papes Nicolas et Adrien.

XXXVII.

*Nobilis antistes divino jure Joannes
Ordine pontificis virtutum lampade fulsit.*

(Jean, prélat distingué par la puissance divine, brilla dans l'ordre des pontifes par le flambeau de ses vertus).

Il gouverna les Rouennais pendant deux ans.

XXXVIII.

*Villo, commissum conscendens pontificatum,
Claruit in populo vir prudens dogmate sancto.*

(Vilton, montant au trône pontifical qui lui avait été confié, fit éclater en faveur du peuple sa prudence et les saintes doctrines).

Il gouverna l'Eglise pendant un an, du temps du pape Adrien et de l'Auguste Basile.

XXXIX.

*Successit Franco, plebis bonus auxiliator,
Qui lavacri sancti Rollonem fonte sacravit.*

(Il eut pour successeur Francon, ce bon protecteur du peuple, qui consacra Rollon dans la fontaine du saint baptême).

Pendant quarante-quatre ans, il fut florissant du temps des papes Jean, Marin, Adrien et Etienne. Alors Léon et Alexandre, tous deux fils de Basile, régnèrent vingt-deux ans. L'an du Seigneur 876, Rollon pénétra avec les siens en Neustrie, et, pendant trente ans, désola effroyablement la France par la guerre, le brigandage et l'incendie. Il combattit contre Richard, duc des Bourguignons, Ebble, comte des Poitevins, et plusieurs autres princes de la France. Enflé d'orgueil par la fréquence de ses victoires, il occasionna les plus grands maux aux adorateurs du Christ. Enfin Charles-le-Simple, fils de Louis-le-Fainéant[1], ne pouvant continuer la guerre contre Rollon, fit la paix avec lui, lui donna pour femme sa fille Gisèle, et lui céda la Neustrie. Alors régnèrent à Constantinople les Augustes Alexandre, Constantin, avec sa mère Zoë, et Romain l'Arménien.

XL.

Sedem pontificis Gunhardus in ordine sumpsit,
Utilis in populo, prudens quoque conciliator.

(Gunhard occupa à son tour le siége pontifical; il rendit au peuple de grands services, toujours prudent et conciliateur).

Il se distingua pendant vingt-quatre ans, du temps des Augustes Romain l'Arménien et Constantin. Alors en France, le duc Robert prit la couronne; le roi Charles lui fit la guerre pendant un an et mit à mort ce prince parjure. Cependant Hugues, fils de ce duc, remporta la victoire. Peu de temps après, Héribert, comte de Péronne, beau-frère de Hugues-le-Grand, s'empara du roi par surprise, et le retint en prison pendant trois ans, c'est-à-dire jusqu'à la mort du monarque. Cependant Louis, fils du roi Charles, passa en Angleterre avec sa mère Edgive, et alla trouver le roi des Anglais Edelstan, son oncle, fils d'Édouard-le-

---

[1] *Ludovicus nihil fecit.* C'est Louis-le-Bègue.

Vieux; et Raoul, noble fils de Richard, duc des Bourguignons, neveu de Charles, régna pendant sept ans. A sa mort, Guillaume Longue-Épée, duc des Normands, à la prière des Français, ramena d'Angleterre Louis, auquel il restitua légitimement le trône paternel. Dans ces temps-là Agapit, Basile, Etienne, Formose, Jean et un autre Etienne fleurirent sur le siége apostolique. Guillaume, fils de Rollon, restaura le monastère de Jumiège; il eut le desir de s'y faire moine sous les lois de Martin qui en était abbé; mais ce prélat refusa de le recevoir, jusqu'à ce que son fils fût en état de gouverner le duché de Normandie. Cependant le duc régnait depuis quinze ans sur ses Etats, et, tant par l'adresse que par la force, il contenait ses ennemis et ses voisins; lorsque, s'étant rendu avec confiance à une entrevue qu'il devait avoir avec Arnoul, comte de Flandre, il fut tué par surprise dans une île de la rivière de Somme le 15 des calendes de janvier (18 décembre).

Richard Sprotaïde[1] son fils, qui était alors âgé de dix ans, gouverna après son père, pendant cinquante-quatre ans, le duché de Normandie. Ce fut l'an de l'Incarnation du Seigneur 942, sous le règne de Louis d'Outre-mer, que ce duc Guillaume et Gunhard, archevêque de Rouen, vinrent à mourir.

[1] Richard 1er, fils de Sprote ou Sporte.

XLI.

Successit Hugo, legis Domini violator,
Clara stirpe satus, sed Christi lumine cassus.

(Hugues, violateur de la loi du Seigneur, succéda à Guphard : sorti d'une illustre lignée, il n'en fut pas moins privé des lumières du Christ).

Il remplit les fonctions épiscopales pendant quarante-sept ans : mais il n'a reçu d'éloges d'aucun des écrivains qui ont parlé de lui ou de ses prédécesseurs. Ils font voir clairement que s'il fut moine, ce ne fut que par l'habit et non par les œuvres. Alors Marin, Agapit, Octavien, Léon, Benoît et Jean occupèrent le siége apostolique ; et les royaumes de la terre furent agités par des troubles affreux. En effet, le roi Louis s'empara de Rouen, conduisit par surprise le duc Richard à Laon, et l'y mit en prison ; mais, par la permission de Dieu et la prudence d'Osmond son gouverneur, il en fut tiré. Ensuite Haigrod, roi des Danois, vint en Normandie avec une armée, d'après les conseils de Bernard-le-Danois, pour venger Guillaume Longue-Épée. Il livra au roi Louis une bataille, dans laquelle périrent, sur les bords de la Dive, Herluin comte de Montreuil, avec Lambert son frère, et seize autres comtes français ; Louis, fait prisonnier, fut envoyé dans la citadelle de Rouen pour y être gardé. Mais Gerberge, reine des Français, fille de Henri, empereur d'outre-Rhin, conclut, de l'avis de Hugues-le-Grand, la paix avec les Normands, et donna en otage pour gage de sa foi, son fils Lothaire, Hilderic, évêque de Beauvais, et Gui, évêque de Soissons. Par ce moyen, le roi fut mis en liberté, et le comte Richard, père de la patrie, fortifia sa puissance. L'empereur Othon subjugua l'Italie; Etienne et Constantin, tous deux fils de Romain, déposèrent leur père du trône de Constantinople; mais Constantin déposa également Etienne, et régna avec son fils Romain pendant seize ans. Ils eurent pour successeur l'empereur Nicéphore. Ludolphe, fils du roi Othon, mourut après avoir soumis l'Italie, et Othon, jeune enfant, fut élevé au trône dans le palais d'Aix-la-Chapelle. Nicéphore ayant été tué par sa femme, Jean monta sur le trône : sa nièce Théophanie épousa l'empereur Othon. En Angleterre, le roi Edmond fut tué par trahison dans la sixième année de son règne, et son frère Edred eut la jouissance du royaume. A sa mort, Edgar fils d'Edmond lui succéda, et régna long-temps avec un grand succès pour lui-même autant que pour le peuple et pour l'église de Dieu. Alors Dunstan à Cantorbéry, Oswald à Yorck, et Adelwood à Winchester se distinguèrent beaucoup par la manière dont ils gouvernèrent l'Eglise; leur zèle et leurs travaux firent élever en Angleterre vingt-six couvens, grâce à la faveur et à l'obéissance que le roi Edgar témoigna à ces prélats. A la mort de Louis, son fils Lothaire régna six ans : en lui fut entièrement éloignée du trône la race de Charlemagne. En effet, Charles et les autres fils de Lothaire furent renfermés, et Hugues-Capet, fils de Hugues-le-Grand, fut élevé au trône.

XLII.

Insignis præsul, claris natalibus ortus,
Robertus felix devoto fine quievit.

(Illustre prélat sorti d'une célèbre origine, l'heureux Robert trouva le repos après une fin dévote).

Il était fils du duc Richard-le-Vieux par Gunnor : pendant quarante-huit ans il gouverna l'archevêché de Rouen et le comté d'Evreux, du temps des rois de France Robert et de Henri son fils. Alors Jean, Grégoire, Serge[1], Silvestre, Jean-Benoît et un autre Jean-Benoît présidèrent l'Eglise romaine. Les empereurs Othon, Henri et Conon[2] gouvernèrent l'Etat par une légitime succession. L'archevêque Robert fut amplement pourvu des biens de ce monde ; il prit soin des intérêts de sa ville dans les affaires séculières et ne sut pas, comme il convient à un prélat, s'abstenir des plaisirs de la chair. Effectivement, comme comte il eut une femme nommée Herlève, qui lui donna trois fils, Richard, Raoul et Guillaume, auxquels, selon les lois du siècle, il partagea le comté d'Evreux et ses autres biens qui étaient considérables. Dans sa vieillesse, il se rappela enfin ses erreurs et s'en repentit ; et comme ses crimes étaient nombreux et grands, il fut très-effrayé. En conséquence, il donna aux pauvres d'abondantes et nombreuses aumônes ; il jeta les fondemens de l'église métropolitaine de la sainte Mère de Dieu, dans la ville de Rouen, et la termina en grande partie.

[1] Au lieu de ces trois noms, on lit dans le texte de Duchesne les suivans : *Agapitus et Gerbertus*.
[2] Conrad-le-Salique.

Le duc Richard II gouverna d'une manière digne d'éloges le duché de Normandie pendant trente ans; comme un tendre père, il secourut les moines et les pauvres clercs du Christ; il augmenta et protégea trois couvens que son père avait fondés, savoir Fécamp, Saint-Ouen, dans le faubourg de Rouen, et Saint-Michel en Péril-de-Mer[1]. Ce duc restaura aussi Fontenelles, et confirma par sa sanction tout ce qui avait été donné à cette abbaye par Turstin ou Gérard Pleitel, et par d'autres seigneurs. En mourant, il céda ses Etats à ses fils, Richard-le-Jeune et Robert, qui ne profitèrent que neuf ans des avantages qu'ils reçurent: Richard III, empoisonné, périt avant deux ans accomplis, et Robert son frère, au bout de sept ans et demi, se rendit comme pèlerin à Jérusalem. En partant, pour ne pas revenir, il laissa son duché à Guillaume, jeune enfant de huit ans, qu'il confia à son cousin Alain, comte des Bretons. Alors les princes Alfred et Edouard étaient exilés en Normandie. Ils avaient choisi cette retraite, parce que Richard II avait donné en mariage à Edelred, roi des Anglais, sa sœur Emma, qui avait mis au monde Alfred et le roi Edouard. Après la mort de son mari, cette princesse envoya ses enfans en Neustrie, épousa Chanut, roi des Danois, lui donna Hardechanut, roi des Danois et des Anglais, et Gunnilde, qui épousa Henri, empereur des Romains.

[1] Le Mont-Saint-Michel.

XLIII.

Malgerius juvenis sedem suscepit honoris,
Natali clarus sed nullo nobilis actu.

(Mauger, jeune encore, obtint le siége d'honneur : illustre par sa naissance, il ne fut noble par aucune action).

Il était fils de Richard II, par sa seconde femme nommée Papie; il domina les Rouennais pendant dix-huit ans, sans la bénédiction apostolique et sans pallium, du temps des papes Damase et Léon. Il s'attacha indécemment aux voluptés de la chair et aux soins mondains ; il eut un fils nommé Michel, brave et légitime chevalier, qui, parvenu à la vieillesse, est honoré et chéri en Angleterre par le roi Henri. Alors s'élevèrent dans le monde de grandes tribulations, qui affligèrent gravement par toutes sortes de vexations les habitans de ce globe. Les Sarrasins envahirent la Sicile, l'Italie et d'autres contrées chrétiennes; ils répandirent partout le carnage, le brigandage et l'incendie. L'empereur Manichet[1] fit lever les habitans de Constantinople, et après avoir réuni toutes les forces de l'Empire, repoussa les idolâtres qui avaient commis de grands ravages, et délivra les contrées chrétiennes. Il transporta avec respect à Constantinople les os de sainte Agathe, vierge et martyre, et les corps de plusieurs autres saints, de peur que les païens ne les profanassent s'ils revenaient. Diogène fut son successeur : sous son règne Osmond Drengot et Drogon, et quelques autres Normands, commen-

---

[1] Il s'agit évidemment ici du général Maniacès qui battit en effet les Sarrasins, mais ne fut pas empereur, quoiqu'il eût aspiré à l'empire.

rent à s'établir dans la Pouille, et à combattre vaillamment les Arabes ou faux chrétiens. Enfin Robert, surnommé Guiscard, après beaucoup de vicissitudes de guerre, obtint la Pouille, d'abord de Hadouin le Lombard et de Mélon son neveu, puis du pape Léon, avec l'obligation de la défendre à perpétuité contre les ennemis de saint Pierre. Avec l'aide de Dieu, Guiscard gouverna courageusement la Pouille, étendit sa domination jusque sur la Sicile, la Calabre et la Bulgarie, et les transmit à ses enfans par droit héréditaire. A cette époque, la Normandie fut le théâtre de beaucoup d'iniquités. Les Normands firent périr par le poison Alain, comte des Bretons, tuteur de leur duc; dans une guerre cruelle ils battirent complétement son successeur Gislebert, fils de Geoffroi, et ils se tuaient mutuellement d'une manière incroyable, dans des combats à peu près continuels. Alors Turchetil de Neuf-Marché, Roger de Toeni, Osbern sénéchal de Normandie, Guillaume et Hugues, tous deux fils de Roger de Mont-Gomeri, Robert de Beaumont, Vauquelin de Ferrières, Hugues de Montfort, et plusieurs autres vaillans seigneurs, se firent une guerre à mort. Ils causèrent de grands troubles et de longues douleurs au pays privé de ses maîtres légitimes. En Angleterre, le roi Hardechanut étant mort, Edouard son frère utérin lui succéda et régna trente-trois ans avec un grand succès et en méritant beaucoup d'éloges. En Bretagne, Eudes succéda à son frère Alain, et pendant quinze ans exerça le pouvoir aussi librement que s'il n'eût été soumis à personne. Dieu lui donna sept fils, que divers événemens rendirent fameux, parce que la fortune se montra pour eux infiniment variable. Les hommes studieux pourraient recueillir sur ces princes, en disant vrai, une histoire étendue et d'un agrément très-varié.

XLIV.

Præsul Maurilius, doctrinæ luce refertus,
Moribus eximiis præfulsit et actibus almis.

(Maurille, prélat éclairé des lumières de la doctrine, se distingua par d'excellentes mœurs et par d'utiles actions).

Originaire de Mayence, il avait exercé les fonctions d'abbé dans un couvent de moines à Florence; s'étant rendu odieux aux transgresseurs des divines lois à cause de la rigueur de la discipline, on lui fit prendre du poison dans un breuvage qui lui fut présenté. Imitant alors le très-saint père et docteur Benoît, il abandonna ses compagnons incorrigibles, passa en Neustrie, se rendit à Fécamp avec Gerbert, moine sage et religieux, du temps de l'abbé Jean, son compatriote, et choisit une habitation propre au culte de la souveraine et indivisible Trinité. Quelque temps après, Mauger ayant été déposé, il fut choisi par les ecclésiastiques pour monter au siége métropolitain: il fleurit pendant douze ans, du temps des papes Victor, Etienne, Nicolas et Alexandre; la neuvième année de son épiscopat, il fit la dédicace de l'église métropolitaine. Ce fut lui qui y transféra avec respect les corps des ducs Rollon et Guillaume: il inhuma Rollon auprès de la porte du Midi et Guillaume derrière la porte du Nord. Il fit graver leurs épitaphes en lettres d'or sur leur tombeau. Voici l'inscription de Rollon:

Épitaphe de Rollon.

DUX NORMANNORUM, TIMOR HOSTIS, ET ARMA SUORUM,
   ROLLO SUB HOC TITULO CLAUDITUR IN TUMULO.
MAJORES CUJUS PROBITAS PROVEXIT, UT EJUS
   SERVIERIT NEC AVUS, NEC PATER, NEC PROAVUS.
DUCENTEM FORTES REGEM MULTASQUE COHORTES
   DEVICIT DACIÆ CONGREDIENS ACIE.
FRIXONAS, WALCROS, HALBACENSES, HAÏNAUCOS,
   HOS SIMUL ADJUNCTOS ROLLO DEDIT PROFUGOS.
EGIT AD HOC FRESIOS PER PLURIMA VULNERA VICTOS,
   UT SIBI JURARENT, ATQUE TRIBUTA DARENT.
BAÏOCOS CEPIT, BIS PARISIOS SUPERAVIT;
   NEMO FUIT FRANCIS ASPERIOR CUNEIS.
ANNIS TRIGINTA GALLORUM CÆDIBUS ARVA
   IMPLEVIT, PIGRO BELLA GERENS CAROLO.
POST MULTAS STRAGES, PRÆDAS, INCENDIA, CÆDES,
   UTILE CUM GALLIS FOEDUS INIT CUPIDIS.
SUPPLEX FRANCONI MERUIT BAPTISMATE TINGI;
   SIC PERIIT VETERIS OMNE NEFAS HOMINIS.
UT FUIT ANTE LUPUS, SIC POST FIT MITIBUS AGNUS.
   PAX ITA MUTATUM MULCEAT ANTE DEUM.

(Duc des Normands, terreur des ennemis, et bouclier des siens, c'est à ce titre que Rollon est enfermé dans ce tombeau. Le mérite de ses ancêtres les éleva si haut qu'aucun d'eux, aïeul, père ou bisaïeul, ne daigna s'abaisser à servir. Au milieu des batailles, il vainquit le roi qui commandait les braves et nombreuses cohortes du Danemarck. Il mit en fuite les Frisons, les gens de Walcheren, de l'Elbe[1] et du Hainaut qui s'étaient réunis contre lui. Il força les premiers, vaincus dans plusieurs batailles, à lui jurer

[1] Conjecture sur le mot *Halbacenses*, qu'on trouve dans toutes les copies de cette épitaphe.

fidélité et à lui payer tribut. Bayeux fut pris par lui, et les Parisiens furent deux fois vaincus. Nul ne fut plus que lui redoutable aux bataillons français. Durant trente années il baigna leurs plaines de leur sang, toujours en guerre avec l'indolent Charles-le-Simple. Enfin, après un long carnage, de grandes dévastations et d'affreux incendies, il conclut avec la France empressée un utile traité de paix. Suppliant, il mérita que Francon le baignât dans les eaux du baptême : ainsi disparurent tous les crimes du vieil homme. Comme il avait été loup dévorant, il se montra comme un doux agneau pour ceux qui étaient remplis de douceur. Puisse cette tranquillité le présenter devant Dieu comme s'étant adouci dans son changement!)

» Des vers funèbres furent gravés en lettres d'or sur le mausolée de Guillaume Longue-Épée, lequel est situé dans la région du nord.

Épitaphe de Guillaume Longue-Épée.

Quos defendebat Guillelmus nemo premebat,
    Auxilio caruit lædere quem voluit.
Regibus ac ducibus metuenda manus fuit ejus,
    Belliger Henricus Cæsar eum timuit.
Rexit Normannos viginti quinque per annos,
    Militis atque ducis promptus in officiis.
Cænobium pulchre reparavit Gemmeticense,
    Et decrevit ibi ferre jugum monachi.
Fervidus invicti coluit normam Benedicti,
    Cui petiit subdi, plenus amore Dei.
Distulit hoc abbas Martinus, diva potestas
    Sæva per arma mori prætulit omen ei :
Namque dolis comitis Arnulfi nectus inermis
    Corruit. Æthereum possit habere Deum !
                           Amen.

(Nul n'osait attaquer ceux que protégeait Guillaume ; ceux qu'il voulut frapper demeurèrent sans défense. Sa main fut toujours redoutable aux rois comme aux princes : le belliqueux empereur Henri lui-même craignit sa valeur. Pendant vingt-cinq ans il gouverna les Normands, toujours actif en ses travaux, soit comme soldat, soit comme capitaine. Il répara avec pompe le couvent de Jumiège, et même il eut le projet d'y porter le joug monacal. Dans sa ferveur, il respecta la règle de l'invincible Benoît et demanda, plein de l'amour de Dieu, à se soumettre à ses lois. L'abbé Martin l'en dissuada, et la puissance divine lui présagea la mort au milieu des cruautés de la guerre. Aussi tomba-t-il sans défense enlacé dans les piéges du comte Arnoul. Puisse-t-il jouir de la présence du Dieu des cieux ! Ainsi soit-il.)

L'an de l'Incarnation du Seigneur 1063, l'archevêque Maurille dédia, avec une grande joie, au mois d'octobre, en l'honneur de sainte Marie, mère de Dieu, la basilique métropolitaine que Robert avait commencée dans la ville de Rouen. Cette année était la huitième du règne de l'empereur Henri IV, et la quatrième de celui de Philippe fils de Henri, roi des Français. En cette année, les Normands s'emparèrent de la ville du Mans [1]. Il y avait dix ans que la bataille de Mortemer [2] avait eu lieu, et dix-sept que Guillaume et Gui avaient combattu au val des Dunes [3]. Alors Michel précipita du trône impérial

[1] En 1064.

[2] Mortemer-sur-Eaulne, qu'il ne faut pas confondre avec Mortemer-en-Lions dans le Vexin. Cette bataille est de 1055 et non de 1034, comme le dit Guillaume de Jumiège. Les époques fixées ici par Orderic Vital ne laissent d'ailleurs aucun doute à cet égard.

[3] En 1047, selon Guillaume de Jumiège.

Diogène son beau-père, et s'empara du sceptre de Constantinople qu'il ne tarda pas à perdre honteusement. En Angleterre, à la mort du roi Edouard, il s'éleva de grands troubles lorsque le parjure Harold, fils de Godwin, qui ne sortait pas du sang royal, s'empara du trône par violence et par artifice. L'an 1066 depuis que le Verbe fut engendré, le territoire des Anglais vit la chevelure d'une comète, présage de la chute d'un roi orgueilleux.

Ce fut cette année qu'eut lieu la bataille de Senlac[1], et qu'après la mort de Harold, Guillaume triompha le 2 des ides d'octobre (14 octobre), et fut couronné roi le jour de la naissance du Seigneur[2].

XLV.

Pervigil antistes in eadem sede Joannes
Legis apostolicæ studuit documenta tenere.

(Jean, prêtre vigilant, s'appliqua sur le siége de Rouen à observer les documens des lois apostoliques).

Fils de Raoul, comte d'Ivri et de Bayeux, il fut évêque d'Avranches, et passa de là à l'archevêché de Rouen, qu'il occupa dix ans avec éclat du temps des papes Alexandre et Grégoire VII.

XLVI.

Post hunc Guillelmus, vir nobilis atque benignus,
Catholice plebem tractavit Rotomagensem.

(Guillaume, homme d'une grande noblesse et d'une grande bonté, traita catholiquement le peuple Rouennais).

Il fut le second abbé de Caen. Tiré de ce monastère, il fleurit dans l'archiépiscopat pendant vingt-

---

[1] Ou de Hasting. — [2] Le 25 décembre 1066.

eux ans, du temps des papes Grégoire, Victor, Urbain et Pascal. Il inhuma à Caen le roi Guillaume et la reine Mathilde, dont le fils Robert obtint le duché de Normandie, et leur autre fils, Guillaume, le royaume d'Angleterre.

L'an de l'Incarnation du Seigneur 1095, on éprouva une grande sécheresse et une grande mortalité d'hommes, et, dans une certaine nuit du mois de mai, on vit tomber plusieurs étoiles. Le pape Urbain tint un grand concile à Clermont, et engagea les chrétiens à entreprendre le voyage de Jérusalem contre les païens. Alors une grande famine eut lieu en France. L'an du Seigneur 1099, Jérusalem fut prise par les saints pélerins vainqueurs des Gentils qui l'avaient long-temps occupée; et l'église d'Ouche du saint abbé Évroul fut dédiée le jour des ides de novembre (13 novembre). L'année suivante, Guillaume-le-Roux, roi des Anglais, fut frappé à la chasse d'un coup de flèche et mourut le 4 des nones d'août (2 août). Il fut inhumé à Winchester. Son frère Henri, couronné à Londres le jour des nones d'août (5 août), prit le sceptre royal; il y a déjà vingt-sept ans qu'il exerce ce pouvoir. Par la grâce de Dieu, il a joui copieusement des prospérités de la mondaine félicité, et n'en a pas moins souffert quelques adversités dans divers événemens relatifs à sa famille ainsi qu'à ses amis, ou par suite des troubles qui se sont élevés parmi ses sujets. Le roi des Français mourut après un règne de quarante-huit ans et eut pour successeur son fils Louis, dans la neuvième année du règne de Henri, roi d'Angleterre.

XLVII.

*Brito Goisfredus, sapiens, facundus, acerbus,
Culmen episcopii tenet et dat pabula plebi.*

(Le Breton Goisfred, sage, éloquent et sévère, occupe le siége épiscopal, et donne au peuple le pain spirituel).

Il avait été doyen de l'église du Mans du temps des vénérables prélats Hoel et Hildebert, et quarante-septième évêque, il a déjà gouverné la métropole Rouennaise pendant dix-sept ans, du temps des papes Pascal, Gélase, Calixte et Honorius. Henri v et Lothaire gouvernaient les Latins; Alexis et Jean, son fils, gouvernaient les Grecs. Dans ces temps-là, il arriva sur la terre beaucoup de choses mémorables, que ma plume écrira avec véracité à la place qui leur convient pour les faire connaître de la postérité, si ma vie est accompagnée de la grâce et des bienfaits célestes.

Lecteurs bienveillans, je vous prie de m'accorder votre indulgence, quand je veux en revenir à reprendre le fil de l'histoire que je me suis proposé d'écrire. J'ai fait une longue digression relativement aux évêques de Rouen, parce que je voulais éclaircir pleinement pour la postérité l'ordre de leur succession: c'est pourquoi j'ai parcouru l'histoire d'environ huit cents ans, et j'ai donné par ordre les noms de tous les pontifes romains depuis le pape Eusèbe jusqu'à Lambert d'Ostie que l'on appelle Honorius, et qui maintenant est assis sur le siége apostolique. J'ai fait entrer dans cet opuscule tous les empereurs depuis Constantin, le grand fondateur de Constantinople, jusqu'à Jean, fils d'Alexis, qui y règne maintenant, et jusqu'à Lothaire le Saxon, qui, dans ce moment, tient les rênes de l'Empire romain. Désormais je vais retourner aux affaires de notre temps et de notre pays, et j'entreprendrai de raconter ce qui se passa en Neustrie sous le roi Guillaume après le concile de Lillebonne.

De jeunes séditieux flattèrent Robert fils du roi ; et, pour l'engager à tenter de folles entreprises, ils le provoquaient par ces paroles : « Très-noble fils
« du roi, pourquoi restez-vous dans une si grande
« pauvreté? Ceux qui entourent votre père gardent
« si soigneusement le trésor royal, que vous pou-
« vez à peine donner un denier à vos gens les plus
« fidèles. C'est pour vous un grand déshonneur;
« c'est un grand dommage pour nous, et pour plu-
« sieurs autres, que vous restiez étranger à l'opulence
« du roi. Pourquoi souffrez-vous cet affront? Celui-
« là doit, à bon droit, posséder les richesses, qui
« sait en faire des largesses à ceux qui lui font des de-
« mandes. Quelle douleur! votre grande générosité
« est misérablement trompée, puisque l'avarice obs-
« tinée de votre père vous réduit à une excessive
« pauvreté, et qu'il ne se borne pas à choisir ses ser-
« viteurs, mais vous impose les vôtres. Combien de
« temps, prince courageux, endurerez-vous ces ou-
« trages? Allons, levez-vous virilement ; exigez de
« votre père une partie du royaume d'Albion, ou du
« moins demandez-lui le duché de Normandie, que
« depuis long-temps il vous accorda en présence d'une
« nombreuse réunion de grands, qui sont encore
« prêts à vous servir. Il n'est pas convenable que vous
« souffriez plus long-temps que l'on commande à vos

« serviteurs naturels, et qu'on refuse à vos deman-
« des les biens héréditaires comme à un étranger qui
« mendie. Si votre père aquiesce à vos réclamations,
« et vous accorde ce que vous demandez, votre
« esprit et vos mérites incomparables éclateront avec
« magnificence. Si au contraire il persiste dans son
« opiniâtreté, et que, cédant à sa cupidité, il vous
« refuse les biens qui vous sont dus, prenez la valeur
« du lion, repoussez une indigne tutelle, et profitez
« des avis et des suffrages de vos amis. Vous les trou-
« verez sans nul doute disposés à faire tout ce que
« vous voudrez. » Le jeune Robert, à ces paroles
d'exhortation, fut vivement enflammé de colère et de
cupidité : il alla trouver son père, et lui parla en ces
termes : « Seigneur, mon roi, donnez-moi la Nor-
« mandie, que vous m'avez dès long-temps accordée,
« avant que vous passiez en Angleterre pour combat-
« tre Harold. » Son père lui répondit : « Mon fils, ce
« que vous demandez n'est pas convenable. C'est par
« la valeur normande que j'ai conquis l'Angleterre.
« Je possède la Normandie par droit héréditaire : elle
« ne sortira pas de ma main tant que je vivrai. » Robert reprit : « Que ferai-je et que pourrai-je donner
« à mes serviteurs ? » Son père repartit : « Obéissez-
« moi en toutes choses, comme il convient, et par-
« tout vous commanderez sagement avec moi comme
« un fils avec son père. » A ces mots, Robert ajouta :
« Je ne veux pas être toujours comme votre merce-
« naire. Je veux avoir des biens en propre, afin de
« pouvoir rétribuer dignement mes serviteurs. Cé-
« dez-moi donc, je vous en prie, le duché qui m'ap-
« partient, afin que, comme vous gouvernez le

« royaume d'Angleterre, je puisse de même, restant
« toujours votre sujet, commander au duché de Nor-
« mandie. » Le roi lui dit : « Mon fils, ce que vous
« demandez est prématuré. N'avez-vous pas honte
« de vouloir enlever à votre père des Etats que, si
« vous en êtes digne, vous devez recevoir en temps
« opportun, avec les vœux favorables du peuple et
« la bénédiction de Dieu? Choisissez mieux vos con-
« seillers, et, prudemment, redoutez les téméraires
« qui, vous pressant imprudemment, vous excitent
« à de criminelles entreprises. Souvenez-vous de
« ce que fit Absalon, comment il se révolta contre
« David son propre père, et quels malheurs arrivè-
« rent tant à lui qu'à Achitophel, à Amasas et à ses
« autres conseillers et complices. Les Normands souf-
« frent toujours le repos avec impatience ; ils ont soif
« de troubles. Ce sont eux qui vous provoquent à des
« entreprises insensées, afin que, dans le trouble,
« ils puissent rompre le frein de la discipline et com-
« mettre impunément de méchantes actions. Ne cé-
« dez pas aux conseils d'une jeunesse pétulante, et
« faites-vous gloire d'en recevoir des archevêques
« Guillaume et Lanfranc, des autres sages et des
« grands parvenus à un âge mûr. Si vous observez
« avec soin ce que je vous dis, vous n'aurez à la
« fin qu'à vous féliciter de votre bonne conduite.
« Mais si vous imitez Roboam, qui méprisa les avis
« de Banaïas et des autres sages ; si vous cédez aux
« inspirations des jeunes gens, comme lui qui s'a-
« vilit devant les siens et les étrangers, vous aurez
« long-temps sujet de vous affliger dans le mépris et
« les refus. » Robert lui dit : « Seigneur, mon roi, je

« ne suis point venu ici pour entendre des sermons,
« dont j'ai souvent, jusqu'à la nausée, été abreuvé par
« mes grammairiens. Répondez-moi positivement sur
« les biens qui me sont dus, et que j'attends; il faut
« que je sache ce qu'il me convient de faire. Je suis
« irrévocablement déterminé, et je veux que tout le
« monde le sache : je ne combattrai désormais pour
« qui que ce soit en Normandie, pour y subir la vaine
« condition d'un subordonné. »

A ces mots, le monarque irrité parla en ces termes :
« Je vous ai assez clairement exprimé mes intentions,
« et je n'ai pas besoin d'en venir à de plus amples ex-
« plications. Tant que durera ma vie, je ne souffrirai
« pas que la Normandie, ma terre natale, sorte de
« mes mains. Quant au royaume d'Angleterre, dont
« je n'ai fait la conquête qu'à force de travaux, je
« ne veux pas et ne suis point d'avis de le diviser de
« mon vivant; parce que, comme le Seigneur l'a dit
« dans l'Evangile, tout royaume divisé contre lui-
« même sera désolé. Celui qui m'a fait régner dispo-
« sera de mon royaume selon sa volonté. Je veux que
« tout le monde tienne pour assuré que, durant ma
« vie, je ne remettrai mes Etats à personne, et que
« nul mortel ne partagera mon royaume avec moi.
« Les vicaires du Christ ont placé avec éclat sur mon
« front le sacré diadème; seul j'ai été chargé de por-
« ter le sceptre royal d'Albion. Il est donc à la fois
« indécent et complétement injuste que je souffre,
« tant que je respirerai l'air de la vie, que qui que ce
« soit dans mes Etats marche mon égal ou mon supé-
« rieur. »

En entendant l'irrévocable décision de son père,

Robert reprit : « Comme le Thébain Polynice, forcé de
« recourir à l'étranger, j'essairai désormais de l'aller
« servir ; peut-être la fortune m'accompagnera assez
« fidèlement pour que je puisse dans l'exil obtenir les
« honneurs qui me sont avec affront refusés sous le
« toit paternel. Puissé-je trouver un prince sembla-
« ble au vieux Adraste, à qui je puisse offrir avec
« empressement le don fidèle de mes services, et
« duquel je reçoive un jour le prix de la reconnais-
« sance ! »

A ces mots, Robert, en courroux, se retira, et, quittant son père, sortit de la Normandie. Alors partirent
avec lui Robert de Bellême, Guillaume de Breteuil,
Roger, fils de Richard de Bienfaite, Johel, fils d'Al-
fred-le-Géant, Robert de Montbrai, Guillaume de
Moulins, Guillaume de Rupierre, et plusieurs autres
seigneurs pleins de courage, fameux par leurs travaux
guerriers, enflés d'orgueil, terribles à l'ennemi par
leur acharnement, et, dans leur arrogance, trop disposés à entreprendre les attentats les plus périlleux.
Le jeune Robert, avec une telle compagnie, qui lui
était inutile, erra pendant près de cinq ans dans les
royaumes étrangers ; il avait déjà gratuitement concédé à ses complices les domaines de son père, et
avait, mais en vain, promis d'accroître encore leur
patrimoine. De leur côté, ils lui firent de vaines
promesses ; et ainsi, par des protestations illusoires,
s'encourageant l'un l'autre, ils se trompèrent mutuellement.

Sorti de son pays natal, Robert alla d'abord trouver ses oncles, Robert-le-Frison, comte de Flandre,
et Odon, frère de celui-ci, archevêque de Trèves. En-

suite il se rendit auprès de plusieurs autres grands seigneurs, dont quelques-uns étaient ses parens, ducs, comtes, et puissans châtelains, en Lorraine, en Allemagne, en Aquitaine et en Gascogne; il leur fit part de ses griefs, dans lesquels il mêla fréquemment le mensonge à la vérité. Ces plaintes étaient volontiers accueillies par beaucoup de personnes, et il recevait même de grands présens de la part de quelques barons magnifiques. A la vérité, ce qu'il recevait comme secours personnel de la libéralité de ses amis, il le distribuait follement à des histrions, à des parasites et à des femmes de mauvaise vie : c'est ainsi que, sans prévoyance, dépensant ce qu'il recevait, il se trouvait réduit, dans sa misère, à mendier et à emprunter, exilé et pauvre qu'il était, l'argent des usuriers étrangers. La reine Mathilde, compatissante au sort de son fils par l'effet de sa tendresse maternelle, lui envoyait souvent des sommes considérables d'or, d'argent et d'autres choses précieuses, dont elle dérobait la connaissance au roi. Quand il eut découvert ces envois, il défendit d'une manière terrible qu'on les renouvelât désormais. Comme la reine eut la hardiesse de ne pas obéir, le roi, en courroux, lui dit : « Le sentiment « d'un certain sage est vrai, et je n'en éprouve que « trop moi-même la justesse :

Naufragium rerum est mulier malefida marito.

(La femme qui trahit son mari est la cause de sa perte).

« Qui est-ce qui désormais en ce monde trouvera « une compagne fidèle et dévouée ? Voilà que ma « femme, que j'aime comme mon ame, à qui, dans

« tout mon royaume, j'ai confié mes trésors et ma
« puissance, soutient les ennemis qui font des entre-
« prises contre moi : elle les enrichit avec grand
« soin de mes propres biens ; elle emploie son zèle
« à les armer contre mes jours, à les soutenir, à les
« fortifier. » La princesse répondit en ces termes :
« Mon seigneur, ne vous étonnez pas, je vous prie,
« si j'aime avec tendresse le premier de mes enfans.
« Par les vertus du Très-Haut, si mon fils Robert
« fût mort, et que, loin de la vue des vivans, il
« eût été caché à sept pieds au fond de la terre, et
« qu'il ne pût être rendu à la vie qu'au prix de mon
« sang, je le verserais pour lui, et je ne craindrais
« pas d'endurer des souffrances au delà de ce que la
« faiblesse de mon sexe me permet de promettre.
« Comment pouvez-vous penser qu'il me soit doux
« de nager dans l'opulence, et de souffrir que mon
« fils soit accablé par la détresse de la misère ? Loin
« de mon cœur une telle dureté, que ne doit pas me
« commander votre puissance. »

A ces mots, le cruel monarque pâlit, et il s'enflamma d'une telle colère qu'il ordonna de saisir le courrier de la reine, nommé Samson, lequel était originaire de Bretagne, et de lui faire aussitôt crever les yeux. Mais cet homme, ayant su par les amis de la reine quelle était la fureur du roi, évita par la fuite l'exécution de l'ordre fatal, et se réfugia à l'instant même au monastère d'Ouche. Aux prières de la reine, il y fut accueilli par l'abbé Mainier, et, pour sauver à la fois son corps et son âme, il prit heureusement le vêtement monacal. Spirituel, éloquent et chaste, il vécut dans l'ordre monastique pendant vingt-six ans.

A cette époque, dans le pays des Teutons, vivait un bon et saint anachorète, qui, entre autres marques éclatantes de ses vertus, possédait l'esprit de prophétie. La reine Mathilde lui envoya des messagers et des présens, et le supplia humblement de prier Dieu pour son mari et pour son fils Robert; elle l'engagea en outre à lui prédire ce qui devait leur arriver par la suite. L'anachorète reçut avec bonté les envoyés d'une telle princesse, et demanda trois jours de délai pour répondre. Le troisième jour étant venu à luire, il appela les messagers de la reine et leur dit : « Allez, et rapportez ces choses de ma part
« à votre maîtresse : selon sa demande j'ai prié Dieu,
« et voici ce que j'ai appris de lui-même dans une
« vision. J'ai vu un certain pré agréablement cou-
« vert d'herbes et de fleurs, et dans ce pré un che-
« val plein de fierté qui y paissait. Il y avait de toutes
« parts une multitude de troupeaux qui desiraient
« avec ardeur venir à la pâture; mais le cheval plein
« de feu les chassait tous, et ne permettait à aucun
« animal d'entrer pour manger les fleurs et fouler les
« gazons. Quelle douleur ! ce coursier élégant et
« courageux, manquant tout à coup, disparut; et
« une vache lascive se chargea de la garde de ce pré
« fleuri. Aussitôt toute la multitude d'animaux qui
« se trouvaient là de toutes parts accourut librement,
« se mit à paître de tous côtés, et, sans crainte d'aucun
« défenseur du pré, ils dévorèrent ce qui faisait son
« ancienne parure, foulant tout aux pieds et répandant
« en tous lieux les ordures de leur fumier. J'ai vu ces
« choses avec un grand étonnement, et j'ai demandé
« ce qu'elles signifiaient au conducteur qui me les

« montrait ; il m'a soigneusement expliqué le tout,
« et m'a dit : Ce pré que vous voyez signifie la Nor-
« mandie ; ces herbes annoncent la multitude de
« gens qui y goûtent la douceur de la paix, et ex-
« priment l'abondance de ses productions ; les fleurs
« sont les églises, où se trouvent les pudiques co-
« hortes des moines, des clercs et des religieuses,
« et où les ames fidèles s'attachent sans cesse aux
« célestes contemplations. Ce cheval sans frein n'est
« autre que Guillaume roi des Anglais, sous la pro-
« tection duquel l'ordre sacré des dévots combat
« avec sainteté pour le roi des anges[1]. Quant aux
« animaux avides qui sont autour du pré, ce sont les
« Français et les Bretons, les Picards et les Angevins,
« et les autres nations limitrophes, qui portent une
« excessive envie au bonheur des Normands, et sont
« prêts à se jeter sur cette terre opulente, comme les
« loups sur leur proie ; mais l'invincible valeur du
« roi Guillaume les repousse sans espoir. Quand, sui-
« vant les lois de l'humaine condition, il viendra à
« manquer, son fils Robert lui succédera au duché
« de Normandie. Bientôt les ennemis l'attaqueront
« de toutes parts ; ils pénétreront dans cette noble et
« opulente contrée dont le défenseur ne sera plus.
« Ils la dépouilleront de sa gloire et de ses richesses,
« et méprisant un prince insensé, ces impies foule-
« ront aux pieds toute la Normandie. Ce prince,
« comme la vache lascive, se livrera à ses passions et
« à son indolence ; il sera le premier à ravir le bien
« des églises, et à le distribuer à d'infâmes libertins
« et à des parasites. Il livrera ses Etats à de telles

[1] Il y a là un jeu de mots : *Regem Anglorum.... regi angelorum.*

« gens, et c'est d'eux qu'il prendra conseil dans ses
« plus grands embarras. Dans le duché de Robert
« domineront les libertins et les efféminés, et sous
« leur règne, la perversité et la misère s'étendront
« partout. Les villes et les villages seront brûlés; les
« basiliques des saints seront violées avec témérité.
« On dispersera les couvens des fidèles de l'un et l'autre
« sexe. Des milliers d'hommes périront par le fer et
« dans les flammes; et parmi eux un grand nombre
« mourront sans pénitence, ainsi que sans viatique,
« et seront, à cause de leurs péchés, précipités dans
« les enfers. La Normandie éprouvera ces calamités:
« autant elle ressentit jadis un orgueil excessif pour
« avoir vaincu les nations voisines, autant, sous un
« duc lâche et débauché, elle deviendra méprisable,
« et restera misérablement et long-temps exposée aux
« traits de ses voisins. Ce duc insensé n'aura que le
« nom de prince: il sera subjugué, ainsi que sa pro-
« vince, au détriment général, par la puissance des
« méchans. Telle est la vision qui m'est apparue ré-
« cemment d'après mes prières; et le juge spirituel
« me l'a fait connaître comme je vous l'expose.
« Princesse vénérable, vous ne verrez pas les mal-
« heurs qui menacent les Normands; car, après une
« bonne confession, vous reposerez en paix, et ne
« verrez, ni la mort de votre époux, ni les mal-
« heurs de votre race, ni la désolation de votre pays
« chéri. »

Après avoir entendu la prophétie de l'anachorète,
les envoyés s'en retournèrent et rapportèrent à la
reine la prédiction qui contenait un mélange de
choses agréables et de choses affligeantes. Les hommes

de l'âge suivant, qui eurent à souffrir des désastres de la Neustrie, et qui virent les incendies et les autres ravages, éprouvèrent, au milieu du carnage et des plus horribles infortunes, combien le prophète était véridique.

Enfin, après beaucoup et d'inutiles voyages, Robert se repentit de sa sottise; mais il ne put retourner librement auprès de son père irrité, qu'il avait eu le tort d'abandonner. Il se rendit auprès de Philippe, roi des Français, son cousin, et lui demanda des secours avec instance. Philippe le reçut bien et l'envoya au château de Gerberoi, parce que ce château est situé dans le Beauvoisis, et touche à la Neustrie; il est très-fort par la position du lieu, par ses murailles et par ses autres moyens de défense. Elie, qui en était vicomte, reçut avec empressement, ainsi que son compère, l'exilé protégé par le roi, et lui promit, à lui et à ses compagnons, assistance en toute chose. C'était l'usage dans ce château qu'il y eût deux seigneurs égaux, et que tous les fugitifs y fussent bien accueillis de quelque lieu qu'ils vinssent. Robert y réunit des cavaliers soudoyés, et leur promit, ainsi qu'à plusieurs barons de la France, que, s'ils le secondaient, ils recevraient des récompenses beaucoup plus grandes qu'il ne pouvait donner. Cette réunion fut la cause de beaucoup de malheurs; ces fils de perdition s'armèrent de fraude et de violence contre les hommes faibles et innocens, et firent avec méchanceté une foule d'actes iniques. Beaucoup de personnes qui paraissaient pacifiques et qui flattaient le roi et ses partisans, se joignaient d'une manière inattendue à ces ennemis du repos public, et livraient leurs parens et leurs maîtres à cette bande de déshérités. Ainsi la Normandie avait plus à souffrir de ses enfans que des étrangers, et tombait en ruines au milieu des calamités intestines qui la ravageaient.

Le magnanime monarque usa de beaucoup de prévoyance pour lever de puissantes armées. Il mit des garnisons dans les châteaux situés sur les frontières de la province voisine de l'ennemi, se disposa à résister virilement à tous ses adversaires, et ne souffrit pas qu'on ravageât impunément aucune de ses possessions. Il crut qu'il serait indigne de lui (ce qu'il ne voulait pas souffrir plus long-temps, et ce qui l'eût exposé à une terrible surprise) de permettre que ses ennemis prissent pied près de ses frontières. En conséquence, après la Nativité du Seigneur, il réunit pendant les mois d'hiver ses meilleures troupes, et marcha vers Gerberoi, pour aller au devant des ennemis qui le menaçaient d'une attaque cruelle. Il assiégea la place avec une puissante armée pendant près de trois semaines. Les meilleurs soldats combattaient de part et d'autre, et souvent des guerriers choisis pour leur bravoure et leur habileté dans l'art de la guerre marchaient au combat. D'un côté les Normands, les Anglais et les alliés du roi, venus des contrées voisines, pressaient vigoureusement leurs ennemis; de l'autre côté, les Français, et quelques voisins qui avaient embrassé le parti de Robert, résistaient avec une grande valeur. Dans ces combats, beaucoup de gens étaient abattus; les chevaux étaient tués, et l'armée éprouvait beaucoup de dommages. Le roi étant retourné à Rouen, les grands cherchèrent dans leur sagesse les moyens de réconcilier le père

et le fils. Roger, comte de Shrewsbury, Hugues de Chester, Hugues de Gournai, Hugues de Grandménil, Roger de Beaumont, et ses fils Robert et Henri, ainsi que plusieurs autres, assistèrent à cette assemblée, et parlèrent ainsi au monarque : « Prince magnanime,
« nous nous rendons humblement auprès de votre
« sublimité, et nous vous prions de prêter l'oreille
« avec clémence à nos prières. Par les mauvais con-
« seils de jeunes gens pervers, le jeune Robert a été
« malheureusement induit en erreur ; il en est résulté
« de grandes discordes et beaucoup de calamités pour
« un grand nombre de personnes. Le prince se repent
« de ses erreurs ; mais il n'ose se rendre ici sans votre
« ordre. Il implore en suppliant votre clémence, afin
« que vous ayez pitié de lui ; c'est ce qu'il essaie
« d'obtenir par les prières de nous tous qu'il sait vous
« être attachés. Il est coupable et a péché en beau-
« coup de choses ; mais il est plein de repentir et
« promet de se corriger convenablement. En consé-
« quence, nous nous réunissons tous pour implorer
« votre clémence, afin que, favorable aux suppli-
« cations de votre fils, vous lui accordiez les faveurs
« du pardon. Corrigez vos enfans coupables, accueil-
« lez-les à leur retour, pardonnez-leur avec bonté
« dès qu'ils sont repentans. » Les grands seigneurs, émus, s'adressaient au roi en faveur de leurs fils, de leurs frères et de leurs parens qui partageaient l'exil de Robert. Guillaume leur répondit : « J'éprouve un
« grand étonnement que vous mettiez tant de zèle à me
« supplier pour un perfide qui a osé commettre dans
« mes Etats un forfait inouï. Il a excité contre moi la
« guerre intestine ; il a séduit mes jeunes hommes, que

« j'ai soignés dès l'enfance et décorés des armes de
« chevalerie. Il a armé contre moi Hugues de Château-
« Neuf, et quelques autres étrangers. Est-il quelqu'un
« de mes prédécesseurs, depuis Rollon, qui ait eu
« comme moi à souffrir une telle attaque de la part
« de ses enfans? Voyez Guillaume, fils du grand Rol-
« lon, les trois Richard, ducs de Normandie, et Ro-
« bert, mon seigneur et père : considérez combien
« ils ont, comme fils, servi fidèlement leur père jus-
« qu'à la mort. Aujourd'hui mon fils fait tous ses ef-
« forts pour me ravir le duché de Normandie et le
« comté du Maine. Il a soulevé terriblement contre
« moi les Français et les Angevins, les Aquitains et un
« grand nombre d'autres ennemis. S'il l'avait pu, il
« eût armé contre moi le genre humain et m'eût fait
« périr avec vous. Selon la loi divine donnée par
« Moïse, il mérite la mort, et, coupable du même crime
« qu'Absalon, il doit être puni de la même mort. »

Les grands de la Normandie entretinrent souvent le roi à ce sujet, et tâchèrent d'attendrir son ressentiment par des conseils pleins de douceur et par des prières. Les évêques et d'autres hommes religieux brisèrent par de pieux discours la dureté de ce cœur enflé de courroux. La reine et les ambassadeurs du roi de France, les nobles voisins et les amis se réunirent pour cimenter la paix. Enfin ce vaillant monarque céda aux attaques de tant de grands personnages, et, vaincu par la pitié, reçut en grâce son fils et ses compagnons. Comme autrefois il avait, étant malade, accordé dans Lillebonne[1] le duché de Nor-

---

[1] On lit dans quelques manuscrits *Bonavilla* : c'est Bonneville-sur-Touque.

mandie à Robert pour en jouir après sa mort, de même, par un nouveau traité, il le lui confirma d'après l'avis des grands. En conséquence, les Normands et les Manceaux se réjouirent de la paix, après avoir été pendant plusieurs années cruellement désolés par les calamités de la guerre.

La sérénité de la paix, si long-temps desirée, ne tarda pas à se couvrir de nuages qui s'élevèrent entre le roi et son fils. En effet, l'insolent jeune homme ne daigna pas suivre son père ni lui obéir; et le monarque, irrité de cette déloyauté, l'attaqua publiquement par ses réprimandes et ses fréquentes injures. C'est ce qui détermina Robert, quelque temps après, à s'éloigner de son père avec un petit nombre d'amis; il ne revint pas, quoique son père, disposé à la paix, envoyât le comte Albéric en France pour lui offrir le duché de Normandie.

Si Guillaume, père irrité pour les tentatives qu'il avait faites, maudit quelque temps son fils téméraire, et lui desira souvent de grandes infortunes, d'un autre côté, il bénit avec amitié ses autres fils Guillaume et Henri qui se montraient obéissans et dociles. Quant à son fils Richard dont la naissance avait suivi celle de Robert, mais qui n'avait pas encore pris la ceinture de chevalier, ce prince, occupé à chasser dans la nouvelle forêt près de Winchester, où il poursuivait vivement à toute bride un certain animal, fut froissé fortement sur l'arçon de sa selle par une grosse branche de coudrier, et se blessa mortellement. Dans la même semaine repentant et absous, il fut fortifié par le saint viatique, et peu de temps après il mourut en Angleterre, à la grande douleur de beaucoup de personnes. Guillaume-le-Roux et Henri, toujours attachés à leur père, furent favorisés de sa bénédiction : pendant plusieurs années, ils jouirent des plus grands avantages du royaume et du duché. Cependant Agathe, fille du roi, qui d'abord avait été fiancée à Harold, ayant été demandée en mariage par Alphonse, roi de Galice [1], lui fut envoyée. Comme elle n'avait pu, conformément à ses desirs, conserver son premier époux, elle regarda comme une grande abomination de se lier à un autre. Elle avait vu cet Anglais et l'avait aimé; aussi elle craignait extraordinairement de se marier à l'Espagnol qu'elle n'avait jamais vu. C'est pourquoi elle pria, en pleurant, le Tout-Puissant de ne pas la conduire en Espagne, mais plutôt de la recevoir. Ses prières furent exaucées : cette vierge mourut pendant la traversée. Son corps fut rapporté dans la terre natale par ses conducteurs, et enseveli à Bayeux dans l'église de Sainte-Marie toujours Vierge. Adélaïde, très-belle et déjà nubile, se recommanda dévotement à Dieu et finit saintement sous la direction de Roger de Beaumont. Constance fut, à Bayeux, donnée avec joie par son père, avec beaucoup de satisfaction, à Fergant, comte des Bretons, fils du comte de Nantes : elle mourut en Bretagne sans laisser de fils.

Etienne de Blois, comte du palais, voulant se lier d'amitié avec le roi Guillaume, lui demanda en mariage sa fille Adèle. De l'avis des hommes sages, elle fut accordée par le père, et, à la satisfaction générale, elle épousa Etienne. Le mariage eut lieu à Breteuil et les fêtes des noces furent célébrées à Char-

[1] Orderic appelle ce prince Amfurcius.

tres. Il était fils du comte du palais Thibaut, et neveu de Berthe comtesse des Bretons et des Manceaux. Il eut pour frère deux comtes fort distingués, Eudes et Hugues, et quatre fils issus d'Adèle, savoir, Guillaume, Thibaut, Etienne et Henri. Les trois premiers furent des comtes puissans et sont comptés au nombre des plus grands de France et d'Angleterre. Guillaume l'aîné, gendre et héritier de Gilon de Sully [1], fut un homme bon et pacifique, puissant par sa lignée et par ses richesses. Thibaut, héritier du domaine paternel, se distingua par sa valeur et par beaucoup de mérite. Etienne, gendre et héritier d'Eustache, comte de Boulogne, obtint en don du roi Henri, son oncle, le comté de Mortain en Normandie et de riches possessions en Angleterre. Quant à Henri, il fut, depuis son enfance, formé à la divine milice dans le couvent de Cluni, et, sous la règle monastique, s'instruisit à fond dans les sciences de la foi divine. S'il y persévère comme il convient, il héritera du royaume des cieux, et, pour avoir méprisé le monde, s'élevera avec distinction au-dessus des princes mondains. Pour le présent, il doit suffire que j'aie donné en peu de mots quelques détails sur la lignée du roi Guillaume : une volonté vive m'excite constamment à remplir ma promesse et ne cesse de me pousser à accomplir le vœu que j'ai formé.

Celui qui dispose éternellement de toutes choses conduit puissamment sa barque au milieu des tempêtes du siècle et gouverne tout avec sagesse ; il aide avec bonté les ouvriers qui travaillent journellement

[1] *De Soleio.*

dans sa vigne; il les fortifie contre les peines et les
dangers par le don de la grâce céleste. Il dirige sa
prévoyance vers l'Eglise au milieu du tumulte de la
guerre et des armes, et il pourvoit avec soin à augmenter ses avantages de toutes les manières. C'est
ce qu'éprouva avec une grande joie le monastère
d'Ouche qui est situé dans une contrée stérile et entouré de voisins pervers; il fut protégé contre les
efforts menaçans des scélérats, par l'aide de la Providence suprême. L'abbé Mainier prit soin de l'église
d'Ouche au mois de juillet [1], et dirigea habilement la
maison pendant vingt-deux ans et huit mois. Il plaça,
avec prudence, dans le bercail de Dieu, pour le servir, quatre-vingt-douze moines qu'il instruisit avec
soin à remplir convenablement leurs devoirs. Il entreprit la construction d'une nouvelle église et de
quelques édifices nécessaires aux moines; avec l'aide
de Dieu, il termina ces constructions assez élégamment pour le pays désert où il les élevait. La bonne
réputation de piété de ses religieux illustra et enrichit l'abbaye d'Ouche, et la fit aimer de beaucoup
de grands et de particuliers d'un état médiocre. Un
grand nombre de personnes accoururent vers eux
pour s'attacher à leur société et pour mériter de participer à leurs bonnes actions envers Dieu. On donnait des biens terrestres pour que Dieu en accordât
de célestes.

Quelques personnes, dans la ferveur de l'amour divin, abandonnaient le siècle, donnaient leurs biens
aux monastères selon les statuts de la règle, et, par
leurs avertissemens et leurs prières, engageaient leurs

[1] En 1066.

amis et leurs parens à suivre le même parti. Parmi ces personnes, on remarqua Roger du Sap et Odon son frère, Serlon d'Orgères, Razson, fils d'Ilbert, Odon de Dôle, Goisfred d'Orléans, Jean de Rheims, et plusieurs autres instruits dans la science des lettres et propres au culte de Dieu. Quelques-uns se distinguaient par leur générosité, et conduisaient à l'extérieur les affaires ecclésiastiques avec beaucoup d'habileté. En effet, Drogon, fils de Goisfred du Neuf-Marché; Roger, fils d'Erneis de Coulances, neveu de Guillaume de Varennes; Ernault, fils d'Omfroi du Tilleul, neveu par une sœur de Hugues de Grandménil, et le médecin Goisbert étaient hommes de cour : par leur entremise ils obtenaient, pour leurs frères, des terres, des églises et des dîmes. Mainier ne manqua pas de se servir de tels auxiliaires; l'église s'enrichit par eux d'avantages, de biens et de moines vertueux.

Cet abbé s'associa pour le gouvernement de la maison Foulques de Guernanville, homme habile et capable d'un tel emploi; il lui confia la prévôté de la maison. Ce religieux était fils de Foulques, doyen d'Evreux : plein d'amour pour son ordre, il seconda diligemment son abbé en toutes choses, et amena à l'église d'Ouche son père et une grande partie de son patrimoine. Disciple de Fulbert, évêque de Chartres, ce doyen possédait un fief de chevalier qu'il tenait de l'héritage paternel. Suivant l'usage du temps, il prit pour noble compagne Orielde, qui lui donna une nombreuse famille. Il en eut huit fils et deux filles dont voici les noms : Guérin, Chrétien, Raoul, Guillaume, Foulques, Fromont, Hubert, Gautier surnommé Tyrrel, Alvise et Adélaïde. A cette époque, et depuis l'arrivée des Normands, il régnait en Neustrie une grande dissolution dans les mœurs du clergé, à tel point que non seulement les prêtres, mais encore les prélats usaient librement du lit des concubines et faisaient parade de la nombreuse famille qu'ils en obtenaient. Un tel usage s'étendit beaucoup du temps des néophytes qui furent baptisés avec Rollon, et qui, plus instruits dans les armes que dans les lettres, envahirent violemment cette contrée désolée. Ensuite des prêtres d'origine danoise, très-peu savans, occupaient les paroisses, et, toujours armés, défendaient leurs fiefs laïques par un service tout militaire. Enfin le Lorrain Brunon, évêque de Toul, se rendit à Rome et devint pape sous le nom de Léon. Pendant qu'il entreprenait le voyage de Rome, il entendit les anges qui chantaient : *Dicit Dominus, ego cogito cogitationes pacis et non afflictionis*, etc.[1]. Ce pape s'appliqua à faire beaucoup de bien, et gouverna avec distinction ses sujets par ses bonnes actions et ses bonnes instructions. L'an de l'Incarnation du Seigneur 1049, ce pape vint en France ; il dédia le jour des calendes d'octobre (1er octobre) l'église de Saint-Remi, archevêque de Rheims, et, d'après l'inspiration de l'abbé Hermar, il transféra avec gloire le corps de ce bienheureux dans le lieu où il est maintenant vénéré. Il tint dans la même ville un concile général, et, entre autres biens qu'il fit à l'Eglise, il statua que les prêtres ne pourraient ni porter les armes, ni avoir des épouses. Depuis

---

[1] *Ego enim scio cogitationes quas ego cogito super vos, ait Dominus, cogitationes pacis et non afflictionis.* JÉRÉMIE, XXIX, 11.

cette époque, cette funeste habitude commença à s'affaiblir. Cependant les prêtres, en quittant volontiers le maniement des armes, ne veulent pas encore s'abstenir de courtisanes ni s'attacher à la continence.

Le doyen Foulques, dont nous avons parlé, tout souillé de l'impureté de la corruption journalière, éleva son ame vers une meilleure conduite : déjà courbé par l'âge, il se retira à Ouche de l'avis de son fils, et sollicita l'habit monacal, abandonnant bien moins le siècle qu'il n'en était abandonné. S'étant fait moine, il donna à Saint-Evroul l'église de Guernanville, une terre qui en dépendait, et une autre terre que Hugues, évêque de Bayeux, lui avait donnée dans le même lieu, et qu'il avait long-temps tenue de Guillaume, fils d'Osbern, neveu de ce prélat. Guillaume, fils et héritier de Foulques, confirma publiquement ces dons en plein chapitre : devenu lui-même héritier avec son père, il déposa la donation sur l'autel de saint Pierre, et reçut en reconnaissance une once d'or de la charité des moines. Cette donation fut confirmée par Guillaume de Breteuil, Gilbert Crépin et ses deux fils, en présence de Roger de Clare, de Hugues l'Ane, de d'Estouteville, de Raoul de La Lande, de Raoul des Fourneaux, de Gaultier de Chaumont, de Guillaume de Longueville et de Guernenville. Ces biens furent concédés en présence de Richer de L'Aigle, par Guillaume Guastinel, qui reçut pour sa concession une once d'or. Les témoins furent Guillaume Halis, Morin du Pin, Robert, fils d'Helgon, et Raoul Cloeth.

J'ai le projet de faire connaître ici en peu de mots

les biens de l'église d'Ouche, afin que les aumônes qui lui ont été faites fidèlement soient connues des novices, et pour que ceux qui en usent sachent en quel temps et de qui elles proviennent, soit par don, soit par achat. En effet, d'avides possesseurs s'attachent aux biens terrestres qui sont périssables, et s'occupent trop peu des choses suprêmes qui sont éternelles ; c'est pourquoi beaucoup de gens ne tentent presque rien dans l'espérance du ciel, à moins qu'ils ne voient dans leurs démarches des avantages temporels. Ainsi nos laïques retiennent injustement les dîmes que le Seigneur fit exiger des Israélites par Moïse pour le service du sanctuaire et des Lévites ; ils ont l'audace de ne les rendre aux ministres de l'Eglise que lorsqu'on les rachète à grand prix. Les dispensateurs des biens des pauvres avertirent, dans leur sollicitude, quelques laïques de rendre les dîmes qu'ils avaient enlevées à l'Eglise de Dieu ; empressés de les leur reprendre par quelque moyen que ce fût, ils donnèrent de grandes sommes d'argent, ignorant que les saints canons ont absolument prohibé toutes ventes et achats de cette espèce. Même dans les conciles modernes, de saints prélats ont frappé d'anathême ce commerce illicite ; mais, par l'effet de leur miséricorde, ils pardonnèrent pour les marchés anciens, et concédèrent à l'Eglise, avec l'autorité pontificale, pour qu'elle en jouît à perpétuité, les biens qui étaient alors en sa possession.

Des hommes d'un état médiocre commencèrent à fonder l'abbaye d'Ouche dans un territoire stérile, et, d'après leur position, ils ne purent donner que des biens de peu de valeur et fort dispersés pour la nourriture des religieux. Dans tout ce pays le peuple est très-pauvre, et, comme il est sans cesse aux prises avec l'indigence et la dépravation, il ne s'occupe que de vols, de larcins et de rapines : c'est ce qui forçait les moines d'Ouche de tirer de loin les vivres qui leur étaient nécessaires pour eux et pour les hôtes qui leur survenaient. Comme ils s'attachèrent, dès le commencement de leur institution, à une discipline régulière, ils se firent aimer des grands personnages et des prélats religieux, qui furent fidèlement vénérés pour avoir donné aux moines tout ce qui leur était nécessaire, tant en dîmes qu'en églises et autres objets.

Raoul de Conches, fils de Roger de Toëni, qui fut le fameux porte-enseigne des Normands, voulant partir pour l'Espagne, vint à Ouche se présenter au chapitre de Saint-Evroul, implora son pardon de l'abbé Mainier et de l'assemblée des moines, pour avoir jadis secondé Ernauld d'Echaufour, lorsqu'il mit le feu au bourg d'Ouche. Ensuite il fit réparation aux moines, déposa son témoignage sur l'autel, et promit dévotement beaucoup de choses s'il revenait heureusement de son voyage. Il leur recommanda son médecin Goisbert, qu'il aimait beaucoup, et qui, après le départ de Raoul, le quitta pour faire sa profession monacale, et l'observa courageusement pendant près de trente ans jusqu'à la fin de sa vie. Le héros dont nous avons parlé, revint quelque temps après dans sa demeure ; il se rappela sa promesse, se rendit à Ouche, et donna à Saint-Evroul, pour l'usage de la messe, deux arpens de vigne qu'il possédait à Toëni. Il fit en outre le don de tout ce qu'il avait à Guernanville, savoir une terre et le panage[1], de manière qu'il n'accordait pas toutefois le premier panage des domestiques, mais bien le second ou le troisième, et qu'il ne le donnait pas pour les moines. En outre, il leur accorda trois hôtes, un à Conches, un à Toëni, le troisième à Aquigni, que Gérold Gastinel tenait de lui et avait donné de son propre mouvement au saint père Evroul. Ce Raoul, quelques années après, emmena avec lui en Angleterre le moine Goisbert, et, d'après ses conseils, fit don aux moines d'Ouche de deux maisons, dont une à Norfolk appelée Caude-Côte, et l'autre dans la province de Worcester, nommée Alvington. Le roi Guillaume concéda ces biens, et, en présence des grands, les confirma de sa royale autorité dans une charte. Elisabeth, femme de ce chevalier, Roger et Raoul ses fils concédèrent de bonne grâce toutes ces choses. Les témoins de ces donations furent Roger de Clare, Gautier d'Espagne, Guillaume de Paci, Robert de Romilli, Gérold Gastinel, Gislebert, fils de Thurold, Roger de Mucegros et Gautier de Chaumont.

Alors Robert de Vaux donna à Saint-Evroul la moitié de deux parties de la dîme de Bernières. Après la mort de son père, Roger, fils de Robert, fortifia cette aumône par sa concession, pour laquelle il reçut quarante sous de Dreux ; sa femme eut dix sous de la charité des moines. Raoul de Conches, dont nous avons souvent parlé, qui était seigneur en chef, donna de bon cœur son assentiment, et exigea avec bienveillance le consentement de sa femme et de ses

---

[1] Le tribut payé par ceux qui envoyaient leurs porcs dans un bois au temps de la glandée.

enfans. Il s'était distingué par un grand mérite dans les armes ; il florissait surtout, par les richesses et les honneurs, parmi les plus grands seigneurs de la Normandie ; pendant près de soixante ans il combattit vaillamment sous les princes normands Guillaume, roi d'Angleterre, et Robert, son fils, duc de Normandie. Il enleva de nuit Agnès, sa sœur utérine, fille de Richard, comte d'Evreux, et la donna en mariage à Simon de Montfort. En récompense il eut pour femme Isabelle, fille de ce Simon, qui lui donna de nobles enfans, Roger et Rodolfe, ainsi qu'une fille nommée Godehilde, qui épousa d'abord Robert, comte de Meulan, et ensuite Baudouin fils d'Eustache, comte de Boulogne. Enfin le vieux Raoul, après plusieurs événemens heureux ou tristes, mourut le 9 des calendes d'avril (24 mars) : son fils Rodolfe posséda environ vingt-quatre ans l'héritage paternel. L'implacable mort ayant soumis à son empire les deux frères, ils furent inhumés avec leur père dans le couvent de Saint-Pierre de Châtillon [1].

Isabelle étant restée long-temps dans le veuvage, se repentit du funeste libertinage auquel elle s'était trop livrée dans sa jeunesse ; elle abandonna le siècle, prit le voile dans le couvent des religieuses de Haute-Bruyère, et persévérant admirablement dans la crainte de Dieu, corrigea sa vie d'une manière salutaire. Le comte Guillaume, fils d'Osbern, ayant été tué par les Flamands, le roi Guillaume distribua ses biens à ses enfans : Guillaume, l'un d'eux, eut Breteuil et toutes les autres possessions de son père en Normandie ; Roger obtint en Angleterre le comté de Hertford. Ce

[1] A Conches.

Guillaume, qui était très-modéré, témoigna beaucoup d'attachement à l'abbaye d'Ouche, et lui donna plusieurs biens pour le repos de l'ame de ses parens: il envoya par le moine Roger du Sap le texte des Evangiles, orné d'or, d'argent et de pierreries, et confirma tout ce que ses hommes avaient donné ou vendu à Saint-Evroul. Il accorda cent sous par an du Tonlieu[1] de Glos, et confirma de bonne grâce la charte suivante en présence de ses seigneurs:

« Moi, Guillaume de Breteuil, fils du comte Guillaume, je donne à Saint-Evroul et à ses moines, de mon Tonlieu de Glos, cent sous pour acheter du poisson, chaque année, au commencement du carême, pour la rédemption de l'ame de mon père et de ma mère, afin que tous les moines fêtent leur anniversaire et le mien, et pour qu'à chaque anniversaire on distribue aux pauvres la portion de nourriture et boisson d'un moine. Durant ma vie, il sera chanté pour moi une messe de la Trinité dans le monastère chaque jour de dimanche. Je donne aux moines un bourgeois à Breteuil, et leur concède tout ce qui leur a été donné par mes hommes, Richard Fresnel, Guillaume Halis, Raoul de Lacunèle, et par d'autres. Je donne ces choses en présent, et je promets aux moines dorénavant et avec fidélité mon conseil, mon assistance et plusieurs autres avantages. Quiconque après ma mort soustraira ces dons encourra l'excommunication. » Cette charte fut souscrite par Guillaume de Breteuil, Raoul le chapelain, Guillaume le sénéchal, fils de Baron, Ernauld, fils d'Ernauld, et Robert de Louviers.

[1] *Teloneum.*

L'an de l'Incarnation du Seigneur 1099, le même Guillaume assista à la dédicace de l'église d'Ouche, et ajouta cent sous, du revenu du cens de Glos, aux cent sous qu'il avait auparavant donnés à Saint-Evroul. Il déposa cette donation sur l'autel encore humide de la sainte consécration, en présence de trois évêques, de cinq abbés, et de tout le peuple avec le clergé, qui assistait à la cérémonie. Peu de temps après, du temps du duc Robert, le comte Guillaume mourut au Bec, le 2 des ides de janvier (12 janvier); il repose enseveli dans le cloître du couvent de Lire, que son père avait fondé sur son propre fonds. On fête tous les ans son anniversaire dans le monastère d'Ouche. La charte de donation des dix livres dont nous avons parlé, fut munie du sceau de Henri, roi des Anglais; les successeurs de Guillaume, Eustache, Raoul de Gadère[1], et Robert de Leicester confirmèrent la concession faite aux moines, et l'ont jusqu'à ce jour parfaitement acquittée.

Guillaume de Moulins, du consentement de sa femme Albérède, donna à Saint-Evroul l'église de Mahéru avec la dîme, toute la terre du presbytère appartenant à la même église, et le cimetière du lieu. En outre, il fit don, dans la place de Moulins, de l'église de Saint-Laurent, ainsi que de la terre qu'il avait dans son domaine auprès du château, de même qu'il la tenait personnellement. Il fit cette donation en présence de ses seigneurs Gaultier d'Aspres, Evrard de Riz, et quelques autres réunis au chapitre: c'est ainsi qu'il mérita les bienfaits de l'église, comme frère et comme protecteur généreux. Alors l'abbé Mainier

[1] Raoul de Gaël.

offrit à ce marquis[1], grâce à la libéralité des religieux, quinze livres de deniers, et le conduisit à l'autel pour y confirmer la donation avec Alberède, fille de Guitmond, du patrimoine de laquelle le bien provenait. En présence de tout le couvent, ils concédèrent volontiers tout ce qui avait été présenté, et le confirmèrent en forme dans une charte sur l'autel de saint Pierre. Quelque temps après, le héros dont nous venons de parler fit don de l'église de Bons-Moulins avec toute la dîme des moissons, du moulin et du four; Rainauld-le-Petit, qui conservait par l'ordre des moines ce qu'ils y possédaient, donna par charité trente sous.

Après qu'Alberède eut donné à son mari deux fils, Guillaume et Robert, le divorce eut lieu entre eux pour cause de parenté. Guillaume de Moulins ayant porté sa cause devant l'évêque épousa une autre femme nommée Duda, fille de Galeran de Meulan, qui lui donna aussi deux fils, Simon et Hugues, lesquels furent frappés dans leur jeunesse par une mort prématurée, qui ne leur permit pas d'avoir des enfans. Alberède prit l'habit de religion, et termina sa vie dans un couvent de filles. Ce Guillaume était fils de Gaultier de Falaise, et il excella à la guerre : c'est ce qui détermina le prince Guillaume à lui donner la fille de Guitmond avec tout le fief de Moulins[1]. Il s'attacha trop aux louanges futiles et vaines, pour l'obtention desquelles il se rendit coupable d'un grand nombre d'homicides. On rapporte qu'il versa beaucoup de sang, et que sa cruauté féroce était si funeste

---

[1] *Marchio*. Ce Guillaume était en effet seigneur d'une place frontière, qui a pris et conservé le nom de Moulins-la-Marche.

que quiconque était frappé par lui, même légèrement, ne pouvait éviter une mort prochaine. Au milieu des alternatives de la prospérité et de l'infortune, il vécut jusqu'à la décrépitude, et jouit de grands honneurs en tout ce qui concernait le siècle. Enfin il mourut dans son château, le 14 des calendes de novembre (19 octobre) ; il repose inhumé dans le chapitre d'Ouche.

Robert son fils, ayant obtenu l'héritage de ses aïeux, tout occupé de son salut à venir, se transporta à Ouche, confirma tout ce que son père et sa mère avaient donné ou concédé, et accorda avec bienveillance à Saint-Evroul ce que les hommes de son fief avaient donné ou vendu. En conséquence, il déposa à l'autel, sur le texte des Evangiles, la concession qu'il venait de faire, et ensuite il reçut de la charité des moines cinq marcs d'argent et un excellent cheval. Pendant près de quinze ans, il gouverna légitimement le fief de son père, et le défendit puissamment contre ses ennemis du voisinage, parce qu'il était très-fort, quoique peu habile dans l'art des combats : contre la défense du roi Henri, il attaqua les armes à la main Enguerrand, surnommé l'Oison, et combattit souvent contre lui avec un grand courage ; c'est ce qui détermina le roi, enflammé de courroux par les mauvais rapports des délateurs, à le priver de ses biens, et à l'exiler de Normandie dans la Pouille, où il se retira avec Agnès, fille de Robert de Grandménil, qu'il avait récemment épousée, et où quelques années après il mourut après avoir erré dans les chaumières de l'étranger. La violence du prince ayant ainsi chassé le frère aîné, Simon lui succéda, et, de concert avec sa femme Adeline, confirma avec joie tout ce que ses prédécesseurs avaient donné à l'abbaye d'Ouche.

Roger de Mont-Gomeri, après la chute de la famille de Giroie, posséda, pendant près de vingt-six ans, tout le patrimoine d'Echaufour et de Montreuil. D'abord, tant que vécut sa femme Mabile, qui avait toujours détesté les Giroie, fondateurs du couvent de Saint-Evroul, Roger, à son instigation, vexa l'abbaye en plusieurs circonstances. Enfin le juste arbitre qui épargne avec bonté les pécheurs, mais qui frappe rigoureusement les impénitens, permit que cette méchante femme, qui s'était teinte du sang de beaucoup de personnes, et qui avait forcé tant de nobles, deshérités par la violence, d'aller mendier chez l'étranger, tombât sous le glaive de Hugues, auquel elle avait ravi un château qui était situé sur La Motte d'Igé[1], et qu'elle avait ainsi privé injustement de son héritage paternel. Dans la douleur qu'il éprouvait, il conçut une entreprise audacieuse : réuni à ses trois frères, et doué d'une grande vaillance, il parvint de nuit à la chambre de la comtesse, dans un lieu sur la Dive, que l'on appelle Bures, la trouva au lit, où elle venait de se mettre après les délices du bain ; et, pour prix de son patrimoine ravi, lui coupa la tête avec son glaive. Après le meurtre de cette cruelle princesse, beaucoup de personnes se réjouirent de sa chute, et les auteurs de ce grand attentat se hâtèrent de fuir dans la Pouille. Hugues de Mont-Gomeri se trouvait à Bures avec seize chevaliers ; ayant appris le meurtre de sa mère, il se mit à poursuivre les assassins

---

[1] La Motte d'Igé, ou La Roche d'Igé.

gitifs ; mais il ne put les atteindre, parce qu'ils
aient eu le soin prévoyant de rompre derrière eux
s ponts des rivières, pour ne pas tomber entre les
ains des vengeurs de Mabile. L'hiver d'ailleurs,
s ténèbres de la nuit, les inondations arrêtaient
s poursuites, et les fugitifs, après s'être vengés, ne
rdèrent pas à quitter la Normandie. Le cadavre
utilé[1] fut inhumé au couvent de Troarn, dont
urand était abbé, le jour des nones de décembre
5 décembre) : non que Mabile y eût droit par au-
un mérite envers ce lieu, mais à cause du crédit de
es amis. Durand fit inscrire sur son tombeau l'épi-
aphe suivante :

ALTA CLARENTUM DE STIRPE CREATA PARENTUM,
 HAC TEGITUR TUMBA MAXIMA MABILIA.
HÆC INTER CELEBRES FAMOSA MAGIS MULIERES
 CLARUIT IN LATO ORBE SUI MERITO.
ACRIOR INGENIO, SENSU VIGIL, IMPIGRA FACTO,
 UTILIS ELOQUIO, PROVIDA CONSILIO ;
EXILIS FORMA, SED GRANDIS PRORSUS HONESTAS ;
 DAPSILIS IN SUMPTU, CULTU SATIS HABITU.
HÆC SCUTUM PATRIÆ FUIT, HÆC MUNITIO MARCHÆ ;
 VICINISQUE SUIS GRATA VEL HORRIBILIS.
SED, QUIA MORTALES NON OMNIA POSSUMUS OMNES,
 HÆC PERIIT GLADIO, NOCTE PEREMPTA DOLO :
ET, QUIA NUNC OPUS EST DEFUNCTÆ FERRE JUVAMEN,
 QUISQUIS AMICUS ADEST, SUBVENIENDO PROBET.

(Cette tombe recouvre l'illustre Mabile, issue de
la grande tige de parens distingués. Fameuse parmi
les femmes les plus célèbres, elle brilla dans tout
l'univers par son mérite. Son génie fut entreprenant,

[1] L'assassinat eut lieu le 2 décembre 1082.

son esprit vigilant, son activité continuelle, son éloquence persuasive, sa sagesse prévoyante. Petite de taille, elle fut grande par ses vertus; magnifique et somptueuse, elle aimait la parure. Elle fut le bouclier de sa patrie, le boulevard de la frontière, et pour ses voisins, tantôt agréable, tantôt terrible; mais comme la puissance des mortels a des bornes, Mabile, frappée pendant la nuit et surprise avec perfidie, a péri sous le glaive. Morte maintenant, elle a besoin d'une pieuse assistance : quiconque la chérit doit le prouver en priant pour elle).

Après la mort de Mabile, le comte Roger prit une autre épouse nommée Adelise, fille d'Everard, du Puiset, qui appartenait à une famille très-noble de France. Ce comte eut de sa première femme cinq fils et quatre filles, dont voici les noms : Robert de Bellême, Hugues de Mont-Gomeri, Roger le Poitevin[1], Philippe et Arnoul, Emma religieuse et abbesse d'Almenêches, la comtesse Mathilde, femme de Robert comte de Mortain, Mabile femme de Hugues de Château-Neuf[2], et Sibylle, femme de Robert fils de Haimon[3]. Sa seconde femme lui donna un fils nommé Everard qui, instruit dans les lettres, est resté jusqu'à ce jour, parmi les chapelains du roi, à la cour de Guillaume et de Henri, rois d'Angleterre. La nouvelle comtesse différa beaucoup de l'autre comtesse par ses mœurs; car elle se fit remarquer par sa sagesse et sa religion, et porta toujours son mari à aimer

---

[1] Ce surnom venait de ce qu'il avait épousé Almodis, qui hérita du comté de La Marche, en Poitou.
[2] Château-Neuf en Thimerais.
[3] Ou Hamon, comte de Glocester.

les moines et à défendre les pauvres. En conséquence ce héros reconnut tout le mal qu'il avait souvent fait à l'abbaye d'Ouche, et s'attacha à effacer soigneusement ses fautes passées par l'amendement de sa nouvelle vie. En effet, il seconda virilement les moines, leur conféra beaucoup de biens en Normandie ainsi qu'en Angleterre, et, en présence de ses vassaux, leur donna de son propre mouvement la charte suivante :

« Moi Roger, par la grâce de Dieu, comte de Shrewsbury, je desire honorer le couvent du saint père Evroul, et lui concède à perpétuité, pour mon salut et pour celui des miens, les objets suivans, que je détache de mes biens. J'ordonne de donner tous les ans, à l'entrée du carême, trente sous manceaux de mon revenu d'Alençon, pour l'illumination à faire de jour et de nuit dans l'église d'Ouche devant le crucifix du Seigneur. J'accorde le péage d'Alençon et toutes les douanes qui existent sur toute ma terre, pour faire partie des biens en propre du monastère ; j'octroie à perpétuité dans toutes mes forêts le panage pour les porcs des moines ; je donne sur Echaufour une terre d'une charrue, et j'accorde irrévocablement la dîme du moulin et de tous les revenus de cette place ; j'y ajoute de mon propre gré la dîme des marchés de Planches. De ma propre volonté et pour l'amour de Dieu, je concède l'église de Raddon et toute la dîme que Gaultier-Sor a donnée à Saint-Evroul, l'église de Saint-Jouin [1], et toute la dîme que le prêtre Renaud a donnée, et qu'Odon père a

---

[1] *Sanctus Jobinus.* Saint-Jouin de Blavou, arrondissement de Mortagne en Perche.

cédée; dans l'église de Bailleul, l'autel de saint Léonard et une portion de la dîme de ce village, avec la terre que Renauld de Bailleul et sa femme Aimerie, ma nièce, ont donnés au couvent. Je donne aussi en Angleterre deux manoirs, Onna et Merston dans le Staffordshire, la dîme de mes fromages et des laines de Pulton, et tout ce que je possède à Melleburn en Granteburgeshire, et une hyde de terre à Graphan en Sussex, et la terre de Vulfuin, orfèvre de Chichester. Je confirme en outre tout ce qui a été jusqu'à ce jour donné à Saint-Evroul, tant en Angleterre qu'en Normandie, par le vicomte Guérin, par Guillaume Pantol[1], par Hugues de Médavi et par quelques autres de mes hommes. J'accorde ces choses en face de Dieu, du consentement de mes fils Robert de Bellême, Hugues et Philippe, pour la rédemption de mon ame, et de celles de Mabile et d'Adélaïde mes femmes, de mes prédécesseurs et de mes héritiers à venir. Je confirme ce testament du signe de la sainte croix, afin que quiconque diminuera, détruira ou enlevera quelque chose de ces donations devienne anathème. »

C'est ainsi que le comte Roger fit ce testament qu'il corrobora de sa souscription. Après lui il fut souscrit à Alençon par ses fils Robert, Hugues et Philippe le grammairien; par ses autres seigneurs, Robert fils de Thibaut, Hugues son fils, le connétable Gislebert et Hugues fils de Turgis, Foulques du Pin, Engelbert le prévôt, Renaud de Bailleul, Guillaume Pantol, Odon de Piré, et plusieurs autres.

Le comte Roger donna en outre beaucoup de choses

[1] Ou Panton.

à d'autres églises, telles que celles de Troarn, de Seès, d'Almenêches, de Cluni, de Caen, et plusieurs autres : ces donations furent tirées des biens qu'il avait acquis de l'héritage paternel. Il commença à bâtir sur la rivière de Mole, au lieu où elle se jette dans la Saverne, un nouveau monastère en l'honneur de saint Pierre, prince des Apôtres. Vers la porte orientale de sa propre ville, c'est-à-dire de Shrewsbury, il y avait une chapelle de bois, fondée dans les anciens temps par Siward fils d'Edelgar, et cousin du roi Édouard : le comte Roger l'avait donnée à Odelirius, fils de Constans d'Orléans, homme doué de beaucoup d'esprit, d'éloquence et d'érudition dans les lettres. Il était ardent ami de l'équité, et conseiller habituel de Roger, qu'il exhortait avec bonté à bâtir des monastères, et auquel il donnait les conseils propres à faire cesser les incertitudes qu'il éprouvait sur le lieu où il commencerait un si grand ouvrage, et sur les moyens qu'il emploierait pour y parvenir.

« Homme illustre, lui dit-il, beaucoup de personnes s'attachent à votre sublimité ; mais tout en essayant de vous servir par leurs actions ou par leurs paroles, ils sont animés d'intentions bien différentes. Quelques-uns, en effet, consultant leurs desirs, souhaitent plutôt acquérir votre bien pour eux-mêmes, que vous engager salutairement à obtenir des biens durables. Celui qui veut vous servir avec véracité doit toujours aimer votre personne plus que vos biens, et vous procurer sans cesse les choses qui sont nécessaires à votre ame. Vous avez commencé, noble chevalier, à vous occuper de la fondation d'un monastère ; mais pour cette difficile entreprise, vous n'avez pas trouvé d'utiles secours dans ceux qui s'occupent plus d'eux-mêmes que des autres. Quant à moi, il me semble très-avantageux que vous fondiez un monastère, que vous y placiez avec soin de dignes religieux selon l'institution du très-saint père Benoît, et que vous y fournissiez abondamment de vos grandes richesses la nourriture et l'habillement aux vrais pauvres de Dieu. Maintenant, voyez prudemment ce que font dans les couvens réguliers les moines savans qui les habitent. On y fait journellement d'innombrables bonnes actions, et les soldats du Christ y combattent virilement contre le diable. Personne ne peut douter que plus un généreux soldat éprouve de fatigue à la guerre, plus glorieuse sera sa victoire, et plus la cour céleste récompensera largement ses trophées. Qui pourrait rapporter dignement toutes les veilles des moines, leurs hymnes, leur psalmodie, leurs oraisons, leurs aumônes, et au milieu des pluies de larmes les quotidiennes offrandes de leurs messes? Les sectateurs du Christ s'occupent exclusivement de ces choses, afin de plaire ainsi à Dieu en se crucifiant eux-mêmes. Ils dédaignent le monde et les parasites mondains, fuient leurs délices comme un vil fumier, et dans l'espoir des biens célestes, foulent aux pieds avec mépris tous les biens de la terre. On ne trouve en eux que rudesse et pauvreté dans leur habillement, indigence et sécheresse dans leurs alimens, et abnégation de leur propre volonté pour l'amour de Notre-Seigneur Jésus-Christ. Que dirai-je de la chasteté des moines, de leur continence absolue, de leur silence, de leur modestie, et enfin de leur obéissance? Une si grande abondance de vertus confond par son mérite mon esprit stupéfait, et j'avoue que je ne puis suffisamment parvenir à l'exprimer par le simple organe de la parole. Les hommes voués à la vie cénobitique sont renfermés dans les cloîtres royaux comme les filles des rois, de peur que, s'ils sortaient à l'extérieur et contre les règles de la modestie, comme Dina, fille de Lia, ils ne fussent honteusement corrompus par Sichem, fils d'Hémor le Hévéen, à la grande injure de leur vaillant père, et à la honte de leurs frères courageux et fiers. Pour ne pas succomber, ils se renferment volontairement dans leur clôture; s'ils succombent malheureusement dans cette retraite, ils deviennent leurs propres accusateurs; et ils s'efforcent de se purifier, par toutes sortes de moyens, des moindres ordures des vices, de même que l'or dans la fournaise. J'en conclus que leurs prières, quels que soient les fidèles pour lesquels elles sont faites, montent sans retard devant le trône de la divine majesté, et obtiennent du roi Sabaoth l'objet de leur demande. Dès ma plus tendre jeunesse, j'ai long-temps été admis aux secrets des moines, et par des relations familières j'ai appris à fond quelles étaient leurs mœurs. En conséquence, lorsque je considère la conduite de tous les mortels qui habitent la terre, et que j'envisage la vie des ermites et des chanoines, je vois qu'ils sont tous, dans leur vie, inférieurs aux moines qui vivent canoniquement et suivant les règles de leur ordre. C'est pourquoi, glorieux comte, j'engage fidèlement votre générosité à construire pour Dieu contre Satan une forteresse monacale, pendant que vous le pouvez, dans ce comté que vous n'avez pas obtenu de vos aïeux par droit héréditaire, afin que, sous le froc, les soldats du Christ livrent au diable un combat continuel en faveur de votre ame. Voici sur la rivière de Mole une maison que vous m'avez donnée récemment : j'ai déjà commencé à bâtir auprès une église de pierres, ainsi que j'en ai fait le vœu l'an dernier à Rome devant l'autel de saint Pierre, prince des Apôtres. J'ai donc depuis peu, lié volontairement par mon vœu, ainsi que je vous l'ai dit, commencé la construction de cette église ; je l'offre avec joie ainsi que tout ce que je possède au Seigneur tout-puissant, et, d'après mes facultés, je promets de seconder en toutes choses ce qui convient au nom de Jésus-Christ. Levez-vous donc promptement, commencez virilement et faites dignement l'ouvrage de Dieu.

Tolle moras, semper nocuit differre paratis.

Vous ne manquerez pas de collaborateurs, et, après votre mort, de pieux orateurs. Dès la première arrivée des moines et des ouvriers qui jeteront les fondemens du couvent, j'offre pour le commencer quinze livres sterling ; je donnerai, en outre, au monastère ma propre personne, mon fils Benoît, âgé de cinq ans, et tout ce que je possède, à la condition que la moitié de tous mes biens fasse partie du domaine des moines, et que, sous leur patronage, l'autre moitié passe à mon fils Evrard. Quant à Orderic, mon aîné, je l'ai depuis long-temps livré à la connaissance des lettres sous un moine libéral, et lui ai procuré en Normandie, dans l'abbaye d'Ouche, un asyle assuré parmi les serviteurs de Dieu ; j'ai donné volontiers de mon bien, à ses maîtres et à ses compagnons, trente marcs d'argent pour sa bienvenue. C'est ainsi que, pour l'amour du Rédempteur, j'ai éloigné mon fils aîné, et l'ai envoyé au delà des mers, afin qu'exilé volontaire, il combattît chez l'étranger pour le roi céleste. Là, libre de tout soin de famille et de toute affection pernicieuse, il se fortifiera admirablement dans l'observance monastique et dans le culte de Dieu. Dès long-temps, je desirais ces choses par l'inspiration divine. Je souhaitais m'engager moi-même ainsi que ma famille dans de telles entreprises, afin qu'aidé par la grâce du Seigneur, je puisse mériter d'être, ainsi que mes enfans, compté parmi les élus au dernier examen. »

En conséquence, l'an de l'Incarnation du Seigneur 1083, le comte Roger adhérant aux utiles exhortations de son fidèle conseiller, convoqua le 5 des calendes de mars, à la sixième férie (25 février), le vicomte Guérin, Picot de Sai et ses autres seigneurs. Après leur avoir fait connaître son projet et avoir reçu leur approbation unanime, il se rendit avec eux à l'église de l'apôtre Saint-Pierre et y déclara publiquement, en présence de beaucoup de témoins, qu'il allait bâtir une abbaye. Il donna à Saint-Pierre tout le faubourg qui est situé hors la porte orientale, et déposa sur l'autel sa donation en y laissant ses gants. La même année, Rainauld et Frodon, moines de Seès, s'y réunirent les premiers, et, à l'aide d'Odelirius et de Guérin, et de quelques autres, ils commencèrent à bâtir les cellules du couvent. Le premier abbé de ce monastère fut l'éloquent Fulchered sous le règne de Guillaume-le-Roux; il eut pour successeur Godefroi sous le règne de Henri. Ces pasteurs furent tous deux religieux et lettrés ; ils s'appliquèrent diligemment à gouverner le troupeau du Seigneur pendant près de quarante ans. Leurs bons soins firent prospérer les affaires extérieures du nouveau monastère, et ils donnèrent pour l'intérieur à leurs disciples une institution de mœurs tout-à-fait digne d'éloge. Odelirius aussi dont nous avons déjà parlé, et qui était père de Vital [1], accomplit entièrement tout ce qu'il avait promis. Il y offrit à Dieu, avec deux cents livres d'argent, son fils Benoît, et lui-même, après la mort du comte Roger, prit l'habit monacal, et y servit Dieu comme moine selon la règle du saint père Benoît. Pendant sept ans, après de grands travaux, qu'il avait supportés pour le Ciel, il découvrit et racheta ses péchés par une confession sincère, la sixième férie de la semaine de la Pentecôte : après avoir reçu l'onction sacrée et s'être muni du viatique, il mourut le 3 des nones de juin (3 juin). Le comte Roger avait vécu six ans après la mort de Guillaume, roi des Anglais, vieillard héroïque qui fleurit parmi les principaux seigneurs de l'Angleterre. Après avoir médiocrement doté de terres et de revenus l'abbaye dont j'ai cité la fondation, il y mourut en 1094, le 6 des calendes d'août (27 juillet), et fut honorablement enseveli entre les deux autels. Son fils Robert obtint seul toutes ses terres en Normandie : comme il était cruel, orgueilleux et tout-à-fait dépravé, il commit d'innombrables iniquités. Hugues de Mont-Gomeri posséda le comté de Shrewsbury; mais, peu d'années après, il fut tué soudain d'un coup de javelot par Magnus, frère du roi de Norwège, et,

---

[1] Orderic Vital, auteur de cette histoire.

transporté, au milieu du deuil général, au couvent de Shrewsbury, il fut inhumé dans le cloître. Le prudent héros avait pendant sa vie procuré des comtés à ses deux autres fils Roger et Arnoul; mais après sa mort ils ne tardèrent pas à les perdre, et par l'effet de leur perfidie, sous le règne de Henri.

J'ai fait une petite digression au sujet de la construction du monastère que la famille du Christ habite maintenant sur les domaines de mon père, et où lui-même, autant qu'il m'en souvient, parvenu déjà à l'âge de soixante ans, porta librement, jusqu'à la fin de sa vie, le joug du Seigneur. Lecteur bienveillant, pardonnez-moi, je vous en prie, et ne soyez pas fâché si j'ai confié à cet écrit quelques particularités sur mon père, que je n'ai point vu depuis que, pour l'amour du Créateur, il me chassa en exil comme un beau-fils odieux. Déjà quarante-deux ans se sont écoulés, et, pendant ce temps, de grands changemens se sont opérés au loin sur la surface de l'univers. Je pense souvent à ces choses, et en confie quelques-unes au papier, résistant ainsi soigneusement aux dangers de l'oisiveté, et je m'exerce par ce travail. Maintenant je vais retourner au sujet que j'ai entrepris de traiter; étranger parmi les indigènes, j'apprendrai à la jeunesse les affaires qui la concernent et qu'elle ignore : de cette manière je lui serai utile, avec l'aide de Dieu.

Ainsi qu'on l'a rapporté, Goisbert, citoyen de Chartres, vint pour se convertir; il vendit une bonne maison qu'il possédait dans la ville, moyennant trente livres chartraines, et en remit avec joie tout le prix aux moines d'Ouche. C'était un homme d'une taille haute et grêle, de mœurs douces et engageantes, magnanime et libéral. Comme il était très-habile dans l'art de la médecine, il était connu de beaucoup de personnes à qui il était nécessaire et dont il était l'ami intime. Ce fut par lui que Foulcher de Chartres, Pierre de Maulie et plusieurs autres prirent connaissance des religieux d'Ouche, respectèrent pieusement leurs vertus et leur donnèrent une portion convenable de leurs biens. Ce Foulcher était estimé pour sa noblesse; il avait en patrimoine de grands biens, était profondément instruit dans les lettres, et de plus chanoine de la sainte mère de Dieu. Il fit une charte de la donation des objets qu'il cédait à Saint-Evroul, et, sous sa dictée judicieuse et agréable, Robert André, écrivain fameux, la traça ainsi qu'il suit:

« Moi Foulcher, fils de Gérard, chanoine, quoi-
« que indigne, de l'église de Sainte-Marie de Char-
« tres, ayant souvent réfléchi en moi-même sur
« ma propre condition et celle des autres mortels,
« j'ai reconnu, comme le dit Salomon, que pres-
« que toutes les choses qui sont sous le soleil n'of-
« frent que des sujets de vanité; et qu'il n'y a rien
« sur la terre qui puisse rendre les hommes heu-
« reux après les angoisses de cette vie, si ce n'est
« de faire du bien pendant qu'ils existent. D'après
« ces considérations dont je suis touché, effrayé
« d'ailleurs de l'énormité de mes crimes, puisque
« chacun doit un jour rendre compte à Dieu de ce
« qu'il a fait, il m'a paru convenable, et je crois
« que c'est par l'inspiration divine, de faire don de
« ce que je possède au bienheureux Evroul, pour le
« salut de mon ame et de celle de mes amis, afin

« que mes frères et amis qui demeurent à Ouche
« puissent avoir de quoi sustenter leurs corps et
« faire ensuite quelquefois avec plaisir mémoire de
« moi. Ce que nous laissons à nos descendans par
« droit héréditaire, non seulement ne nous sert
« pas après la mort, mais nous est préjudiciable le
« plus souvent parce que nous l'avons mal placé.
« Qu'il soit connu de tous les fidèles de la sainte
« Eglise, que librement et spontanément, afin de
« pourvoir à mon salut à l'avenir, je donne à perpé-
« tuité au bienheureux Evroul et à ses serviteurs
« toutes les choses, quoique de peu de valeur, que
« je vais désigner; savoir, l'église de Moulicent, la
« moitié de la dîme de cette terre, le cimetière et
« trois acres de terrain qui se trouvent derrière ; en
« outre, l'arcage du monastère, autant qu'en a tenu
« Goscelin, et la dîme de mon moulin. Si j'y établis
« un marché, je leur en cède également la dîme.
« Tout moine qui habitera à Moulicent ne devra ja-
« mais de mouture de sa provision ; et, s'il veut mou-
« dre à son propre moulin, qu'il le fasse ; s'il ne lui
« plaît pas d'en agir ainsi, qu'il aille moudre au mien
« et qu'il garde toute sa mouture. Tout ce que j'ai à
« Marchainville, terre, moutier et moulin, je le leur
« donne à perpétuité. Dans le village qu'on appelle
« La Landelle, je leur donne en outre une terre
« d'une charrue et un moutier. Je donne semblable-
« ment la dîme de ma forêt, c'est-à-dire du panage,
« des abeilles, et des bêtes sauvages qui y seront
« prises. Les porcs des moines ne paieront aucun
« panage dans mes bois, et les moines ne seront en
« aucun temps, ni envers moi, ni envers mes des-

« cendans, tenus à aucun travail, service ou expé-
« dition quelconque. Si quelqu'un de mes hommes
« veut donner ou vendre quelque chose à Saint-
« Evroul, je lui en donne la permission, et il peut
« le faire sans aucune crainte de ma part. J'offre
« spontanément au Dieu tout-puissant qui me les a
« donnés, et au bienheureux Evroul, confesseur géné-
« reux, toutes les donations quelconques que je viens
« de spécifier. S'il est quelqu'un d'assez lâche ou en-
« vieux pour amoindrir, violer ou enlever de force ou
« en cachette quelques-uns de ces objets, que, frappé
« d'un éternel anathême, il ne voie jamais les biens
« du Seigneur, si ce n'est après avoir fait une très-
« digne satisfaction et être venu à la résipiscence du
« repentir. A ma prière, le seigneur Robert, évêque
« de l'église de Chartres, dans le fief duquel sont les
« objets donnés, rapportés ci-dessus, a bien voulu
« confirmer cette donation de notre pauvreté. Cette
« concession est ratifiée aussi par mes frères, par Alpès
« ma femme, et par mes fils. »

Les moines d'Ouche tiennent depuis cinquante ans la propriété de ce qui leur a été donné par le galant homme dont nous venons de parler : ses successeurs, Barthélemi, surnommé Boël, et Gérard, son fils, confirmèrent avec plaisir ces donations. Là demeurèrent Aimeri et Raoul, Hugues l'Anglais et Guillaume du Merle, et plusieurs autres moines, aussi distingués par leur éloquence que par leur vertus ; ils trouvèrent une protection bienveillante dans les évêques de Chartres, Robert et Goisfred, Ives et un autre Goisfred. C'est ainsi que, par le zèle des moines et l'assistance des gens de bien, fut bâtie l'église de Marchainville, qui est consacrée à Marie, sainte mère de Dieu, par laquelle le salut du monde s'opéra.

Dans le même temps, Landric, Goisfred et Gunhier donnèrent à Saint-Evroul toute la terre de Chéranceï. Comme Isoard, de qui ils la tenaient, la donna aux moines libre de toute redevance, il reçut six livres de l'abbé Mainier. Ensuite Landric, et les autres qui viennent d'être nommés, reçurent du même abbé la moitié de la terre, et, en présence d'Isoard, ils devinrent les hommes de l'abbaye après avoir joint les mains. Ils donnèrent ensuite tous trois, devant Isoard et plusieurs autres témoins, l'église du lieu, tout ce qui en dépendait, et toute la dîme. Ils concédèrent en outre celle de toute la terre, tant pour ce qui appartenait à Isoard que pour ce qui appartenait à saint Etienne ou à tout autre. Cette donation se fit en présence du prêtre Gérard et de plusieurs autres personnes.

L'an de l'Incarnation de notre Seigneur Jésus-Christ 1074, du temps de Guillaume-le-Grand, roi des Anglais et duc des Normands, le chevalier Guillaume, surnommé Pantol, de l'avis du vénérable Mainier son ami, et avec la concession du comte Roger son seigneur, donna à Saint-Evroul les églises de Noron[1], dont l'une a été bâtie en l'honneur de saint Pierre, et l'autre en l'honneur de saint Cyr, martyr. Alors il donna aussi toute la dîme de Noron, son propre Plessis, une partie du bois du Pont-Ogeret, et sa part d'une terre appelée Molinx, et d'une autre située au delà du torrent, et que l'on appelle vulgairement Ruptices. Il concéda ensuite tout le fief de Guillaume de Maloi, dans lequel sont compris environ trente

[1] Près de Falaise.

acres de terre. En conséquence, il reçut de la charité des moines seize livres rouennaises, pour entreprendre le voyage de Saint-Gilles. Le même chevalier donna à saint Pierre toute la terre que Gaultier, fils de Rufa, avait vendue au moine Robert; ce qui fit que ce moine lui donna cent sous rouennais. En outre, le même Guillaume donna aux moines, dans le même lieu, soixante acres de terre, le moulin du Hommet, et la dîme de la moitié du moulin de Noron. Il donna aussi l'église d'Emiéville [1], avec la dîme et tous les revenus appartenant à l'église; et, dans le même lieu, la terre d'un vavasseur, et deux gerbes de la dîme de sa propriété et de tous ses hommes du Ménil-Baclei [2], et toute la dîme du moulin de Roiville [3]. Il donna à Saint-Pierre toute la terre que sa mère Béatrix possédait dans son domaine des Fossés, et les hôtes de l'aumône de Saint-Germain-d'Aubri [4]. Sa sœur Helvis donna à Saint-Pierre tous ses droits sur Aubri, que le même Guillaume concéda alors. Il y joignit en outre, dans le même lieu, la dîme de ses hommes, Raimbault, Robert l'hérétique et Gualon, fils de Saffred. Le même Guillaume donna en outre à Saint-Pierre de Noron toutes les églises et les dîmes de tous les lieux, tant en Angleterre qu'en Normandie, ou en tout autre pays où il ferait des acquisitions, et la dîme de toutes ces possessions, c'est-à-dire, des jumens, des vaches et des fromages, et de tout ce qui est sujet à la dîme. Il concéda semblablement tout

---

[1] Près de Troarn.
[2] *Maisnil Bachelarii*, près de Livarot.
[3] *De Rorevilla*, près de Vimoutier.
[4] Aujourd'hui Aubri-le-Panthou, près de Vimoutier.

ce que ses hommes voudraient donner ou vendre à Saint-Evroul, sauf toutefois le service qui lui était dû; en outre il donna toute une partie de son bien, de sorte que les moines de Saint-Evroul en eurent la moitié après sa mort, et les moines de Noron une autre moitié.

Guillaume Pantol et Léeline sa femme donnèrent librement, comme nous l'avons dit, toutes ces choses à Dieu pour leur salut et celui de leurs amis. Ils confirmèrent généralement cette concession dans le chapitre de Saint-Evroul, en présence du couvent réuni et de plusieurs témoins. Alors Guillaume donna de la main à la main quarante marcs d'argent pour subvenir aux besoins des frères qui devaient se rendre à Noron pour y construire leur maison.

L'abbé Mainier, le prieur Foulques et Guillaume Pantol se rendirent alors auprès du comte Roger qui demeurait à Bellême : ils le prièrent humblement de confirmer par sa concession les donations du chevalier Guillaume. Ce comte, vertueux et libéral, accueillit avec bonté une si juste demande, et approuva tout ce qu'ils desiraient en présence de tous ceux qui se trouvaient alors à sa cour pour diverses affaires. On y célébrait en ce moment la fête de saint Léonard confesseur; et pour cette solennité, le comte, naturellement magnifique, avait invité beaucoup de monde. Hoëlin, évêque du Mans, Hugues, évêque de Lisieux, et Robert, évêque de Seès, Ainard, abbé de Saint-Pierre-sur-Dive, Durand de Troarn, Robert de Saint-Martin-de-Seès et Hugues de Lonlai; Emma, abbesse d'Alménêches, Hervée, chapelain de l'évêque de Lisieux, Roger Faidel, Hugues, fils de

Foucault, Robert, fils de Théodelin, Roger Goulâfre, et plusieurs autres, tant clercs que laïques, furent présens à cette concession.

L'an de l'Incarnation du Seigneur 1077, le noble abbé Robert, frère de Hugues de Grandménil, alla en Normandie pour une entrevue avec Guillaume, roi des Anglais, et accorda à ce monarque le pardon qu'il lui demandait pour l'avoir autrefois injustement exilé. Philippe, roi des Français, s'était adressé à Robert, parce qu'il voulait lui donner l'évêché de Chartres; mais comme les Français n'aimaient pas à obéir à des Normands, ce siége fut occupé par Goisfred, neveu d'Eustache, comte de Boulogne. En conséquence, l'illustre Robert, après avoir assisté à la sainte dédicace des églises de Caen, de Bayeux et du Bec, qui eurent lieu cette même année, eut un entretien amical avec le roi Guillaume, ainsi qu'avec quelques-uns de ses amis et de ses parens qu'il n'avait pas vu depuis plusieurs années ; il regagna ensuite la Pouille, et emmena avec lui Guillaume Pantol, Robert de Cordai son neveu, et quelques autres chevaliers de distinction. Alors Robert Guiscard commandait en Calabre, et venait d'en acquérir le duché de Gisulfe, duc de Salerne. Il était fils d'un certain Tancrède de Haute-Ville, homme de rang médiocre; mais comme il était de grand cœur, et que la fortune l'avait heureusement secondé, il avait conquis l'Italie. De concert avec ses frères, et ceux de ses compatriotes qui l'avaient joint, il contenait fortement les habitans de la Pouille. Il l'emportait sur tous ses voisins par l'éclat de ses grands exploits; et, devenu puissamment riche, il étendait sans cesse sa domination. Il reçut honorablement Guillaume Pantol, lui promit beaucoup de choses, et, à cause de son mérite, essaya de le retenir avec lui. Le jour de Pâques, il le fit au dîner asseoir auprès de lui, et lui promit trois villes s'il voulait rester en Italie et ne pas le quitter.

Cependant la comtesse Mabile était morte frappée du glaive de Hugues de Saugei[1], chevalier naturellement violent : ce meurtre occasionna le retour de Guillaume Pantol, qui revint de la Pouille, et fit naître de grands troubles. On avait accusé Guillaume du crime de trahison, et plusieurs de ses rivaux étaient devenus pour lui des ennemis redoutables. Mabile s'était emparée du château de Perrai, qui avait été donné à Pantol ; cette vexation avait fait naître entre eux une haine opiniâtre. C'est pourquoi on soupçonnait qu'il n'avait pas été étranger à l'assassinat de la comtessse, surtout en remarquant qu'il était très-lié avec Hugues de Saugei, et qu'ils avaient ensemble de fréquens entretiens. En conséquence, le comte Roger et ses fils se saisirent de toutes ses terres, et le firent poursuivre afin de le faire condamner à mort ; mais Guillaume, sa femme et ses enfans se réfugièrent à Ouche, et y restèrent long-temps sous la protection des moines, tout en éprouvant de grandes frayeurs. Ce chevalier niait hardiment le crime dont on l'accusait ; nul ne pouvait le convaincre d'après des indices certains ni réfuter ses dénégations ; et il demandait à se purger légalement de cette action. Enfin, de l'avis de plusieurs grands seigneurs, il fut arrêté à la cour du roi que l'inculpé, pour se laver de la tache du for-

---

[1] *De Salgeio.*

fait qui lui était imputé, irait subir à Rouen, en présence du clergé, l'épreuve du fer chaud. C'est ce qui eut lieu. Il porta de sa main nue le fer étincelant, et, par la permission de Dieu, sans aucune brûlure : en conséquence le clergé et tout le peuple chantèrent les louanges de Dieu à haute voix. Les ennemis malveillans de Pantol étaient en armes à ce spectacle, afin que, s'il était reconnu coupable par le jugement du feu, ils le punissent par le glaive et lui coupassent la tête. Dans ces circonstances critiques, qui tourmentèrent beaucoup Guillaume et ses amis, il reçut de grandes consolations de la part de l'abbé Mainier et des moines d'Ouche, qui l'aidèrent de tous leurs efforts auprès de Dieu et des hommes. C'est ce qui rendit leur amitié plus grande et plus ferme. Aussi donna-t-il à Saint-Evroul quatre des manteaux précieux qu'il avait apportés de la Pouille : on en fit, pour les chantres de l'église, quatre chapes, qui, jusqu'à ce jour, y ont servi à donner de l'éclat au service divin. Après la mort de Guillaume, roi des Anglais, Guillaume Pantol retourna dans la Pouille, en rapporta à son retour les reliques du corps du bienheureux Nicolas, confesseur du Christ, et les plaça dans l'église de Saint-Pierre-de-Noron, pour la décoration du lieu. Ensuite il donna aux moines qui y demeuraient un manoir en Angleterre nommé Traditon, un moulin, l'église du même village, et toute la dîme de six autres villages qui appartenaient à la même église.

L'an de l'Incarnation du Seigneur 1112, c'est-à-dire la douzième année du règne de Henri, roi des Anglais, et la quatrième de celui de Louis, roi des Français, Guillaume Pantol vint à Ouche quarante ans après avoir commencé le monastère de Noron; fidèle à son ancienne amitié, et se rappelant les dons qu'il avait faits, comme nous l'avons dit ci-dessus, il les recensa tous, et, dans une réunion générale des moines, il les confirma expressément, ainsi que sa femme Lééline. Alors Philippe, Ivon[1] et Arnoul ses fils concédèrent aussi tout ce que leur père avait donné aux moines de Saint-Evroul : tous réunis, Guillaume, Lééline et leurs trois fils, Philippe, Ivon et Arnoul, déposèrent la donation sur l'autel. Quatre des évêques qui occupèrent le siége de Seès, Robert, Gérard, Serlon et Jean, Robert-le-Chauve, Goisfred, Ascelin, et plusieurs autres moines religieux habitèrent le couvent de Noron, vivant avec charité dans la crainte de Dieu, et donnant aux peuples l'exemple des vertus. Guillaume Pantol vécut long-temps; il honora les pauvres et le clergé, fit beaucoup d'aumônes, se montra constamment magnanime, fit courageusement tête à tous ses ennemis, et resta toujours puissant par ses richesses et ses terres. Il fit don de soixante marcs d'argent pour commencer la construction de la nouvelle église d'Ouche; il entreprit ce bel ouvrage à la louange de Dieu, mais la mort l'empêcha de le terminer. Ses fils obtinrent son patrimoine, Philippe en Normandie, et Robert en Angleterre; mais ils n'eurent pas le mérite de leur père pour continuer ses entreprises.

Raoul de Mont-Pinçon, sénéchal de Guillaume-le-Grand, roi des Anglais, se dévoua tout entier fidè-

---

[1] *Ivo* se rend ordinairement par Ives. Nous préférons Ivon, parce que ce mot s'est conservé en Normandie, notamment dans la Chapelle-Yvon, près d'Orbec.

lement à Saint-Evroul ; il pria humblement l'abbé dom Mainier d'admettre dans le couvent d'Ouche, à l'état monacal, quelque clerc propre au service de Dieu, qui priât fidèlement le Seigneur pour son salut et celui de sa femme. C'est ce qui eut lieu ; car, par la permission de Dieu, un certain écolier de Rheims, nommé Jean, demandait alors à se faire moine : conduit à la cour du roi, il promit ses prières à Raoul, et lui assura le mérite des travaux qu'il allait entreprendre pour le Christ. Le sénéchal, rempli de joie à cette promesse, baisa humblement les pieds de Jean devant tout le monde. Ensuite les moines reçurent Jean volontiers, et se réjouirent beaucoup de l'avoir admis ; car il était habile dans l'art de la grammaire, et il s'occupa de bonnes études sans relâche jusqu'à la vieillesse. Le chevalier dont nous avons parlé donna à Saint-Evroul, et pour toujours, afin de pourvoir à la nourriture de Jean, cinq moulins, savoir : trois à Jor, le quatrième au lieu que l'on appelle Heurtevent, et le cinquième à Mont-Pinçon ; deux gerbes de la dîme des vilains de Vaudeloges [1], la moitié de la dîme d'Epané, et deux acres de pré à Hermanville [2].

Quelques années après, ce même Raoul mourut le jour des ides de février (13 février), et son corps fut porté à Ouche, où les moines l'ensevelirent dans leur cloître. Ses deux fils Hugues et Raoul se trouvèrent à cette cérémonie avec leur mère Adelise, et se concédèrent à Saint-Evroul, eux-mêmes, ainsi que tout ce que leur père avait donné, en présence de beaucoup de témoins qui s'étaient réunis pour assister à l'inhu-

[1] *Valdreflogiæ.* — [2] *Ermentrudis Villa.*

mation d'un si grand baron. Près de trente ans après, Hugues de Mont-Pinçon alla visiter ses frères spirituels d'Ouche ; il amena avec lui son fils aîné Raoul et sa femme Mathilde, qui était fille de Hugues de Grandménil, et qui pleurait sa sœur Adeline, morte récemment. Alors Hugues renouvela la fraternité que dès son enfance il avait contractée avec les moines, et les supplia de prier pour son frère Raoul, qui était mort dans son pélerinage à Jérusalem. Le jeune Raoul fut comme ses parens totalement associé aux moines : conduit dans le chapitre par Gauthier-le-Chauve, chevalier éloquent, il embrassa ses frères, et concéda à Saint-Evroul tout ce que son père et son aïeul avaient donné. Enfin Hugues de Mont-Pinçon, déjà sexagénaire, mourut à Rouen, le jour des nones de mars (7 mars). Par l'ordre de sa femme et de ses fils, son corps fut transféré à Saint-Evroul. Les moines ses frères l'ensevelirent honorablement dans le chapitre ; et ses fils Raoul, Guillaume et Arnoul se concédèrent eux-mêmes ainsi que tous les biens qui avaient été donnés à l'église d'Ouche par leurs ancêtres. Raoul, qui était l'aîné, épousa la fille de Ranulfe, chancelier du roi Henri ; il mourut peu de temps après, et fut inhumé près de son père dans le chapitre du couvent d'Ouche. Guillaume posséda alors le patrimoine de son père en Normandie. Quant à Arnoul, il se rendit dans la Pouille, pour y jouir des biens de Guillaume de Grandménil son oncle. Leur mère Mathilde ayant perdu son mari, s'éprit d'amour pour un jeune aventurier nommé Mathiel, avec lequel elle entreprit le voyage de Jérusalem, laissant en Normandie ses parens et ses amis ; mais, chemin faisant, la mort, dans son avidité, ne tarda pas à les dévorer dans la même année, car Mathiel mourut comme il allait dans la Pouille, et Mathilde à Joppé, comme elle se disposait à revenir.

Maintenant je veux exposer clairement au lecteur quel fut, comment et combien de temps vécut sous la règle monacale Jean dont j'ai déjà ci-devant un peu parlé. Il avait beaucoup d'esprit, et était infatigable à l'étude; pendant près de quarante-huit ans il vécut sous l'habit monastique, et travailla sans relâche à éclaircir les mystères qui sont cachés dans les livres sacrés. Reçu jeune encore par l'abbé Mainier, il entra dans le bercail de Dieu; promu au sacerdoce, il combattit sous Serlon et Roger, et apprit aux autres, tant par les paroles que par l'exemple, à batailler virilement. Il mourut dans la confession du Christ, du temps de l'abbé Guérin, le 10 des calendes d'avril (23 mars). Long-temps il fut chargé des fonctions de sous-prieur, et souvent même il remplit celles d'abbé, pour proclamer la loi divine. Par l'ordre de l'abbé Roger, il alla trouver à Rome le pape Urbin avec Foulques qui avait été déposé : dans ce voyage, il éprouva de cruelles maladies et de grandes adversités. Dans sa vieillesse, il souffrit plus de sept ans les douleurs de la pierre, et gémissant de sa longue maladie il ne quitta pas le lit. Toutefois, se levant tous les jours pour l'office divin, il rendit grâces à Dieu, et bien préparé, comme je le pense, il mourut au commencement d'une nuit affreuse. Comme il avait lui-même fait beaucoup de vers, l'Anglais Vital son disciple en composa sur lui, et fit ce poème au milieu des larmes, le jour de sa mort, après son inhumation.

« Mars avait accompli le cours de trois semaines,
« et Jean quitta la terre au milieu des ténèbres d'une
« nuit que désolaient les vents et les pluies. Né à
« Rheims, il était Français d'origine ; il eut pour père
« Ilvert, et pour mère l'oncie. Affligé dès son enfance
« d'avoir pour père un cordonnier, il se rendit libre, et
« parvint aux honneurs de la célébrité. Dès ses pre-
« mières années il se livra aux études utiles, et s'em-
« pressa de quitter le sol rhémois, ainsi que sa
« famille. Passé à l'étranger, il gagna Ouche, se
« réunit à ses moines, et fut moine comme eux pen-
« dant près de dix lustres, durant lesquels il se ren-
« dit célèbre. Doué d'un esprit vif, il versifiait facile-
« ment, et, comme il le voulait, écrivait en vers ou
« en prose. Il fuyait l'oisiveté, lisant les écrits de nos
« ancêtres, et prenant tout ce qu'ils renfermaient de
« documens utiles. Il mérita de grands éloges, pour
« avoir veillé dans le culte du Christ ; nuit et jour
« il s'appliquait à prier Dieu ; en actions comme en
« paroles il était un modèle de piété. Il découvrit avec
« ferveur tous les secrets de la loi divine. Dans d'a-
« gréables entretiens il expliquait les choses mysté-
« rieuses à ses disciples. Semblable à l'abeille, sa bou-
« che recélait l'aiguillon et le nectar. Aussi piquait-il
« de son dard les orgueilleux, et versait-il le miel aux
« innocens. Ses conseils pleins de douceur calmaient
« la tristesse et la maladie. Il enseignait les ignorans,
« et réprimait avec vigueur les étourdis. Concis avec
« adresse, et prévoyant avec convenance, il réduisait
« en peu de vers les plus grands sujets. Dans sa dé-
« votion, il composa beaucoup de vers en l'honneur
« du Christ et de Marie la Vierge mère. Les saints

« qu'il aimait entendirent souvent retentir les chants
« qu'il leur adressait. Il écrivit en vers la vie de saint
« Evroul pour son métropolitain Raoul, son père
« chéri. Plusieurs de ses confrères conservent des
« fruits de ses méditations. Tout illustre qu'il était
« par l'éclat des vertus les plus pures, il n'en fut pas
« moins l'objet de l'envie et du courroux. Qui a pu sans
« pécher attaquer une telle vie ? Fils d'une mère sans
« père et d'un père sans mère [1], il traversa le cours de
« la vie sans recevoir les atteintes du péché. Blessé
« et désolé des crimes des humains, frappé du fléau
« divin, ses pleurs coulèrent avec amertume ; gé-
« missant sous les tortures cruelles de la strangurie,
« la douleur lui arracha pendant sept années de fré-
« quens soupirs. Ainsi la chair pécheresse, soumise
« pour ses fautes à de dures punitions, reçoit à bon
« droit les coups de celui qui la guérit. Aussi mé-
« rita-t-il d'être atteint de la verge de son père
« et de son maître. Perdant haleine, il demandait
« avec larmes que son esprit, après la mort, pût
« mériter de contempler le visage calmé de son cé-
« leste juge. Ce saint moine quitta les ténèbres ainsi
« que les tempêtes du monde, et de la mort, au mo-
« ment où la nuit était égale au jour. Que le Christ
« lui accorde la lumière et le repos éternels dans le
« séjour de cette lumière et dans l'asile délicieux de
« ce repos ! »

L'an de l'Incarnation du Seigneur 1076, pendant

---

[1] *Unus habens matrem sine patre, patrem sine matre.*

Les jeux de mots que renferme ce vers ne sont pas trop intelligibles ; la Mère est peut-être l'Eglise, le Père l'abbé d'Ouche.

que le médecin Goisbert visitait en France ses compatriotes et ses amis ; comme il prodiguait les secours de son art aux indigens et à ceux qui le réclamaient, il alla trouver plusieurs de ses amis et de ses connaissances, qu'il avait auparavant fidèlement aidés de son talent, les engagea avec bonté à tirer de leur superflu quelques aumônes pour leur salut éternel, et les invita surtout à donner aux moines de Saint-Evroul ce qui, chez eux, ne convenait pas à des personnes laïques. Il dirigea ses pas vers Pierre de Maule [1], fils d'Ansold, riche Parisien. Il s'adressa à lui, au milieu des entretiens de la familiarité et de l'amitié, et le pria de faire don des églises de Maule aux moines d'Ouche. Comme Pierre était gai, magnifique et disposé aux entreprises difficiles, soit en bien soit en mal, il se rendit aisément aux avis de Goisbert, et confirma une charte de donation en présence de ses seigneurs. Voici le texte de cet acte tel qu'il le passa :

« La brièveté de la vie mortelle, le peu de fidélité
« des hommes, le changement des temps, la déso-
« lation des royaumes nous avertissent journellement
« que la fin du monde approche. C'est ce que la vé-
« rité nous a enseigné en disant aux disciples : Quand
« vous verrez ces choses s'accomplir, le royaume de
« Dieu approchera. La fourmi prudente doit, avec
« d'autant plus de soin, redoubler de prévoyance
« et d'attention qu'elle sent mieux les approches de
« l'hiver. Alors elle cache en sûreté ses grains, afin
« que, ne trouvant plus d'herbe pendant le froid,
« elle se procure abondamment de la farine. Il est

[1] *Maulia*, au sud-ouest de la ville de Meulan.

« dit en certain lieu, relativement à ceux qui tardent
« à faire leur salut : prenez garde que votre fuite
« n'ait lieu un jour de sabbat ou pendant l'hiver. En
« conséquence, considérant ces choses, moi Pierre,
« quoique indigne et pécheur, desirant prendre mes
« précautions pour l'avenir, je veux amener les abeilles
« de Dieu à produire leur miel dans mes vergers, afin
« qu'elles remplissent leur corbeille du produit de
« leurs rayons, et pour qu'ensuite elles rendent grâ-
« ces au Créateur, et se souviennent quelquefois de
« leur bienfaiteur. C'est pourquoi je donne sponta-
« nément au bienheureux Evroul, sur les biens que
« j'ai possédés jusqu'ici, certaines terres, quoique
« peu considérables, afin que les frères qui habitent
« Ouche aient quelque chose pour sustenter leur
« corps, et faire plus volontiers mention de moi.
« Puisqu'il faudra bon gré mal gré abandonner ces
« choses, et qu'après la mort rien ne sert à personne
« que le bien qu'il a fait pendant sa vie, j'ai concédé
« et concède au bienheureux Evroul les objets sui-
« vans, et, pour mon salut, je les confirme à perpé-
« tuité, en vertu de mon droit héréditaire, avec la
« garantie de ma signature. Je donne, dans le village
« que l'on appelle Maule, deux églises, savoir, l'église
« de Sainte-Marie, et l'église de Saint-Vincent ; les
« cimetières, et tout ce qui appartient au presbytère.
« Je donne aussi une terre d'une charrue ; quatre
« hôtes, une terre pour être habitée par des moines,
« une pommeraie, un cens de trois demi-arpens, que
« Gaultier l'aveugle et son neveu Hugues, surnommé
« Le Mousseux, ont donné à la bienheureuse Marie,
« dans la vigne de La Mênière : je concède à perpé-

« tuité ces objets au couvent de Saint-Evroul, aussi
« libres que je les ai tenus jusqu'à ce jour. Si quel-
« qu'un de mes hommes juge à propos de faire quel-
« que don aux saints et aux moines, tout ce qui
« aura été donné sans préjudice de mon service et
« sans diminution de mes droits, je l'approuve vo-
« lontiers ainsi que mes fils, en telle teneur et con-
« cession si ferme, que si quelqu'un d'eux venait
« à perdre son fief pour quelque crime, l'Eglise
« de Dieu néanmoins ne perde rien de ce qu'elle en
« possède. Toutes ces choses sont concédées par ma
« femme Windesmoth et par mes fils Ansold, Thi-
« baut et Guillaume, qui promettent pieusement de
« défendre, selon leur pouvoir et tant qu'ils vivront,
« cette aumône contre les entreprises de qui que ce
« soit. Mes hommes, voyant ma bonne volonté à l'é-
« gard des serviteurs de Dieu, déterminés par cet
« exemple salutaire, se confient à la bienveillance
« des moines et leur font de leurs biens plusieurs
« dons avec joie. En effet, tous les chevaliers de
« Maule ont demandé instamment à être associés au
« couvent, à la vie et à la mort, et sont devenus fidè-
« lement les frères des moines, afin qu'aidés de leurs
« prières, ils puissent mieux résister aux attaques des
« démons. En conséquence, Hugues, fils d'Odon,
« qui l'emporte sur ses compatriotes par les richesses
« et le mérite, a donné à l'église de Sainte-Marie, et
« aux moines de Saint-Evroul, toute la dîme d'une
« terre qu'il possède à Maule, savoir, du blé, du
« vin, du moulin, du four, des porcs, des moutons,
« de la laine, des oies, du chanvre, du lin, et de
« tout ce qui est sujet à être décimé. Si par hasard

« ses hommes travaillent une autre terre, les moines
« auront entièrement la dîme, de la même manière
« que Hugues l'aurait perçue. Odon Pains son fils
« ne voulait pas d'abord faire sa concession ; mais en-
« suite, ayant été pris par les Normands auprès de
« Meulan, il s'est racheté. Forcé donc par la puissance
« divine, il a concédé entièrement à Sainte-Marie toute
« la dîme ci-dessus, de concert avec sa femme Elisa-
« beth et ses fils Hugues et Simon ; puis ils ont dé-
« posé la donation sur l'autel en présence de moi,
« de mon fils Ansold, de Pierre encore enfant, et
« de plusieurs autres. Les moines donnèrent à Pains
« dix livres de deniers et à sa femme vingt sous.
« Adelelme de Gazaran confia aux moines son fils
« Amauri avec la dîme de Piseux[1], et la concéda à
« cette église à perpétuité pour la somme de sept li-
« vres, si l'enfant mourait au-dessous de sept ans.
« Par la suite, cet enfant grandit, et parvint même
« jusqu'à la vieillesse. Il posséda long-temps la dîme
« de Piseux ; en mourant il l'abandonna à bon droit
« aux moines qui, pour l'obtenir, l'avaient nourri
« et soigneusement instruit. Hugues, surnommé Fres-
« nel, fils de Gualon, avant de se faire moine, donna
« trois hôtes à Sainte-Marie. Etienne, fils de Gisle-
« bert, donna aux mêmes moines une terre d'une
« demi-charrue à Goupillières ; et quoiqu'il ne dé-
« pendît pas de mon fief, j'ai corroboré cependant sa
« donation dans cette charte de ma propre main.
« C'est pourquoi je concède et confirme tout ce qui
« a été donné aux moines par moi ou par mes amis ;
« stipulant avec bienveillance, j'accorde à Saint-

[1] *Puscolæ.*

« Evroul ce que mes hommes lui ont donné, sauf
« toutefois mes droits et mon service. Je desire
« que si quelque homme envieux ou pervers tente
« par l'instinct du démon de porter atteinte à nos do-
« nations, il vienne soudain à récipiscence de cet
« acte insensé, afin qu'au jour du jugement, il ne soit
« pas, pour le crime de sa coupable entreprise et
« de son sacrilége, condamné par le juge équitable
« avec les réprouvés et ceux qui meurent de mort
« violente. »

Le noble homme dont nous venons de parler confirma de sa souscription la charte transcrite ci-dessus, et remit à l'abbé Mainier, en présence de plusieurs bons témoins, l'investiture de tous ces objets. Ses fils y assistèrent, Ansold, Thibaut, Guillaume, ainsi que ses gendres Gauthier de Poissi, Baudri de Dreux, les seigneurs de Maule, Hugues et Etienne, le prêtre Gaultier, le chevalier Gaultier surnommé La Côte, Richer le prévôt, et Foulques, tous deux fils de Foulcher, Hugues et Odon, tous deux fils de Galon, Hervée, fils d'Everard, et une grande partie de la paroisse de Maule. Cependant l'abbé Mainier ordonna le prieur Goisbert, qui bientôt après termina une petite église commencée par Godefroi, prêtre d'une grande simplicité et d'une grande innocence. Peu après, les moines se rétablissant bien à l'intérieur et à l'extérieur, et les bons paroissiens se félicitant de ces avantages, on entreprit de bâtir la nouvelle église de Sainte-Marie, après avoir détruit l'ancienne; et, selon l'opportunité des circonstances, on la termina élégamment en vingt ans, sous les prieurs Goisbert, Guitmond, Roger et Hugues.

Beaucoup de moines sont restés à Ouche jusqu'à ce jour, et ont pieusement travaillé au culte divin.

Pierre, seigneur de Maule, parvint jusqu'à la vieillesse : grâces au zèle de ce magnifique patron, l'église de Maule s'accrut avec beaucoup d'avantages. Pierre était fort aimé de ses sujets et de ses voisins, parce qu'il était plutôt doué d'une aimable simplicité que d'une astucieuse finesse. Il aimait les aumônes et en faisait très-souvent ; mais il craignait le jeûne, et, comme il en avait horreur, il l'éloignait de lui le plus qu'il pouvait. Il promettait facilement beaucoup de choses, et donnait souvent à vil prix des objets d'importance ; il était à la fois avide et prodigue. Peu lui importait d'où lui venait une chère excellente, et il ne s'occupait pas si les objets qu'on lui fournissait en abondance étaient le fruit du vol ou le prix de l'achat. Il ne faisait aucun cas des moyens bons ou mauvais dont on se servait pour acquérir les choses ; aussi ne fut-il jamais dans l'opulence. Sa femme Guindesmoth [1] lui donna quatre fils, Ansold, Thibaut, Guérin et Guillaume, et autant de filles savoir, Hubeline, Eremburge, Odeline et Hersende. Il eut par elles beaucoup de petits-enfans qui, parcourant les vicissitudes d'ici-bas, subirent différens événemens, par la permission de Dieu qui dispense et régit toutes choses. Enfin Pierre accablé de vieillesse mourut le 2 des ides de janvier (12 janvier) ; il repose enseveli dans le cloître des moines, le long du mur méridional de l'église. Jean de Rheims composa sur lui cette épitaphe :

---

[1] Plus haut elle est appelée Windesmoth, ce qui est le même nom ; Guillelmus et Willelmus.

« Onze cents ans après la venue du céleste agneau,
« Pierre, la fleur des seigneurs, mourut aux environs
« des ides de Janus. Magnifique, très-joyeux et même
« facétieux, il montra plus de zèle pour les banquets
« que pour la guerre. Elevé parmi les nobles, il fut
« leur héritier. Il vécut honoré sur cette terre, sous
« laquelle il repose inhumé ; et pour bâtir un tem-
« ple à la mère du Christ, il fit don de ce lieu. Le
« douzième jour du mois de Janus le soleil pour lui
« se couvrit de nuages ; puisse, grâces aux prières
« de Marie, le soleil de la justice être toujours bril-
« lant pour lui ! Paris pleure sa mort. Que le Paradis
« s'ouvre pour lui par la faveur des saints auxquels
« il ouvrit cet asile ! »

Ansold, fils de Pierre, différa beaucoup de son père en certaines choses par le caractère : ses vertus furent plus grandes ou du moins égales, pour parler plus modérément. Doué d'un esprit supérieur, magnanime, fort de corps et grand de taille, Ansold posséda au plus haut degré le mérite guerrier, exerçant dignement l'autorité, équitable dans ses jugemens, prompt et éloquent dans la discussion, et presque égal aux philosophes. Il fréquentait les églises, prêtant aux sermons sacrés une oreille attentive et judicieuse. Il connaissait les événemens passés, tels qu'ils sont mentionnés par les anciens écrivains ; il les recherchait avec subtilité dans leurs doctes rapports et confiait à sa mémoire fort tenace la vie des pères dont il avait entendu le récit. Détestant les narrations mensongères, ainsi que les auteurs qui altèrent la parole de Dieu, et ceux qui aspirent à des gains honteux, il réfutait publiquement leurs méchans sophismes, qu'il découvrait de peur que les gens simples n'y fussent trompés. Sa pieuse mère Guindesmoth fut constamment honorée par lui, et il lui obéit en toutes choses comme le doit un enfant fidèle à sa tendre mère. Elle avait amené avec elle, du pays de Troyes, sa noble famille; dévote à Dieu elle survécut dans le veuvage à son mari pendant près de quinze ans. Heureuse femme qui jusqu'à la vieillesse fut pieusement entretenue par ses fidèles enfans dans la maison de son mari, et y mourut après avoir reçu le viatique à la vue de son consolateur le plus fidèle! Elle fut portée au tombeau respectueusement par son cher fils, et son corps fut honorablement enseveli au sein de l'église auprès du compagnon de sa couche. Le chevalier dont il s'agit se distingua, tout le temps de sa jeunesse, par de bonnes actions; ayant abandonné ses amis, ses alliés, et même ses chers parens, il exerça sa valeur naturelle chez les étrangers. Il passa en Italie; il se lia avec le vaillant duc Guiscard, pénétra dans la Grèce, et combattit noblement dans la bataille où Alexis, empereur de Constantinople, fut vaincu et mis en fuite. Quelque temps après, sur les instantes prières de son père, il rentra en France; et il épousa une jeune dame noble et bien élevée, nommée Adeline, fille de Raoul, surnommé Malvoisin [1], châtelain de Mantes. Par sa frugalité ce digne chevalier portait à l'honnêteté tous ceux avec lesquels il avait des rapports; il pouvait même servir d'exemple aux personnes régulières par les modestes soins de son économie. Jamais il n'a mangé de pommes dans un verger, de raisins dans une

---

[1] Probablement Mévoisin. C'est le nom d'une commune des environs.

vigne, ni de noisettes dans les bois. Ce n'était qu'aux heures canoniques qu'il prenait ce qu'on lui servait à table, disant qu'il ne convenait qu'aux bêtes brutes de se nourrir de ce que le hasard présentait, sans considérer ni le temps ni le lieu. Satisfait du mariage légal, il observait la chasteté; il ne se répandait pas comme un laïque en propos verbeux contre les passions obscènes, mais les blâmait en docte ecclésiastique, et ouvertement. Il vantait dans les autres les jeûnes et toute continence de la chair, et se contenait lui-même fermement comme il convient à un laïque. Les rapines n'excitaient nullement son envie, et il mettait beaucoup de soin à conserver ce qu'il avait acquis par son travail; il payait légitimement aux ministres de Dieu les dîmes, les prémices et les aumônes, dont ses prédécesseurs avaient fait la donation. Non seulement il ne donnait rien aux étrangers, aux farceurs, ni aux filles publiques, mais même il leur refusait sa société et sa conversation. Il eut de sa femme légitime, qu'il avait épousée très-jeune, et qu'il avait religieusement formée à la modestie, sept fils et deux filles, dont voici les noms: Pierre, Raoul, Guérin, Lisiard, Gui, Ansold et Hugues, Marie et Guindesmoth, sur lesquels l'histoire pourra en son lieu raconter beaucoup de choses.

L'an de l'Incarnation du Seigneur 1106, à la fin de février, lorsqu'une comète parut à l'Occident étalant sa longue crinière, Boémond[1], fameux duc, vint en France après la prise d'Antioche, épousa Constance, fille de Philippe, roi des Français, et célébra

---

[1] *Buamundus.*

à Chartres des noces brillantes, dont la comtesse Adèle fit dignement les honneurs et la dépense. C'est alors qu'eut lieu le troisième départ des occidentaux pour Jérusalem : une énorme réunion de plusieurs milliers d'hommes, qui menaçaient de fouler aux pieds la couronne de Byzance, marcha contre la Thrace [1]. Au reste, les équitables dispositions de Dieu trompèrent les efforts de ces hommes qui voulaient envahir le bien d'autrui, et cette orgueilleuse troupe d'ambitieux n'obtint rien de ce dont ils s'étaient inutilement flattés. La même année, trois semaines après l'apparition de la comète, Ansold de Maule, piqué de l'aiguillon de la crainte de Dieu, se rendit humblement à la cour de sainte Marie, et, les larmes aux yeux, satisfit volontairement à Dieu, pour quelques difficultés qu'il avait eues avec les moines. Ensuite, en présence de tous ses barons qui s'étaient réunis dans le dortoir du couvent, il concéda à l'Eglise de Dieu et à sainte Marie de Maule, tout ce que Pierre, son père, Hugues et Pains, Austase et Robert, fils de Hubeline, Hervée, fils de Héroard, Odon, fils de Galon, Foulques et Richer, tous deux fils de Foulcher, et quelques autres de ses hommes, de quelque condition qu'ils fussent, avaient donné ou donneraient, pourvu que son service n'en souffrît pas. Il établit pour condition que, si quelqu'un d'eux venait à perdre son fief pour quelque crime, l'église ne serait nullement privée de son aumône. Le même Ansold concéda la dîme que sa sœur Hersende avait eue en mariage, et qu'avant sa mort elle avait cédée à la bienheureuse Marie, par la

---

[1] *Contra Thraces.* On lit ailleurs *contra Turcos.*

verge qu'elle avait mise aux mains de Jean, moine et prêtre, afin que cette dîme parvînt libre à l'église, après la mort de Pierre son neveu. Il donna à Sainte-Marie l'aire où se dressaient les meules dans la forêt de Bole, de manière que chaque meule produisît deux deniers pour l'entretien des luminaires de l'église, et que quiconque frauderait ce droit payât cinq sous. Auparavant, cette infraction était punie d'une amende de soixante sous; mais, comme la loi ecclésiastique est plus douce que la loi séculière, on fit grâce de cinquante-cinq sous, et on n'en demanda que cinq. Odeline, femme d'Ansold de Maule, ainsi que ses deux fils, Pierre et Raoul, déposèrent la donation de ces biens sur l'autel de sainte Marie auprès du missel: tous les chevaliers de Maule furent présens à ce spectacle.

Alors Ansold établit son fils aîné, Pierre, héritier de tous ses biens; il reçut la foi et hommage des chevaliers de Maule, dont Goislen de Mareil[1] fut chargé d'être l'interprète et l'écrivain. Là se trouvèrent présens, Guillaume frère d'Ansold, Robert son neveu, Guibold chevalier, fils de Raoul Malvoisin, Hugues de Mareil, Odon Pains, fils de Hugues, Gislebert, fils d'Aimon, Odon fils de Gualon, et ses fils Pierre et Arnoul, Foulques, fils de Foulcher, et ses deux neveux Josfred et Odon, Grimold, fils d'Alman, et Gaultier fils de Foulques.

Le chevalier dont nous avons souvent parlé régit légitimement pendant dix-huit ans son patrimoine après la mort de son père, protégea fidèlement les moines en toutes choses, et profita chaque jour avec avidité de leur entretien pour l'édification de ses mœurs. Il

---

[1] *Marolium.*

ne diminua en rien leurs biens; il les augmenta même, comme je l'ai dit, et rédigea ainsi qu'il suit l'acte de sa donation:

« Moi Ansold, je confirme et concède tout ce que
« Pierre, mon père, pour ses prédécesseurs Ansold et
« Guérin, et ses autres parens, a donné à Dieu, à
« Sainte-Marie et aux moines de Saint-Evroul, de la
« même manière et aux mêmes conditions qu'il en a
« fait lui-même la concession. Je concède volontaire-
« ment la dîme de Maule, que mes deux sœurs pos-
« sèdent de leur mariage, savoir, Eremburge, femme
« de Baudry de Dreux, et Hersende, femme de Hu-
« gues de Voisins, en tant que les moines pourront
« l'obtenir d'elles ou de leurs fils, soit par prières,
« soit par argent, et pour autant qu'il en revient à
« moi ou à mes enfans. Je sais que la dîme est le bien
« de Dieu, et qu'il a daigné la faire retenir par Moïse
« depuis les anciens temps pour l'entretien des lé-
« vites. Aussi je pense qu'il n'est douteux pour au-
« cun sage que celui qui s'obstinerait à vivre d'une
« telle rapine s'exposerait dans l'avenir à une animad-
« version terrible. Je donne en outre à Sainte-Marie
« l'aire des meules dans le bois de Bôle, afin que
« de chaque meule il revienne deux deniers pour les
« luminaires de l'église. Quiconque fraudera ce droit
« paiera cinq sous, au lieu des soixante que l'on a
« payés jusqu'ici. Ma femme Odeline et mes fils Pierre
« et Raoul font la même concession. En consé-
« quence nous avons obtenu les bienfaits et la société
« des frères; et, en témoignage, j'ai reçu en don de
« la part des moines un cheval de cent sous, qui a
« appartenu à Grimold de Saulmarchais. A l'effet de

« quoi j'ai de cette concession donné une charte, d'ac-
« cord avec ma femme et mes fils. Par cette charte,
« je fais à l'Eglise de Dieu ma donation inviolable,
« sans mauvaise intention et de bonne foi, afin que,
« Dieu ayant pitié de moi, je mérite d'être admis
« dans la réunion des fidèles. Ainsi soit-il. »

Germond-le-Roux de Montfort donna en mourant à Sainte-Marie et aux moines qui habitaient Maule la moitié de tout ce qu'il avait à Piseux pour le salut de son ame, d'accord avec Eremburge sa femme, de la dot de laquelle le bien faisait partie, et avec ses fils Hugues et Gaultier. Alors il fut établi qu'à l'avenir les héritiers de cette terre feraient la totalité du service au seigneur dans le fief duquel elle est située. Les revenus qui proviendront du bois et de la plaine seront réunis en commun où il plaira aux uns et aux autres, et seront partagés par moitié. En ce temps, Hugues de Gacé était prieur de Maule. Ce fut en sa présence et celle de beaucoup d'autres que cette donation fut déposée sur l'autel de sainte Marie, avant que le corps de Germond fût livré au sein de la terre. Lorsque Gaultier, fils de ce Germond, fut fait chevalier, il nia qu'il eût concédé cette donation, prétendant que son père lui avait donné ces biens avant d'en avoir fait part aux moines. En conséquence, les religieux allèrent trouver Amauri, comte de Montfort, leur seigneur, et se plaignirent à lui du trouble que leur occasionnait Gaultier. La justice d'Amauri ayant prononcé en conséquence de la plainte intentée, il fut passé le concordat suivant entre les parties : les moines payèrent quarante sous au jeune Gaultier dans Montfort, et Gaultier leur concéda toutes les choses mentionées ci-dessus, en présence de Richelde, femme d'Amauri. Le dimanche suivant, les deux frères, Hugues et Gaultier, confirmèrent cette concession à Maule; ils en déposèrent la donation sur l'autel, en présence du prieur David, des autres frères, d'Ansold, de son fils Pierre, de tout le clergé et de tout le peuple réuni dans l'église. Ensuite leurs frères Engenould et Hervée concédèrent les mêmes biens. Ces événemens se passèrent dans l'année où Henri, roi d'Angleterre, s'empara du château de Saint-Clair [1], en France, et où Louis, roi de France, construisit en Normandie le château de Gâni : ce qui fut entre eux l'occasion de cruelles guerres, au détriment de beaucoup de monde.

Nivard de Hargeville fit don aux moines de Maule de toute la terre de Pointel [2], et de la moitié de la dîme de cette terre. Il reçut en conséquence, de la charité des moines, vingt-huit sous. Son frère Simon concéda ensuite, et il reçut du prieur Hugues des souliers de corduan; Pierre et Guaribold, fils de Minard, concédèrent ce que leur père avait donné, et reçurent chacun des souliers de six deniers. Le dimanche suivant, Minard lui-même vint à Maule, et déposa sa donation sur l'autel de sainte Marie, en présence de toute la paroisse.

Goisfred de Marc [3], étant venu à Maule prendre l'habit monacal, fit don aux moines de Saint-Evroul de toute l'église située à Marc, et de la moitié tant du parvis que de la dîme. C'est ce qui fut concédé par sa femme Emmeline, et par leurs fils Guillaume, Simon, Hugues, Etienne et Pains. Ensuite Hugues-le-

---

[1] Saint-Clair-sur-Epte. — [2] *Punctelvilla.* — [3] Ou Marcq.

Roux de Frênes [1], du fief duquel dépendait Goisfred, alla à Maule, et, se rendant aux prières des moines, leur concéda, libre de tout service, tout ce que le moine Goisfred avait donné ; de sorte que, soit que les héritiers de Marc lui rendissent le service, soit qu'ils le lui refusassent, les moines en fussent toujours quittes. Son frère Gaultier fit la même concession.

Gaultier, fils de Heldeburge, ayant été atteint d'une blessure mortelle, donna aux moines de Maule toute la dîme qu'il possédait à Piseux, du fief d'Hervée, fils d'Héroald : sa femme Isemburge y assista, et fit la concession avec les trois frères de Gaultier, Richard, Tibaut et Goisfred. Hervée, fils d'Héroard [2], donna toutes les dîmes qu'il avait à Piseux, et Simon de Thoiri accorda aux moines la partie de dîme qui tenait à son fief. Les moines, pour éviter toute réclamation, donnèrent une maison avec beaucoup d'ustensiles, pour quatre livres de deniers, et un arpent de vignes à La Garde, lequel avait été donné à Sainte-Marie par Gaultier, fils d'Alpes : ils donnèrent en outre une pièce de futaine à sa femme Odeline, à la dot de laquelle le bien appartenait, à Simon vingt sous, et trois sous à sa femme, dans l'héritage de laquelle il se trouvait compris.

Baudry-le-Roux de Montfort [3], s'étant rendu moine, donna aux religieux de Maule le revenu qu'il possédait à Mantes, savoir, dix sous et un setier de sel. Les moines de Fécamp, qui demeurent à Mantes, en fai-

---

[1] *Fresnaium.*

[2] C'est le même que Hervée, fils de Héroald, et même Herrald, ci-dessus.

[3] C'est toujours Montfort-l'Amaury.

saient le paiement, le jour de la fête de saint Remi. Le même Baudry donna en outre tout ce qu'il avait dans l'église et dans la dîme de Jumeauville, ainsi que douze deniers, que les fils de Bruge payaient pour le cens de Cocita[1]. Sa femme concéda ces choses, et, pour leur prix, reçut une vache. Goisfred, son fils, consentit à cette donation en faveur des moines, et reçut d'eux en conséquence un cheval pour soixante sous, et en outre une somme de vingt sous : les témoins furent Ansold, seigneur de Maule, et Pierre son fils, Odon, fils de Gualon, et son fils Pierre, Goisfred, fils de Richer, Grimold, fils d'Alman, Amauri Floënel, et beaucoup d'autres. Baudry étant mort, son fils contesta ces donations ; mais, ayant de nouveau reçu vingt sous, il donna une nouvelle concession. En conséquence, il se rendit à Mantes avec le prieur David, et signifia aux moines de Fécamp, qui demeuraient à Saint-George, de payer désormais chaque année, aux moines de Maule, les dix sous et le setier de sel qu'ils avaient coutume de payer à son père. Guillaume, fils de Henri de Richebourg, dans le fief duquel étaient les biens, les concéda aux moines, dont il reçut par charité dix sous et un demi-muid de vin.

Eremburge, fille de Pierre de Maule, et Amauri, son fils, rendirent à Dieu la moitié de la dîme qu'ils avaient injustement retenue ; ils en déposèrent la donation en présence du peuple sur l'autel de sainte Marie mère de Dieu. Le seigneur Ansold, qui avait favorisé cette donation, et qui avait même engagé fidèlement à la faire, la confirma avec ses fils Pierre et Raoul.

[1] Peut-être La Queue, ou la terre de La Concie.

Alors les moines, pour racheter cette dîme, que Guillaume de Maule avait engagée pour vingt livres, donnèrent dix livres à Eremburge, et lui concédèrent, ainsi qu'à son héritier, trois arpens de vignes.

Eremburge, ayant depuis pris le voile, d'accord avec son fils Amauri, rendit à Dieu la partie de dîme dont on vient de parler, et ils déposèrent la donation, comme auparavant, sur l'autel de la mère du Seigneur, près du texte des évangiles. Là assistèrent Guillaume de Maule, Robert son neveu, Goisfred son beaufrère, avec Odon Pains, Odon, fils de Gualon, Foulques, Leclerc et Goisfred, fils de Richer : ils rendirent grâces à Dieu de ce qu'il avait débarrassé cette femme, chargée du fardeau mortel d'une criminelle rapacité.

La maison de Maule s'accrut et s'enrichit par l'habileté de ses habitans et par les dons de beaucoup de personnes ; mais, quelque temps après, son digne patron Ansold étant venu à mourir, elle tomba dans l'affaiblissement. Après avoir porté les armes pendant cinquante-trois ans, Ansold, atteignant déjà les années de la vieillesse, devint infirme et malade pendant près de sept semaines. Il se prépara par la confession et la pénitence à paraître devant le tribunal du juge suprême, quoiqu'il ne fût pas retenu au lit, qu'il se rendît journellement à l'église, et qu'il eût conservé toute la vivacité de sa mémoire et de son éloquence : il s'aperçut bien toutefois qu'il avait perdu les facultés de son corps, par lesquelles les médecins prédisent la mort ou la convalescence des hommes, et qu'il ne pouvait éviter de subir les lois de la mort menaçante. C'est pourquoi, ne perdant pas de vue le salut éternel, il se tourna tout entier vers le Seigneur, et, pour obtenir la vie éternelle, il se hâta d'accomplir ce qu'il avait entendu prescrire aux sages et retenu volontiers. Aussi une certaine nuit, ayant entendu le son d'une cloche, il se leva, se rendit à l'église avec un de ses vassaux, et pria Dieu de le recevoir en grâce et d'accomplir sa volonté. L'office du matin étant terminé, il appela les moines, leur fit part de ses intentions, et leur demanda la faveur d'être reçu parmi eux. Alors le prieur David se trouvait là; il avait avec lui des prêtres et des moines honorables, tels que Jean de Rheims, Osbern et Odon. Ansold desira leur être associé par l'habit autant que par l'esprit, disant qu'il avait perdu l'affection de sa femme et de ses fils, qu'il ne tenait plus en rien aux possessions de la terre, qu'il sentait la mort s'approcher, qu'en conséquence il ne voulait plus s'attacher qu'à Dieu seul, et qu'il les priait de consentir à sa demande. A ces mots, les moines se réjouirent de la bonne volonté d'un tel homme. Cependant ils différèrent deux jours d'accéder à ce qu'il desirait, à cause de l'absence de son fils aîné qui était son héritier. Ansold supporta avec peine un si long délai, à cause du desir qu'il éprouvait d'obtenir les biens invisibles que le père de famille réserve à ses serviteurs vigilans. Il assurait que tels étaient ses vœux, qu'il voulait vivre tout entier avec les pauvres du Christ, et finir sa vie avec eux, afin de pouvoir obtenir l'effet des promesses que Dieu a faites aux siens. Enfin, les deux jours étant accomplis, dès qu'il apprit que son fils était arrivé, il ordonna à sa femme ainsi qu'au jeune homme de se rendre aussitôt auprès de lui. Eux venus, il prescrivit beaucoup de choses à son fils en présence de plusieurs chevaliers, et parla ainsi à l'assistance composée de personnes des deux sexes et de différens âges.

« Mon très-cher fils, que j'ai élevé avec grand soin,
« voulant laisser un héritier et un successeur qui fût
« agréable à Dieu et aux hommes, retenez avec soin ce
« que je vais vous dire avec dévotion. Aimez Dieu tou-
« jours et sur toutes choses ; respectez et craignez votre
« évêque et votre roi comme vos maîtres ; n'oubliez ja-
« mais d'obéir à leurs ordres autant que vous le pour-
« rez. Priez Dieu journellement pour leur prospérité,
« afin que, par les mérites et la protection de votre
« bon prélat, votre ame puisse obtenir le salut éter-
« nel, et que, par le gouvernement de votre roi pa-
« cifique, vous puissiez posséder tranquillement et
« justement vos biens temporels. Tenez à vos hom-
« mes la foi que vous leur devez, et commandez-leur,
« non comme un tyran, mais comme un maître plein
« de douceur. Conservez prudemment et n'allez pas
« donner à autrui, pour les diminuer, vos posses-
« sions, soit en champs ou en bois, soit en prés ou
« en vignes ; n'exercez aucune rapine et éloignez de
« vous les voleurs et les brigands. Conservez légiti-
« mement vos biens, et n'enlevez pas ceux d'autrui
« par la violence et l'envahissement. De telles entre-
« prises font naître la colère, puis la discorde ; en-
« suite viennent les vols, les meurtres, les incendies,
« l'homicide, la spoliation, et d'autres maux innom-
« brables. C'est être sage que de savoir prévenir, pour
« les éviter, ces causes des calamités que vous voyez
« arriver aux autres. Gardez bien ces commande-

« mens, qui sont les derniers que je vous ferai. Ai-
« mez toujours et fréquentez la sainte Eglise, notre
« mère; entendez chaque jour avec respect la parole
« de Dieu, qui est la nourriture et la vie de l'ame,
« ainsi que les messes et le service divin ; honorez
« par vos paroles et par vos œuvres les serviteurs
« de Dieu. Vénérez et secondez surtout nos maîtres
« et frères, les moines, qui sont les ministres de
« cette église ; s'ils ont besoin de vos conseils et de
« votre assistance, il faut les leur prêter. Concédez
« de bon cœur, pour qu'ils les possèdent en paix et
« tranquillité, les biens que mon père et moi leur
« avons donnés pour notre salut. Ne leur enlevez
« rien de leurs biens et de leurs revenus, et ne souf-
« frez pas que vos sujets leur fassent aucune violence.
« Si vous vous étudiez à les favoriser fidèlement, ils
« prieront sans cesse Dieu pour vous. Ne les ayez
« jamais en haine ni eux ni leurs propriétés; ac-
« cordez-leur toujours votre affection; et, si le Sei-
« gneur vous donne la vie et la prospérité, travaillez
« à leur agrandissement. En conséquence, si vous
« faites et observez ce que je vous conseille, je vous
« accorde, au nom de Dieu, la bénédiction divine
« que nos saints pères ont laissée à leurs héritiers,
« et je prie le Seigneur qu'elle descende et reste sur
« vous. Si, ce qui ne doit pas arriver, vous agissez
« au contraire de ce que je vous dis, je vous laisse ma
« malédiction, d'après l'autorité de Dieu et des saints
« pères. »

Quand Ansold eut terminé son discours à son fils,
ce mémorable seigneur fit cette allocution à sa femme
Odeline.

« Gracieuse sœur et aimable épouse, Odeline, je
« vous en prie, écoutez maintenant mes prières avec
« bienveillance. Jusqu'à ce jour nous nous sommes
« mutuellement gardé la foi du mariage, et grâces
« à Dieu, nous avons vécu ensemble plus de vingt
« ans, sans querelles et sans honteux débats. De nos
« nœuds légitimes il est provenu une honnête lignée,
« que vous devez soigneusement exhorter pour son
« salut à se soumettre à son Créateur; vous le voyez,
« je touche à mes derniers momens, et que je le
« veuille ou non, j'approche du terme de la mort.
« Voilà que, comme il arrive à toute chair, je suc-
« combe, et suis forcé de payer la dette commune.
« Je ne veux pas vous occuper de longs discours.
« Votre vie peut servir de leçon à plusieurs; ajou-
« tez seulement à vos vertus accoutumées en vivant
« chastement dans un saint veuvage. Accordez-
« moi la permission de me faire moine, et de rece-
« voir, après avoir déposé les habillemens pompeux
« du siècle, la robe, toute noire qu'elle est, du saint
« père Benoît. Je desire m'unir à la société de ceux
« qui pour le Christ ont abandonné les douceurs du
« monde. Déliez-moi, je vous prie, Madame, des
« nœuds du mariage, et recommandez-moi fidèle-
« ment à Dieu, afin que, libre de tout fardeau mon-
« dain, je mérite de recevoir l'habit et la tonsure
« monacale. C'est du fond du cœur que je vous
« adresse cette demande; je desire de tous mes vœux
« que mon ame puisse être comptée dans le collége
« des moines, et que renouvelée par la prise de l'ha-
« bit religieux, elle chante déjà dans le siècle pré-
« sent : *Nigra sum, sed formosa;* je suis noire,

« mais belle; je suis noire de la noirceur et de la dif-
« formité de cet habit grossier; mais je suis belle par
« l'humilité de mon saint propos, et par la dévotion
« qui plaît tant à Dieu. »

Ansold, ayant dit ces choses et beaucoup d'autres également bonnes, sa femme, accoutumée à céder toujours à ses volontés, les yeux baignés de larmes, mais conservant sans crier une respectueuse modestie, fidèle à son obéissance accoutumée, accorda à son mari ce qu'il lui demandait. La sainte Eglise célébrait alors par une fête la veille de la naissance du Seigneur; le vent soufflait avec une telle violence sur la terre ravagée qu'il renversait les arbres, les maisons et les autres édifices, et que, causant beaucoup de dommages sur mer et sur terre, il effrayait étonnamment le cœur des humains. Après avoir fait sa confession, le nouveau disciple du Christ fut aussitôt tonsuré; ce néophyte fut revêtu des habits sacrés qu'il garda trois jours; il fut enseveli avec eux, afin de ressusciter sous leur protection. Enfin, le troisième jour, sentant la mort arriver, il fit venir ses frères et les pria de lui faire les prières des mourans. Quand elles furent terminées, il se fit apporter l'eau bénite et la croix. Dès qu'on les eut apportées, il s'aspergea de l'eau, adora la croix, et se recommanda au Christ qui y est attaché, en employant ces paroles d'un certain sage : « Seigneur mon Dieu, autrefois pé-
« cheur, mais aujourd'hui pénitent, je remets mon
« esprit en vos mains, comme le serviteur doit se
« confier à son maître. » A ces mots il expira heureusement, du moins nous le croyons; ensuite on chanta des vigiles, des psaumes et des oraisons au

moment de sa mort; on exhala beaucoup de soupirs, et on célébra dévotement plusieurs messes. Quand ces cérémonies eurent été faites, comme il convient, le corps fut confié à la terre, mère de toutes choses, pour le conserver et le rendre. C'était à l'époque où l'Eglise de Dieu célèbre l'assomption de saint Jean, apôtre et évangéliste. Odon de Montreuil assista à ces funérailles; il y remplit les fonctions sacerdotales, et comprit dans les vers suivans, en peu de mots, le nom, l'office, le jour de la mort, et une grande prière pour le défunt : « S'il est quelqu'un qui desire savoir « ce que je fus vivant, quel est celui que couvre « cette tombe, et quel fut son nom, je vais le lui ap-« prendre. Ansold fut son nom; son emploi fut de « porter les armes; il trouva le repos le cinquième « jour avant la fin de décembre. Puisse-t-il obtenir « de la bonté de Dieu la récompense de la paix éter-« nelle! Ainsi soit-il. »

Illustre dans les armes, et, par son grand courage, toujours redoutable à ses voisins, Pierre commanda à Maule; mais il s'éloigna des traces paternelles dans plusieurs de ses entreprises. Il mit toute la légèreté de la jeunesse à aimer les mimes et les joueurs; à la persuasion de quelques jeunes gens, il se livra à la rapine, et opprima souvent les pauvres cultivateurs, tant de ses terres que de celles d'autrui. Il ravit témérairement le bien des autres et dilapida follement le sien. Il en résulta que, comme il vexait lui-même ses compatriotes, les brigands du voisinage ne l'attaquaient pas avec moins d'ardeur, et causaient beaucoup de dommage à lui-même et à ses hommes. Dans sa colère, il était prompt à menacer avec dureté;

quand il était de bonne humeur, il promettait sans prévoyance les choses les plus difficiles ; et dans l'une et l'autre occasion, il était souvent menteur. Après la mort de son père, il prit une femme d'une haute noblesse, nommée Ada, nièce de Bouchard de Montmorenci, et fille du comte de Guines. Il honore en paroles les moines et les clercs, il endure même tranquillement leurs réprimandes, voile son inconduite de l'excuse de la jeunesse, et promet (ce que Dieu veuille) d'amender sa vie dans un âge plus mûr. Je vais maintenant mentionner en peu de mots les donations qui ont été faites aux moines par lui ou de son temps.

Ansold en mourant fit don aux moines d'un excellent palefroi, au lieu duquel Pierre, à la demande de son père, leur donna la terre de Marcenai[1], et alors il leur confirma les donations de ses prédécesseurs. Jean de Saint-Denis, et Marie sa femme, et leur fils Arnoul avaient donné autrefois de leur propre mouvement la vigne de Clairfont[2] ; mais ensuite voulant se rendre à Jérusalem, ils l'avaient vendue, malgré les réclamations des moines, à un certain Breton de Montfort, nommé Foulques. La justice de l'évêque ayant prononcé, cette vigne fut enlevée au Breton, et Pierre s'en saisit ; mais peu de temps après, ayant été, par la main de Dieu, frappé d'une infirmité, il rendit à sainte Marie, en se confessant, ce bien libre de toute redevance. Cette même année il en offrit le produit pour acheter une image de la sainte Vierge.

Grimold, neveu et héritier d'Etienne de Maule, fit don aux moines de toute la dîme de sa terre, tant

---

[1] *De Monte Marcenil.* — [2] *De Clarofonte.*

du fief d'Ansold que de celui de Pains, de la dîme de son moulin et de ses vignes ; il déposa la donation sur l'autel, de concert avec Pétronille sa femme. Ensuite, pour l'obit de cette femme, il donna aux moines deux arpens de terre sur le Mont-Tedbert ; il ajouta enfin un troisième arpent dans le même lieu, pour l'obit de sa fille. Grimold alla à Jérusalem avec Etienne, comte de Blois ; il éprouva dans le voyage beaucoup d'accidens fâcheux ; et de retour il vécut légitimement.

Gérold, surnommé la Côte, beau-frère de Grimold, tomba malade, et, dans la terreur que lui inspira la verge de Dieu, il donna aux moines une certaine dîme qu'il possédait dans le territoire de Mareil, et sa part du parvis du même lieu ; le tout du consentement de sa femme, à la dot de laquelle ces objets appartenaient, et avec le consentement et la concession de Pierre, seigneur de Maule, parce qu'ils se trouvaient dans son fief. Alberic de Mareil fit donation aux moines de douze arpens de terre qui sont situés sur le sommet d'une montagne, dans le territoire de Mareil, vers l'occident.

Odon, fils de Galon, honorable chevalier, donna aux moines de Maule, pour l'obit d'Arnoul son fils, trois arpens de terre que cultivait alors le prêtre Foulques. Il donna aussi deux muids de vin, et statua qu'il en serait donné autant de ses vignes chaque année ; de telle manière que soit par succession, soit par mutation d'héritiers, l'église de Maule ne pût jamais perdre cette donation, et priât constamment Dieu pour les ames de ses fils Pierre, Arnoul, Milon et de ses amis. Il s'était à peine écoulé quelques jours qu'Odon devint infirme. Desirant faire son profit de cet accident, comme un bon fils de la correction de son père, il appela auprès de lui sa femme Beliarde, sa bru Cornélie, sa fille Sicilie, et son gendre Gaufred; et avec leur consentement il donna à Dieu et à Sainte-Marie toutes ses dîmes. En conséquence ces femmes, sur l'ordre d'Odon, se rendirent avec Gaufred à l'église, et déposèrent la donation sur l'autel. Ce qui étant fait, et le mal devenant plus grave, il se fit moine, et resta dix jours dans l'infirmerie du couvent. Cependant Gaultier son fils, renommé pour son courage, revint du pays de Troyes où il avait demeuré long-temps, et trouva son père encore vivant. Celui-ci le pria de confirmer ce qu'il avait donné à l'église de Dieu, et qui avait reçu l'approbation de ses parens : c'est ce que fit Gaultier, savoir, pour trois arpens de terre, deux muids de vin annuellement, toutes les dîmes que son père possédait, soit en grain, soit en vin, soit en prémices. Quand son père fut mort et enseveli, Gaultier déposa la donation de ces objets sur l'autel de la sainte Mère de Dieu, auprès d'un livre; et à l'imitation de son père, il s'est montré jusqu'à ce jour le bon voisin du couvent.

Du temps de Hugues de Gacé[1], de David, et des autres prieurs qui travaillèrent utilement à Maule, il fut connu de beaucoup de personnes, et nous voulons qu'il en soit de même pour la postérité, que Tesza, femme de Bernard l'Aveugle, donna aux moines de Saint-Evroul, qui demeuraient à Maule, la moitié de sa terre de Sainte-Colombe, tant en plaine qu'en forêt : en outre, deux arpens de terre,

[1] *De Vaceio.*

afin qu'ils pussent y bâtir une maison, et y avoir des hôtes, s'ils le voulaient, sans recourir à autrui. Il fit cette donation avec la concession de ses seigneurs, qui étaient Goislen, lequel possédait dans son domaine l'autre moitié de cette terre, à cause de la difficulté du service, et Guaszon de Poissi, qui était seigneur en chef. En divers temps les moines donnèrent à ces patrons quelque argent, desirant augmenter, dans une paix légitime, les biens de l'église, et assurer quelque commodité à leurs successeurs. En conséquence, Hugues le premier, qui était actif et magnanime, commença cette affaire pendant qu'il était prieur, et donna dix sous à Tesza, une pièce de futaine à son fils Odon, et dix sous à son gendre Guillaume; il donna à Goislen un cheval pour quatre livres, vingt sous à sa femme, à Guaszon vingt-cinq sous, ainsi qu'une coupe de corne, et à sa femme une autre coupe. Telles furent les choses, entre beaucoup d'autres, que les personnages dont nous avons parlé reçurent de la charité des moines; ils déposèrent leurs donations sur l'autel du Seigneur, et concédèrent tous les biens solidement en présence de beaucoup de témoins. Dans la suite, stimulés par l'iniquité, ils rompirent leurs engagemens et devinrent parjures de plusieurs manières. Guaszon principalement, qui était le plus fort de tous, et qui eût dû punir les autres s'ils avaient manqué à leur foi, troubla l'aumône, saisit le butin des hôtes et bouleversa leurs maisons : il en résulta que ce lieu devint solitaire, comme il l'avait été long-temps. Dans de telles conjonctures, les moines quittèrent ce lieu. Enfin, au bout de quelques années, Amauri, fils de Guaszon, fut tué. Alors les moines se rendirent auprès de Guaszon, qui était affligé de la mort de son fils, et le prièrent de réparer le tort qu'il leur avait fait. Celui-ci, profondément affecté de cette mort, leur répondit d'une manière suppliante, et promit de réparer le mal qu'il avait fait. C'est pourquoi il manda Goislen et Amauri de Beauvoir[1], auquel il avait récemment remis son fief, lequel était alors tenu par Goislen. En conséquence ils se réunirent à Frênes, et s'occupèrent de la réparation de l'attentat commis. Guaszon ayant réuni sa prière à celle des moines, Amauri confirma le don que Tesza avait fait, et qui avait été confirmé par Guaszon et Goislen. Ainsi tous s'étant accordés et ayant consenti, les seigneurs dont nous venons de parler, savoir, Guazson, Amauri et Goislen, mirent ouvertement les moines en possession : c'est ce que virent et entendirent Grimold de Maule, Roger, fils de Gérald, Hugues son fils, et plusieurs autres. Au jour convenu, Amauri vint à Maule, déposa sur l'autel de sainte Marie la donation qu'il avait faite aux moines à Frênes, et reçut de la charité des moines vingt sous de Mantes.

C'est ainsi que, par les soins de moines pleins de zèle, s'éleva la maison de Maule, et qu'elle s'accrut convenablement, grâces aux libéralités abondantes de tous ceux qui se pressaient pour louer Dieu. Ce lieu renfermait abondamment des vignes et des champs fertiles; il est arrosé par la rivière de Maudre qui coule au milieu, et défendu courageusement par une troupe nombreuse de nobles chevaliers. Ils donnent volontiers à l'église, pendant leur vie, une partie de leurs biens et de leur aisance; ils honorent avec res-

---

[1] *De Belveder.*

pect l'ordre monastique, et, par la peur qu'ils ont de la mort, ils s'attachent à lui de toute leur affection pour obtenir le salut de leur ame. Ces chevaliers gardent le cloître avec les moines, ils s'occupent souvent ensemble de la pratique et de la théorie du salut. Ainsi cette maison devient l'école des vivans et le refuge des mourans.

Du temps de Pierre-le-Vieux, l'abbé Mainier se rendit auprès de Philippe, roi des Français, et lui demanda humblement les biens qui avaient été donnés dans son royaume aux moines d'Ouche. Ce prince confirma avec bonté ces donations, et engagea avec douceur et gaîté ceux qui étaient avec lui à faire des dons abondans. Ces choses se passèrent sur le chemin entre Epône et Mantes. Ensuite, du temps de Pierre-le-Jeune, le roi Louis vint à Maule, et fort irrité contre ce même Pierre, à cause de quelques fautes commises par une jeunesse insolente, fit renverser, avec la maison même, une fortification en pierres, dont le prudent Ansold avait entouré sa demeure. Alors ce roi reçut l'hospitalité dans la maison des moines, et confirma de sa royale concession tout ce qui leur avait été donné ou qu'ils avaient acheté du temps des trois seigneurs Pierre, Ansold, et l'autre Pierre. Alors Guerin de Seès, homme adroit et fort instruit, était prieur; il demanda au roi, pendant qu'il le servait, et dans un entretien familier, la confirmation de tous les biens qui avaient été procurés à la maison par Goisbert et Guitmond, Guillaume et Hugues, David et Ranulfe, et par les autres prieurs de ce couvent. Nous croyons avoir suffisamment parlé de Maule dans ce livre.

Goisbert, médecin fameux, ayant commencé l'église de Maule, comme nous l'avons dit, s'occupa des avantages du monastère, de concert avec ses amis et ses connaissances. D'accord avec eux, il pria instamment son abbé de confier à un autre les fonctions de prieur de Maule, afin qu'il pût vaquer plus librement aux affaires de la maison. C'est ce qui eut lieu. Guitmond qui avait été prêtre à Soulangi[1], et qui était un homme de bien, fut subrogé en sa place, et le médecin dont nous avons parlé, tout entier occupé des intérêts de ses frères, s'adressa à plusieurs chevaliers de France. Il se concilia la bienveillance de plusieurs d'entre eux, soit par les soins qu'il leur prodigua, comme médecin, soit par des secours donnés à propos, et surtout par l'éloquence de ses exhortations.

Onfroi, surnommé Harenc, Havise son épouse, et les fils de cette femme, savoir, Pains, Alexandre, Roger de Croth[2], Basile, et Guiard, fils de Basile, concédèrent à Dieu et à Saint-Evroul l'église de Villegât[3], la dîme qui lui appartient et une terre d'une charrue. Ils concédèrent aussi l'herbage de toute cette paroisse, quitte de tout partage, la terre de la paroisse, tant en masures qu'en terres nouvellement cultivées, laquelle sera mise en valeur par les hôtes de la paroisse, toutefois avec la réserve du champart. Cette donation fut faite à Ivri, en présence du seigneur Robert, qui en fit la concession avec ses fils Ascelin, Goël et Guillaume : il concéda tout ce qu'il

---

[1] *Solengiacum*, près de Falaise.
[2] *Rolla-Crota*, sur la rive gauche de l'Eure, au dessus d'Ivri.
[3] *De villariis Vastatis*, près de Paci (Eure).

avait dans la même paroisse, et reçut en échange tout le bénéfice du lieu, et une once d'or. Peu de temps après, Dieu permit que, par l'aiguillon d'une grande maladie, il fût frappé dans les parties honteuses; alors, par la crainte de la mort, il se fit moine à l'abbaye du Bec. Cependant Ascelin et Goël son fils obtinrent son patrimoine par droit héréditaire. Il se rendit célèbre par ses fameux attentats sur ses compariotes. En effet, il bâtit un château très-fort à Bréval, et pour la perte du pays le remplit de cruels brigands. Il surprit avec beaucoup d'adresse la forteresse d'Ivri, s'empara de Guillaume de Breteuil, son seigneur, qu'il avait vaincu, et le retint méchamment dans une étroite prison. Pour sa rançon il lui extorqua violemment mille livres de Dreux, et l'asile de la tour d'Ivri. Il épousa sa fille Isabelle, dont il eut sept fils. D'accord avec sa femme et ses fils, il concéda toutes les terres que Saint-Evroul possédait dans son fief, savoir, Villegât et la moitié de la dîme de Montigni; ensuite il reçut de la charité des moines soixante sous, et confirma la charte de sa concession à Bréval. Dans un autre temps, il consentit en faveur de Saint-Evroul, dans la maison des moines, à Saint-Ellier [1], à ce que tout son domaine fût, dans ce lieu et dans toute sa terre, libre de tout passage. Ses fils Robert et Guillaume, surnommé Louvel, confirmèrent ensuite cette donation, et en ont observé la teneur avec exactitude pendant long-temps.

Hugues Pains, la Grosse-Langue [2], et sa femme Agnès, et leur fils Gui, concédèrent à Saint-Evroul la Vicomté, c'est-à-dire la Voierie, autant qu'ils en

[1] Ou Saint-Hillier-le-Bois. — [2] *Crassa-Lingua.*

avaient à Villegât; et pour cela ils reçurent des moines une fois dix sous et une bourse de cuir de cerf, et vingt sous à une autre époque. Quant au fils, on lui donna pour sa concession dix sous de Mantes. Jean de Rheims écrivit devant la tour de Bréval la charte de cette transaction, sous la dictée de Hugues Frênel; Hugues Pains la confirma avec les siens. Quelque temps après, ce Hugues se fit moine. Ses fils Raoul, Simon et Robert firent tous leurs efforts pour enlever la Vicomté à Saint-Evroul; ce qui engagea les moines, pour la posséder en paix, de donner à Raoul, qui était l'aîné, cent dix sous en monnaie de Mantes, cinq sous à Simon, et à Robert des souliers de Cordouan.

L'année où mourut Goël, Alexandre et Gislebert donnèrent à Saint-Evroul un champ de la Masure, d'un certain vilain, nommé Robert, en présence de Robert de Saint-Nicolas; quoique ce Robert se plaignît de n'avoir pas la terre d'une charrue. Tout ce que Foulques de Saint-Aubin donna à Saint-Evroul, de sa terre de Villers, ses héritiers Ledric et Rainier le confirmèrent, avec la retenue toutefois d'une certaine partie pour leur hospitalité, retenue que firent leurs femmes Emmeline et Tesceline, dont ce bien était l'héritage. Alexandre leur seigneur y donna son consentement.

J'ai fort étendu ma narration sur les biens donnés à l'église d'Ouche; je n'ai pu toutefois les comprendre tous encore dans ce livre; car il y a de petites portions de bien qui ont été obtenues d'hommes d'un état médiocre ou à force de caresses, par violence ou par de l'argent, ou bien arrachées par d'autres moyens, et la plupart dispersées dans divers diocèses. On y a établi un certain nombre de moines, selon l'étendue de la propriété, et chaque jour on y sert le Seigneur pour les bienfaiteurs de la maison, par des hymnes, des prières et une vie continente. Les choses qui me restent à dire seront exposées avec véracité dans la suite de cet ouvrage, et transmises clairement à la connaissance des frères qui nous succéderont pour travailler dans le champ du Seigneur.

FIN DU SECOND VOLUME.

TABLE DES MATIÈRES

CONTENUES

DANS CE VOLUME.

HISTOIRE DE NORMANDIE, par Orderic Vital. . . Pag. j
PROLOGUE. 1

SECONDE PARTIE.

Exploits belliqueux des Normands en France, en Angleterre, et dans la Pouille. — Fondation de monastères. — Suite et gestes des évêques et des abbés de presque toute la Neustrie. — Ample exposition de plusieurs autres événemens mémorables, sous le duc Guillaume II, surnommé le Bâtard. 5
LIVRE III. . . . . *ibid.*
LIVRE IV. 154
LIVRE V. 291

FIN DE LA TABLE.

www.ingramcontent.com/pod-product-compliance
Lightning Source LLC
Chambersburg PA
CBHW070218240426
43671CB00007B/690